中山大学重点教材建设项目

球类运动竞赛式教学法：理论与实践

武东海　王守力◎主编
孙国栋　彭泽华　李忠洋◎副主编

·广州·

图书在版编目（CIP）数据

球类运动竞赛式教学法：理论与实践/武东海，王守力主编．—广州：中山大学出版社，2022.6

中山大学重点建设教材项目

ISBN 978-7-306-07556-7

Ⅰ．①球…　Ⅱ．①武…　②王…　Ⅲ．①球类运动—体育教学—教学研究—高等学校　Ⅳ．①G840.2

中国版本图书馆 CIP 数据核字（2022）第 097550 号

QIULEI YUNDONG JINGSAISHI JIAOXUEFA：LILUN YU SHIJIAN

出 版 人：王天琪

策划编辑：王旭红

责任编辑：王旭红

封面设计：曾　婷

责任校对：袁双艳

责任技编：靳晓虹

出版发行：中山大学出版社

电　　话：编辑部 020-84110283，84111996，84111997，84113349

　　　　　发行部 020-84111998，84111981，84111160

地　　址：广州市新港西路 135 号

邮　　编：510275　　　　传　真：020-84036565

网　　址：http://www.zsup.com.cn　　E-mail:zdcbs@mail.sysu.edu.cn

印 刷 者：广州市友盛彩印有限公司

规　　格：787mm×1092mm　1/16　　18 印张　　416 千字

版次印次：2022 年 6 月第 1 版　　2022 年 6 月第 1 次印刷

定　　价：52.00 元

序

体育是一种运动、一种教育、一种习惯，更是一种情怀与健康的生活方式。2018 年，习近平总书记在全国教育大会上提出“享受乐趣、增强体质、健全人格、锤炼意志”的学校体育目标。2020 年，教育部和国家体育总局印发《关于深化体教融合 促进青少年健康发展的意见》，提出了新时代学校体育“教会、勤练、常赛”的教学指导思想。

学校全面深化体育教学改革，“教会、勤练、常赛”这一指导思想给了我们如何努力实现习近平总书记提出的学校体育“四位一体”之目标的明确指引。一线体育教师要切实践行自身的责任与使命，从自身理论与实践的双重需求出发，在日常教育教学中探索、感悟、实践与完善自己的教学理念与思路，这也正是我们编写此教材的初衷。

本教材以社会学、教育学与体育教育训练学理论为基础，总结球类运动项目教学的内容、特征与教学难点、重点，以竞赛式教学法为实施策略，分别围绕乒乓球、篮球、排球、足球、羽毛球、网球、高尔夫球与棒垒球 8 种球类运动项目的特征及其理论与实践一一进行论述。

教材的理论编详细阐述了球类运动的分类、欣赏、教学内容、时代价值与特点，对球类运动的竞赛组织管理、风险防控和竞赛规则分章节进行论述。教材的实践编介绍了各球类项目的起源与发展，以竞赛式教学为技术路线，明确提出竞赛式教学的基本原理；以教学实验为对照，构建各球类运动班级全员参与的竞赛式教学方案。

本教材的特色主要体现在三个方面。

第一，遵循教育教学规律，内容全面。教材理论部分关注球类运动的溯源、现状、发展与趋势等内容，实践部分着眼于球类运动的规则介绍、技战术运用与竞赛式教学实践等环节，以期达到全面理解理论知识，实践强化科学认知。

第二，以“教会、勤练、常赛”的教学改革思想为指导，精心设计教学方案。在体育学、教育学与心理学等理论的指导下，凝练运动教育模式中的比赛内容，添加了单个技术、组合技术、小团队配合等的小单元比赛，即在单元（模块）教学过程中以比赛为主题展开相关内容教学的体育教学方案。

第三，从教与学的双重视角建构立体化教材。充分考虑教师教学与学生学习的需要，通过文字、图片与表格等形式，从学时安排、运动情景构建、学生学习评价与运动兴趣激发等层面构建本教材的整体布局，便于教师的教授与学生的学习。

本教材在借鉴前人研究成果的基础上，以立德树人为教材编写的基本原则，力争在球类运动竞赛式教学法的理论与实践方面有所专述，希望对一线体育工作者与球类运动爱好者有所裨益，从而助力培养广大青少年乐于锻炼之习惯，并强健其为国栋梁之体魄。

感谢中山大学出版社的王旭红等编辑老师为本教材的正式出版所做的努力，感谢中山大学体育部的支持，感恩我们成长于国富民强的新时代。

武东海
2022 年 1 月 6 日

CONTENTS 目　录

理论编

实践编

理 论 编

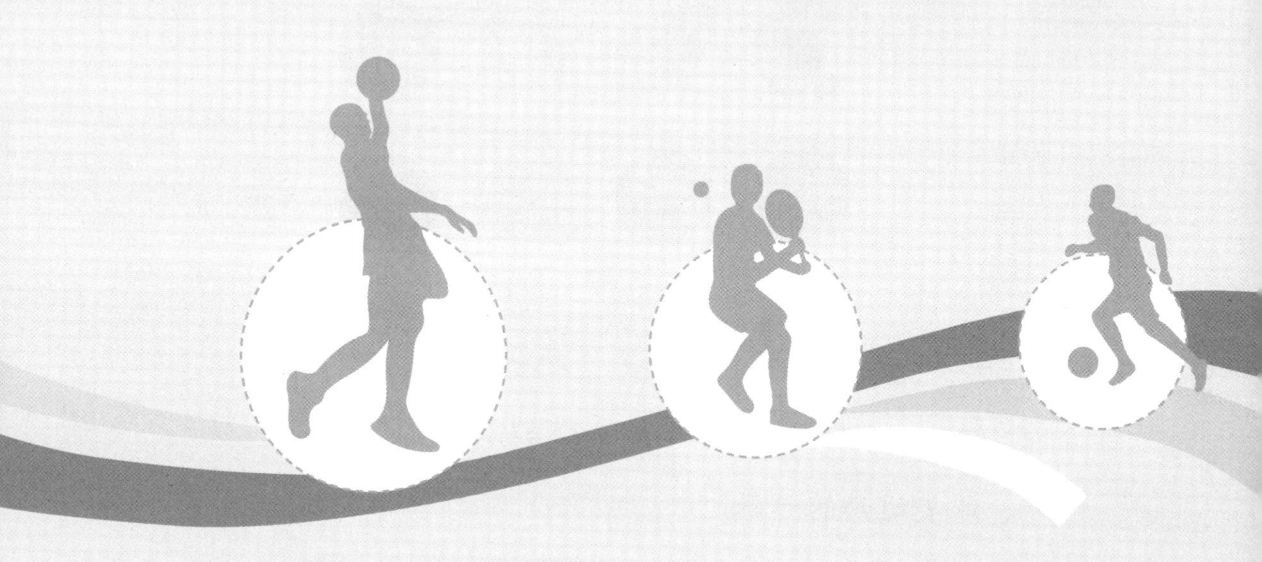

第一章　球类运动概述

第一节　球类运动的起源与分类

球类运动，是指以不同类型的球为活动对象，在其特定规则的要求下，运用不同的技战术，在不同的场地区间内，以个人或集体为对阵双方进行的对抗性运动项目。球体有圆体、椭圆体、扁圆体，根据规则设计成不同的形状（图1－1）。

图1－1　部分常见的球

一、球类运动的起源

球类运动源远流长，因趣味性强、影响广泛且融“竞技与智慧”于一身，深受世界各国人民所喜爱。据统计，现有28种全世界较流行的不同种类、不同运动形式与规则的球类运动，但如果将各个国家民族性的球类项目统计在内，则远超过这个数量，而且还有基于现有某些球类运动形式的创新型球类运动形式尚在萌芽与酝酿中。

球类运动的起源有“游戏说”“战争说”“艺术说”“生存说”等，不一而足，但万变不离其宗，任何一种球类的缘起与发展都是其当时、当地民族文化的反映，都是某地域内民众性格、地域特点与生活方式等的鲜明表达。

包括足球、手球、篮球、排球、羽毛球、网球、高尔夫球、沙滩排球、棒球、垒球、藤球、毽球、乒乓球、台球、蹴鞠、板球、壁球、克郎球、橄榄球、冰球、冰壶、冰蹴球、曲棍球、马球、保龄球、健身球、门球、弹球、水球等在内，球类运动在世界上不同的区域产生广泛的影响。有些球类运动项目甚至被称为“国球”，充分表现出这些国家人民对该项球类运动的热爱，如中国的乒乓球、巴西的足球（英国、法国、新西兰、阿根廷、德国、阿曼与卡塔尔等国也视足球为国球）、西班牙的水球、日本的棒球、加拿大的冰球、印度的板球等。

二、球类运动的分类

无论在空中如星似电，在水面上漂行灵动，还是在陆地上翻滚疾行，各种球类运动都各自有其施展的舞台。关于球类运动的分类方式，可谓众说纷纭，莫衷一是。

球类运动有多种划分方法，包括隔网类（排球、羽毛球、藤球与乒乓球等）、涉水类（水球、冰壶与冰球等）、大球类（篮球、排球与足球等）、球拍类（乒乓球、网球、羽毛球与健身球等）、对抗类（篮球、足球、橄榄球与曲棍球等）、非对抗类（保龄球、台球与高尔夫球等）。这些分类方法以球的某一共性为基础，将诸多球并为一类。

本教材依据球类运动的定义，依照不同的运动方式与特点对球类进行大类区分，将球类运动分为接触类、台面类与隔网类。该分类方式有助于学习者科学地训练、教师教学与学习者获取通识性知识，亦有助于学习者理解球类运动的分类特点与促进学习中技术的正迁移。

接触类球类运动主要指在参与该类型的运动过程中，竞技双方可以运用规则进行身体的接触与对抗，以取得主动权，如足球、手球、冰球、橄榄球、曲棍球和篮球等。该类球类运动具有运动量与运动强度大、技战术配合多样且灵活、肢体接触频繁、对运动员身体条件要求较高、运动规则细化且执裁难度大、运动伤害事故多等特点。

台面类球类运动是指在运动过程中以特定材料作为台面来进行技战术行为的运动，如保龄球、台球、冰壶球、沙狐球、地掷球和高尔夫球等。这类球类运动的特点是运动量相对较小、基本技战术配合较少、裁判员执裁简单明了、以个人技战术为主、运动意外伤害事件少且运动规则不繁杂、对运动员心理素质的要求相对高。

隔网类球类运动的比赛双方以特定的球网为界而展开技战术行为，没有直接的身体接触，如乒乓球、羽毛球、网球、排球和毽球等。隔网类球类运动的运动规则、运动意外事故、运动量与运动强度等均介于上述两类球类运动之间，以非集体性（单方三人以上）为主。

本教材虽然将球类运动分为以上三类，但确实难以穷尽所有的球类运动项目，而且对运动量与运动强度的界定因人而异，并不绝对（如羽毛球的运动强度与运动量并不逊于某些接触类球类运动）。因此，这只是一种相对系统的分类方法，难免挂一漏万，不足之处有待与众多学者及球类运动爱好者商榷。

第二节　球类运动的特点与时代价值

一、球类运动的特点

球类运动的迷人之处在于其竞技性。球类运动的胜负具有不确定性，其胜负的关键在于对战双方球队的技战术配合以及对规则的合理利用。球类运动有健身、健心、拼搏进取、文化传承等多方面的价值，在某种程度上能促进社会发展进步。这些价值都是通过双方球队运动员来诠释的。根据运动训练理论，运动员竞技能力的展现主要取决于其在赛场上心理、技战术、智力、体能等方面的发挥，这些方面是互为依托的有机整体，构成了运动员外显的竞技能力。

接触类球类运动多为集体性的相互对抗，通过合理地运用竞赛规则，限制对方技战术的有效发挥，破坏对方的攻防节奏与习惯打法，从而取得比赛的胜利。以足球运动为例，技战术的运用、攻防的转换、时间与空间的分配、主动与被动的更迭等都是在激烈的对抗中演进与促成的。正因如此，它才成为“世界第一运动”。

隔网类球类运动没有直接的身体接触，多以单人或双人来完成比赛（毽球为集体项目），对运动员对抗能力要求较低，但这并不意味着其竞技强度的降低。如羽毛球运动具有攻防节奏快、变化多等特点，其运动强度超过很多接触类球类运动。在隔网类球类运动中，运动员要有良好的个人技术、清晰的思维、准确的判断、正确的战术运用才能取得赛场的优势。

台面类球类运动中的垒球、棒球运动更需要球队集体的战术配合，而其他该类运动项目则往往更需要良好的个人技术、心理调节能力与赛场经验。

综上所述，球类运动从发端到发展到今天，无论哪一种球类运动，一旦涉及竞赛，都具有激烈的竞争性、运动潜力的激发性、充沛体能保证下的技艺性、竞赛规则要求下的公平性，以及一定的娱乐性与观赏性。

二、球类运动的时代价值

第一，它是一种意志力教育、协作教育和规则教育。球类运动归属于体育运动的大范畴，是通过身体的运动来改变和提高自身的各项品质。优秀运动员一定是善于驾驭自己身体的人，并且能自觉地确定目的，根据目的来支配、调节自己的行动，克服各种困难，从而塑造奋力实现目标的品质。如果没有良好的意志品质，就很难坚持到底，因此，体育活动能充分锻炼人的意志品质。对规则的理解与遵守，是人融入现代社会的一个要件。在球类运动赛场上，“单打独斗”难以为团队带来胜利，而团队成员间的默契配合、协同合作能将团队的效用最大化，一个眼神就能传达战略，一个动作就能传递信息。同样，每个人都不是独立地生活在社会中，球类竞赛式教学能潜移默化地让学生体会协作的优势，培养他们的大局意识，也能帮助他们在以后的生活学习中更好地融入团队并发光发热。

第二，它是一种无须翻译的国际通用语言。大而言之，国际间的球类运动赛事促进了国家间与民族间的交流合作，直接或间接地促进了政治、外交、经济与文化繁荣；小而言之，个人参与球类运动，就像是加入了一个范围广阔的社交平台，人们可以在享受运动乐趣的同时，传递情感并增进友谊，甚至只需要通过一个动作、一个眼神，就能清楚理解对方要表达的内涵。所以说，球类运动就是一种国际语言，人们不需要翻译、不需要解释，就可以自由并顺畅地交流。

第三，它不仅是一种个人爱好，还能促进人的全面发展。球类运动无论是业余爱好，还是竞技训练，都是一个与疲劳做斗争的过程，是一个与竞争对手进行体力与智力争斗的过程，是一个需要有投入成本的过程，这个过程的终极目标是人的全面发展。习近平总书记提出的“享受乐趣、增强体质、健全人格、锤炼意志”的学校体育发展理念，其目标也是指向青少年的全面发展。

借用鲁迅先生的一句话：“优胜者固然可敬，但那虽然落后而仍非跑至终点不止的竞技者，和见了这样竞技者而肃然不笑的看客，乃正是中国将来的脊梁。”培养青少年对球类运动的参与兴趣，养成运动习惯，不仅能给青少年一个健康的体魄，还能培养其完整的人格，而且这种培养与运动习惯养成越早越好。

一直以来，球类运动以其独特的魅力感染了无数人。它教人奋勇拼搏，也教人公平竞争；教人敢于争先，也教人团结协作；教人享受胜利，也教人接受失败。让我们向着“更高、更快、更强——更团结”的奥林匹克格言前行，为促进人类的全面发展与可持续发展而努力。

第三节　球类运动的欣赏

相较于艺术体操、跳水、健美操等观赏性较强的运动，球类比赛往往更扣人心弦，瞬息万变的比赛节奏、胜负难料的比赛结局与运筹帷幄的战术配合等都非常引人入胜。唐代诗人王维在《寒食城东即事》中的“蹴鞠屡过飞鸟上，秋千竞出垂杨里”，以及宋代诗人陆游在《晚春感事》中的“蹴鞠场边万人看，秋千旗下一春忙”，都体现了对蹴鞠（类似于足球的中国传统球类游戏）的欣赏。

“农夫喜其润泽，行人恶其泥泞”，生动地表达了不同人对同一件事物因角度不同而感受不同的哲学意蕴。对于球类运动，其多样性必然带来多元的视角，其欣赏的内容包括但不限于竞技技术、竞技战术、体育道德风尚和人体运动美等方面，而这些方面也是随着人们对于球类运动认知的加深而逐步丰富的。

通过观看球类比赛，可以欣赏球队的竞技水平和技战术配合、张弛有度的比赛节奏、球员所呈现的运动之美，感受到比赛传达出来的奥林匹克精神。

一、球队的竞技水平

“看似寻常最奇崛，成如容易却艰辛。”当我们看着运动员胜似闲庭信步地完成各种高难度动作时，应想象他们在赛场下的付出与努力；当我们欣赏运动员在排球场上（图1－2）、在马上、在沙滩上、在乒乓球台前、在泳池里出色地完成技术动作时，也必然能感受到运动员们平时所经历的痛苦与辛酸。理解、支持、鼓励、赞美他们为之付出的努力是对创造美、奉献美与展现美的一种起码的尊重。

图 1-2 排球拦网

赛场上，运动员们竞技水平的展现与发挥，得益于他们日常的努力训练，是其汗水的凝结。获胜是回报，失利是新的起点与总结，无论起点在何处，终点一直在前方。他们所呈现的技术创新、配合默契、肢体协调与扎实的基本功，都在诠释着球类运动的内涵，故此，我们对球类运动的欣赏不仅在于运动员们拼搏中的精湛技术与获胜后的如花笑颜，更在于对其过程的回味与内在美的思考。

二、球队的技战术配合

“巧妇难为无米之炊。”在球类运动竞赛中，单个技术是整体技术的基础，系统技术则是完成战术配合的基础，战术配合的不断实践促进了技术的创新与应用，而战术的不断演变和发展又对技术提出了更高的要求。为了完美展示个人或集体的竞技水平，球类项目的运动员竭尽所能地相互配合着去雕琢每一个细节，从而实现技术与战术意图，或突破（图 1-3）、或拦网、或截击、或切削，从细微的环节到宏大的场景，就像拍摄一部感人至深的电影一样，将观众带入竞赛情境中，无论从外在感官还是从内心深处，都与观众产生共鸣。

图 1-3 篮球突破

相对常见且受大众所喜爱的篮球、足球、排球、乒乓球、羽毛球、网球与棒球等球类运动项目，无论是参与人数还是赛事密集程度都比较突出，其发展速度之快对其技术创新起到了推动作用，并使其动作组合不断更新迭代，观赏性也更强。如篮球比赛中的跳起空中换手投篮，勾手投篮、补篮，以及单手扣篮，双手扣篮，正、反手扣篮，还有欧洲步突破、前转身突破、后转身突破与交叉步突破等，都是在规则的允许下，通过不断实践而形成的。此外，我们还可以欣赏运动员传接球、运球、突破、抢篮板球等进攻和防守技术，最为人熟知的就是美国职业篮球联赛（National Basketball Association，NBA）中运动员变幻莫测的技术动作，如艾弗森的蝴蝶穿花步、科比的转身后仰跳投、麦蒂的干拔跳投、奥尼尔与詹姆斯的战斧式暴扣等，均为观众津津乐道。

三、张弛有度的比赛节奏

“铿锵节奏急复慢，空中一部天乐声。”在欣赏球类竞赛时，其中的节奏变化是重要的看点，各个项目内在的富有韵律的节奏美，或舒缓、或热烈、或急切、或放松，张弛有度给予了球类竞赛另一种美。具有一定训练水平的运动员或运动队，在运动时都会显示出属于自己的独特节奏，而且往往训练水平愈高，其节奏感就愈鲜明和强烈。

如网球比赛中，先进行持续有力的底线进攻，继而给予一个变换节奏的削球（图1－4），迫使对方奔波于前场与后场，为己方争取到有利的态势。而这只是网球比赛中节奏变化的极小部分，放之于所有球类运动中，则犹如沧海一粟。

图1－4　网球削球

集体项目中的球类竞赛，静与动、屈与伸、慢与快、张与弛、劳与逸的调节与变化难以穷尽，有的队全攻全守，有的队稳扎稳打，有的队刚柔并济，至于动作幅度、技术衔接与战术配合之间的细微变化，就更是千差万别、丰富多彩。

从静态看，运动队与运动员的技战术运用呈现的是不同的基调、不同的风格；从动态看，则是捕捉赛场信息而演绎出不同的节奏变化。具体从动态角度而言，作为观众（欣赏者），要从这些动作的序列差异和节奏变化中体会球类运动的节奏美。在现代节奏多变的球类运动中，合理运用孙子兵法的“审时而度势”“因利而制权”策略，是有益之举。

四、球员呈现的运动之美

体育竞赛中的美包括健康美、运动美与行为美，以及在此基础上的精神层面的延伸。也恰恰是这样的延伸，完善了球类运动的美，满足了人们对健康生活方式的追求。美存在于体育运动的全过程，主要表现在体育运动的目的、过程和结果三个方面。

任何一项球类运动都有其特定的规则，在规则范围内衍生各种肢体动作，如篮球运动的扣篮、排球运动的扑救、网球运动的发球蓄势、足球运动的倒钩射门（图1－5）与羽毛球运动的起跳杀球腾空等，无一例外都在诠释着运动员对于该项目的理解。

足球运动员倒钩的瞬间，时机的把握、角度的拿捏、技术的运用、四肢的舒展，千钧之力聚于一刻，定格的瞬间犹如一幅艺术作品，身体静如雕塑，击发的瞬间却犹如从天而降的陨石，带着风、携着势，凝视着运动着的球体。这种动与静的共存、外在美与力量的协调，使这一肢体动作颇具艺术气息。

图 1－5　足球倒钩射门

（资料来源：https://image. so. com/）

五、球类运动员服饰的欣赏

运动服饰是运动欣赏中必不可少的一部分，尽管往往会被忽略。球类运动服饰通常兼具以下三个特点：一是符合竞赛规则要求，二是有利于运动员发挥竞技水平，三是美观、大方且得体。球类运动服饰不仅指服装、鞋、袜子、帽子、手套与提包，还包括手环与发饰等相关饰品。在竞赛规则内，世界各地球类运动员的服饰都有着鲜明的民族特色，其服饰质量也间接体现了其国家轻工业发展的水平。在以运动为时尚的当代，球类运动服饰也非常适合追求时尚的各阶层人士。人们希望自己在参加球类运动时穿得更加时尚，这也在一定程度上促进了球类运动得到传承与发展。

六、比赛传达的奥林匹克精神

奥林匹克运动的格言是“更快、更高、更强——更团结”，它不仅是人们理想的体育审美尺度，而且表现出体育运动的崇高目的。虽然学生参与运动竞赛多数属于业余或基层级别的，但不影响其从内心的精神层面去理解参与的实质，从而做到“知行合一”。一方面，学生通过参与球类运动竞赛，可以展示其良好的竞技状态，赢得比赛胜利，增强自信心；另一方面，通过参与球类运动去获得参与兴趣，学生可逐步养成运动习惯，从而获得身心健康。

在球类运动竞赛中，对运动员行为的欣赏主要从遵守比赛规则、尊重裁判、尊重对手、追求公平公正与展现顽强的意志品质等几个方面进行。竞技赛场中体现行为美的事例不胜枚举。例如，在一局乒乓球比赛中，最好避免对手得零分；羽毛球比赛中，打出擦网球应举手示意；足球比赛中，做出保护对手（避免其受伤）的动作，以及比赛结束与观众的互动、双方运动员的互动等。这不仅体现出球员的职业精神，而且体现出其良好的个人修养，也正是球类运动长盛不衰的重要原因之一。

七、球类运动中的竞赛组织管理

竞赛组织管理是为不断提高竞赛工作的功效所进行的计划、组织协调、控制等一系列的综合活动，通过对竞赛进行有效的组织与管理，进而达到竞赛组织工作的目的。在大型综合性运动会的组织筹备中，竞赛组织工作是贯穿赛事筹备和运行全过程的一条主线，对赛事的顺利进行起着决定性和主导作用。完善、高效、专业的竞赛组织管理是运动会成功的重要标志之一。将球类运动中的竞赛组织管理纳入欣赏范围也是球类运动欣赏的必要延伸与有益补充。

精心组织、科学谋划、协调各方以确保比赛场馆改造和比赛器材按时安装完成需要竞赛组织管理；明确责任，确保工作协调有序，加强指导与督促需要竞赛组织管理；门票销售与场馆运营需要竞赛组织管理；赛前引导与指引需要竞赛组织管理；赛中秩序维护与处理突发情况需要竞赛组织管理；赛后总结与后续事物处置需要竞赛组织管理。总之，球类运动竞赛组织管理是竞赛顺利进行的基础，也是观众正常观赛的前提。维持秩序的安保人员、后勤服务志愿者、指挥若定的策划者、负责卫生防疫的医务人员，甚至打扫卫生的工作人员，都在默默地维持着一场球赛的正常运行。

球类运动欣赏不仅仅在于上述的七个方面，仅凭文字也难以刻画球类运动竞赛中难忘美好的瞬间、精彩的时刻与永不言弃的精神。竞赛的结果不外乎成功与失败两种。成功固然可喜，是对付出的回报；然而失败也是一种挑战、磨砺与尝试，它恰恰是奔向成功的新起点。球类运动欣赏对参与过程与视野之外各种情景的关注与思考或许也是我们欣赏的深入与延续，它带来的不仅是情绪的宣泄与激情的定格，更是心灵的震撼与对美好的向往。

第二章　球类运动竞赛式教学的内容、重点与发展

第一节　球类运动的教学内容

历经传承与发展，如今，球类运动遍布世界各地，且种类繁多，仅就场地空间而言，就有水中、陆地、马上、冰面等球类运动，每个项目都有各自的特点，都有各自不同的基本技战术配合、选择器材、竞赛规则、心理状态调整方法、运动欣赏方式和运动损伤防护措施。这里主要从球类运动爱好者与各级一线体育教师的教学层面对球类运动的教学内容展开论述，权作抛砖引玉。

一、单项球类运动的理论

理论对实践具有积极的指导作用。对于一项球类运动而言，其运动价值、健身效果、适合人群、场地空间选择、对该球类的欣赏、运动起源、发展现状与发展趋势等都属于理论认知部分。只有先有所了解，才能逐步深入，进而积极参与其中，并使之成为我们生活方式中的一部分。对该部分内容，可以以理论课的形式进行讲述和介绍，也可以随着技术授课的深入，将其贯穿于整个课程体系之中。

二、认识并选择球具

“工欲善其事，必先利其器”，说明了器材对于运动的重要性。对球类运动的球具的认识，不仅包括球拍、球网、手胶、网线等相关器材的价格与保养等方面的常识，而且包括适合某项球类运动球具的使用介质，如空气湿度、温度、海拔等部分，还包括球具的生产工艺、品牌、性价比，以及适合某阶段参与者球具的选择等环节。随着球技的精进，应选择适合自己的球具，以助于球技的充分发挥。

三、球类运动的欣赏

球类运动的欣赏详见本教材第一章，这里不再赘述。“横看成岭侧成峰”，虽然人们对于事物的认知在很大程度上取决于自己的角色、地位、角度与阅历等，但“爱美之心，人皆有之”，抛开发展阶段与意识形态等，人们对球类运动的“美”的欣赏是趋同的。在观看球类运动竞赛时，蕴情于其中，寓美于其里，这是多么美好的情景。教师在运用竞赛式教学法的时候，可以适时将球类运动欣赏的内容传授给学生，以问答、辩论或启发讨论等多种方式进行，培养学生认识美、欣赏美、创造美与践行美的能力与素质。

四、球类运动竞赛规则与裁判法

一项运动的规则在一定程度上决定了该项运动的发展方向与趋势，要想了解某项球类运动，对其竞赛规则与裁判法的掌握不可或缺。竞赛规则与裁判法既包括基本竞赛规则及其适用范围，也包括裁判人员的管理权限与职责，还包括比赛纪律、申述与处罚等。在进行该部分内容教学时，可结合讲解与裁判员实习，将规则意识、互相尊重、团队意识与平等互助等融入其中，这样会取得更好的教学效果。

五、球类运动的专项技术

对学生而言，培养对某项球类运动的参与兴趣及在专项技术上的提高是重要的一环。只有技术得到提高，参与兴趣才能得到进一步的提升，辅以常识性知识、体能、裁判法与欣赏等内容教授，则运动习惯也将逐步养成，这也是体育教师的重要教学目标之一。

六、球类运动的战术意识

“不谋全局者，不足谋一域。”对于球类运动，不论是个人项目还是集体项目，在技术与体能等环节的支撑下，战术意识及运用往往是取胜的关键。此时，扬长避短的技术发挥、避实击虚的临场变化、单个技术的有效衔接和竞赛规则的合理利用等，均显示着参与者的战术意识。教师在教授单个技术的同时，应将战术意识的培养纳入课程体系，这也是培养学生大局观与集体意识的需要。

七、球类运动的竞赛组织与风险防控

在学生有了一定的球类运动技术基础后，培养其组织小型竞赛的能力就要提上日程。通过竞赛的组织，在适当的引导与提示下，放手让学生自己组织课内竞赛，培养其实操能力，这是促进学生之间的沟通与互动，提升人际交往能力与协同精神的需要。在学生组织竞赛前，要提醒其注意预防意外事件的发生；在竞赛过程中，指导其处理突发事件；在竞赛结束时，进行必要的总结。通过这样一个过程，学生把控全局的能力与细节意识都能得以提升。

八、球类运动与体能练习的结合与分配

“九层之台，起于累土。”运动员的体能是动力源，是球类运动技战术运用的基本保证。无论是高水平的运动员还是普通学生，充沛的体能都是正常发挥技战术与减少运动损伤的重要保障。教师在教授球类运动过程中，每次课都要进行必要的专项体能练习，在课后作业中也应有所体现，且应进行检查与评价，将“运动水平是花朵，体能练习是根基”的思想浸润于整个“教、练、赛”体系之中。

九、欣赏球类运动国内外重大赛事

观看球类运动赛事是我们了解该运动现状与发展趋势的重要途径，对学生而言也是

如此。教师可以将国内外赛事的相关事宜（竞赛沿袭与发展变革、竞赛规则与欣赏重点、观赛途径等）告知学生，并可以结合重要赛事的经典实例在课堂内进行点评或讨论。通过上述教学环节，既能拓宽学生的视野、增长见识，夯实其对于该项运动的见解与领悟，也能调动其直接运动参与的积极性。

第二节　球类运动的教学重点

教学重点是学生必须掌握的基础知识与基本技能，是基本概念、基本规律及由内容所反映的思想方法。同样，球类运动的教学重点也沿袭该表述，只有掌握教学重点，才能突破教学难点，并将球类运动教学内容加以延伸和丰富。

一、球类运动的兴趣培养

兴趣是良师，学校体育教学应重视对学生体育能力的培养，促进学生身体全面发展，同时不能忽视培养学生参与体育活动的兴趣、爱好和锻炼的习惯，否则是不可能奠定学生的终身体育基础的。关于学生运动兴趣的培养，学者们从不同的角度、不同的经历均做过较系统的分析，可谓见仁见智。学生对体育的兴趣、爱好和习惯，在体育活动实践中有其不同的意义：兴趣是一种心理倾向，爱好是一种行为的积极表现，而习惯则成为生活中的“自然”行为。在体育教学过程中，教师一般是在提高学生对体育活动意义认识的基础上促进他们对此萌生兴趣、爱好，从而形成经常进行体育锻炼的习惯，使体育锻炼成为生活中一个不可缺少的重要组成部分。

从竞赛式教学角度稍加总结，球类运动的基本理论、运动欣赏、体能训练、竞赛规则与裁判法、专项技战术等，都是教学必须涉及的内容。学以致用是竞赛式教学的精髓。教师作为课堂的主导者，将学生作为课堂的主体，通过不同方式、不同阶段、不同目的与不同层级的竞赛式教学，使学生清楚这项球类运动的起源与发展，这些动作技能如何运用、运用的时机，技战术组合如何默契，如何合理利用规则，等等，那么，一旦学生理解了、进步了、取胜了、自信了，其参与兴趣自然得以激发，运动习惯也得以养成，可谓“功到自然成”。对于学生运动兴趣的培养，教师要不断总结、反思、寻求、探索、实践，再总结、反思……如此螺旋式循环使教学相长。

二、专项技能的进阶

韩愈《师说》云：“师者，所以传道受业解惑也。”这是指传道、授业与解惑是一个并行且密不可分的体系，体育教育过程同样也应遵循这一规律。作为新时代的体育教师，应将家国情怀与奥林匹克精神融入体育课堂，这其实对体育教育一线工作者提出了更高的要求，是践行使命初心的责任。要让学生清楚运动技能，形成不同阶段（泛化、分化与自动化三个阶段）的不同特点，克服畏难情绪；运用竞赛式教学法，激发学生运动参与兴趣；讲授竞技场经典故事，调动学生拼搏精神与荣誉感；综合运用各种教育教学手段，促进学生某项球类运动技能的提升。做好上述工作，那么竞赛式教学的初衷便得以实现，体育教育的目标愿景自然水到渠成。

三、裁判规则的学习

“不以规矩，不能成方圆。”裁判规则是在某项球类运动发展之初而建立起来的，并随着社会的进步与人类的认知而逐步完善。学习某项球类运动规则，可以长见识、懂礼节、明是非、促公平、养习惯，并最终内化到学生参与球类运动的实践中，且随着学生对规则的理解辐射至他们的日常行为方式中。故此，球类运动裁判规则亦将作为球类运动教学内容的重点之一。

四、竞赛组织实践

教师在授课过程中，更多的是关注运动技能的讲授，而往往容易忽略竞赛组织的相关知识，即使有所涉及，但碍于课时与教学大纲规定等因素，也未能深入其中。殊不知，这对学生理解与领悟该项球类运动，甚至其今后的参与积极性都有着较大影响。所以，对锻炼学生竞赛组织能力方面，教师应予以格外关注。作为一名球类运动的竞赛组织者，要懂得竞赛规则，要有预案，要知晓过程管理与人员分配，更要善于沟通与协商。因此，参与或实施竞赛组织，对学生能力的培养是全方位的，也是竞赛式教学能否顺利实施的重要一环。教师要在竞赛式教学实施的过程中培养与锻炼学生竞赛组织的实践能力。

第三节　球类运动竞赛式教学的优势

“文明其精神，野蛮其体魄”，毛泽东同志在1917年就提出了这句话。在新时代，建设体育大国和体育强国是中国人民实现“两个一百年”奋斗目标的重要组成部分。竞赛式教学法是一种释放体育教育价值的重要方法，可以提高学生的学习兴趣，丰富其学习体验，使其在团队参与中感悟拼搏、承担责任、健全人格，促进其形成坚强的意志品质，养成终身体育的意识，实现人的全面发展。

针对以往教学中，学生参与积极性不高、兴趣不足、难以形成运动习惯的实际情况，体育教师应在国家教育方针的指导下，遵循教育教学规律，大胆创新与突破。“问渠那得清如许，为有源头活水来。”球类运动竞赛式教学堪比这源头活水，能够将公平与公正精神、竞争与合作意识、体能与心理调节、欣赏与评价互动等诸多方面纳入竞赛式教学的每一个实施环节，使学生在竞赛中提高、在互动中配合、在技能提高中形成战术组合、在兴趣促进中夯实运动习惯、在活跃的课堂氛围中培养自信心，并在系统的学习过程中磨炼永不言弃的意志品质。

竞赛式教学可以说是对国外运动教育模式的本土化改良与发展，它简化了运动教育模式中的比赛内容，添加了单个技术、组合技术、小团队配合等的小单元比赛，是在体育学、教育学与心理学等理论的指导下，在单元（模块）教学过程中以比赛为主题展开相关内容教学的体育教学程序。其指导思想为加强学生对技战术的应用能力，加强比赛能力，从而促进学生的身心健康，激发学生的运动兴趣，培养学生的终身体育意识。球类运动竞赛式教学的优势如下。

一、提高学生自主学习能力和参与运动的积极性

在球类运动教学实践中采用竞赛式教学法，教师须在课前认真钻研教学大纲，根据大纲规定的任务选择练习方法，有计划地引导学生积极参与并完成教学规定的竞赛活动。充分发挥学生的主体作用，通过小组合作，倡导学生自己组织比赛，以确定其主体地位，让他们做学习的主人。通过采取各种激励手段，提高学生参赛热情，鼓励学生大胆运用所学技术，以获得竞赛体验感。

竞赛式教学法的运用，可以让学生摆脱由教师主导的传统上课模式，并发掘学生的潜力，激发学生的学习热情，使更多的学生参与进来，从而带动课堂运动的氛围。学生在竞赛式教学中自然而然地学会了很多球类运动方面的基础知识和技能，这种教学方式比单纯的传统的说教教学模式更有说服力和吸引力。对于未掌握的知识，学生可以通过和教师、同学的互动，或者采用课下查阅资料等形式学习并掌握。这样，学生自主学习的积极性得以提升。

二、提升学生团队合作精神与规则意识

好的心理素质是技战术发挥的重要保证。在比赛过程中，胜利可以激发学生精进其技能，失败可以敦促学生总结经验再战，在反复磨炼的过程中，学生的心理承受能力可随之得到提升，这正是体育教育的另一项重要目标；个人赛、小组赛、循环赛与团体赛的形式，可以达到增强学生之间互动的效果，使枯燥的技术练习在既合作又竞争的氛围中开展，较好地促进学生精进球技，并潜移默化地增强学生的团队合作精神；通过学习裁判法并结合相关实践活动，学生的规则意识也会有所提高。

三、促进学生终身体育意识的形成

采用竞赛式教学方式，突出了球类项目竞技性与娱乐性强的特点，有效地培养了学生勇敢、顽强、果断、机警等意志品质和团队意识，这也是“课堂思政”方针的有益实践。在竞赛式教学过程中，学生的积极主动性与创造性得以发挥，不仅遵循了教育教学原则，符合学生身心发展规律，而且可以使教师从“把握与控制”学生，转化为对学生学习方法的改善与对体育运动解读的指导上，教师的主导作用得以充分体现。从师生协同层面，为学生终身体育意识的养成奠定基础，也使教师主导与学生主体的教学理念得以贯彻。

综上所述，竞赛式教学法符合国家中长期教育改革和发展规划纲要的要求，符合教育教学规律，符合“教会、勤练、常赛”的体育教育指导方针，契合“德智体美劳”全面发展的指导思想。采用竞赛式教学法进行球类教学，在提升学生运动兴趣的同时，提升其技战术水平与团队合作精神，从而促进学生终身体育观念的形成。更重要的是，竞赛式教学满足了新时代青少年对体育的多样化需求，直接推动了学生社会化进程，在

广大一线教师的长期摸索与丰富中，不失为一种良好的理论与实践相结合的教学法。毋庸讳言，球类运动竞赛式教学还处于起步阶段，关于体育教育教学的研究还有很大的发展空间，需要体育科研工作者不断进行探索和研究。

第四节　球类运动教学的发展趋势

一、时代发展与进步的选择

球类运动发展到今天，既是历史的选择，也是时代发展的选择，更是人们美好生活之所需，是人类发展进步的要求。

国际市场经济一体化的大背景下，没有任何事物能够置身事外，球类运动日益呈现出生活化、现代化、科学化、国际化与产业化的发展趋势。在这样的趋势下，球类运动的教学只有顺应时代前进的步伐，紧跟历史的潮流，才能立于不败之地。

二、教育工作者的初心与使命

仅就球类运动的教学而言，先进的教育理念、科学的教学方法、有益的国际借鉴、根植本土的操作实践、相对先进又安全的教学设施都不可或缺，而立足区域现实条件的发展创新是更为可贵的工作思路。这就要求广大体育教师在国家教育方针的指引下，充分发挥自身的主观能动性，调动学生学习的积极性，运用正确且适合的教学方法来进行教学实践。有很多学者及一线教师在实践中采用了球类运动的竞赛式教学法，并且取得了良好的效果。长江后浪推前浪，后来者应借鉴以往的经验，在实践中逐步探索竞赛式教学法，从理论与实践的双重角度，去丰富它、领悟它、认识它与继承它，并将成果的辐射面扩大，使更多教师与学生受益。

不论世界风云如何变化，球类运动融合发展的趋势不会改变，教学方法与教学手段不断更迭的趋势不会改变，利用球类运动的竞赛式教学来促进学生的成长的初衷不会改变。对于国际影响力巨大的球类运动，可本着“师夷长技以制夷”的态度去实践，去争取进步空间。对于我国本土开展得好的、有群众基础的、且有竞争力的项目，应继续精耕，要从青少年抓起，从兴趣、观念、手段与习惯养成等多方面着手，根植校园体育。能者为国争光，并增强我国在该项目的国际话语权；平者独善其身，强身健体，在其他更广阔的领域，为社会主义建设添砖加瓦。

综上所述，各项球类运动的教学内容与重点各有侧重。我们的教学目标是，在时间或条件等有所限制的条件下，结合学生的特点与教学大纲等的规定进行针对性竞赛式教学。球类运动的各方面内容是一个互相紧密联系的整体，只有全面掌握各方面的知识与技能，才能对所从事的球类运动有更加深刻的认知。

第三章　球类运动竞赛的组织管理

要想校园球类运动竞赛的组织管理卓有成效，就要熟悉球类运动竞赛组织管理的基本规律，了解校园体育的现状和发展趋势。本章将详细阐述球类运动竞赛的起源和大型球类运动竞赛的组织管理，并结合校园体育的特殊性和复杂性，介绍校园球类竞赛组织管理的基本情况。

第一节　球类运动竞赛项目管理

随着社会的进步与人们物质生活水平的提高，篮球、排球、足球、乒乓球、羽毛球、高尔夫球、棒垒球等球类运动成为人们健身、休闲的首选体育项目。其中，篮球、排球、足球三项球类运动被人们称为“三大球”。与之对应的是“三小球”，即为人们所熟知并且普及性非常高的乒乓球、羽毛球和网球三项球类运动。在球类运动中，高尔夫球因其具有锻炼身体、陶冶情操、修身养性和技巧交流的特性而成为当今代表时尚与优雅的运动项目；棒垒球是兼具合作性、娱乐性和竞技性的球类运动，流行于美国等发达国家，近年在我国也得到进一步推广。由于可产生巨大的社会效益、经济效益，球类运动竞赛已经成为一项重要的社会活动。球类运动竞赛管理是体育运动竞赛理论体系的组成部分，是贯穿球类运动竞赛计划、筹备、举办和收尾等环节的重要工作，对开展球类运动竞赛具有重要的指导作用。了解球类运动竞赛的起源、概念和分类，是开展球类运动竞赛项目管理的重要前提。

一、球类运动竞赛的起源

球类运动竞赛是体育竞赛的重要组成部分，伴随着球类运动的产生而诞生。为了统一竞赛方式，人们制定了一系列球类运动的竞赛规则，形成了球类运动竞赛的雏形。远古时代的球类竞赛大都是宗教仪式的一部分，古代最早文字记载体育竞赛的书籍是《伊利亚特》，书中描写了阿喀琉斯为了纪念战争中被杀的英雄帕特洛克罗斯而举行的一场体育比赛。

古代奥运会是人类历史上规模最大、影响力最广泛的体育竞赛。从公元前 776 年到公元 394 年，在这 1000 多年期间，共举办了 293 届古代奥运会，体育竞赛活动塑造了拼搏、团结的体育精神，成为世界的通用语言。1894 年，被誉为“现代奥林匹克之父”的皮埃尔·德·顾拜旦（Le baron Pierre de Coubertin，1863—1937）提出“复兴奥林匹克运动”。1896 年 4 月 5 日，第一届现代奥运会在雅典胜利召开。而球类运动始终是奥运会设置的竞赛项目，其强大的生命力一直延续至今。

中国的体育赛事起源于先秦时期，主要有“角力”“蹴鞠”“走跑”“骑御”“射箭”等运动项目，其中，蹴鞠对现代足球的产生具有深远的影响。蹴鞠诞生于中国临淄（现在的山东淄博），临淄因此被称为“世界足球的起源地”。中国古代的体育赛事与西方体育赛事有较大差别，中国体育竞赛注重娱乐性和健身性，而西方体育赛事强调竞技性和比赛胜负。

体育赛事发展至今，其竞赛项目和组织形式日益多样化，其中，球类运动竞赛通常为综合性运动会中最受人们关注的比赛。随着经济社会的进步、场地和器材的不断发展、信息科学技术的日新月异，球类运动竞赛的商业化和职业化程度也不断提高。篮球、棒垒球和高尔夫球运动竞赛在美国家喻户晓，其市场化水平较高。排球运动竞赛在意大利、土耳其、巴西等群众体育基础较好的国家具有较大的社会影响力。欧洲和南美部分国家的足球竞技水平引领世界足球的发展，西班牙甲级联赛（简称“西甲”）、德国甲级联赛（简称“德甲”）、英格兰超级联赛（简称“英超”）、意大利甲级联赛（简称“意甲”）和法国甲级联赛（简称“法甲”）是世界上足球运动竞赛收视率最高的“五大联赛”。乒乓球和羽毛球运动竞赛在亚洲国家十分流行，且竞技水平较高。篮球、排球、足球、乒乓球、羽毛球、高尔夫球、棒垒球等球类运动均成立了世界单项运动协会，并且定期举办世界杯和世界锦标赛等竞赛活动，旨在推动相应的球类运动的发展。国家和地区承办球类运动竞赛不仅能够获得丰厚的经济利益，而且能够提升举办地的知名度和美誉度。

二、球类运动竞赛概述

（一）球类运动竞赛的概念

一般而言，球类运动竞赛是指在特定的球类运动竞赛规程的指导下，以竞赛的方式，以获取竞赛胜利为目标的体育活动。球类运动竞赛的本质是体育活动，它具有两个关键特征：其一，竞赛是核心内容；其二，具有明显的社会价值。

（二）球类运动竞赛的分类

球类运动竞赛的种类繁多，形式多样。依据参赛者的年龄、主办单位所处行业、赛事举办地域、运动竞赛项目、竞赛规模、经费来源和性质等可以对球类运动竞赛进行不同的分类。球类运动竞赛既有共性，又有各自的特殊性。为了便于学习和对球类运动竞赛有全面的认识，根据球类运动竞赛规模、水平与影响程度的关系，可将球类运动竞赛分为超大型球类运动竞赛、大型球类运动竞赛和一般球类运动竞赛。一般而言，综合性、单项球类运动竞赛之间的规模及水平有一定区别，但没有严格的高低之分，归根到底，球类运动因项目不同会呈现不同的规模和不同竞技水平。例如，NBA 虽然是单项球类运动竞赛中的职业联赛，但从篮球竞赛规模、水平以及影响力来看，其甚至超过奥运会篮球竞赛的规模和水平。同样，网球“四大公开赛”的规模和影响力亦远远超过综合性球类运动竞赛的水平，其商业化程度也是最高的。

中国举办的综合性球类运动竞赛是全国运动会。在举国体制的影响下，全国运动会是体育界关注度最高的竞赛活动，具有巨大的社会影响力。单项球类运动竞赛［如中国足球超级联赛、中国男子篮球职业联赛（Chinese Basketball Association，CBA）、中国排球超级联赛等］与一般球类运动竞赛（包括热身赛、邀请赛和商业性球类运动竞赛）的参赛队伍数量较多、运动水平较高，其影响力和规模也比较高。随着国际赛事不断落户中国，各地举办的球类运动竞赛越来越多，规格越来越高。我国的球类运动竞赛已经跨入全面发展的时期，建立完善的球类运动竞赛组织管理体系迫在眉睫。

第二节 球类运动竞赛的组织实施与管理

世界各地都在积极申办与举办球类运动竞赛，原因之一是这些赛事能够促进举办地的经济发展，甚至是当地社会经济快速发展的重要助推力。在中国，球类运动的开展较为普遍，国内许多城市均成功举办过影响力较大的球类运动竞赛，且所办赛事规模和赛事数量呈上升趋势。

以篮球为例，民众耳熟能详的 NBA 中国赛在上海、深圳等地多次成功举办。2019 年国际篮联篮球世界杯暨第十八届国际篮联篮球世界杯于 2019 年 8 月 31 日—9 月 15 日在中国北京、上海、广州、深圳、南京、武汉、佛山和东莞等 8 所城市成功举办。男子篮球世界杯是国际篮球联合会（Fédération Internationale de Basketball，FIBA，简称“国际篮联”）主办的最高水平的世界级篮球竞赛，NBA 是美国四大职业联赛国际化水平最高的体育赛事，该类赛事的举办对中国及举办城市有良好的宣传作用。

足球运动号称“世界第一运动”。中国国家女子足球队在 1999 年美国女足世界杯上夺得第二名，并于 2022 年第 9 次夺得亚洲杯（亚洲最高水平的足球比赛）冠军，被国人誉为“铿锵玫瑰”。1994 年，中国体育体制改革，开始走市场化发展道路。足球是实现职业化最早的球类运动项目，经过近 30 年的探索与实践，中国足球超级联赛已经成为国内影响力最高、观众人数最多、经济效益最高的联赛。中国不但如火如荼地开展国内超级联赛、甲级联赛，而且还承办了 2007 年女子足球世界杯以及 2004 年亚洲杯等大型赛事。

除了篮球和足球，中国举办世界性大赛次数最多的是排球竞赛，南京、上海、深圳、江门、宁波、天津、郴州、香港和澳门等地都成功举办过世界排球联赛、亚洲排球锦标赛等重要赛事。

乒乓球在中国享有“国球”的美誉，国家队竞技水平领先世界乒坛。乒乓球运动在中国非常流行：各级各类学校随处可见打乒乓球的学生，社区体育场地上摆放着标准的乒乓球台，不同年龄、不同性别的乒乓球爱好者相互竞技、娱乐健身等。在赛事承办方面，截至 2021 年，中国共承办了 3 次世界乒乓球锦标赛。1961 年，北京首次承办了世界乒乓球锦标赛；1995 年与 2008 年，世界乒乓球锦标赛分别在天津与广州举办。

和乒乓球运动一样，羽毛球运动在中国也深受大众的喜爱。中国羽毛球公开赛是世界羽联组织的五大顶级赛事之一，1986 年首届赛事在中国福州举办。截至 2019 年，已成功举办了 31 届。

网球和高尔夫球运动被世人誉为“高雅的贵族运动”。随着这两项运动在中国的普及，中国运动员逐步在世界赛事上取得骄人的成绩。以李娜为代表的中国女子网球运动员成绩令人瞩目，李娜更是亚洲网坛单打选手最高排名纪录保持者，并于2019年入选国际网球名人堂；高尔夫球运动员冯珊珊从2012年以来陆续获得了众多国际赛事的桂冠，是人们熟知的有影响力的高尔夫球运动员。

随着运动的普及，网球和高尔夫球的国际赛事也纷至沓来。中国网球公开赛（China Open）是国际网球协会批准的男女综合性网球赛事。自2004年起，中国每年承办一届公开赛。2009年，中国网球公开赛经过调整后全面升级，其中女子赛事成为国际女子网球协会（Women's Tennis Association，WTA）四站皇冠明珠赛（Premier Mandatory）之一，男子网球赛事亦成为ATP 500赛。这样，中国网球公开赛在整体级别上仅次于四大满贯，与印第安维尔斯大师赛、迈阿密大师赛和马德里大师赛并称“四大超级赛事”。高尔夫球运动竞赛在一线城市举办较多。深圳观澜湖高尔夫球场是亚洲最大的高尔夫球场，1995年因成功举办第41届高尔夫球世界杯决赛而闻名世界。华彬北京公开赛自2007年开始举办是中国的自主品牌高尔夫球赛事，与2004年“大众杯”高尔夫球赛、2005年WCG世界名人高尔夫赛一样，是已获得日巡赛（Japan Golf Tour）、亚洲巡回赛、中国高尔夫协会（简称“中高协”）共同认证的顶级品牌高尔夫球赛事。

棒球在中国属于起步较晚的球类运动项目，但是拥有很好的发展前景。目前，中国棒球协会也在积极申请承办多项世界性竞赛，如2021—2029年世界棒球联赛，以推动棒球运动的发展。

综上所述，随着球类运动竞赛的不断发展，其影响力越来越大，吸引了大批青少年参与到球类运动竞赛中来，从而促进了球类运动在校园中的推广与普及。为了便于读者更好地掌握竞赛的组织实施与管理，根据体育竞赛的基本流程，可将球类运动的组织实施与管理分为四部分：球类运动竞赛的选择与申办、球类运动竞赛的筹备、球类运动竞赛的举办、球类运动竞赛的收尾。①

一、球类运动竞赛的选择与申办

（一）球类运动竞赛的选择

球类运动竞赛工作的起点是赛事的选择。球类运动竞赛活动的组织者主要是指国家、组织、单位和个人。主办方会依据政治需要、民众渴求、经济发展需求等综合因素选择最符合自身发展的赛事。承办方在选择球类运动竞赛时，会从以下几个方面进行考虑：首先，需要考虑举办地的体育传统因素。球类运动在同一国家不同地区普及程度大相径庭，同时，举办球类运动竞赛可以带动举办地该项体育运动的发展，有利于开拓当地的体育市场。例如，在拥有“排球之乡”美誉的地区举办足球赛，在具有“足球之乡”称号的城市举办篮球赛，效果可能会适得其反。众所周知，广州是开展羽毛球运动非常普及的城市之一，具有广泛的群众基础，其羽毛球竞技水平也稳居全国前列。因

① 参见何洋、孙太华《体育赛事组织与管理》，北京体育大学出版社2017年版。

此，苏迪曼杯、汤尤杯等重要羽毛球赛事相继落户广州。因此，政府部门在选择承办地时必须将当地的体育传统作为首要考虑的因素。其次，需要综合考虑举办地的自然环境和风土人情。例如，选择沿海城市举办沙滩排球肯定比在非沿海城市或没有沙滩的城市合适。在冬季举办足球赛、高尔夫球赛、棒垒球赛，选择气温适合的南方城市会比寒冷、地面结冰、下雪的北方城市更有利于运动员发挥正常水平。再次，应充分考虑举办地的经济实力和政治因素。诚然，举办球类运动竞赛能够促进当地的基础体育设施等建设，但是经济实力不强的城市举办球类比赛须谨慎决策。因为其财政可能无法承担赛事前期的巨大投入，再加上人们的消费能力不足，观众可能并不会现场观赛。因此，选择举办球类运动竞赛时需要考虑地区的经济实力和人们的体育消费能力。

（二）球类运动竞赛的申办

1. 申办概述

球类运动竞赛的申办是指经过对球类运动竞赛的选择，由管理者决定向球类运动竞赛的主办方提交申办申请，获得举办权的阶段性工作。从实际操作来看，各类组织一旦决定申办，就要立即组建申办工作组，合理配置人员架构。为提高申办的成功率，各类组织往往会指定在该球类运动中具有影响力的运动员或者知名人士作为申办形象大使，并利用各种渠道扩大申办宣传力度，以期获得社会大众的支持。

从承办方的角度而言，因球类运动具有巨大的市场潜力和群众基础，故申办球类运动竞赛的竞争对手不在少数，赛事举办权成为国家、城市、组织必争的体育稀缺资源。从主办方的角度而言，为了推动球类运动在世界范围内推广，需要积极在更多的国家和地区推广品牌赛事，培养观赛群体规模和数量，获得举办赛事的经济效益和社会效益。

2. 申办阶段的主要任务[①]

球类运动竞赛的申办阶段的主要任务有 5 个：①建立申办委员会；②提出申请，撰写申请报告；③组织公共关系宣传活动；④接受主办方的检查，并作申办陈述；⑤准备相关的投票和审批手续。

二、球类运动竞赛的筹备

（一）球类运动竞赛筹备的概述

体育赛事具有“时间次序性强”“竞赛活动不可重复性”的特点，因此，作为最受关注的体育赛事——球类运动竞赛活动，其组织管理关键在于做好筹备工作。当举办地获得承办权之后，球类运动竞赛的运作则进入了筹备阶段，球类运动竞赛管理的工作重点就要转移到围绕实现申办目标、围绕成功举办而做好各项筹备工作。由于竞赛的筹备工作涉及面比较广、时间跨度比较大、参与部门和人员较多，筹备工作是否落实到位决定着球类运动竞赛活动的成败。因此，正确认识筹备工作的重要性，掌握球类运动竞赛的基本规律，统筹各部门、参与人员的时间节点是保证球类活动竞赛顺利开展的基础。

---

① 刘清早编：《体育赛事运作管理实务》，人民体育出版社 2011 年版，第 62～63 页。

（二）筹办阶段的主要任务

1. 树立正确的办赛理念

所谓“理念”，是指人们经过长期的理性思考及实践所形成的思想观念、精神向往、理想追求和哲学的抽象概括。在举办大型体育竞赛活动时，承办方往往会提出各种各样的理念或者口号。例如，2008年北京奥运会，中国提出“三大理念”：绿色奥运、科技奥运、人文奥运；2011年深圳世界大学生运动会的理念是“从这里开始，不一样的精彩”；2014年巴西足球世界杯的口号是“全世界一个节奏”。实践证明，这些理念或者口号对宣传赛事、指导体育竞赛活动具有深刻的影响力。

2. 管理机构设置与职责划分

“万事开头难”，球类竞赛活动申办成功以后，便进入至关重要的筹备阶段。建立和健全球类运动竞赛管理机构是首要任务，所有的竞赛活动都是在组织机构的领导下实施并完成的。球类运动竞赛的管理机构一般是“委－部室”结构，即筹备委员会（赛事开始后，通常更名为组委会）和各部室（图3－1）。在获得承办权后管理机构会发挥管理职能直至比赛结束，有个别部门在竞赛结束后仍然会继续运作一段时间，以便做好赛事收尾工作。

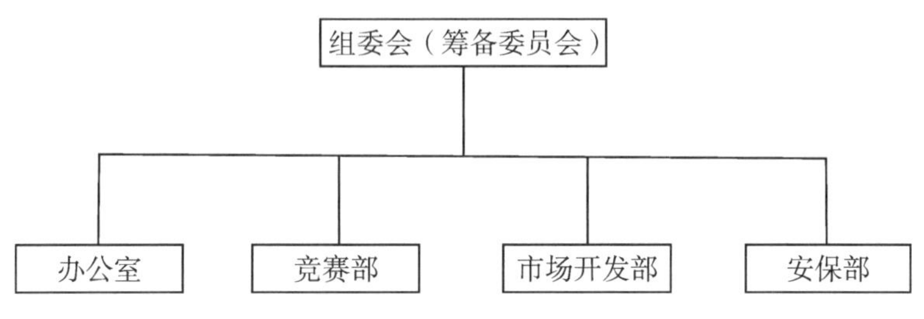

图3－1　球类运动竞赛赛事组织机构图

资料来源：张瑞林《体育管理学》，高等教育出版社2018年版，第235页。

职责划分是落实工作的重要步骤。办公室的工作职责基本体现在：①负责球类竞赛的总体策划；②协调各方的工作；③负责各个会议和重要活动以及文件的上传、下发、传阅等工作；④负责编制办公预算，后勤、清洁等管理工作。竞赛部是竞赛活动的核心部门，其主要职责包括：①负责竞赛组织、颁奖等竞赛类管理工作；②负责竞赛成绩管理；③负责技术官员、仲裁委员和裁判员的管理工作；④负责竞赛纠纷与竞赛突发事件处理工作；⑤负责竞赛场地、场馆和器材管理工作；⑥负责兴奋剂检测；⑦协助资格审查委员会进行运动员资格审查工作；⑧协助赛事冠名、宣传转播、场馆建设和维修等与竞赛有关的工作；⑨负责运动队管理；⑩负责承办单位竞赛组织等工作。市场开发部的主要工作包括：①负责调查、整合球类运动竞赛所有可开发的市场资源，编制《资源推广手册》和《场馆广告资源手册》；②负责规划和组织实施社会捐赠等工作。安保部是竞赛组织管理工作中的重要部门，其主要职责是：①对整个竞赛全程安全、消防、保卫、交通负责；②对意外事件的预案；③协助组委会做好突发事件的处置工作。

3. 构建规范、顺畅的竞赛管理运行机制

运行机制是保障竞赛活动顺利进行的基础，也是提高工作效率，保证比赛成功举办的关键。首先，通过召开筹备委员会会议、组委会会议、各部门之间的会议以及秘书长会议等构建管理机制。其次，通过制定相关规章制度来规范竞赛管理活动。再次，通过细化工作方法建立工作实施机制。最后，通过培训等活动提高竞赛活动工作效率。

三、球类运动竞赛的举办

（一）球类运动竞赛举办的概述

筹备阶段的结束意味着举办阶段的开始。球类运动竞赛举办是指竞赛活动开始直至所有比赛结束为止的阶段。这个阶段是整个球类运动竞赛活动的核心部分，是筹备阶段工作成果的集中体现，它直接决定着赛事能否成功举办。对观众来说，竞赛活动是最直观、感受最深的内容；对运动员来说，竞赛活动是成绩发挥的时刻，是运动队成员和新闻媒体的关注焦点；对组织者来说，在筹办阶段如未做到环节完美，则可以在举办过程中弥补，使之优化，从而做到球类运动竞赛活动的可控性。

（二）举办阶段的主要任务

球类运动竞赛进入举办阶段后，主要任务包括按照规则和竞赛规程组织竞赛，按照组委会要求组织主要活动和会议，为举办球类运动竞赛提供全面的保障措施。

1. 竞赛组织

以时间轴计算，运动队和技术官员报到时就应当算作竞赛组织的开始。所有竞赛组织均应按照《竞赛规程》和《竞赛规则》的文件精神，围绕参加竞赛活动的运动员为主体开展工作。如统计和发布竞赛成绩、竞赛成绩册的编制和印刷、各种奖项的评定等都是竞赛组织的重要内容，都是不允许出现任何纰漏的。

2. 开幕式和闭幕式

如今，球类运动竞赛的开幕式和闭幕式已经演变为一种体育文化，是球类运动项目宣传和推广的契机，是展现竞赛运作水平和整体形象的最佳载体，是球类运动竞赛活动的标志性事件。

3. 其他重要活动

球类运动竞赛的主题活动、火炬传递活动、科学论文报告会等体育文化活动，能够扩大赛事影响力、烘托竞赛气氛、提高参与度，进一步提升竞赛活动的社会价值、经济价值和文化价值。

四、球类运动竞赛的收尾

（一）球类运动竞赛收尾的概述

对于观众和运动员来说，球类比赛的结束就意味着赛事活动的结束。但是，就整个球类运动竞赛活动而言，对竞赛的组织者来说，球类运动竞赛闭幕式的落幕成为另一项竞赛内容的起点，这包括球类竞赛活动的评估、总结和表彰等一系列球类运动竞赛的收尾工作。在这个时间节点，赛事组委会有必要邀请第三方机构对竞赛的运作、赛事价值的影响进行评估。感谢与表彰是主办方对承办方、组织或个人在竞赛活动中价值体现和付出的认可，被表彰的对象主要是政府机构、新闻媒体、赞助商和志愿者等。评估内容主要涉及整个赛事的相关文件和财务管理，通过评估可以衡量球类运动竞赛活动的政治效益、社会效益和经济效益等，并可以此作为考察资源投入与产出比，为今后承办球类运动竞赛提供实践参考。

（二）球类运动竞赛的收尾工作

收尾工作对整个赛事举办起到画龙点睛的作用，尤其是赛后的总结与宣传环节，其对社会的影响可能经过相当长的时间后才能显现。因此，收尾工作的作用不容忽视。首先，评估的主要作用是判断球类运动竞赛活动是否获得预期的效益，为再次举办类似竞赛活动提供经验，同时可以获得球类运动竞赛的良好声誉。其次，表彰和致谢主要作用是肯定表彰对象在竞赛活动中做出的努力，是尊重劳动成果、致敬劳动者的体现。在表彰过程中应当重精神激励、轻物质奖励，提升表彰层次。最后，不论是主办方还是承办方都应当注重评估和表彰等工作的具体、深入，切勿流于形式。

综上所述，组织球类运动竞赛可以运用管理学理论指导其实践，但是，体育竞赛有其自身特点，举办运动竞赛的活动内容十分复杂、琐碎，与一般社会活动有明显区别。因此，组织和管理校园球类运动竞赛要结合学校体育传统、学生学习和训练竞赛、体育师资等因素，对其进行科学管理。

第三节　校园球类运动竞赛的组织管理

球类运动是校园内最流行、学生参与度最高的运动项目之一。学生参与训练和竞赛需要学校等相关部门的大力支持，以更好地吸引学生参与其中，提高学生身体健康素质，活跃校园体育文化。根据球类运动竞赛的一般规律，结合校园的特点，校园球类竞赛的组织管理大致可分为赛前准备、赛中组织和赛后工作三个部分。

一、赛前准备

首先，建立球类竞赛组织机构。通常学校体育运动委员会是管理学校体育工作的最高组织机构，全权负责开展校园球类竞赛的所有活动。而在校园体育发展过程中，学生体育社团是重要的骨干力量。因此，校园球类竞赛活动应该充分发动好、利用好学生社团的力量，为竞赛活动提供人力保障和技术支持。

其次，确定组织方案。组委会通过召开会议确定竞赛的名称、目的和任务，重点预算开展竞赛活动所需经费，并落实经费来源。当前，校园球类竞赛活动基本是行政拨款，个别项目可以得到商业赞助。

再次，制定竞赛规程。竞赛规程是校园球类竞赛的指导性文件，竞赛规程主要内容有：①竞赛活动的名称、目的和任务；②主办单位和协办单位；③举办的时间和地点；④参加的学院和人数；⑤报名和报到时间；⑥竞赛办法和竞赛规则；⑦名次评定和奖励办法等。

最后，各个职能部门制订部门工作计划。各个部门的工作计划不是独立的，而是在某个时间节点上相互连同、互为整体。

二、赛中组织

赛前准备工作安排周全后，校园球类活动进入重要的竞赛阶段。赛中组织主要有三方面内容。第一，主办单位做好安保和医疗工作，确保比赛顺利进行和安全推进。第二，细致做好竞赛组织和裁判工作，保证球类竞赛活动的公平、公正，以期通过校园球类公平竞赛达到育人的目的，促进校园体育运动健康发展。第三，主办单位应当注重宣传工作，扩大球类竞赛活动的影响力和知名度，打造校园竞赛文化，构建校园体育文化，陶冶学生积极向上的生活情操。

三、赛后工作

赛中组织结束后，校园球类运动竞赛的赛后工作成为校园体育的工作重点。赛后工作主要包括两个环节：一是校园球类运动竞赛的评估，二是校园球类运动竞赛的表彰工作。

目前，国内的校园球类运动竞赛的主办单位多为学校体育运动委员会，其经费来源为学校行政拨款。因此，校园球类运动竞赛的赛后应注重评估社会效益是否达到了预期效果。例如，评估举办校园球类运动竞赛是否吸引了一定数量的学生参与竞赛（包括组织竞赛、参加比赛、现场执裁，以及参与宣传的啦啦队等），评估其是否推动校园体育文化建设，等等。同时，各职能部门应当相互交流、通力合作，及时总结校园球类竞赛活动的经验与不足，形成会议文件并存档保留，这将有助于其他校园竞赛活动的借鉴学习。

赛后的颁奖仪式是校园球类运动竞赛表彰工作中不可或缺的重要内容。为了表彰先进、鼓励校园体育精神，主办单位可以举办简约而隆重的颁奖仪式，通过邀请嘉宾出席颁奖典礼提升其关注度。此外，还应当采用实物、校园体育积分、精神奖励等形式对校园球类运动竞赛中表现优异的学生运动员及其单位进行表彰，为在校学生和单位树立良好的学习榜样，进一步扩大校园体育文化的影响力。

第四章　校园球类运动竞赛风险管理

球类运动竞赛的伤害事故是学校体育教育活动中不可避免的，但在实际司法仲裁中学校的诉求往往得不到有力的支持。一旦发生意外伤害事故，学校往往承担一定的责任，学校和体育教师不得不承担来自社会舆论的压力。部分学校为了减少校园竞赛风险，直接削减了球类运动活动的开展，对学生比较喜欢的、对抗性较为激烈的足球和篮球等竞赛予以取消，这种做法显然违背了教育的初衷，不利于学生身心健康的发展。因此，不论是教育部门还是学校，都应该正视校园球类运动竞赛的风险，做好竞赛风险的预防和管理，以积极推动校园球类运动的健康发展。

第一节　球类运动竞赛风险的界定

球类运动竞赛活动虽然可使举办方获得赛事收益，但在举办竞赛的过程中会存在一定的风险，而这种风险会使收益大打折扣。由于风险的不确定性，使得人们对风险的认识相对有限。风险管理的概念来源于西方国家的科学管理技术。英国保险学会对风险管理的定义为，风险管理是通过计划、处理和控制各种活动的经济成本，从而降低不确定风险带来的影响。英国学者包尔克特（Balkett）和班尼斯（Benise）从企业管理方面提出，风险管理是对影响企业生产和收益的风险进行识别、测定和控制的管理。美国学者小阿瑟·威廉姆斯（C. Arther William, Jr.）和理查德·M. 汉斯（Richard M. Heins）在其主编的《风险管理与保险》一书中明确提出："企业风险管理是通过识别风险、控制风险，以最小的成本将风险威胁降低到最低程度的管理方法。"[①] 虽然不同学者、不同流派对风险管理众说纷纭，但是，尽力将风险的损失降至最低已是西方学者们对风险管理的共识。

风险管理作为一门新的管理科学，其研究内容和研究方法非常丰富。目前，国内对风险管理的研究成果多集中在企业风险管理，其核心内容与西方国家对风险管理的定义基本一致。伴随体育与管理的不断融合，体育赛事中的风险管理成为研究重点。国内学者刘东波等人对筹备和举办体育比赛过程中的各种风险进行识别与评估，并在此基础上优化组合各种风险管理技术与指标，从而使体育赛事风险得到有效控制和妥善规避。[②]

---

① ［美］小阿瑟·威廉姆斯、［美］理查德·M. 汉斯：《风险管理与保险》，陈伟等译，中国商业出版社1990年版，第117页。

② 参见刘东波、姜立嘉、吕丹《大型体育赛事风险管理研究》，载《体育文化导刊》2009年第3期，第8～13页。

赵燕、黄海峰则从赛事主办方的角度描述："体育风险管理是赛事主办方在组织和管理赛事过程中对可能出现的不利因素进行分析、识别，采用科学、合理的手段将风险进行管控，从而达到降低事故、伤亡发生率，用最低的成本获得最大的利益保障。"① 对比以上研究理论并结合实践可知，体育赛事是体育领域中出现风险较高的体育活动。众所周知，球类运动竞赛具有激烈的身体对抗，竞赛中的运动员人身伤亡事故频繁发生，球迷斗殴事件也屡屡上演，运动员风险管理成为竞赛重中之重。就竞赛活动本身来说，足球、棒垒球等室外竞赛活动受自然环境和气候变化的影响较大，赛事运营者需要随时根据外界的不确定因素降低风险发生的概率，并尽量避免或减少财务风险和经济损失。

综上所述，球类运动竞赛风险是指球类运动竞赛组织者对申办、筹备、举办和赛事收尾过程中存在的可能危害组织者利益的不确定因素进行识别、研究分析，采用科学、合理的技术手段对风险进行处理，使事故、伤害的发生率和损失降至最低的过程。

第二节　球类运动竞赛风险的类型

球类运动竞赛风险因多数球类运动参与人员数量多、竞赛组织规模大、赛事影响力广等特点而变得复杂、多样、难以控制。根据风险管理和体育管理理论，结合球类运动竞赛的特殊性和研究者的运动竞赛管理实践，可将球类运动竞赛风险分为政治类风险、财务类风险、自然类风险、人员类风险、技术类风险、场地器材类风险等六大类别。②

一、政治类风险

按照惯例，大型球类运动竞赛活动往往由不同国家或地区举办，这就意味着举办球类运动竞赛将面临不同的政治体制和社会文化。不同的政治体制和社会文化容易产生种族冲突，存在恐怖活动、政治抵制等各种政治类风险，从而威胁到球类运动竞赛正常运行。政治类风险发生的领域一是国与国之间，二是国内不同种族或者不同文化背景群体之间。

种族冲突也是球类运动竞赛活动必须关注的问题。2011 年第二十六届世界大学生运动会排球比赛在深圳大学举行，美国和巴勒斯坦大学生男子排球队在同一小组相遇，考虑到两国之间的关系，组委会精心筹划，成功化解了政治类风险的发生。南非总统曼德拉曾经说过，体育拥有改变世界的力量。这种力量可以打破种族隔离政策的限制，可以促进各个国家和各个种族团结、公平竞赛，体现了球类运动竞赛的真正含义。

二、财务类风险

经济条件是举办球类运动竞赛的重要物质基础和运行命脉，缺乏资金支持则一切竞赛活动无从谈起。借助球类运动竞赛的影响力举办球类运动竞赛，不但可以推动举办国

① 赵燕、黄海峰：《试论我国职业体育赛事社会责任》，载《广州体育学院学报》2009 年第 3 期，第 7～11 页。
② 参见肖林鹏、叶庆晖《体育赛事项目管理》，北京体育大学出版社 2005 年版，第 41～57 页。

经济快速增长、加快城市基础建设，还能带动当地旅游、环境、通信等相关产业的发展。举办一项球类竞赛活动需要投入巨额资金，也会直接或者间接获得丰厚的收益，因此，竞赛活动的组织者在进行管理时需要谨慎应对财务类风险。所谓财务类风险，是指球类运动竞赛所从事以货币计量或者与货币有关的活动中存在的风险，主要包括财务管理风险和经营风险。①

（一）财务管理风险

预算和支出是财务管理的主要内容。对于举办球类运动竞赛，财务预算是筹办和申办时的重要环节。如果俱乐部不计预算，加大引援力度，则会导致资金严重不足，甚至拖欠球员和教练的工资。没有经费的支持，教练员和运动员出现罢训、罢赛的情况，俱乐部成绩一落千丈，导致俱乐部筹资困难。只有将预算做到精确、合理，俱乐部的训练和比赛才能正常维持下去。举办不同级别的球类运动竞赛财务预算有较大差异。举办国际球类运动竞赛除了要考虑不同国家、参赛项目数量等基本要素之外，还要考虑不同国家和地区的人力成本以及物价等综合因素。国内的球类运动竞赛的类型也有大型、中型和小型之分，随着举办球类运动竞赛的规模和级别不同，其财务预算也有难易之分。

以广州承办2010年亚洲运动会（以下简称“亚运会”）为例，财务支出经费主要包括城市基础设施建设费和竞赛业务费两个大类经费。新建和改建场馆占比基础建设费用较高，其中广州亚运会羽毛球比赛在天河体育馆进行，奥体体育场则承担棒球比赛，排球则是在广州各高校体育馆举行，足球则在天河体育场、花都体育场和越秀山足球场举行。这些场馆基本符合办赛资格，并且场馆一直正常运营，只需要在原有场地设施上完善即可，这部分支出较小。为了承办网球和篮球比赛，广州市政府新建了奥体网球场和广州体育学院篮球馆，新建场馆设施成为基础设施的主要开支部分。竞赛是球类运动竞赛的核心部分，竞赛业务费是指运动竞赛本身运行所需要的费用，不仅包括与服务工作有关的费用，还涵盖组织运动竞赛工作人员的开支、物资采购、业务费用等。总之，预算和支持经费越大，其财务管理风险就相应增加。

（二）经营风险

球类运动竞赛因其强大的商业价值备受赞助商的追捧。为了更好地组织球类运动竞赛，组织者必须将经验风险降至最低，确保举办竞赛相关利益者获得收益。收益有直接收益和间接收益之分。其中，直接收益主要是指来自行政拨款、赞助和转播版权等的收益；间接收益则是指城市基础建设、增加就业机会以及促进体育相关产业发展，这种经济效益多为较长时间内才能显现出来的经济收益。

三、自然类风险

发生自然灾害，如地震、高温、大雨、雷电、冰雹、流行疾病等，球类运动竞赛可能会受到影响而推迟、中断、取消或者是易地举办。这种由于自然条件和气候条件的突然改变而影响球类运动竞赛的举办，并且给球类运动竞赛带来损失的风险，称为自然类

① 参见刘东波《我国承办大型体育赛事风险管理机制研究》，博士学位论文，东北师范大学，2010年。

风险。[①] 由于自然灾害是不可预测的，也是不可抗拒的，它的突然出现具有相当大的破坏力，带来的损失和风险不可估量，因此，自然类风险给球类竞赛的举行增加诸多不确定的因素。

足球、网球、高尔夫球和棒垒球等球类运动基本在室外举办，受自然环境和气候条件影响非常大。竞赛组织者通常将举办地的自然条件和气候条件作为承办竞赛的必要条件，合理安排相应的项目和选择运动项目最适宜的比赛时间。例如，炎热的夏季不能将足球和网球等室外项目安排在中午或下午进行，否则会影响运动员竞技水平的正常发挥，导致比赛成绩欠佳；另外，运动员在 35 ℃以上的高温酷暑下进行运动可能会中暑休克。

自球类运动竞赛产生以来，竞赛管理者每次举办竞赛都将气象作为重要的研究内容。即使组委会精心筹备、认真部署，但自然类风险仍然可能会不期而至。这种球类运动竞赛风险有一定发生概率，笔者整理了近 20 年重大比赛的自然类风险典型案例（见表 4－1）。

表 4－1　自然类风险典型案例

日期	地点	赛事	因素	结果
2003 年 9 月 23 日	中国	国际足联女子世界杯	“非典”肺炎疫情	易地举办
2004 年 6 月 27 日	英国	温布利网球公开赛	大雨	推迟
2004 年 9 月 14 日	中国	中国网球公开赛	大雨	推迟
2005 年 8 月 16 日	美国	美国 PGA 高尔夫球锦标赛	雷电	推迟
2006 年 1 月 21 日	澳大利亚	澳大利亚网球公开赛	高温	推迟
2007 年 9 月 13 日	中国	中国网球公开赛	大雨	推迟
2007 年 9 月 19 日	中国	女足世界杯	台风	推迟
2008 年 6 月 6 日	奥地利	奥地利高尔夫球公开赛	大雨	取消
2020 年 7 月 23 日	日本	奥运会	新冠肺炎疫情	推迟

注：笔者根据文献资料整理而成。

四、人员类风险

人力资源是球类运动竞赛中能动性最大、最活跃的因素。参与球类运动竞赛的人力资源主要包括运动员、裁判员、赛会工作人员、志愿者、新闻媒体记者和观众等相关人员，以上人员来自不同领域，身份复杂，涉及面广。因此，针对人员类风险进行识别、分析时遇到的困难更多。在人员类风险中，故意放火或者由于工作人员不慎导致失火的风险影响较大，并且因为火灾造成的恐慌，会引致踩踏等严重后果。1985 年 5 月 11 日，布拉德福德队为了庆祝获得英格兰足球联赛冠军组织了一场友谊比赛，观众随意丢掉烟头引燃球场木质看台，导致看台坍塌，造成 56 人丧生，265 人严重烧伤的惨案。

① 参见霍德利《体育赛事风险评估与应对策略研究》，载《天津体育学院学报》2011 年第 1 期，第 49～53 页。

同年5月底，在比利时举办欧洲冠军杯决赛期间，利物浦与尤文图斯的双方球迷打架斗殴，用于隔离双方观众的围墙被参与骚动的球迷挤倒，酿成39名球迷死亡的悲剧。英格兰是现代足球发源地，足球文化深入人心，球迷之间的口水战、互殴时有发生，人员类风险频繁发生。1989年4月，英格兰足总杯半决赛在老牌劲旅利物浦队与新贵诺丁汉森林队之间展开，就在开赛前，因为球迷之间的摩擦，造成95名球迷死于挤踏之中。[①]

从球类运动竞赛的产出者和消费者来看，最容易出现风险的个体是竞赛的生产者——运动员。由于运动员的训练和比赛均在监控下进行，因此，人员类风险能够得到有效控制。然而，在足球、篮球等对抗激烈的运动项目中，运动员的扭伤、拉伤、骨折和意外伤害事件屡屡发生。2006年中国和法国的足球友谊赛中，中国球员郑智在一次拼抢中铲球，造成法国队核心队员西塞小腿弯折；2021年欧洲杯足球赛的丹麦对阵芬兰小组赛中出现了令人揪心的意外状况，比赛上半场快结束时，丹麦队队员埃里克森接边线球后在没有任何身体对抗的情况下突然倒地昏迷，比赛一度中断1个多小时。

五、技术类风险

技术类风险是球类运动竞赛项目自身属性所导致的，主要包括项目竞赛风险和信息技术风险。该类风险自始至终都会存在，给球类运动竞赛的正常运行带来不利影响。

球类项目的竞赛风险有等级之分，足球属于出现运动员伤害风险概率较高的运动项目，篮球、排球、棒球属于出现运动员伤害风险次之的运动项目，乒乓球、网球和羽毛球则是出现运动员意外伤害风险较低的运动项目。

信息技术风险是指在媒体转播和竞赛展示中出现意外事故，造成不良影响和经济损失的风险。球类运动竞赛的现场观众是直接感受现场氛围的受益者，通过网络或者电视转播观看比赛的球迷则数以亿计。电子信息设备是球类运动竞赛中不可或缺的重要转播手段，对计算机、网络、传真、邮件的依赖越来越高，为工作带来便捷的同时，也相应增加了信息技术风险的出现。当某一个环节出现问题时，会导致信息不畅，影响现场观感，造成转播中断，不仅为赞助商带来经济损失，也给竞赛组织者带来负面影响。[②]

六、场地器材类风险

比赛场地设施及器材是举办球类运动竞赛的客观物质基础，是进行运动竞赛必备的硬件设施条件。没有完善的场地器材，举办运动竞赛将无从谈起。场地器材类风险首先是场地器材自身存在的安全隐患。例如，场馆不能按时交付使用，或者在施工过程中偷工减料，未按照比赛要求完成场馆建设，导致工程验收出现质量问题，从而为球类运动竞赛带来风险。其次是因为场地器材设计不合格而给他人带来的风险。最后是场地和器材在设计过程中没有考虑到对他人可能造成的危害。

---

① 李国胜、张文鹏：《关于体育赛事风险管理要素的研究》，载《广州体育学院学报》2005年第3期，第39～40页。

② 参见胡毅《体育赛事风险管理研究》，载《科技情报开发与经济》2008年第18期，第112～113页。

在球类运动竞赛规则中，对场地器材的安全隐患提出明确的要求，参与人员的人身安全成为首要考虑因素。运动员是参与竞赛的主体，运动员的人身是否安全在很大程度上决定着该运动项目的推广和发展。设置排球场地无障碍区的尺寸规格，须将运动员人身安全和发挥竞技水平作为参考依据。篮球场地的广告板与观众之间的距离则将观众的安全视为关键因素。如果说运动员对球类运动竞赛起到引领作用，那么球迷对于运动项目而言则起到助推作用，是球类运动项目生根、发展和茁壮成长的“沃土”。降低场地器材类风险，应当将观众和工作人员的安全纳入识别、评估、研究的管理体系。例如，球类运动竞赛的现场观看人数少则几千人，多则几万人。在人群密集的看台，观众稍有骚乱对看台的护栏设置、通道设置，甚至看台的承重都提出了很高的要求。如果在场馆设计或建造过程中，未将此情形考虑在内，出现场地器材类风险的概率将会大大增加。

第三节　校园球类运动竞赛风险的预防与管理

举办任何体育活动都会面临风险，尤其是校园内的竞赛活动，一方面，学生不是常年参赛的专业运动员；另一方面，如果组织者缺少运动竞赛管理的经验，则风险更是无处不在。一旦发生校园球类运动竞赛安全事故，学生家长和社会都会非常关注。但是，主办方不能因噎废食，承办方更不能望而却步。在组织和管理校园球类运动竞赛时，主办方应当预防意外伤害事故的发生，同时需要做全、做细、做实风险预案，将风险带来的威胁降至最低，以保证校园球类竞赛健康、有序开展。

一、认真识别竞赛风险，提高安全意识

在球类运动竞赛前，体育教师需要加强自我安全教育，时刻将学生的生命安全放在首位。体育教师和学生都应当熟练掌握各体育项目基本技战术动作以及安全防护知识。竞赛活动前，体育教师应当认真识别运动竞赛中的政治类风险、财务类风险、自然类风险、人员类风险、技术类风险、场地器材类风险等，全面提高安全意识。在球类运动竞赛时，体育教师应按照球类竞赛的基本流程组织竞赛活动，针对学生的身心发育特点，组织实施符合学生特点的球类运动竞赛活动，对病残弱学生参加球类竞赛活动应给予充分的指导和应有的保护。

二、科学评估竞赛风险，确定风险的严重程度

在球类运动竞赛前，体育教师或竞赛组织者应对竞赛运动项目的特性、赛事级别和类型进行细致分析，并在辨别竞赛活动风险的基础上，对球类运动竞赛本身可能发生的各种风险进行定性或定量分析。进行分析时，要评估风险处于哪个阶段，风险是否能够避免。例如，如果举办校园足球赛时遇到雨天，就需要确定是小雨、大雨或者暴雨等，同时还需分析足球场的排水情况以及学校对举办室外体育活动的要求等来讨论比赛是否需延期举办。

另外，还要评估竞赛风险对赛事运行的影响程度，以确定竞赛风险级别。例如，当

出现财务风险时，评估其对竞赛活动的影响程度。校园球类运动竞赛活动对经费的依赖程度较低。一方面，大部分工作人员出于兴趣爱好，可以用公益时等方式来计算其工作劳务费；另一方面，场地器材可以向学校申请使用。因此，校园球类运动竞赛对经费需求较小，可以将竞赛活动经费短缺评估为低风险。

三、落实风险预案，应对意外伤害事故的发生

校园球类运动竞赛组织方的充分准备、精心筹备可以降低意外伤害的发生率，但意外伤害事故仍然可能发生。因此，球类运动竞赛组织方应在竞赛之前未雨绸缪，落实好风险预案。一旦发生校园球类竞赛伤害事故，竞赛组织方与体育教师应及时采取恰当、有效的处理方案，按照“依法、客观、合理”的原则应对发生的意外事故，尽量减小意外伤害带来的影响，同时降低其导致的损失。

第五章 球类运动竞赛规则与裁判法

第一节 球类运动竞赛规则概述

比赛并不是球类运动的最终目的，规则也不仅仅基于比赛本身。规则的作用是确保比赛在公平、公正的前提下进行，有着维护和宣扬体育道德的教育意义。形成球类规则的内容应当与球类运动的发展同步，并且符合项目发展的要求。这就需要依照球类运动的发展情况对规则进行适时的修改，而规则就是在这种情形下形成的。

裁判规则的形成需要考虑到以下三种因素：第一，适应技战术的发展是对规则进行指定和修改的前提；第二，规则不能只考虑到眼前排球运动的发展情形，还应该对未来有一定的引导性和预见性；第三，通过规则中对技战术的指定与修改，引导该项目朝着健康和积极的方向发展，使其发展前景更加广阔和乐观。

篮球、排球、足球、乒乓球、羽毛球、网球、高尔夫球、棒垒球等球类运动自诞生以来，逐渐由娱乐、健身的体育游戏演变为对抗激烈、观赏性高的竞技体育项目。球类竞赛规则伴随球类运动竞赛活动的诞生而产生，是球类运动竞赛的指导性文件，是参赛成员在竞赛过程中必须遵循的行为准则，是裁判员指挥比赛、做出判罚的重要依据，也是推动球类运动竞赛发展的重要动力。

无论是篮球、足球、棒垒球等对抗性很强的运动项目竞赛的规则，还是排球、羽毛球等隔网对抗的运动项目竞赛的规则，都在场地器材、运动队成员的行为和技术标准等方面做出了明确的规定。场地设施和运动器械是开展球类运动的基础保证，其会随着比赛规格的不同而有细微差异，但其基本要求必须符合国际单项运动协会的竞赛规则。运动队成员是运动竞赛的主体，其参赛行为在球类竞赛规则的规定范围内可尽情发挥，并能够带给观众欣赏球类竞赛的愉悦体验。良好的竞赛行为可以教育大众，传播球类运动竞赛的正能量。球类竞赛规则的核心内容是运动技术标准，技术标准是球类运动项目区别于其他运动项目的显著特征，是引导运动技战术发展的根本，是推广和发展球类运动的参考依据。

一、执行规则的基本原则

（一）基础性原则

规则不仅依靠比赛参与者的自觉维系，而且需要裁判员来实际执行。执行规则的基本原则是营造一个良好和公正的比赛环境。

（二）全面性原则

规则涉及比赛的方方面面，全面、有序地执行规则有助于运动员在比赛中不受外界因素干扰，有更多的机会和空间来充分发挥运动能力，以更好地呈现该运动队的竞技水平，从而达到运动员艰苦训练的目的。例如，在全国排球比赛中，运动员的发挥可以反映出各城市排球运动的水平。

（三）公平公正原则

裁判员应该对公平公正原则有明确的认识，必须在确保严格执行规则的基础上进行公正判罚，让运动员在一个良好的比赛条件下竞赛。裁判员判罚的公正性也直接影响运动员的心理稳定度和发挥水平。因此，裁判员只有始终以公正为前提，才能更积极地促进排球运动的发展。

二、场地设施

场地设施是运动员竞技活动的必要场所。首先，设置球类运动场地考虑的因素是安全问题。场地设置不能留有安全隐患，应防止由于场地设施构建不合理而造成运动员的意外受伤，同时还要充分考虑现场观众的安全。看台设置嘉宾、志愿者、技术官员、运动队和主场观众及客队观众等不同功能区域，必要时应设置隔离带和护栏以确保场馆内的安全。其次，运动员的发挥和观众的观赛体验也是重要的考量因素。以排球场地设置为例，排球场地以黄色和蓝色为主色调，比赛球则选择彩色样式的排球，其绚烂的色彩容易吸引观众的眼球，有利于运动员发挥良好的竞技水平。例如，在棒球运动中，棒球棍的材质有木质的，也有金属的，为了安全考虑，国际比赛均采用木质的棒球棍。最后，场地设施和运动器械的变革其最终目的是推动球类运动项目的发展。篮球和排球的竞赛规则都明确规定：参与竞赛的运动员必须佩戴颜色和款式统一的运动服和饰品。排球场地发球区不断变小，是为了缩短观众和运动员之间的距离，有利于观众近距离观看比赛，提高观赛体验。国际篮联的 3 分投篮区域逐步向美国男子篮球职业联赛的场地大小转变，其目的是服务运动队，体现篮球的攻防均衡，使篮球比赛更加精彩。①

三、运动队成员的行为

大众喜爱或者欣赏一项球类运动时，不仅为了观赏精彩、精湛绝伦的技术和默契、行如流水的配合，还为了观看个人喜爱的运动员。恰恰是对运动项目和运动员，甚至是对教练员的拥趸者极大带动了球类运动的发展。因此，在比赛中，运动队成员的行为是运动竞赛管理的重点，竞赛规则需要着重强调，什么行为值得提倡，什么行为坚决杜绝。

以《篮球竞赛规则》的违反体育运动精神（简称“违体”）的犯规为例，该规则主要目的是约束球员在场上的不必要的犯规动作，它不仅仅是强调在攻防转换中的犯规，更多的是强调不在竞赛规则规定内的犯规动作都应该被判罚“违体犯规”。这就要求篮球运动员在平时训练中应加强对个人行为的管控，以培养良好的比赛行为。要想在比赛中取得优异成绩，运动员需要加强对竞赛规则的研读，学会利用规则，在竞赛规则

---

① 参见杨茂功、由世梁、崔鲁祥《篮球竞赛规则与裁判方法问答》，人民体育出版社 2013 年版；中国排球协会审定《排球竞赛规则（2017—2020）》，人民体育出版社 2017 年版。

的允许范围内，全面展现出良好的个体比赛行为。

竞赛规则和运动队成员行为的密切关系在高尔夫球运动中体现得最为明显。《高尔夫球规则》是所有从事高尔夫运动的人都必须遵守的行为规范，这种比赛的行为规范已经在高尔夫球运动中形成了特有的礼仪要求。

竞赛规则不是对运动队成员不良行为的“惩戒”，而是引导运动队成员了解竞赛规则，帮助运动队成员遇到有关竞赛情景时学会如何应对。身体对抗较强的足球和篮球运动竞赛中时常会出现运动队成员的不良行为。例如，运动员的恶意犯规，给对手带来意外伤害；运动员在比赛中辱骂或推搡裁判员，甚至出现球员殴打裁判员、双方球员打架等暴力行为。虽然闹事的球员都会受到判罚，但是这样的行为会造成短时间难以消除的恶劣影响。

四、技术标准

技战术是球类运动项目的“灵魂”。技术标准条文部分是球类运动竞赛规则的核心内容。一项完善的竞赛规则符合技战术发展的基本规律，能够提高球类运动的精彩程度，进而满足观众的观赛需求。

首先，制定技术标准应符合人体生物力学运动规律。尽管运动员个体之间存在差异，但是人体姿势、关节角度和肢体的位移基本相同。因此，在运动员完成技术动作和战术时，所动员的肌肉和骨骼都是一样的。为了获得比赛的优胜，运动员需要协调发力，使各个环节相互配合，顺畅完成技术动作。例如排球运动中的拦网技术，排球竞赛规则中明确提出，当对方进行进攻性击球后，拦网队员可以将手伸到对方场区空间击球。为了完成有效拦网，运动员在起跳后，身体腾空的同时需要将手置于对方场地的上空，这就需要队员的核心力量和身体平衡能力。再如足球运动中的倒钩射门技术动作，当运动员采用倒钩射门时，需要判断来球的速度、弧度和时机，然后背对球门，使身体向后空翻，并采用在空中仰面上躺的动作，用腰部、腹部等力量控制身体姿势，瞬间起脚发力，完成倒钩射门。

其次，制定技术标准时需要满足球类运动的发展。球类运动追求攻守平衡，当进攻强于防守时，竞赛规则会鼓励防守，放宽防守技术的标准。相反，当防守强于进攻时，竞赛规则同样会制定相关进攻技术动作标准，以提高进攻的效率。

最后，制定的技术标准需要符合人类审美需求。只有技术标准符合美学原理，才能使运动员有获得感，使观众获得愉快的观感。例如高尔夫球运动中优雅的挥杆，既符合动力学原理，也符合大众的审美标准。

第二节　球类运动竞赛裁判法

各个球类项目的裁判法和竞赛规则是球类运动中相互依存、相互并行的权威准则。在球类竞赛中，裁判法是约束裁判员公正、科学执法的参考手册，对裁判员的工作内容、流程等各个方面提出了明确的要求。球类竞赛裁判法还可以为执法中的裁判员提供技术支持，裁判法预见了赛场上常见的各种突发情景，并制定了相应的处理方法和预案。

在现实中，参与竞赛的人员往往将裁判法视为裁判员应当学习和掌握的知识，认为裁判法的作用仅限于约束、指导和帮助裁判员更好地执法比赛。这种认识不仅片面，还违背了球类运动的发展规律，严重阻碍了竞赛裁判法的普及。因此，教练员和运动员更应当注重裁判法的学习。一方面，裁判法知识是球类运动中的重要知识内容；另一方面，了解并掌握裁判法知识的运动队成员才能称之为专业知识全面的体育人。

球类竞赛裁判法的主要内容大体上可分为球类竞赛规则的演变与发展、裁判员心理素质和道德修养、裁判员的工作方法和工作职责、裁判员等级申报和考核等四大模块。

首先，一项运动的发展史必然包括其竞赛规则的产生和发展。球类竞赛规则的演变与发展也包含该运动项目的诞生、发展、改革等不同发展历程。

其次，心理素质和道德修养是成为一名裁判员的基础。裁判员应当具有较强的心理素质和优秀的道德修养，其具体表现在临场执裁过程中对各种犯规动作的敏锐洞察力和及时应变能力，抵抗来自外界干扰的情绪控制能力，执法过程所必需的公平、公正、自信、果敢的优秀心理品质。裁判法赋予了裁判员执法的权力，裁判员根据裁判法的各项条款进行判断，其判罚会直接决定比赛的走势，甚至直接影响比赛的结果。因此，裁判员是“竞技场上的法官”，其心理素质和道德修养是影响比赛的关键。从竞赛项目的长远发展来讲，应当加强裁判员的思想道德教育，培养其优秀的道德品质；提高裁判员的执法技巧，丰富其执法实践经验。从竞赛管理角度来看，所有竞赛工作都是围绕服务运动队而展开的，裁判员应当树立起服务意识，为运动队创造良好的比赛环境，保证赛事流畅进行。

再次，球类竞赛裁判法的指导性条款是裁判员的工作方法和工作职责。该部分明确规定每场比赛裁判员的人员构成、裁判员的工作职责和工作方法等。例如，棒垒球、排球和乒乓球运动竞赛裁判法会提供案例分析，用以培养裁判员的分析能力、判断能力和解决问题的能力。

最后，制定和实施裁判员等级申报和考核是培养后备裁判员的重要举措。我国对裁判员实行等级管理。裁判员等级由低到高分为三级、二级、一级、国家级、国际级五个级别，每个竞赛项目均设立裁判员委员会，其主要功能是培养和选拔裁判员，对裁判员进行管理，进而推动该项运动的发展。

第三节　竞赛规则与裁判法对球类运动的影响

伴随着现代体育进入快速发展时期，球类运动竞赛规则和球类运动的关系更加密切，两者既相互制约，又共同发展。球类运动发展过程中，当竞赛规则不适应或者阻碍球类运动发展时，竞赛规则会根据球类运动的发展变化特征主动做出改变。竞赛规则的不断完善使球类运动的发展重燃生机，进一步推动球类运动的发展。球类运动的发展也相应地促使球类运动竞赛规则不断进步与发展，并随着在世界各大竞赛中的广泛应用得到进一步获得检验。总体来说，球类竞赛规则与裁判法对球类运动具有推动作用、限制作用和引导作用。

一、推动作用

制定和完善球类运动竞赛规则的出发点是服务于该运动项目的发展。竞赛规则与裁判法的日益变化给球类运动技战术带来巨大变革与创新，并产生强大的助推力，促使球类运动迅速发展。

从技术层面来看，以篮球运动为例，篮球竞赛规则对技术动作和产生的新技术均有明确界定。“带球走”规则的修改必然会产生新的技术动作，特别是在运球突破时的行进间投篮以及接球上篮，都会产生巨大的影响。以投篮动作的定义分析，篮球竞赛规则和裁判法中的界定不仅为裁判员在场上能更为清晰的判罚提供理论基础，还为运动员如何训练投篮技术起到指导作用，直接推动了篮球进攻技术的发展。再以排球运动为例，排球竞赛规则和裁判法的条款精神鼓励拦网队员过网拦网，因此，中国男子排球队创造性地提出“盖帽式”拦网对排球运动的防守起到极大的促进作用。又以网球运动为例，从网球竞赛规则中对器材规格的修改，可以看出新型网球拍的出现，昭示着网球运动的力量越来越大、速度愈来愈快，推动了网球技战术的进步。

从战术层面来看，以足球运动为例，每次足球的“越位规则”修改均对球队阵型完善起到推动作用，球队的阵型改变后，球队的战术打法受到直接影响。战术的发展主要依靠中场的稳定配合，追求逐步渗透和节奏，在这种变化中防守队员通常采用“越位陷阱”制造进攻球员越位，那么前锋人数较多的队伍很容易出现越位犯规。

二、限制作用

竞技运动的“攻防平衡”可以增加比赛的精彩程度，从而吸引更多观众关注比赛。修订球类运动竞赛规则是为了推动运动发展，增加来回球的次数，提高比赛的观赏性。以乒乓球运动为例，球台的大小和规格变化对乒乓球的攻防平衡起到至关重要的作用，当球台变大时，对防守方有利，不会轻易得分，从而来回球次数提高。而排球比赛中设立“双自由人”也是为了增加队伍的一传和防守，抑制对方的进攻。这里所指的限制作用，并非限制技术的发展，而是从“攻防平衡”的角度削弱一项技术、弥补另一项技术的不足，进而达到攻守平衡，促进球类运动的长足发展。

三、引导作用

随着现代体育运动的发展，球类运动正朝着现代化、商业化、科技化方向发展，这就离不开各种媒介的营销。球类竞赛规则逐步允许在服装、场地上出现赞助商广告，比赛暂停和局间可插播广告，这对于促进球类运动商业化发展具有引导作用。

球类运动中的排球、网球、羽毛球等竞赛多以“计分”为主，比赛时间无法预知，更不能人为控制。为了有利于电视和网络等媒体的转播，球类运动竞赛规则和裁判法对比赛时间与技术环节所涉及的用时均有严格规定。以网球竞赛规则为例，通过对网球比赛时间的严格控制，减少了“垃圾时间”，确保了比赛顺利进行，提高了网球运动赛事的观赏性。同时，在比赛中引入发球计时器，通过规范运动员的参赛行为，减少了运动员战术性拖延比赛时间以达到恢复体能目的的现象，同样，倡导增加足球比赛的“净时间”也是出于这个目的。

为了引导球类运动向科技化方向发展，现代计算机技术不断被引入球类运动竞赛中。以网球和排球比赛中所使用的鹰眼系统为例，其在“困难球”和“疑难球”的处理上为裁判员的判罚提供了科学、合理的依据，提高了判罚的准确性，对减轻裁判员的执法压力，对促进排球和网球运动竞赛的公平性、合理性做出了极大的贡献。

众所周知，球类运动竞赛规则与裁判法和运动项目相互促进、共同提高。各个球类运动项目的竞赛规则和裁判法具有较大差异，从理论层面很难统一认识。因此，笔者基于体育教学角度从宏观角度对竞赛规则和裁判法进行了基本梳理与阐述，希冀抛砖引玉，供体育教师、裁判员，以及其他体育实践从业者以借鉴。

实 践 编

第六章　乒乓球运动竞赛式教学实践

乒乓球运动（table tennis）是一种世界流行的球类体育项目。按照球类运动的分类，其既属于隔网运动，也属于台面运动，又属于非接触类运动，还属于小球类运动。就在我国的开展情况而言，其参与人口数量众多，参与人群分布广泛（开展乒乓球运动竞赛式教学如图6－1所示），竞赛成绩位列世界前茅（图6－2），被誉为我国的“国球”也属实至名归。

图6－1　开展乒乓球运动竞赛式教学

图6－2　奥运荣光

乒乒乓乓连四海，英雄儿女夺金牌，人才辈出一代代，全民健身育英才。从这句话中，我们可以领略乒乓球的价值：“乒乓外交”开启了中美建交的破冰之旅，运动健儿争金夺银展示了我国人民的拼搏精神，其在全世界的蓬勃发展诠释了乒乓球人业精于勤的精神传承与乒乓球的时代价值，广泛开展这一群众喜闻乐见的运动项目，有益于“健康中国”建设。本章将在介绍乒乓球运动起源、基本竞赛规则、技战术等的基础上，着重探讨乒乓球竞赛式教学的设计与实施。

第一节　乒乓球运动的起源与发展

一、乒乓球运动的起源

（一）在英国的发端

19世纪末，欧洲盛行网球运动，但由于受到场地和天气的限制，英国有些大学生便把网球移到室内，以餐桌作为球台，以书作为球网，用羊皮纸做球拍（图6－3），在餐桌上来回击打。1890年，几位驻守印度的英国海军军官偶然发觉在一张不大的台子上玩网球颇为刺激，后来，他们改用实心橡胶球（图6－4）代替弹性不大的实心球，随后改为空心的塑料球，并用木板球拍（图6－5）代替了网拍，在桌子上进行这种新颖的“网球赛”，这就是table tennis得名的由来。

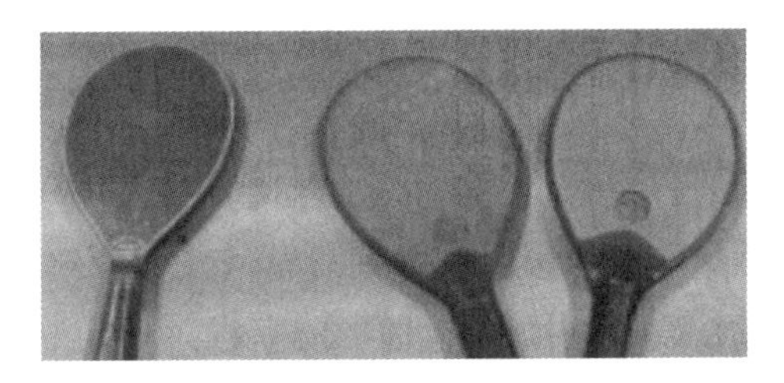

图6－3　羊皮纸球拍

图6－4　实心橡胶球

乒乓球运动出现不久，便成了一种风靡一时的热门运动。20世纪初，美国开始成套地生产乒乓球比赛用具，当时，它是美国头号持拍运动。最初，table tennis 还有其他的名称，如 indoor tennis，后来一位美国制造商以乒乓球撞击时所发出的声音创造出 ping-pong 这个新词，并以此作为他制造的“乒乓球”专利注册商标。ping-pong 后来成了 table tennis 的另一个正式名称，当它传到中国后，人们又创造出“乒乓球”这个新词语。

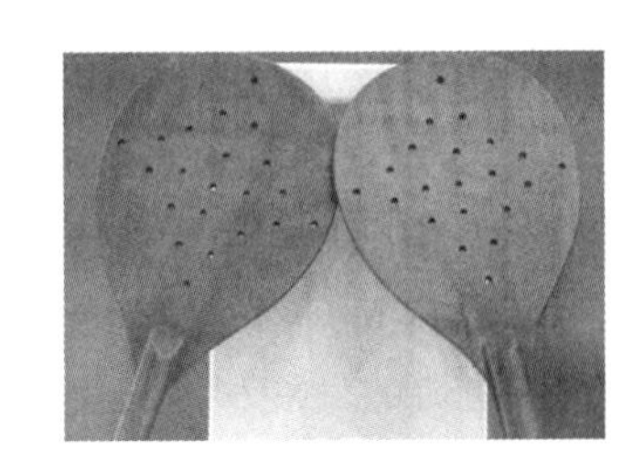

图6－5　木板球拍

（二）球具、赛制与赛事的发展

乒乓球运动在发展初期，运动员使用的球拍虽形状各异，但都是木制的，球弹出后速度慢、力量小，没有什么旋转技巧，打法也很简单，运动员就是将球推来推去，如果比赛双方都采用“蘑菇战术”，则会非常耗时。乒乓球运动的广泛开展促使球拍和球得到很大的改进。球拍由最初的木板革新为木板经简易加工后贴上一层羊皮的造型。得益于现代工业的发展，欧洲人把带有胶粒的橡皮贴在球拍上，形成了乒乓球球拍的现代版。19世纪50年代初，奥地利人发明了海绵球（图6－6），但这种球摩擦力小，重量又太轻。后来，乒乓球经改进为一种类似网球的橡胶球，直到1890年，英国运动员吉布从美国带回一些作为玩具的赛璐珞（塑料的旧称）球，用于乒乓球运动。自此，乒乓球的球拍与球体材料的现代版（图6－7）沿用至今。

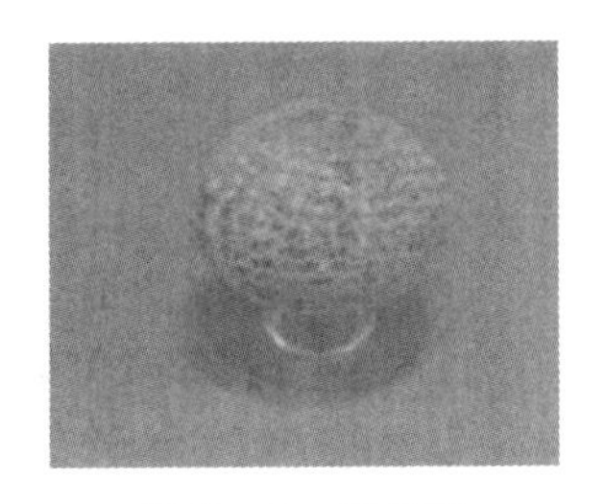

图6－6　海绵球

图6－7　现代版乒乓球和球拍

考虑到比赛的观赏性，乒乓球单人比赛原来一般采取“三局两胜制”或“五局三胜制”（每局21分），2001年改为“七局四胜制”或“五局三胜制”（每局11分）。

1926年，国际乒乓球联合会（International Table Tennis Federation，ITTF，简称“国际乒联”）于德国柏林成立，并在英国伦敦举行了第一届世界乒乓球锦标赛。“截至

2016 年，国际乒乓球联合会已拥有 222 个国家和地区。”① 它是世界上较大的体育组织之一。

（三）“国球荣光”，群星璀璨，谁与争锋

自 1959 年容国团获得第二十五届世界乒乓球锦标赛（以下简称“世乒赛”）男子单打冠军后，中国运动员开始在国际乒坛崭露头角，逐渐形成了以“快、准、狠、变”为技术风格的直拍近台快攻打法。在 1961 年第二十六届世乒赛中，中国乒乓球队运用近台快攻打法，先力克欧洲诸强，又战胜了拥有远台长抽加“秘密武器”——弧圈球打法的日本队，第一次夺得男团冠军。此后，中国乒乓球队连续获得第二十七届、第二十八届世乒赛男团冠军。近台快攻的优点是站位近、速度快、动作灵活、正反手运用自如，比日本远台长抽打法又有所突破，乒乓球运动的优势由日本转移到中国。20 世纪 70 年代以来，由于国际交往和对技术研究的加强，各种打法互取长短，乒乓球技术得到了更快的发展和提高。比如，中国近台快攻、直拍快攻结合弧圈球、横拍快攻结合弧圈球等打法和技术均有所发展和创新，在国际比赛中取得了优良的成绩（图 6－8）。

图 6－8　中国乒乓球队囊括冠亚季军

多年来，中国选手一直在乒乓球项目中有着极为出色的表现：男子项目中的王涛、孔令辉、刘国梁、马琳、王励勤、马龙、张继科，女子项目中的邓亚萍、乔红、王楠、张怡宁、丁宁、刘诗雯等冠军球员群星璀璨，为国家赢得了无数的荣誉，展现了我国运动员良好的精神风貌，促进了乒乓球运动的发展。

二、乒乓球运动的发展趋势

（一）技战术的发展趋势

新一代乒乓球运动员所体现的技术风格代表了世界乒乓球技术的发展趋势，引领着乒乓球技术的发展方向。展望乒乓球技术在今后一段时间内的发展趋势，新生代运动员将可能会给世界乒坛格局带来以下变化。

第一，朝着更加近台、快速、凶狠的方向发展。近台、快速、凶狠的技术风格一直是 20 世纪 90 年代以来的乒乓球技战术发展方向，但在新生代运动员们的冲击和推动下，站位更近台，追求更快速、更凶狠的打法将成为今后乒乓球运动的重要技术特征，

① 参见国际乒乓球联合会官网（https://cn.ittf.com/aboutus/），访问时间：2021 年 1 月 2 日。

随之而来的，还包括相应的战术变化及器材工具的革新。

第二，以旋转为基础，以速度为中心。在新一轮旋转与速度的较量中，速度又一次占据上风，其作用将进一步突出。在摩擦的基础上，撞击的作用会得到更多的重视。

第三，前三板的控制与反控制更加激烈。第四十二届世乒赛后，欧洲人将中国的前三板技术发展到了前五板，但随着新生代运动员正反手两面上手能力的提高，对发球和接发球的争夺会更加激烈，第四板以后的攻防转换将成为一个更重要的亟待解决的技术问题。

第四，"小拉"可能代替"大拉"成为弧圈球技术的普遍形式。为适应速度和快速的攻防转换需要，拉冲弧圈球的动作会进一步改进：一是动作幅度会进一步缩小，二是更突出小臂、手腕的爆发力和板与板之间的衔接速度。这种"小拉"将成为弧圈球技术较为普遍的采用形式，而以腰和大臂为发力主力的"大拉"模式将逐渐淡出运动员的视野。

第五，传统的均衡派打法将出现技术上的分化。由于新生代运动员打法的冲击，传统的均衡派打法将出现技术上的分化：一部分运动员选手会吸取新生代运动员的特长，将更积极主动的前三板技术和强相持能力融入自己的技术中，向新生代运动员的技术打法靠拢；另一部分运动员可能会通过在技术上更加注重防守，在战术上采取正手突破等有效形式，与新生代运动员打法抗衡，以综合实力谋求世界乒坛上的一席之地。

第六，心理调适能力将成为左右胜负的重要因素。赛场情况瞬息万变，除体能、技术等因素外，不受外界影响，心无旁骛地专注于比赛，成为比赛获胜的决定性因素。在变化中寻求突破，随机应变地做出反应，制定应对策略，这需要冷静的思考，属于战术的一部分，但却基于运动员的心理调适能力。所以，高级别的运动队都会配有专职的心理咨询师，在平时训练的同时，给予专门的指导，以增强运动员的心理调适能力。

（二）国际交流的发展趋势——"养狼计划"

梅花香自苦寒来。乒乓球作为中国人公认的"国球"，能够取得如此辉煌的成绩，无论是国家、教练，还是运动员本身，对乒乓球的付出都是巨大的。未雨绸缪是一个对待事物发展与变化的正确态度，在为这些辉煌的成绩欣喜、赞美与自豪的同时，我们也应该有一种并非杞人忧天的担心——在国际赛场上的一家独大，是否会带来我们想象不到的发展趋势呢。

世界各国乒乓球运动员们和中国乒乓球运动员交手屡战屡败，赢球希望越来越像遥远的地平线，好像看得见，却永远摸不着。在失去竞争意义的情况下，乒乓球比赛会悄然导致其他国家对其失去兴趣，乒乓球项目也可能被"逐出"奥运会，形成世界赛场上只剩中国队说"单口相声"，唱独角戏，导致乒乓球项目的国际比赛慢慢演变成为事实上的国内比赛。

独乐乐不如众乐乐。正是基于上述隐忧，有识之士与体育职能部门推出并发展"养狼计划"。与其放任着让它走向灭亡，不如出手挽救。"养狼计划"包括四个方面：第一，培育并发展乒乓球联赛，吸引国外的乒乓球运动员来中国参加职业联赛，通过交流，在促进其提升技战术水平的基础上，提高其竞争力；第二，输出优秀的教练员，去其他国家做教练，既能培育乒乓球运动的氛围，又能提高其能力，还能展示大国风范；

第三，输出运动员，动员我国的优秀运动员去国外参加他国的职业联赛，借以带动其水平的提高；第四，适当的时候，开放我国高水平的乒乓球训练营，可以以参观、互动等形式来扩大乒乓球运动的影响力。

原国际乒联主席沙拉拉曾表示，希望设立北京乒乓球学院。按照这一计划，国际乒联将在北京设立乒乓球学院，为各国选手提供与中国国手一起训练的机会，并采用国际乒联担任主管、中国乒联担任顾问的形式，目的就是借中国之石攻他国之玉，从而提高世界各国乒乓球运动的竞技水平，缩小其他国家运动队与中国队的差距，增强世界比赛的激烈程度，使国际乒乓球的重大赛事更加精彩、好看、紧张、激烈、充满悬念。

“养狼计划”的实施，需要机制的健全、共识的达成、氛围的营造与利益的协调。该计划从提出之始，已经全面展开，并取得了一定的效果，日本的伊藤美诚与张本智和在最近几年世界大赛中表现优异，也偶有战胜我国国手的事例，世界排名进入前十。甚至有人说，“狼”真的来了，但也不必过分担心，我们要有战略定力。每一个具体的举措只是“养狼计划”的一个方面，乒乓球运动的发展需要新时代国际环境下的中国方案。

我们深知“满招损，谦受益”的道理，打铁尚需自身硬。我们要在技术上不断进步，打法上不断创新，训练手段上有所进阶，避免成为“黄昏之星”，勇为排头尖兵，才能有资格并有能力实施“养狼计划”。“自信人生二百年，会当水击三千里”，我们要有这样的豪情与自信。良好的群众基础，傲人的竞技成绩，有益的全民健身方式，备受关注的职业联赛，作为乒乓球超级大国，我们希望并有能力推动乒乓球在国际上的良性发展。加强与国际乒联和世界各国的交流与互助，为推动乒乓球运动在世界各国的普及与提高，尽我们的应尽之责，这是提高国际影响力与国际话语权的需要，是新时代的使命，是体育强国建设的必要战略。

第二节　乒乓球运动的基本裁判规则

乒乓球的竞赛规则无论是对技战术运用与创新，还是对比赛的商业化程度，甚至是对运动的传承与发展等，都具有明确的导向作用。球类竞赛都必须以之为准则，并严格遵守。乒乓球运动的裁判工作与竞赛规则非常精细，碍于篇幅，本教材仅介绍基本的入门级裁判规则。

一、合法发球

（1）发球时，球应放在不执拍手的手掌上，手掌张开和伸平。球应是静止的，在发球方球台的端线之后、比赛台面的水平面之上。

（2）发球员需用手将球几乎垂直地向上抛起，不得使球旋转，并使球在离开不执拍手的手掌之后上升不少于 16 厘米，球下降到被击出前不能碰到物体。

（3）当球从抛起的最高点下降时，发球员方可击球，使球首先触及本方台区，然后越过或绕过球网装置，再触及接发球员的台区。在双打中，球应先后触及发球员和接发球员的右半区。

（4）从抛球前静止的最后一瞬间到击球时，球和球拍应在比赛台面的水平面之上。

（5）击球时，球应在发球方球台的端线之后，但不能超过发球员身体（手臂、头或腿除外）离端线最远的部位。

（6）运动员发球时，应让裁判员或副裁判员看清他是否按照合法发球的规定发球。

二、合法还击

对方发球或还击后，本方运动员必须击球，使球直接越过或绕过球网装置，或触及球网装置，或触及球网装置后，再触及对方台区。

三、发球、接发球和方位的选择

（1）选择发球、接发球和场地的权力应通过选择硬币的正反面来决定。选对硬币面者可优先选择，可以选择先发球或先接发球，或挑方位（选择先在某一侧场地）。

（2）当一方运动员选择了先发球或先接发球，另一方运动员应有挑方位的权力。反之亦然。

（3）在每发球两次之后接发球方即成为发球方，依此类推，直到该局比赛结束，或者直至双方比分都达到 10 分实行轮换发球法，这时发球和接发球次序仍然不变，而且每人只轮发一分球。

（4）一局中在某一方位比赛的一方，在该场的下一局应换到另一方位。单打决胜局中有一方满 5 分时应交换方位。

四、发球、接发球次序和方位错误的处理

（1）裁判员一旦发现发球、接发球次序错误应立即暂停比赛，并按该场比赛开始时确立的次序，根据场上的比分由应该发球或接发球的运动员发球或接发球；在双打中，则按发现错误时那一局中首先有发球权的一方所确立的次序继续进行比赛。

（2）裁判员一旦发现运动员应交换方位而未交换时，应立即暂停比赛，并按该场比赛开始时确立的次序，根据场上比分纠正运动员所站的方位后再继续比赛。在任何情况下，发现错误之前的所有得分均为有效。

（3）当发球员发出的球触碰到网，呼报“擦网”，裁判员应令发球员重新发球，直到没有擦网，或者其他发球失误。

五、重发球

不予判分的回合出现下列情况，应判重发球：

（1）如果发球员发出的球，在越过或绕过球网装置时触及球网装置，此后成为合法发球或被接发球员或其同伴阻挡。

（2）如果发球员或其同伴未准备好时球已发出，而且接发球员或其同伴均没有企图击球。

（3）由于发生了运动员无法控制的干扰，如灯光熄灭等原因，而使运动员未能合

法发球、合法还击或未能遵守规则（运动员与同伴相撞或者被挡板绊倒而未能合法回击，则不能判重发球）。

（4）裁判员或副裁判员宣布的暂停比赛：①由于要纠正发球、接发球次序或方位错误；②由于要实行轮换发球法；③由于要警告或处罚运动员；④比赛环境受到干扰以致该回合结果有可能受到影响（例如，外界球进入赛场或者是足以使运动员大吃一惊的突然喧闹）。

六、判失一分

回合中出现重发球以外的下列情况，应判失一分：

（1）未能合法发球。

（2）未能合法还击。

（3）阻挡。

（4）连续两次击球（如执拍手的拇指和球拍连续击球）。

（5）除发球外，球触及本方台区后再次触及本方比赛台面。

（6）用不符合规定的拍面击球。

（7）双打中，除发球或接发球外，运动员未能按正确的次序击球。

（8）裁判员判罚分。

（9）其他已列举的违例现象。

七、一局比赛

在一局比赛中，先得11分的一方为胜方；比分出现10平后，先多得2分的一方为胜方。

八、一场比赛

（1）一场比赛应采用七局四胜制或五局三胜制。

（2）一场比赛应连续进行，但在局与局之间，任何一名运动员都有权要求不超过2分钟的休息时间。

九、轮换发球法

（1）如果一局比赛进行到15分钟仍未结束（双方都已获得至少9分除外），或者在此之前的任何时间，应双方运动员要求，应实行轮换发球法。计时员应在每一局比赛的第一个球进入比赛状态时开表，在比赛暂停时停表，恢复比赛时重新开表。比赛暂停包括：球飞出赛区至重新回到赛区、擦汗、决胜局交换方位及更换损坏的比赛器材。一局比赛进行到15分钟尚未结束，计时员应报“时间到”。

（2）当时间到时，球仍处于比赛状态，裁判员应立即宣布暂停比赛，由被暂停回合的发球员发球继续比赛。当时间到时，球未处于比赛状态，应由前一回合的接发球员发球，继续比赛。

（3）出现上述情况时，计数员应在接发球方每一次击球后报出击球数，在使用轮换发球法时，计数员报数应用英语或用双方运动员及裁判员均能接受的任何其他语言。

（4）此后，每位运动员都轮发一分球直至该局结束，如果接发球方进行了十三次合法还击，则判发球方失一分。

（5）轮换发球法一经实行，该场比赛的剩余部分必须继续进行，直至该场比赛结束。

十、乒乓球裁判员基本手势

乒乓球裁判员基本手势有发球、报分、暂停、擦边、阻挡犯规、交换场地。

（1）发球。在一局比赛，运动员第一次发球，或下一轮发球前，裁判员在报出发球方称谓的同时，五指并拢，手臂自然伸直指向发球方，示意该运动员发球。该手势同样适用于一局比赛或一场比赛结束后，裁判员宣布比赛结果时，手臂也应指向获胜方（图 6－9）。

（2）报分。关于报分，《乒乓球竞赛规则》是这样描述的：当判得分时，裁判员应将靠近得分方的手臂举起，使上臂水平，前臂垂直，手握拳向上。在临场操作时，裁判员应尽量使大臂与躯体、小臂与大臂形成直角状态，握拳的虎口部分朝向头部（图 6－10）。

图 6－9　准备、发球

图 6－10　报分

（3）暂停。比赛时，当因“停止练习”“时间到”“发球犯规”“擦网”“暂停”“外界球进入场地”侧面、台面移动、连击、两跳、重发球或因其他因素需要裁判员暂停时，裁判员在报出“停止练习”“擦网”等临场术语的同时，五指并拢，手臂自然伸直上举。在临场操作时，裁判员应注意手臂尽量上举过头，避免过度前倾（图 6－11）。

（4）擦边。回合中，当处于比赛状态的球“擦边”后结束比赛状态，裁判员在报出“擦边”的同时，应用靠近擦边一侧的食指指向球台，示意这一回合球擦边（图 6－12）。

图 6－11　暂停

图 6－12　擦边球

（5）阻挡犯规。当对方击来的球，尚未触及本方台面，也未超过端线（包括端线的无限延长线），即触及本方运动员或其穿或带的任何物品称为阻挡。阻挡者被判失一分，裁判员应做出阻挡手势示意（图6－13）。

（6）交换场地。一局比赛结束后或者决胜局任何一方达到5分时交换场地，裁判员应双手张开并在胸前交叉（图6－14）。

图6－13　阻挡

图6－14　交换场地

第三节　乒乓球运动的基本技术

乒乓球的基本技术包括手法和步法两个大方面。手法包括握拍（也称“执拍”）、发球、攻球、推挡、削球、搓球与弧圈球等几项基本技术以及其他新技术，比如撕、拧、切、摆、抹与晃接等都是在良好掌握基本技术的前提下灵活运用的。步法指击球时选择合适的位置所采用的脚步移动方法。步法是乒乓球运动的生命，没有灵活的步法，就不可能有效地回击来球、无法使用有效的手法，竞赛取胜尤如镜花水月。

一、手法

（一）握拍方法

1. 直拍

握拍手的食指第二指节和拇指第一指节在拍的前面呈钳型，两指间距离1～2厘米，拍柄贴住虎口，另外三指自然弯曲贴于球拍后的1/3上端（图6－15）。

图6－15　直拍握法

2. 横拍

横拍握拍法如同握手一样。中指、无名指、小指自然弯曲握住拍柄，大拇指在球拍正面靠近中指，食指自然伸直，斜放于球拍背面（图6－16）。正手攻球时，食指稍向上移动；反手攻球时，拇指稍向上移动。

图6－16　横拍握法

（二）发球

反手发急球与发急下旋球、反手发短球、正手发奔球、正手发转与不转球、正手发左侧上（下）旋球、正手高抛发球与下蹲发球为乒乓球一些常见的发球方式。这些发球方式均无所谓优劣，“一招鲜，吃遍天”与“见机行事，见风使舵”可以形象地说明乒乓球比赛中发球的核心，就是要根据对方的技术水平、击球特点、站位方式与习惯打法等进行灵活的转换或坚持针对，以己之长来克敌之短。

二、步法

（一）身体姿势与站位

双脚开立与肩同宽或比肩稍宽，双膝微屈，前脚掌着地（主要以脚内侧蹬地），脚趾轻微用力压地，脚跟微离地面，身体重心置于双脚之间；上体略前倾、收腹，持拍手臂自然弯曲；直握拍的肘部略向外张，球拍置于腹部右前方，手腕自然放松，拍头指向右斜前方；横握拍的肘部向下，前臂自然平举，手腕自然放松，拍头指向上方；非持拍手臂自然置于身体左侧；双眼注视来球（图6－17）。

图6－17　准备姿势与站位

不同打法的人，其站位方式不同。直拍左推右攻打法的站位，一般是左脚稍前于右脚，左脚位置基本处于球台左边线的延长线上，身体与球台端线的正确距离为40厘米左右。

（二）单步

在来球距离身体一步以内的较小范围、角度不大的情况下，在还击台内追身球时，采用此种步法。

动作要点：以一脚前脚掌内侧为轴稍转动、蹬地用力，另一脚向来球方向做前、后、左、右移动一步。

（三）并步（也称“滑步”或“换步”）

两面攻打法的基本站位在左、右移动时，多采用并步。

动作要点：一脚向来球方向移动，另一脚随即跟着移动一步。

（四）交叉步

在来球较远的情况下，多采用交叉步。

动作要点：以来球反方向左脚向来球方向交叉，并超过另一脚，然后另一脚随即向来球方向移动。

（五）侧身步

当来球逼近身体或者来球至反手位时，多采用侧身步。

动作要点：左脚先向左跨一步，然后右脚随即向左后方移动；另一种可以用左脚先向前插上，右脚向左后方移动。

第四节　乒乓球运动的基本战术

战术是为了获得有利态势，针对对手特点而采用的一系列技术组合。就乒乓球运动而言，基本战术包括以下几种。

一、发球抢攻战术

发球抢攻是直板快攻打法的“杀手锏”，是力争主动、先发制人的主要战术。各种类型打法的运动员都普遍采用发球抢攻来抢占每个回合的上风。发球战术运用的效果主要取决于发球的质量和第三板进攻的能力。

发球抢攻战术因打法的类型不同而有所差异。常用的发球抢攻战术主要有以下5种：

（1）正手发转与不转球。

（2）侧身正手（高抛或低抛）发左侧上（下）旋球。

（3）反手发右侧上（下）旋球。

（4）反手发急球或急下旋球。

（5）下蹲式发球。

二、接发球战术

接发球战术与发球抢攻战术同样重要，从某种意义上讲，接发球水平的高低可以反映运动员的实战能力以及各项基本技术的应用程度。事实上，接发球者只是暂时处在被控制状态，如果能破坏发球者的抢攻意图或者为其制造了障碍，减弱了对方抢攻的质量，也就意味着已经脱离被控制状态，变被动为主动了。乒乓球竞赛控制与反控制是辩证统一的。

常用的接发球战术，主要有以下5种：

（1）稳健保守法。

（2）接发球抢攻。

（3）盯住对方的弱点处，寻找突破口。

（4）控制接发球的落点。

（5）正手侧身接发球。

三、搓攻战术

搓攻战术是进攻型打法的辅助战术之一，其主要利用搓球旋转的变化和落点的变化为抢攻创造机会。这一战术在基层比赛中被普遍采用，搓攻战术也是削球型打法争取主动的主要战术之一。

常用的搓攻战术有以下 6 种：
（1）慢搓与快搓结合。
（2）转与不转结合。
（3）搓球变线。
（4）搓球控制落点。
（5）搓中突击
（6）搓中变推或抢攻。

四、对攻战术

对攻战术是进攻型打法在相持阶段常用的一项重要战术。快攻类打法主要依靠反手推挡（或反手攻球）和正手攻球（或正手拉弧圈球）的技术，充分发挥快速多变的特点来调动对方。

常用的对攻战术有以下 7 种：
（1）紧逼对方反手，伺机抢攻或侧身抢攻、抢拉。
（2）压左突右。
（3）调右压左。
（4）攻两大角。
（5）攻追身球。
（6）变化击球节奏，加力推和减力挡结合，发力攻、拉与轻打、轻拉结合，也可造成对手的被动局面。
（7）改变球的旋转性质，如加力推后、推下旋；正手攻球后，退至中远台削一板，对方往往来不及反应，可直接得分或创造机会球。

五、拉攻战术

拉攻战术是以攻为主的选手对付削球的主要战术。要发挥拉攻战术的效果，首先要具备连续拉的能力，并有线路、落点、旋转、轻重等的变化，其次要有拉中突击和连续扣杀的能力。

常用的拉攻战术主要有以下 6 种：
（1）拉反手后，侧身突击斜线或中路追身球。
（2）拉中路杀两角或拉两角杀中路。
（3）拉一角或杀另一角。
（4）拉吊结合，伺机突击。
（5）拉搓结合。
（6）稳拉为主，伺机突击。

六、削中反攻战术

“我国乒坛名将陈新华以及第四十三届世乒赛男单冠军丁松成功地运用削中反攻的

战术创造了辉煌，令欧洲选手手足失措，无以应对。”[①] 这种战术主要靠稳健的削球限制对方的进攻能力，为自己的反攻创造有利条件。它不仅增强了削球技术的生命力，也促进了攻防之间的积极转化。

常用的削中反攻战术主要有以下 5 种：

（1）削转与不转球，伺机反攻。

（2）削长短球，伺机反攻。

（3）逼两大角，伺机反攻。

（4）交叉削两大角，突击对方弱点。

（5）削、挡、攻结合，伺机强攻。

七、弧圈球战术

弧圈球战术把速度和旋转有效地结合起来，且稳健性好、适应性强，因此，许多著名选手用它去替代攻球或扣杀。

常用的弧圈球战术有以下 3 种：

（1）发球抢攻。

（2）接发球果断上手。

（3）相持中的战术运用。

第五节　乒乓球运动竞赛式教学设计与实施

一、乒乓球运动竞赛式教学效果的实践验证

（一）实验分组

同一时间段内，以中山大学三个学院中的 2019 级普通本科二年级乒乓球选项课两个班的学生为研究对象。两个教学班均为 42 人，一个班为实验班，另一个班为对照班。为确保实验的客观性，在教学实验前，分别对两个班级进行了乒乓球基本技术测试与基本情况调查。通过调查，在这两个班级分别剔除 2 位学生（这 4 位学生有过初中阶段的半专业训练经历），现每个班为 40 人，每个班的性别组成均为男生 25 名、女生 15 名。对两个班学生的技能达标与技术评定进行检验，选取的达标与技评项目为正手攻球、反手推挡与发球（总成绩由技能达标成绩和技术评定成绩组成，其中技能达标成绩和技术评定成绩各占 50% ，满分为 100 分，下同）。实验结果经 t 检验分析，均无显著性差异（$P>0.05$），表明两个班分班合理，基本情况相同，符合教学实验相关要求。教学实验前相关测试指标对照见表 6－1。

---

① 吕延勤：《论乒乓球运动员素养》，载《中国教育报》2019 年 5 月 2 日，第 5 版。

表 6 -1 教学实验前相关测试指标对照（$N=40$）

项目	实验班		对照班		t 值	P 值
	平均分/分	标准差	平均分/分	标准差		
技能达标成绩	38.34	4.06	37.69	3.03	-0.65	0.51（>0.05）
技术评定成绩	38.07	3.87	37.76	3.01	-0.52	0.60（>0.05）
总成绩	76.80	7.52	75.34	5.98	-0.77	0.44（>0.05）

（二）实验过程

第一次课时，将相关要求与实验规则等告知学生，且每次课首先进行动作示范与相关讲解。在实验过程中，对照班仍然采用常规的教学方式进行教学，而实验班则如期进行竞赛式教学法进行教学。实验的具体过程分为 3 个步骤：第一，通过前期的摸底测评，将实验班的学生按照乒乓球的基本技术水平分为 5 个组，使每个小组的技术水平接近，以增加教学比赛的激烈程度和观赏性；第二，要求实验班中每个小组在进行比赛的同时，结合裁判的实践工作，进一步增强学生对于乒乓球裁判法的了解与运用；第三，在整个实验教学比赛过程中，根据技术进阶的程度与小组排名，分 3 次再进行分组，小组排名高的进入较高水平组，排名低的调入下一水平组，以保持每个小组的竞争力与活力。为期 18 周（每周 1 次课）的竞赛式教学结束后，分别对实验班与对照班再次进行技能达标与技术评定考试，并将成绩测评结果进行两个班级间的综合比对，用以检查竞赛式教学法的成效，从而实现对教学效果的反馈与实验效果的评价。

（三）问卷调查

18 次课的教学之前后，分别针对实验班学生的情绪、情感与态度等一些主观因素进行问卷调查，调查统计结果见表 6 -2。

表 6 -2 实验班学生对乒乓球竞赛式教学的认知（$N=40$）

单位:%

类别	实验前	实验后
趣味性强	33.3	53.1
提升技战术水平	66.6	76.5
利于身体素质提高	33.3	43.2
利于开动脑筋、独立思考	13.2	26.4
树立勇于拼搏的精神	33.3	33.3
培养团队协作精神	30.0	56.7
培养积极竞争意识	56.7	74.9
培养遵守规则的意识	20.5	23.8
赢球、展现自我实力	41.0	68.2

（续表6-2）

类别	实验前	实验后
利于同学之间交流球技、发展友谊	65.0	69.8
场地太少，没有上场比赛的机会	33.6	3.3
太累、运动强度大	4.5	0.0
影响基本技战术的掌握	19.8	6.6
输球会被同学看不起	3.3	9.9
基本技术差，还不能完成比赛	19.8	6.6

从表6-2的数据可以看出，通过竞赛式教学，学生的团队合作精神、勇于拼搏精神、遵守规则意识、同学间互动并增进友谊等方面均有不同程度的提高。

（四）研究结果与分析

经过18周的教学实验，将对照班与实验班的数据进行对比，主要从技能达标与技术评定两个方面展开。同时，为了实验的客观与准确，测试的时候进行“双盲”测试（测试教师由乒乓球组的其他非任课教师担任，且将实验班与对照班混合交叉进行测试），测试成绩按照统计分析的要求，取各项的平均值，统计结果见表6-3。

表6-3　教学实验后相关测试指标的情况（$N=40$）

项目	实验班		对照班		t 值	P 值
	平均分/分	标准差	平均分/分	标准差		
技能达标成绩	41.80	3.69	39.76	3.29	-2.10	0.041（<0.05）
技术评定成绩	42.73	3.38	40.26	2.60	-2.93	0.005（<0.05）
总成绩	85.11	6.85	80.11	5.58	-2.88	0.006（<0.05）

将实验前后的表6-1和表6-3的测试指标统计结果进行对比后发现：实验前，学生的各项指标无明显差异（$P>0.05$）；实验后，由于实验班采用了竞赛式教学法，促进了学生的练习积极性，随着技能的提高，其学习兴趣增强，师生与生生互动良好，学习效果明显提高。更可喜的是，学生的组织能力与团队氛围都有明显的提升，实验后两个班学生在基本技术达标成绩上产生显著性差异（$P<0.05$），尤其在技术评定成绩方面，竞赛式教学法的效果优势更为突出（$P=0.005$，<0.01）。这充分说明，对于普通学生而言，竞赛式教学法的教学效果明显优于常规教学法的教学效果。

本实验的严谨性绝非无懈可击，可能有人质疑，样本量太少不足以说明问题；实验过程中，教师对两个班的投入与积极性不完全相同；两个班级在进行测试时，学生的态度与状态不同；等等。我们对待实验的整个过程控制与前期设想充分考虑到了上述问题，也在实验过程中规避了其中一些影响实验效果的不确定因素，尽量保证实验的公正、客观与严谨；对于存在的瑕疵，应给予正视，在后续的教学实践中，进行逐步丰富与完善。

学生的学习态度、技术学习效果、裁判实践与团队意识的点滴进步，都是我们今后进行教学实验的动力。对于质疑，应虚心接受并用不断学习来弥补之。教学方法与方式的改革就是在互动与沟通中逐步前行。接下来，我们还将对乒乓球教学中的裁判实践、各项技术、运动欣赏、球具知识与发展溯源等方面，进行竞赛式教学法的尝试，期望能给大家提供有现实意义的操作案例与有益借鉴。

乒乓球竞赛式教学法基本分为准备、诊断阶段，比赛、分析阶段，评估、再分组阶段（图6－18）。需要在班级内根据学生的技术基础进行分组，而分组是一个动态的过程，故动态分组是保持组内竞争与增加比赛悬念的必要方式。以下的各项技术的竞赛式教学设计都需遵守这一原则。

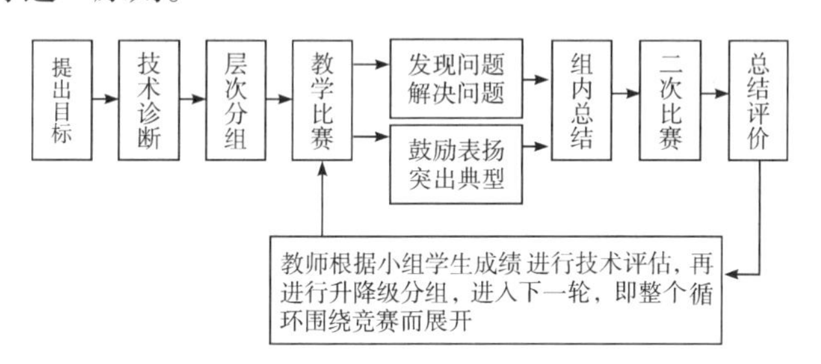

图6－18 乒乓球竞赛式教学法的基本流程

二、乒乓球各项技术与常识的竞赛式教学

（一）正手攻球的竞赛式教学

正手攻球（普通学生以正手拍面稍前倾的台内击球方式为主，有基础者也可尝试弧圈球）是乒乓球爱好者必须要掌握的一项基本技术，也是乒乓球比赛的主要得分手段。

对于正手攻球的竞赛式教学主要从以下几个步骤展开（以90分钟的体育课为例）。

1. 基本准备活动与专项准备活动（10分钟）

按照一堂体育课的要求，进行点名与安排见习生等教学常规，带领学生做相应的慢跑、徒手体操与专项准备活动，以热身并起到唤醒肌群的作用，预防运动损伤。

2. 示范与讲解（20分钟）

讲解乒乓球正手攻球的动作要求、运用时机与练习方式，并给予学生一段时间进行练习，教师在学生练习过程中进行巡回纠错。

3. 正手攻球竞赛式教学法的实施（40分钟）

（1）根据技能水平分组，介绍竞赛办法。

（2）组内分组，找与自己技术水平相当的伙伴。

（3）两人一组（一人发球一次与另一人正手攻球一次，此为一个回合），统计单位时间内的完成回合次数。

（4）两人一组（反手推挡－正手攻球），统计不计时间的单次完成回合次数（正手攻球次数）。

（5）两人一组（反手推挡－正手攻球），统计单位时间内的单次完成回合次数（正手攻球次数）。

（6）两人一组（都采用正手位攻球），统计不计时间的单次完成回合次数（正手攻球次数）。

（7）两人一组（都采用正手位攻球），统计单位时间内的单次完成回合次数（正手攻球次数）。

（8）各竞赛小组与各竞赛方式的统计。

（9）统计各竞赛方式中每个小组的第一名，然后以教师为陪练进行各竞赛方式的比赛，并统计教师陪练后的各种竞赛方式中的每小组的第一名。

（10）结合正手攻球，以每种竞赛方式的第一名为示范，教师在学生示范的同时进行讲解（评价学生之间的配合方式、手段、步骤与注意事项等）。

（11）以原小组为单位继续进行正手攻球练习，磨炼学生之间的默契程度，并与讲解之前的情况进行对比和分析。

4. 必要的体能与专项素质练习（10 分钟）

根据所在学校的要求，并结合学生提升专项技能的需要，进行相应的身体素质练习与乒乓球专项素质练习。

5. 相应的放松活动，布置课后练习与下次课前预习内容（10 分钟）

这里要着重强调课后练习的方式、方法、持续时间与练习频次。同时，下次课前的预习内容也应交代清楚，以便学生们能清晰了解后续课程的新内容。另外，应设立与作业相应的督促与检查机制。

（二）搓球的竞赛式教学

搓球，也称铲球，近似削球，也称小削板，是近台还击下旋球的一种技术。一般在左半台使用较多，可以牵制对方的攻势，并为抢攻或抢拉创造机会。搓球种类较多，根据击球时间、落点和旋转的不同，可分为快搓、慢搓、转搓球、不转搓球、侧旋搓球等。

对于搓球的竞赛式教学主要从以下几个步骤展开（以 90 分钟的体育课为例）。

1. 基本准备活动与专项准备活动（10 分钟）

参考本节正手攻球的竞赛式教学进行相应操作。

2. 示范与讲解（20 分钟）

讲解乒乓球搓球的动作要求、运用时机与练习方式，并给予学生一段时间进行练习，教师在学生练习过程中进行巡回纠错。

3. 搓球竞赛式教学法的实施（以反手搓球为主）（40 分钟）

（1）个人实践，在球自由落体接触到球台的上升期内，用球拍将球搓至对方球台对角区域，统计不计时间的不间断的搓球成功次数。

（2）个人实践，在球自由落体接触到球台的上升期内，用球拍将球搓至对方球台直线区域，统计不计时间的不间断的搓球成功次数。

（3）个人实践，在球自由落体接触到球台的上升期内，用球拍将球搓至对方球台对角区域，统计单位时间内的不间断的搓球成功次数。

（4）个人实践，在球自由落体接触到球台的上升期内，用球拍将球搓至对方球台直线区域，统计单位时间内的不间断的搓球成功次数。

（5）两人一组，从一方发上旋球开始，两人连续搓球，统计不计时间的单次最多回合的次数。

（6）两人一组，从一方发上旋球开始，两人连续搓球，统计单位时间内的单次最多回合的次数。

（7）两人一组，从一方发下旋球开始，两人连续搓球，统计不计时间的单次最多回合的次数。

（8）两人一组，从一方发下旋球开始，两人连续搓球，统计单位时间内的单次最多回合的次数。

（9）两人一组，从一方发侧下旋球开始，两人连续搓球，统计不计时间的单次最多回合的次数。

（10）两人一组，从一方发侧下旋球开始，两人连续搓球，统计单位时间内的单次最多回合的次数。

（11）统计各竞赛方式中每个小组的第一名，然后以教师为陪练进行各竞赛方式的比赛，并统计教师陪练后的各种竞赛方式中的每小组的第一名。

（12）结合反手搓球，以每种竞赛方式的第一名为示范，教师在学生示范的同时进行讲解（评价学生之间的配合方式、手段、步骤与注意事项等）。

（13）以原小组为单位继续进行反手搓球练习，磨炼学生之间的默契程度，并与讲解之前的情况进行对比和分析。

4．必要的体能与专项素质练习（10 分钟）

参考本节正手攻球的竞赛式教学设计进行相应操作。

5．相应的放松活动，布置课后练习与下次课前预习内容（10 分钟）

课后复习作业与课前预习作业的要求和注意事项，参考本节“正手攻球的竞赛式教学”。

（三）反手推挡的竞赛式教学

反手推挡是乒乓球的一项基本且基础的技术，由于动作较简单，初学者容易掌握，可以帮助初学者熟悉球性、认识乒乓球的击球规律、提高控制球的能力。反手推挡基本包括快推、加力推与减力挡三种。

对于反手推挡的竞赛式教学主要从以下几个步骤展开（以 90 分钟的体育课为例）。

1．基本准备活动与专项准备活动（10 分钟）

参考本节正手攻球的竞赛式教学进行相应操作。

2．示范与讲解（20 分钟）

讲解乒乓球反手推挡的动作要求、运用时机与练习方式，并给予学生一段时间进行练习，教师在学生练习过程中进行巡回纠错。

3．反手推挡竞赛式教学法的实施（40 分钟）

（1）个人实践，在球自由落体接触到球台的上升期内，用球拍将球推挡至对方球台对角区域，统计不计时间的不间断的推挡成功次数。

（2）个人实践，在球自由落体接触到球台的上升期内，用球拍将球推挡至对方球台直线区域，统计不计时间的不间断的推挡成功次数。

（3）个人实践，在球自由落体接触到球台的上升期内，用球拍将球推挡至对方球台对角区域，统计单位时间内的不间断的推挡成功次数。

（4）个人实践，在球自由落体接触到球台的上升期内，用球拍将球推挡至对方球台直线区域，统计单位时间内的不间断的推挡成功次数。

（5）两人一组，从一方发上旋球开始，两人连续推挡，统计不计时间的单次最多回合的次数。

（6）两人一组，从一方发上旋球开始，两人连续推挡，统计单位时间内的单次最多回合的次数。

（7）两人一组，从一方发上旋球开始，两人一推一攻，统计不计时间的单次最多回合的次数。

（8）两人一组，从一方发上旋球开始，两人一推一攻，统计单位时间内的单次最多回合的次数。

（9）两人一组，从一方发侧上旋球开始，一人推对方正手而对方正手攻球，然后推对方反手而对方反手推挡（就是一点推两点，两点回一点），统计不计时间的单次最多回合的次数。

（10）两人一组，从一方发侧上旋球开始，一人推对方正手而对方正手攻球，然后推对方反手而对方反手推挡（就是一点推两点，两点回一点），统计单位时间内的单次最多回合的次数。

（11）统计各竞赛方式中每个小组的第一名，然后以教师为陪练进行各竞赛方式的比赛，并统计教师陪练后的各种竞赛方式中的每小组的第一名。

（12）结合反手推挡，以每种竞赛方式的第一名为示范，教师在学生示范的同时进行讲解（评价学生之间的配合方式、手段、步骤与注意事项等）。

（13）以原小组为单位继续进行反手推挡练习，磨炼学生之间的默契程度，并与讲解之前的情况进行对比和分析。

4. 必要的体能与专项素质练习（10 分钟）

参考本节正手攻球的竞赛式教学的相应要求进行操作。

5. 相应的放松活动，布置课后练习与下次课前预习内容（10 分钟）

进行必要的放松。课后复习作业、课前预习作业的要求与注意事项等，请参考本节“正手攻球的竞赛式教学”。

（四）熟悉球性的竞赛式教学

熟悉球性是球类运动的基本功，它贯穿于乒乓球不同运动水平与层次学习的各个阶段，主要是指我们对于球的体积、大小、重量、空间运行轨迹与弹跳落点等方面的一个感知，良好的球性有助于技术进阶。

提高乒乓球球性的方法有很多，可以在每次课前或者课后作业中完成练习。

对于熟悉球性的竞赛式教学主要从以下 5 个步骤展开（以 90 分钟的体育课为例）。

1. 基本准备活动与专项准备活动（10 分钟）

参考本节“正手攻球的竞赛式教学”进行相应操作。

2. 示范与讲解（20 分钟）

结合示范，讲解熟悉乒乓球球性的动作要求、运用时机与练习方式，并给予学生一段时间进行练习，教师在学生练习过程中进行巡回纠错。

3. 熟悉球性竞赛式教学法的实施（各种方式的熟悉球性）（40 分钟）

（1）个人实践（原地正拍面颠球），身体及四肢可以有动作，但双脚不能移动，用球拍的正面反复颠球，统计不计时间的不间断的颠球成功次数。

（2）个人实践（原地正拍面颠球），身体及四肢可以有动作，但双脚不能移动，用球拍的正面反复颠球，统计单位时间内不间断的颠球成功次数。

（3）个人实践（原地反拍面颠球），身体及四肢可以有动作，但双脚不能移动，用球拍的反面反复颠球，统计不计时间的不间断的颠球成功次数。

（4）个人实践（原地反拍面颠球），身体及四肢可以有动作，但双脚不能移动，用球拍的反面反复颠球，统计单位时间内不间断的颠球成功次数。

（5）重复上述四种方式，唯一变化的是，个人双脚可以灵活移动，竞赛统计方式如上述四种方式。

（6）个人实践（托球绕球台走/跑），将球置于球拍面上（行进过程中，要求球不得掉落），围绕球台走或者跑，统计单位时间内走/跑的圈数。

（7）个人实践（对墙击球），拍面稍后仰（一般反手位），统计单位时间内对墙击球的次数。

（8）个人实践（对墙击球），拍面稍后仰（一般反手位），统计不计时间的单次连续对墙击球的次数。

（9）个人实践（球拍接抛球），非执拍手将球抛起，执拍手用球拍将球缓冲置于拍面上，统计单位时间内单次成功的次数。

（10）个人实践（球拍接抛球），非执拍手将球抛起，执拍手用球拍将球缓冲置于拍面上，统计不计时间的连续成功的次数。

（11）两人一组（抛接球），相对 6 米站立，从一方用手抛球开始，另一方用手接球，统计不计时间的单次连续成功的最多回合的次数。

（12）两人一组（抛接球），相对 6 米站立，从一方用手抛球开始，另一方用手接球，统计单位时间内单次连续成功的最多回合的次数。

（13）统计各个竞赛方式中的每个小组的第一名，继而进行展示竞赛。

4. 必要的体能与专项素质练习（10 分钟）

根据学生体能状况与专项素质情况进行安排，也可参考本节“正手攻球的竞赛式教学”的相应要求进行操作。

5. 相应的放松活动，布置课后练习与下次课前预习内容（10 分钟）

课后复习作业与课前预习作业的要求和注意事项，参考本节“正手攻球的竞赛式教学”。鼓励学生结合自身基础与场地空间条件，进行原创性的熟悉球性方式，并在课堂展示。

（五）乒乓球组合技术竞赛式教学

乒乓球组合技术是指在训练与竞赛中，为了获得优势与胜利，在某时刻采用两个或两个以上单个动作，形成短时间的动作组合，如左推右攻、推侧扑与发球抢攻等。

在单球训练中，正手和正手两点走位攻球，反手和反手两点走位攻球平均回合在20个以上，有一定球速且指标符合（动作结构、击球时间、命中率），方可进行组合训练。

乒乓球组合技术有很多，实际上，在每次课的单项技术教学时，教师就可以提示学生以组合技术的形式进行练习。在经过一段时间的教学后，当学生的技战术水平有了一定的提高时，可以尝试采用竞赛式教学法进行乒乓球组合技术的教学实践。

对于乒乓球组合技术竞赛式教学主要从以下5个步骤展开（以90分钟的体育课为例）。

1. 基本准备活动与专项准备活动（10分钟）

参考本节“正手攻球的竞赛式教学”进行相应操作。

2. 示范与讲解（20分钟）

结合示范，讲解乒乓球组合技术的相关动作要求、运用时机与练习方式，并给予学生一段时间进行练习，教师在学生练习过程中进行巡回纠错。

3. 乒乓球组合技术竞赛式教学法的实施（在水平分组的基础上）（40分钟）

（1）两人一组（左推右攻），从一方发球开始，一人推挡或正手攻球（一点打两点），另一人左侧推挡并右侧正手攻球（两点打一点），统计不计时间的单次最多回合的次数。

（2）两人一组（左推右攻），从一方发球开始，一人推挡或正手攻球（一点打两点），另一人左侧推挡并右侧正手攻球（两点打一点），统计单位时间内单次（不间断）最多回合的次数。

（3）两人一组（发球抢攻），一方发球（任何旋转与落点都可），待另一方回击后，发球方积极主动连续进攻，统计单位时间内发球方获胜的次数。

（4）两人一组（发球抢攻），一方发球（任何旋转与落点都可），待另一方回击后，发球方积极主动连续进攻，统计不计时间的发球方首先获得规定获胜的次数（如5次）的最短时间。

（5）两人一组（推侧扑），一方发球（任何旋转与落点都可）至对方反手，接球方以推挡方式回击，随后发球方再将球回击到接球方的反手位，接球方以侧身方式进行正手攻球，随后发球方将球回击到接球方的正手位右侧台面，接球方以前交叉步进行上步扑击（其整个过程就是一点打三点，三点回一点），统计单位时间内接发球方获胜的次数。

（6）两人一组（推侧扑），重复上述技术组合（5），统计单位时间内该组学生完成动作组合的次数。

（7）两人一组（推侧扑），重复上述技术组合（5），统计单位时间内单次最多回合的次数。

（8）两人一组（发球抢攻），从一方发球（不限发球方式）开始，发球方主动进攻，统计三板内得分的次数。

（9）鉴于学生的发球质量与水平难以统一，教师可以担当发球方或接发球方，方式如下述（10）至（11）。

（10）统计各竞赛方式中每个小组的第一名，然后以教师为陪练进行各竞赛方式的比赛，并统计教师陪练后的各种竞赛方式中的每小组的第一名。

（11）结合组合技术，以每种竞赛方式的第一名为示范，教师在学生示范的同时进行讲解（评价学生之间的配合方式、手段、步骤与注意事项等）。

4. 必要的体能与专项素质练习（10 分钟）

根据学生体能状况与专项素质情况进行安排，也可参考本节正手攻球的竞赛式教学的相应要求进行操作。

5. 相应的放松活动，布置课后练习与下次课前预习内容（10 分钟）

拉伸放松并布置课后作业。因组合技术的内容较多，教师可以针对性地选择某部分内容进行竞赛式教学。课后复习作业与课前预习作业的要求和注意事项，可参考本节“正手攻球的竞赛式教学”。

（六）乒乓球理论常识的竞赛式教学

乒乓球常识中包含很多内容，如选择球具、国际重大赛事、乒乓球国际排名方式、乒乓球运动欣赏、乒乓球裁判手势与中国乒乓球之最等。这些以理论知识为主的内容，既可以扩宽学生的视野，也可以丰富学生的知识，还可以直接促进学生对于乒乓球运动的感知，是进行讲授的必要内容。

1. 乒乓球裁判手势的相关动作及含义

该部分内容在本章第二节中有介绍，教师可以预先布置预习作业，待课堂中进行问答并实操。

2. 乒乓球运动欣赏

乒乓球运动欣赏可以从技战术、服装、拼搏精神、规则意识、人体造型与家国情怀等多个层面展开，此部分在本教材的第一章中有较详细介绍。

3. 中国乒乓球运动员之最

（1）最具历史意义——容国团。他是中华人民共和国第一位乒乓球世界冠军，也是第一位体育世界冠军。他奠定了我国乒乓球的国球根基，也是我国体育的“领头羊”。

（2）最具外交意义——庄则栋。他是我国 20 世纪六七十年代的乒乓球主力，曾连续 3 次获世界乒乓球锦标赛单打冠军。他更是“乒乓球外交”的开创者（如有时间，教师可以将“乒乓球外交”展开讲授）。

（3）最无法超越——刘国梁。他是我国第一位男子乒乓球大满贯获得者。他从事教练工作后，共培养出 77 位冠军，让我国乒乓球称霸世界乒坛，并且培养出张继科、马龙两位大满贯运动员。对我国乒乓球界做出了巨大的贡献。

（4）最具统治力——张继科。445 天大满贯可以说是“前无古人”，三年三大赛事五连冠的纪录至今无人能够打破，可以说，张继科开创了一个被称作“张继科的时代”。

（5）保持世界第一的时间最长——邓亚萍。邓亚萍保持了八年的世界排名第一，是乒乓球史上排名世界第一的时间最长的女运动员。

（6）最全冠军——马龙。马龙获得的冠军，可以用“你能想到的，他都得到了”来形容。他是世界乒坛上首位也是目前为止的唯一一位，集奥运会、世锦赛、世界杯、巡回赛总决赛、亚运会、亚锦赛、亚洲杯、全运会单打冠军于一身的超级全满贯选手。

（7）最多世界冠军——王楠。王楠一共获得 24 个世界冠军，这个数目至今无人打破。

（8）两轮大满贯——张怡宁。她是江湖上盛传的“大魔王”，是世界上唯一一位乒乓球双满贯获得者，传说中是一位因没有对手而选择退役的“孤独王者”。

中国乒乓球坛群星闪耀，我们很难辨别哪一颗是最亮的，但正是这些运动员的拼搏精神与感人事迹激励着一代代国人精勤于自己的事业，共同组成了群星耀东方的中国银河。

4. 乒乓球国际排名计分方式

世界排名的计算公式是：上月世界排名分 + 本次参赛的基本分 + 奖励分（或减罚分）－去年同月参赛基本分。基本分是指根据赛事上取得的名次应加的分数，所参赛级别不同基本分有所差异。奖励分（或罚分）的产生是根据胜出者（上月排名比失败者低）和失败者上月的分差得到的。去年同月基本分是指去年相同月份参加的比赛获得的比赛分数，其中弃权按输掉比赛计算，而双打和混合打不计算奖励分和罚分。①

5. 乒乓球场地设施与比赛器材要求

（1）场地规格：比赛场地不应小于长 14 米、宽 7 米、高 4 米。赛区应用 75 厘米高、1.4 米宽的深色挡板围起，与相邻的比赛场地及观众隔开。

（2）球台：球台的上层表面叫作比赛“台面”，应为与水平面平行的长方形，其长为 2.74 米、宽为 1.525 米，离地面的高度为 0.76 米。

（3）乒乓球：应为圆形，直径 40 毫米，重 2.5 克。球的材料为赛璐珞或类似材料，呈黄色或白色，无光泽。

（4）球拍：球拍的大小、形状和重量不限，但球拍底板应平整、坚硬。

三、乒乓球比赛（结合裁判实践）的竞赛式教学

十年磨一剑，虽然每次课都进行竞赛式的技术练习，但临近期末进行班级全体学生参加的比赛，这既是对教师学期教学效果的检验，也是对学生技战术提高程度的检验。军队的一切训练为了实战，乒乓球竞赛式教学的目标，也是这句话的应有之义。

乒乓球比赛的竞赛式教学内容主要有以下 4 个方面。

竞赛规则：教师在平时授课中，应将相关规则贯穿于教学内容之中，如发球规则、裁判手势、报分方法、接发球轮换方法与得失分判定等。除此之外，在教学比赛前，应将具体的竞赛操作指引讲清楚，以便学生进行实际操作。

分组循环：一般而言，为了不占用太多的课时，建议用乒乓球分组循环的方式进行，即将所有参加比赛的学生先分成若干个小组进行第一阶段预赛，然后每组的优胜者之间再进行第二阶段的决赛，决定第一名和以下的名次。这种分组循环的竞赛形式运用

① 陈利和：《一学就会的 100 个乒乓球实战技巧》，化学工业出版社 2018 年版，第 34 页。

的前提是分组要实力均衡，避免强者间提前相遇而有失公平，因教师通过近一个学期的教学，对所有学生的情况有所了解，故可以很大程度上避免分组实力不均衡的情况。以6名学生为一组的分组单循环比赛的编排见表6－4。

表6－4　小组6人单循环赛编排

姓名	A	B	C	D	E	F	积分	名次
A	—	2∶0	2∶0	2∶0	2∶0	2∶1	10	1
B	0∶2	—	2∶1	2∶1	2∶0	0∶2	8	3
C	0∶2	1∶2	—	1∶2	1∶2	2∶1	6	6
D	0∶2	1∶2	2∶1	—	2∶1	1∶2	7	4
E	0∶2	0∶2	2∶1	1∶2	—	1∶2	6	5
F	1∶2	2∶0	1∶2	2∶1	2∶1	—	8	2

注：1. “—”表示不适用。

2. 积分规则：胜一场得2分，负一场得1分；如遇到积分相同，则相互间比赛的胜者排名在前。

裁判实习：多数情况下，学校的乒乓球场地中球台的数量不足以支持所有学生同时进行比赛。鉴于此种情况，可让不参加比赛的学生做临场裁判，充分调动其积极性，这样既可以提高学生的执裁能力，也可以充分利用场地空间，使学生各司其职。

竞赛结果与比赛评价：各阶段比赛结束，应及时公布比赛结果并进行评价。首先，教育学生客观看待比赛结果，应肯定其技术提高与平时付出，避免其心理失衡。其次，教育学生要敢于“亮剑”，激发其斗志，要直面技术水平高的同学，勇于挑战他们。最后，教育学生竞争是生活中的常态，对于胜利，要保持冷静；对于失败，要分析并总结，以利再战。对竞赛结果的分析，体育教师要有“大智慧”，既要有动员与激励，也要有关怀与安抚。总之，要与时俱进地将“体育思政”渗透到乒乓球竞赛式教学的每一个环节，这既是机遇也是挑战，“师者传道授业解惑”，新时代的体育教师应该且必须要有“直挂云帆济沧海”的志向与豪情。

四、乒乓球竞赛式教学评价

教学评价是依据教学目标对教学过程及结果进行价值判断并为教学决策服务的活动，是对教学活动现实的或潜在的价值做出判断的过程。教学评价除了包括对教师的教学方法、教学手段、教学设计与教学管理等的评价，还包括对学生学习效果的评价（考试与测验）。

教学评价的分类有很多，这里主要针对性地采取过程性评价与总结性评价（注重考查学生掌握乒乓球技战术与相关知识的整体程度）。例如，以乒乓球专项技战术与相关知识为考核内容，且以100分为满分，教学评价分为三个方面：第一为专项技术（可以单位时间内的正手攻球、反手推挡或搓球的单项作为考核内容，也可为两者或三者技术的组合），占比为60%；第二为技术评定（考核学生的技术完成质量、规范程度与落点等），占比为20%；第三为过程性评价，即平时分（考核平时表现、竞赛获胜次数、完成作业情况与进步幅度等），占比20%。乒乓球竞赛式教学评价内容与权重见表6－5。

表6－5 乒乓球竞赛式教学评价内容与权重

序号	评价内容	分值/分	权重/%
1	专项技术	60	60
2	技术评定	20	20
3	过程性评价	20	20

当然，教师也可以根据自己学校的规定与学时数确定乒乓球专项技术的内容及权重，还可以灵活地对技术评定进行删减或组合变化，以及在过程性评价中加入出勤率与贡献性等因素。总之，课程评价要根据学生的实际情况来进行，使学生更清晰、深刻地认识到“春天的辛勤耕耘，会得到秋天的累累硕果”。

运动知识传授、运动技能提升与运动价值引领，三者同频同步同向是体育教育的重要目标，乒乓球竞赛式教学的改革与尝试就是为了契合这一目标。虽然乒乓球竞赛式教学的每一个环节都围绕教学比赛而展开，但并不是为了比赛而比赛，否则就失去了体育教育的意义与价值。比赛是为了让学生懂规则、守纪律、增友谊、强体质、精进技术与学会思考。作为体育教师应知道体育教育培养什么人、怎样培养人、为谁培养人；而学生通过竞赛式教学应知道并懂得为谁练、为什么练与怎么练，从而将社会主义核心价值观教育与体育教育完美契合。这是国家教育的指导方针，也是一线体育教师的初心与使命。

五、乒乓球运动练习小贴士

（一）从眼功提升着手

眼功即是通常所说的盯球的功夫，包括对乒乓球落点、旋转与方向的判断等。想要向高手进阶，首先就要练好盯球。如果盯球功夫不足，甚至连基本的上抛发球都做不好，就更不用说预判来球了。如何练好盯球呢？主要有以下三个方法。

首先，动态捕捉。动态捕捉即是观察运动中的乒乓球，熟悉乒乓球的运动轨迹及速度，以便精准把握球的落点及击球时机。最简单的办法是对墙击球，观察反弹球的运动。

其次，观察旋转球的反弹。发旋转球到球台上，观察球反弹后的运动情况，熟练以后，可以通过球的跳跃来判断来球的旋转。

最后，观察旋转球的轨迹。发旋转球至球台的另一端，观察球的速度及轨迹，熟练后可以此来判断来球的旋转。

（二）从脚功进阶发力

能够准确判断来球以后，就要将关注转移到击球点了。不要小看脚下移动的这个过程，只有脚步到位，才有足够的准备时间，否则击球质量就无从谈起。乒乓球步法有多种，均有启动、移动及还原三个步骤，这三步是基础中的基础。

启动前，眼睛要平视前方，屈膝提踵，身体重心放在双脚之间，上半身保持放松，以获得更快的启动速度；移动最重要的是身体的协调性，跳步、跨步、交叉步等步法一定要多练，熟能生巧；还原是持续作战的关键，也是最容易忽略的地方，在练习步法的时候最好有同伴或教练在身边，提醒自己做好还原，形成良好的运动习惯。

（三）从手功促进突破

把握击球质量的最为核心的环节还是手功，只有手法到位，旋转、落点、球速才有保障。不单是要精准控制好手指、手腕、手臂的移动，发力大小及力量的感知也同样重要。想要做好这些可以进行两方面的练习。

一方面，要培养球感。要想准确地把握击球力量、击球角度与击球速度，最简单的办法就是练习对墙击球、抛接球与移动颠球等，练习的时候要感受力量、角度的变化，做到精准控制，形成球感。另一方面，要进行多项技术与不同节奏击球练习。找一位陪练在球台上给自己喂球，接球后尝试用不同手法、不同技术击球，注意控制球的落点及弧线，感受击球时手上的力量，形成肌肉记忆。

（四）从点滴到系统——常识性知识的积累

理论指导实践，实践验证理论。乒乓球常识性知识是乒乓球学习的重要组成部分。

首先，器械的选择与保养。拥有合适的运动器材才能更好地释放并提升自己的技战术水平，“工欲善其事必先利其器”，说的就是这个道理。而且可以将相关知识告知于同伴，培养同伴的兴趣，形成互助小组，也增进了友谊，何乐而不为。

其次，赛事知识与运动欣赏。相关赛事与乒乓球欣赏知识的储备是我们了解世界的一扇窗，也是提升自己乒乓球素养的重要途径。通过这些知识的储备，我们了解世界，了解该项运动的发展趋势，了解自己的不足，才能从更深的层面吸收该项运动的养分，为自己的生活增添一抹亮色。“知己知彼百战百胜”，也许可以诠释这层意蕴。

最后，体能练习与伤病预防知识。运动员体能是其技战术发挥的保障，普通爱好者也概莫能外。良好的协调、灵活、速度、耐力等身体素质，在一定程度上决定着赛场胜利天平的倾向。同时，在进行专项体能训练与乒乓球技术训练时，一定要具备一些预防运动损伤的知识。伤病是运动技能提升的“拦路虎”，因此，相关保健知识、康复手段与预防伤病的方法等都应该具备。这也是从事并持续发展乒乓球运动的长久策略。

诚然，乒乓球竞赛式教学的具体进度安排与组织形式，绝不限于上述介绍的内容。乒乓球运动的相关知识与技能的储备，需要长期的实践、潜心的凝练、广泛的借鉴，才能内化为一种良性的认知，无论是训练、裁判与教学，还是从事乒乓球运动的公益事业，都需要倾情的投入与付出。我们爱国旗飘扬，为国荣光；爱挥汗如雨，激情飞扬；爱自我提升，为国栋梁。古语有云，“故天将降大任于斯人也，必先苦其心志，劳其筋骨，饿其体肤，空乏其心，行拂乱其所为，所以动心忍性，曾益其所不能”，在这里权且以此名言与热爱乒乓球运动的诸君共勉。

第七章 篮球运动竞赛式教学实践

篮球运动（basketball）作为广大青少年最喜爱的运动项目之一，已成为学校体育中活跃校园文化生活、增强学生体质、锻炼学生意志、培养团队精神的主要教学内容，选择篮球作为自己体育选项课的学生占比最大。篮球运动属于技战能主导类同场对抗性项目，同时也是一项开放性技能。篮球比赛中遇到的情况多变、复杂，运动员需要根据实际，运用合理的技战术进行对抗，因此，篮球学习不能仅仅掌握几个基本的篮球技术动作，更要具备运用技战术的能力。

在我国篮球教学中，许多教师仍然沿用传统的教学模式，导致常出现学生知道技术、动作、方法，却不清楚在比赛中如何实际应用的问题。教师过于强调篮球运动的技战术规范性，却轻视甚至忽视了篮球运动所具有的竞争性、娱乐性、健身性和教育性的价值，从而导致学生参与运动的热情不高，出现了“喜欢体育而不喜欢体育课”的现象。在此背景下，教师有必要运用竞赛式教学法，将篮球教学与篮球比赛结合起来，提升学生的运动热情，深化学生对篮球技战术的认识。

第一节 篮球运动的起源与发展

一、五人制篮球的起源与发展

篮球最早叫“筐球”，是美国人詹姆斯·奈史密斯（James Naismith）于 1891 年发明的。据史料记载，五人制篮球于 1896 年左右传入中国，中国最早的一场篮球赛是天津青年会于 1896 年举办的。① 当时的中国正处于半封建、半殖民地的境地，篮球作为西方文化形态传入中国后，多处于自发、自筹、自然流传的状态。篮球运动主要由天津、上海及北京等有限的城市青年会组织或在某些中等以上专业学校的少数学生中开展，比赛以游戏形式进行。革命时期，由于各边区政府重视开展体育活动，篮球运动更受红军、八路军战士的喜爱，解放区篮球运动则成为在部队和人民群众中开展最为活跃的体育项目，当时享有盛名的有“战斗”和“东干”等篮球队。抗日战争胜利后，篮球运动也随之在各地活跃起来，天津、北京、上海以及东北地区涌现出不少新球队，如天津的华胜队、北京的木乃伊队等球队，都具有一定的水平。但这时篮球活动仅作为消遣娱乐和广告之用，在广大城乡人民群众中未能得到普及，因此推广面较窄、竞赛活动相对较少，从国内外比赛成绩也反映我国篮球运动的整体水平较低。

---

① 白银龙、聂锐新：《我国篮球赛事转播的起源与发展》，载《体育文化导刊》2016 年第 2 期，第 77 页。

中华人民共和国成立后，篮球运动在中国的传播、普及、发展进入了新阶段。各级人民政府积极倡导“发展体育运动，增强人民体质”的全民健身方针，篮球运动因其简便易行，富有对抗性、趣味性、健身性和教育性等功能，便在各级政府的行政主管部门有计划、有组织地推动下，以各种形式在全国各学校、部队及企业、事业、社会团体中迅速开展起来，成为广大人民群众喜闻乐见的体育项目。由于受到社会、政治、经济等环境因素的影响，我国五人制篮球运动的发展过程呈现出阶段性的特点。1965 年，随着第二届全国运动会的举行，全国掀起了群众体育活动的高潮，近亿人参加各种体育活动。在一些篮球运动普及的农村，甚至达到了“村村有篮球场”的标准。总的说来，这一阶段的篮球场地建设向着标准化、规范化方向发展，后期出现了水泥铺设的篮球场、带灯光的篮球场。1956 年 10 月，中国篮球协会（简称“篮协”）正式成立，它是专门的篮球管理机构。在此之后，各地方篮协和基层篮协相继成立，各级篮协联合工会、共青团、体委群体部门等机关团体共同开展五人制篮球运动。

20 世纪 70 年代是篮球运动在中国群众体育发展的“黄金年代”，各军兵种部队也成立了专业球队，地、市、县常设篮球代表队，这股篮球浪潮一直持续到 20 世纪末。20 世纪 70 年代以后，我国五人制篮球迎来了全面飞跃的时期。在该时期，篮球技术全面发展，比赛进攻中的对抗技术、快速技术和高空技术在综合动作中趋于技巧化，运动员个人攻击和防守能力加强，防守技术具破坏力；单一、固定的进攻阵势被综合移动进攻战术所取代，攻击性、破坏性更强的集体防守被广泛运用。在比赛规则方面，增加了球回后场、控球队犯规，规定了对投篮队员犯规的法则，加入了身体接触原则，扩大了球场尺寸。

进入 21 世纪之后，篮球运动进一步在全国范围内普及、发展、创新、提高，运动员的技战术、身体和体能条件与要求进一步向篮球运动本体专项特征靠拢，规则围绕“高、快、准、全、狠”进一步补充与完善，从而激励攻守技战术的创新与发展，推动攻守对抗的速度、力量、准确性、技巧性的全面提高，同时拼抢强度更加凶悍激烈，竞赛更具魅力。在这一阶段，五人制篮球展现出了新的特征：强调智谋，即要求运动员、教练员用智慧进行科学的拼搏；强调高度，即普遍重视运动员的身高和纵跳高度；强调准确，即以投篮准确为目的的意识进一步增强；强调速度，即普遍更重视以速度争取时间；强调全面，即要求在全面素质、能力的基础上有特长，拥有“明星队员”；强调多变，即要求战术阵势的应变多样化；强调帅才，即重视聘用有个人特点、风格的智谋型教练员做统帅；强调凶悍，即强调拼斗性。

二、三人制篮球的起源与发展

三人制篮球运动项目源于美国街头的篮球赛，俗称“街头篮球”，最早在美国出现。某种意义上，“街头篮球”是嘻哈文化的重要分支之一。三人制篮球是在五人制篮球的基础上发展起来的一种新兴体育运动项目。三人制篮球起源于 20 世纪 60 年代美国纽约州的一种街头篮球游戏。当时，纽约公园市政处主任霍尔考比·洛克（Holcoby Locke）把一个巨大的垃圾场改造成街头篮球场地，吸引青少年参与，使青少年能够找到实现自我价值的运动。该举措也因此产生良好的社会效应，当地政府为了表彰洛克的杰出贡献，以他的名字命名该公园，因此，洛克被誉为三人制篮球的创始人。自 20 世纪90年代三人制篮球运动传入我国以来，发展势头迅猛。三人制篮球拥有独特的魅力，从参与人数急剧增加现象可以表明三人制篮球深受广大篮球爱好者欢迎，同时各界人士与机构积极组织相关赛事，表明三人制篮球深受人们喜爱。①

此后，在全国各地举办三人制篮球赛事的气氛持续高涨，三人制篮球爱好者的身影随处可见，业余三人制篮球赛事的竞技水平不断提升。三人制篮球是我国普及性较高的一项体育活动，只要有篮球场的地方，均有三人制篮球赛的存在。而今，三人制篮球已成为奥运会正式比赛项目。相较于五人制篮球比赛，三人制篮球比赛传入我国的时间较晚。

1995年，广州市举办了“羊城晚报杯”三人制篮球赛，此次比赛吸引了全国30支队伍参赛，这是国内首次三人制篮球比赛。由于早期国内三人制篮球比赛开办的效果非常好，因此培养出了一批热爱此项运动的群众。此外，国内的三人制篮球比赛开始加入更多商业化的元素，被各大企业冠名的赛事也层出不穷。比如，在2012年9—11月间组织的三人制篮球赛事就吸引了18万名运动员、近5万支队伍参赛。同时，在三人制篮球迅猛发展的大潮下，高校三人制篮球也呈现快速发展的态势，在各类民间及官方赛事中，大学生始终是参赛的主力军。近年来，随着三人制篮球在世界范围内普及开来，世界性的三人制篮球赛事亦推动了我国三人制篮球的发展。2017—2018赛季，赛事运营商国泰慧众用其专业的赛事运营团队，为联赛推广打下在腾讯平台曝光量超过30亿次、阅读参与量超过530万次的亮眼成绩。随着三对三世界巡回大师赛、三人制篮球测试赛等国际赛事的举办地相继落户我国各省、市，我国三人制篮球运动呈现一片欣欣向荣的景象。

三、篮球运动竞赛式教学理论的发展

（一）运动教育理论

美国著名学者达里尔·西登托普（Daryl Siedentop）教授在20世纪70年代提出了运动教育理论，为篮球竞赛式教学提供了理论支撑。运动教育理论认为，只有竞争性的、模仿性的游戏才是运动，并试图在游戏与运动之间建立某种联系，同时将过于自由的、没有规则的游戏加以限定。运动教育适于学校教育，是以运动为教育形式，可以培养学生的团结合作精神，适应社会能力，实现人文关怀和运动文化价值。因此，以运动教育理论为指导的运动教学模式注重以游戏化教学和教学比赛为理念，让学生在玩中学得知识与技能。运动教育理论是竞赛式教学模式的核心理论基础。一方面，竞赛式教学模式将大量的比赛作为课堂的主题，比赛具有竞争性强、对抗激烈的特点，能够激发学生浓厚的运动参与热情，同时这份热情也会带着他们积极地去学习和反思比赛中涉及的知识与技能。另一方面，所有的竞赛都是根据学生的学情特点进行设计、改编的，在规则上和形式上进行了调整，以提高整体的教学效果。

（二）群体动力理论

德国心理学家库尔特·勒温（Kurt Lewin）提出了群体动力理论，为篮球竞赛式教

① 参见童云波《三人制篮球在我国中学推广的可行性分析》，载《浙江体育科学》2016年第6期，第70～73页。

学的必要性以及方式方法等提供了理论支撑。群体动力理论认为，群体中的凝聚力是吸引成员维系在一起的情感因素。对于群体系统，其成员的精神充实程度越高，群体的凝聚力就越强，人依靠群体可以相互弥补、相互帮助、分担压力、增强信心；群体中的驱动力是创造群体效应、促进群体发展的动力因素，成员的追求、能力、兴趣、人际、意志是驱动力的原动力，在这些原动力的共同作用下，可产生高于个体的效应。个体在群体目标感召下，会冲破重重障碍，向着既定的目标努力，同时形成相互竞争与合作的良好风气。在竞赛式教学模式中，分组竞赛、分组学习、分组练习是必不可少的一个环节，教师应充分考虑学生身体素质、运动技能、性格等因素，在学期初就进行教学分组，组内的学生就形成了相对稳定的群体。每一项体育竞赛都会涉及相关的技能学习，而竞赛的输赢又会决定荣誉的归属，这就给小组带来了一致的目标，成员们会为此目标进行积极练习、相互帮助，球技较好的同学可以带动其他同学，以提高整个团队的学习效果。

第二节　篮球运动的基本裁判规则[①]

一、中圈跳球

比赛从球场的中圈跳球开始，可由双方各队任选一名队员进入中圈进行跳球，裁判员在两个跳球队员做好跳球准备后，将球垂直向上抛起，并使球下落能在两个队员之间，当球抛到最高点或下落时，被其中一方队员拍触到球，比赛即开始（图7－1）。

图7－1　跳球

二、侵人犯规

（一）侵人犯规的定义

在进入比赛状态后，活球或死球时的队员犯规（含有与对方队员的接触）。也就是说，队员不准通过伸展臂、肩、髋、膝或过分的弯曲身体等不正常姿势以阻挡、阻挠、推人、撞人、绊人来阻碍对方行进，也不准使用粗野行动，违反者判侵人犯规。

（二）侵人犯规的判定依据

每位队员都有责任尽可能避免发生相互接触；任一队员只要在占位时不发生身体接触，都有权占据没有被对方队员占据的位置；如果发生了身体接触的犯规，应由造成身体接触的队员负责。

（三）侵人犯规的类型及裁判员手势

1．阻挡犯规（图7－2）

图7－2　阻挡犯规

阻碍对方队员行进而发生的身体接触，即某队员试图作掩护，当他在移动过程中，而他的对手在静立或后退时，如果发生身体

① 本节图片来源：中国篮球协会审定《篮球规则2020》，北京体育大学出版社2020年版，第141～145页。

接触则为阻挡犯规。下面几种情况应判阻挡犯规：防守队员静立或后退时，掩护队员在掩护过程中，如果发生身体接触造成犯规，应判掩护队员阻挡犯规；如果防守队员面对进攻队员并随之移动而不顾球时，发生的任何接触，除非进攻队员故意推人、撞人或拉人外，都应由防守队员负责，判阻挡犯规；进攻队员为了摆脱防守，接运球队员的球，但他们撞上已在其前进路线上占据合法位置的防守队员，并发生了撞人或阻挡，应由控球队员负较大的责任。

2．推人犯规（图 7－3）

队员推动或试图推动对方队员而发生的身体接触。防守队员从后面接近控球队员而造成的接触，可能是推人的一种形式。

3．撞人犯规（图 7－4）

持球或不持球队员强行前进并与对方队员发生冲撞的身体接触。

4．非法用手（图 7－5）

发生在队员用手接触对方队员时。为了抢球附带地接触对方持球的手时除外。

图 7－3　推人犯规

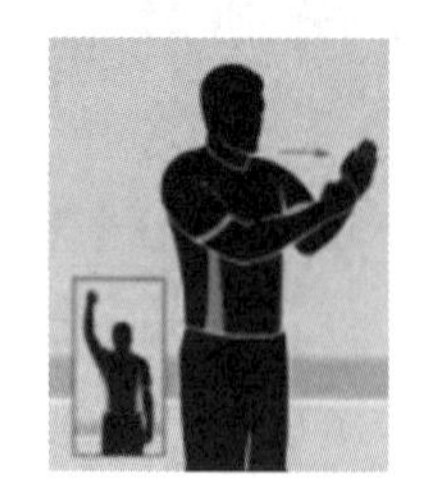

图 7－4　撞人犯规

图 7－5　非法用手

（四）侵人犯规的判罚

（1）在所有情况下，都登记一次侵人犯规。

（2）如果被侵犯的队员未做投篮动作，应由被犯规队掷边线球（犯规就近点）。

（3）如果被侵犯的队员未做投篮动作，但单节对方已达 5 次犯规，应执行二次罚球。

（4）如果被侵犯的队员在做投篮动作，按以下情况处罚：①如投中，得分有效，加罚一球（图 7－6）；②如投 2 分球未成功，判二次罚球（图 7－7）；③如投 3 分球未成功，判三次罚球（图 7－8）。

图 7－6　一次罚球

图 7－7　二次罚球

图 7－8　三次罚球

三、球出界违例

球出界违例在比赛中经常出现，不为有些裁判员重视，加之运动员的动作快、变化突然，裁判员若没抢好角度、看不准，易出现错判或反判。在比赛中，裁判员必须掌握以下四个概念。

（一）队员出界

当队员触及界线上或界线外的地面时，即判该队员出界。

（二）球出界

当球触及出界队员，触及界线上或界线外的任何其他人员、地面和任何物体，触及篮板的支柱或背面时，即为球出界。

（三）使球出界

某队员使球触及出界队员，触及界线外的任何人员、地面或物体，触及篮板的支柱及背面，即为使球出界，判违例。

（四）最后触及球的队员

最后触及球的队员为使球出界的队员。球出界后，裁判示意比赛方向（图7－9），也就是由向此方向篮筐进攻的队伍开球。

图7－9　示意比赛方向

四、回场违例

控制球队的队员在前场不得使球回后场。当控制球队的队员在前场使球进入后场，又被该队队员在后场首先触及时，则为球回后场违例。因此，构成球回后场必须具备三个因素：①球在前场，被该队控制；②控制球队的队员最后使球进入后场；③控制球队的队员在后场首先触及球。

球回后场这一规定适用于发生在某队前场的所有情况，包括掷界外球。回场违例的判罚为，由对方在边线的中点处掷界外球，掷界外球的队员双脚跨在中线的延长线上，可以向场内任何地方掷球（图7－10）。

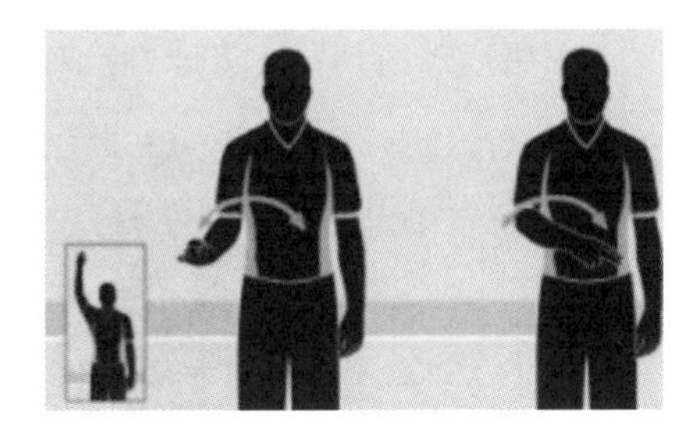

图7－10　球回后场

五、走步违例

（一）可持球移动的范围

比赛中，持球队员可在下列两类限制的范围内向任何方向持球移动。

1．队员静止时持球

队员静止时持球，用任何一脚作中枢脚进行旋转。

2．队员在移动中接球或运球结束时

队员在移动中接球或运球结束时，可采用两拍节奏停步或将球脱手。

第一拍发生在：①当接球时，在接到球的一刹那，如任何一脚正接触地面；②如双脚离地时接球，在接球后任何一脚或双脚同时接触地面。

第二拍发生在：①第一拍后，任何一脚或双脚同时接触地面时，队员在两拍节奏的第一拍时已停步，在做第二拍时不得有新的移动；②队员合法停步时，如双脚分前后，他可旋转但只准后脚作中枢脚；③队员静止时，接球或持球时合法停步。双脚不分前后，则要用任何一脚作中枢脚；④当投篮或传球时，可提起中枢脚或跳起，但必须在单脚或双脚再次接触地面时将球脱手，即使防守队员用单手或双手触着球，也要将球脱手；⑤开始运动时，在球离手前不准抬起中枢脚。

超出上述限制的持球移动为走步违例。

（二）走步违例的判罚

持球队员超出规则限制的范围移动，则判其走步违例（图7－11）。发生走步违例时，球判给对方队员在违例地点最近的边线掷界外球。

图7－11　走步违例

六、非法运球

队员控制球后将球掷、拍或滚，在球触及另一队员之前再触及球为一次运球。队员在每次运球中，必须使球与地面接触。队员运球后，用双手同时触及球的一刹那或使球在单手或双手中停留的一刹那，即运球完毕。队员第一次运球结束后不得再次运球，如再次运球，则为非法运球（图7－12、图7－13）。

但下列情况不算非法运球：连续投篮、投篮不稳失掉球然后恢复控制球、与对方队员抢球时用连续拍以图控制球、拍击另一队员控制的球、拦截传球获得该球等。

非法运球的判罚：将球判给对方队员在违例地点最近的边线掷界外球。

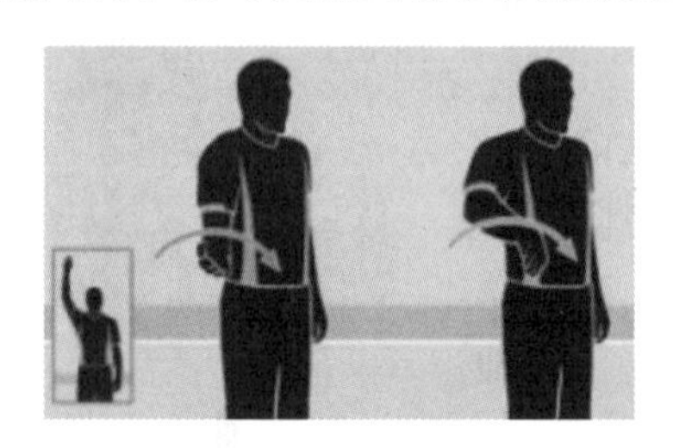

图7－12　携带球

图7－13　两次运球

七、罚球违例

罚球队员和非罚球队员如果违反如下规定，应判违例。

（一）对罚球队员

1. 对罚球队员的规定

（1）罚球队员必须在5秒钟内将球离手。裁判员将球递交给罚球队员后开始计算。

（2）当球在空中或在球篮里面时，罚球队员不得接触球或球篮。

（3）球未碰篮圈、篮网前，罚球队员不得触及罚球线或罚球线前的地面。

（4）罚球队员故意假装罚球是违例。

2. 罚球违例的判罚

罚中无效，如只有一次罚球，由对方在罚球线的延长线的边线之外掷界外球。

(二) 对非罚球队员

1. 对非罚球队员的规定

当球在空中或在球篮里面，本队和对方队的队员都不得接触球或球篮。

2. 对非罚球队员的判罚

(1) 本队队员违例，投中无效。如果技术犯规的罚球，只剩掷中线球权。

(2) 如双方同时违例，则投中无效。在跳球圈跳球，继续比赛。

(3) 如对方队员违例，不管投中与否，判罚球队员得一分。

八、其他常见违例

其他常见违例有故意脚踢球（图 7－14），时间规则上的违例（图 7－15、图 7－16、图 7－17、图 7－18）。

图 7－14　故意脚踢球

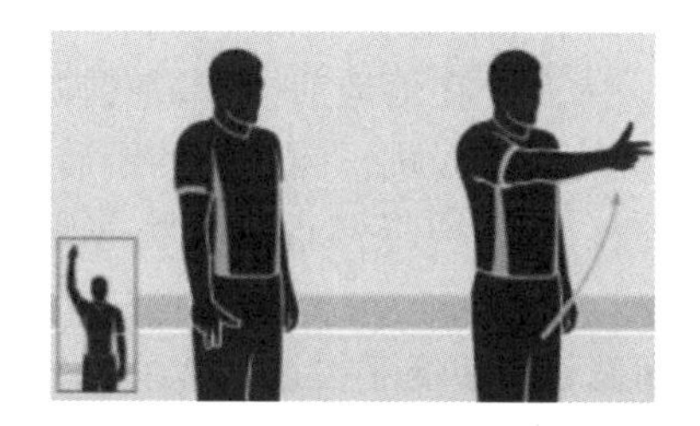

图 7－15　3 秒钟违例

图 7－16　5 秒钟违例

图 7－17　8 秒钟违例

图 7－18　24 秒钟违例

九、其他常用裁判员手势

其他常用裁判员手势有暂停（图 7－19），换人（图 7－20），技术犯规（图 7－21），违反体育运动精神犯规（简称“违体犯规”）（图 7－22）。

图 7－19　暂停

图 7－20　换人

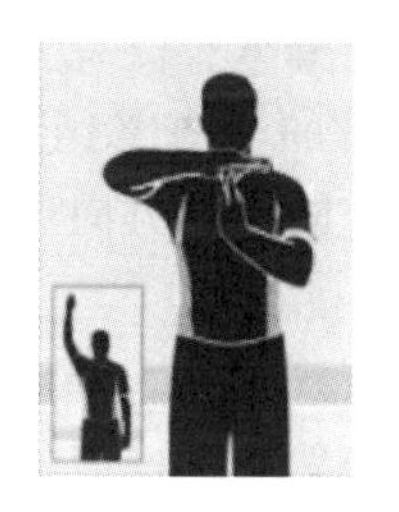

图 7－21　技术犯规

图 7－22　违体犯规

第三节　篮球运动的基本技术

一、个人进攻技术

（一）投篮技术

1. 跳投

双脚自然分开，正对球篮，身体与篮筐平行。要把篮球放在手上，掌心空出，手掌的边缘要贴紧球，五指自然分开，贴紧篮球。大臂与地面平行，小臂与地面垂直，手掌基本与地面平行。投球时，手腕用力，用食指和中指拨动篮球，腰部、大腿配合协调用力。

2. 罚球投篮

进攻运动员被判犯规后，在罚球线后的半圆内，无争抢的情况下进行投篮，每进一球得1分。

3. 行进间篮下单手高手投篮（以右手投篮为例）

右脚跨出一大步，在落地前接球，右脚落地后左脚向前跨一小步，缓冲向前的水平冲力，并用力蹬地向上起跳，同时举球于肩上（或头部以上）。当身体至最高点时，前臂向前上方伸展，右臂即将伸直时手腕前压，食指、中指用力拨球，通过指端将球拨出，出手要柔和。

4. 行进间篮下单手低手投篮（以右手投篮为例）

右脚跨出一大步，在落地前按球，左脚紧接着跨出，步幅稍小。此时不要减速，要用力蹬地向前上方起跳，同时，双手持球移至右耳侧上举，左手离球，右手掌心向上托球，向球篮方向伸出，接着向上屈腕，食指、中指、无名指向上拨球投出。

5. 扣篮

运动员用单手或双手持球，跳起在空中自上而下直接将球扣进篮圈。

6. 补篮

投篮不中时，运动员跳起在空中将球补进篮内。

（二）移动技术

1. 运球

运球时，要以肘为轴，小臂随着篮球，球最高为到肘关节，即小臂与地面平行。

2. 起动

起动是运动员在球场上由静止状态变为运动状态的一种动作，是获得位移初速度的方法。向前起动是用后脚的前脚掌短促有力地蹬地，身体重心前移，上体前倾，迅速向前迈步；向侧起动是用异侧脚的前脚掌用力蹬地，同时上体迅速向起动方向侧转并前倾，身体重心跟随移动，迅速向跑动方向迈步。无论是向前起动，还是向侧起动，起动后的前两三步要短促而迅速。

3. 急停

急停是运动员在跑动中突然制动速度的一种动作方法，是衔接其他技术动作和摆脱对手的有效方法。急停包括跨步急停和跳步急停。

（1）跨步急停：急停时的第一步跨出稍大，脚跟先着地，前脚掌撑地，脚尖由向前方转为向侧前方；同时，身体重心下降，并先落在后脚上，身体稍向后坐，以减缓向前的冲力。第二步着地时，前脚掌内侧用力蹬地，脚尖稍向内转，双膝弯曲并内收，上体稍前倾，身体重心落在双脚之间；双臂屈肘张开，帮助控制身体平衡。

（2）跳步急停：运动员在跑动时用单脚起跳，双脚同时落地（略比肩宽），前脚掌用力蹬地，双膝迅速弯曲，身体重心下降；双臂屈肘张开，保持身体平衡。

4. 三步上篮

（1）左手上篮：左脚先跨步（大一些），再跨右脚（快而有力），右脚用力蹬地，左脚用力向上抬起，左腿抬起（大腿与地面平行），弹跳左脚向上抬起，滞空；左手投球上篮，方向为篮板45°角，手指拨球，上抛，碰篮板，弹入篮筐。动作要自然、流畅。第三步自然落下。

（2）右手上篮：右脚先跨步（大一些），再跨左脚（快而有力），左脚用力蹬地，右脚用力向上抬起，右腿抬起（大腿与地面平行），弹跳右脚向上抬起，滞空；右手投球上篮，方向为篮板45°角，手指拨球，上抛，碰篮板，弹入篮筐。动作要自然、流畅。第三步自然落下。①

（三）传接球技术

1. 双手胸前传球

双手五指自然张开，双手的大拇指呈“八”字形，用指根以上部位持球，掌心空出。双肘自然弯曲于体侧，置球于胸腹部位，身体呈基本姿势站立，脚分前后。传球时，目视传球方向，双臂前伸，手腕由下向上转动，再由内向外翻，急促抖腕，同时，拇指用力下压，食指、中指用力弹拨，将球传出。出球后，手心和拇指向下，其余四指向前。远距离传球时，则需手臂和腰腹协调用力。

2. 双手头上传球

双手持球举于头上，两肘稍屈，持球手法与双手胸前传球相同。传球时，小臂前挥，手腕前扣外翻的同时，拇指、食指、中指用力拨球。传球距离较远时，应加脚蹬地、腰腹用力，全身协调发力将球传出。

3. 单手肩上传球（以右手传球为例）

双手胸前握球，双脚前后站立，左脚在前。左肩对传球方向，将球引至右肩，右手执球，肘关节外展，右手腕后仰，指根以上托球，掌心空出，身体重心落在右脚上。传球时，右脚蹬地，转体，前臂迅速向前挥摆，手腕前屈，通过拇指、食指、中指拨球，将球传出。球出手后，身体重心随之移到左脚上。

4. 单手胸前传球

持球手法与单手肩上传球（以右手传球为例）相同。将球由胸前引到体前右侧。传球时，振动前臂、手腕急速前扫，并向内翻；同时，食指、中指、无名指用力拨球，将球传出。

---

① 参见王国辉《篮球行进间上篮技术有效教学方法的思考》，载《科学咨询（科技·管理）》2019年第9期，第119页。

二、个人防守技术

（一）防守基本姿势及步法

1. 防守基本姿势

双脚平行开立或斜侧向开立，比肩稍宽；屈膝，身体重心支撑点在双脚的前脚掌上，含胸、收腹，上体稍前倾；双臂屈肘侧举，上臂与身体夹角为60°，手掌向前；目视前方。

2. 侧滑步（以左侧滑步为例）

右脚前脚掌内侧用力向左蹬地，同时左脚向左滑出半步；左脚落地的同时，右脚迅速向左滑出半步；双脚仍保持一定距离，不能相碰，滑动离地不能太高，应当平贴着地面滑动。移动过程中身体不能起伏，身体重心稳定，头部要保持在一个水平面上。向右侧滑步动作要领与向左侧相同，只是方向相反。

3. 前、后滑步

身体姿势与侧滑步相同，只是双脚稍分前、后开立。向前滑步时，后脚前脚掌内侧用力向前蹬地，同时前脚向前迈一小步，接着后脚迅速跟上半步，仍保持双脚之间原来的距离。向后滑步时，则用前脚掌用力向后蹬地，同时后脚向侧后方迈出半步，接着前脚迅速跟上半步，仍保持双脚之间原来的距离与角度。前、后滑步时，前脚的脚尖应朝前。

4. 后撤步（以左撤步为例）

站成防守基本姿势，双脚平行开立。右脚前脚掌内侧用力蹬地，同时左脚向左斜后方滑出一步，腰部用力向左稍有转动，带动上体移位。右脚迅速向左斜后方滑动一步，双脚之间保持原来的距离，双臂侧举，屈肘，左臂低于右臂，腿部要有力量，身体重心要稳定，随时准备继续滑步，或向相反方向后撤步滑动。

（二）抢断球

1. 抢球

抢球是攻击性防守的重要技术之一，在对方动作迟缓、精神不集中或球保护不好的情况下，防守者可以大胆抢球。抢球时，要突然上步，靠近对手，同时伸出右臂，用右手迅速按在球上方（对方的双手之间），左手立即握住球的下方；右手下按球并将球向对方怀内旋转，左手用力协助转动；当球在对方手中转动时，右手加向回拉球的动作，球即可脱开对方双手，运动员抢球到手。

2. 纵断球（以从对手右侧断球为例）

纵断球时，右脚应向右前方（从对手侧后绕出断球时）或右侧前方（从对手身后绕出断球时）跨出，左腿从侧面绕过对手，同时右脚用力蹬地或双脚蹬地，侧身向来球方向迅速跃出，双臂伸直将球截获。

3. 横断球

准确判断对方传球意图和球的飞行路线，要与对手保持一定距离，使其同伴感到可以传球。准备断球时，要降低身体重心，与传球人、接球人保持一定角度，位置要靠近传球一侧。注意观察持球队员的动作，在持球者传球出手瞬间，迅速向来球方向起跳，充分伸展腰腹和手臂，截获来球时，立即收腹，双脚落地保持平衡，及时与运球、传球相衔接。其他动作要领同纵断球。

第四节　篮球运动的基本战术

一、篮球基本战术的实质与功能

（一）篮球基本战术的实质

篮球战术的实质是根据场上队员的能力及战术需要，对场上队员进行合理的位置分配。合理的位置分配不仅能最大限度地发挥运动员的个人能力，而且能使运动员间保持合理的空间。这一空间问题多是围绕着篮圈来进行调节的，原因在于得分是决定比赛胜负的唯一标准，而要得分就必须将球投中对方的篮圈。“离篮圈越近，投篮命中率越高”是篮球运动的一个基本规律，因此，一切战术均应以篮圈为中心。场上队员间保持合理的空间，不论选用何种策略，都为本队的进攻或防守做好了铺垫。进攻队员之间合理的空间易于球的移动，并且使防守方不便相互呼应和互相帮助，从而通过球或人的移动创造出无人防守的本方投篮机会或是在某一局部区域形成一对一的良好进攻局面；防守队员之间合理的空间使得进攻方不能轻易获得理想的无人防守的投篮机会，并且在进攻方突破第一道防线时可形成补防或者换防，还可以借助规则，在场角、界线或中线的附近，或在一对一防守困难的区域对进攻队员进行夹击。因此，战术在篮球比赛中无时无处不在，只要有进攻就存在进攻战术，只要有防守就存在防守战术，就连双方均无球权的跳球时也有战术。在攻守转换的一瞬间，战术也就发生了变化，正如教练员布置进攻或防守战术时不得不考虑攻守转换一样，其在选择和运用战术时亦不得不考虑如何为攻守转换创造有利条件。

（二）篮球基本战术的功能

在比赛中，选择适合本方的篮球战术是战胜对手的先决条件。战术是球队贯彻战术思想和基本打法的有力保障，是战胜对手的有力武器。任何一种战术都有一定的战术原则和方法，反映该战术的特点和具体内容，是战术目的得以实现的重要组织保证。战术不仅从宏观上确定了全队的打法，而且从微观上明确了每位队员在攻守中的基本位置、主要职责和活动范围，当然，这也会受制于运动员的个人能力。系统论告诉我们：系统无处不在，万物皆成系统。正是战术使得场上的五名运动员成为一个系统、一个整体，从而实现“一加一大于二”的效果，这就是战术的魅力。此外，训练中可以通过战术的训练，来提高运动员的篮球意识。①

当一名初学者在场上手足无措时，他可以根据战术的要求进行站位和移动。经过长时间的训练，运动员就能做到在适宜的时机出现在适宜的位置；如果能再做出适宜的反应和动作，那么就可以说，这名运动员已具备了良好的篮球意识。

---

① 舒刚民：《篮球运动起源与本质的再研究》，载《成都体育学院学报》2011 年第 5 期，第 66 页。

二、篮球运动基本战术介绍

（一）篮球运动的跳球战术

在篮球运动发展的初期，每一次球投中后都要在中圈重新通过跳球开始比赛，可谓“跳球机会多多”，故跳球战术的发展相对成熟。1914 年，近距离传球及中锋跳球已形成了一定阵势，把球跳给谁也有了一定的暗号。当时很重视中锋跳球阵势，因为中锋跳球的机会很多。1915 年以后，队员的分工出现了新变化：既有分工，又不固定守区。于是“中圈跳球战术”成为主要的进攻战术。在战术的演变上，这一阶段主要是队员有了分工，跳球时，两个前锋站在前场，两个后卫站在后场，比赛中也是这种站法。队员的任务分得很清楚，两个前锋负责投篮，只在前场与对方后卫抢球，很少退回到后场进行防守；后卫是专门负责防守对方前锋的，很少进前场；中锋则既要进攻又要防守，成为攻守兼备的前后场中心人物，所以要求中锋具有一定的速度和耐力、技术全面、头脑清醒、善于控制球和组织进攻。

（二）篮球运动的进攻战术

1. “1 –3 –1”进攻战术（图 7 –23）

这种战术的队员分布面比较广，优势是衍生的攻击点多，适合内外联系，尤其是左右配合，有利于组织抢篮板球和保持攻守平衡，比较适合针对“2 –1 –2”区域联防。这种战术的劣势是只有一名队员落于后卫位置，不利于防守对方快攻；只有一名队员在底线活动，不利于拼抢篮板球。在对方“2 –1 –2”区域联防时，充分利用篮下、两侧三分线 45°角及正面弧顶等防守薄弱位置，通过有意识地配合调动防守队员的重心，或通过溜底线、策应、掩护等配合有意识地创造篮下强攻的机会，加重防守队员的负担。

如图 7 –23 所示，图中有序号的色圈代表两队队员，其中黑色为防守队，白色为进攻队。进攻队采用“1 –3 –1”战术落位。进攻时，④⑤⑥⑦代表的队员占据“2 –1 –2”区域联防的薄弱区域，可以在进攻的正面和两侧发动以多打少的攻势。在安排各个位置的队员时，要考虑各个位置队员应当具备的条件：④⑥⑦代表的队员应该是头脑反应快、战术意识强、技术全面、善于妙传、中远距离投篮准确、切入篮下得分和冲抢篮板球能力强的队员；⑤代表的队员是处于罚球线周围随时接应及转身跳投的队员；⑧代表的队员是篮下进攻和抢篮板球能力较强的队员。

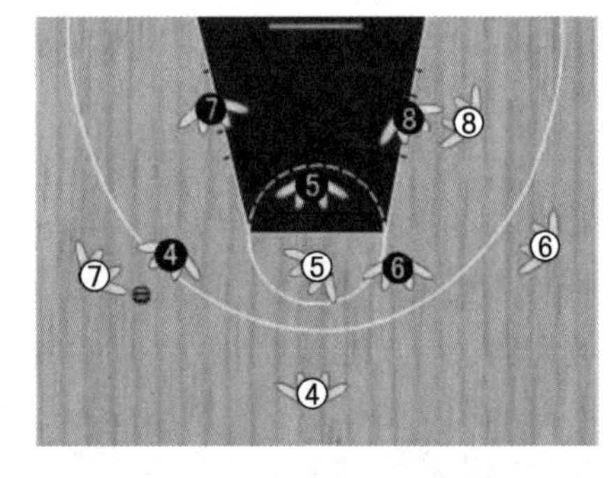

图 7 –23 “1 –3 –1”进攻战术示例

2. “1 –2 –2”进攻战术（图 7 –24）

“1 –2 –2”进攻战术适于应对“2 –3”区域联防。这种战术的优势是两名队员同时占据内线有利位置，通过外线队员快速转移，可以有效地形成内外联系，给对方内线造成巨大压力，并且有利于抢篮板球。这种战术的劣势是要求各位置队员的能力和战术配合的熟练程度应当非常强，而且由于进攻落位时弧顶只有组织后卫一人，因此由攻转守时，不利于防守对方快攻。在对方“2－3”区域联防时，充分利用三分线弧顶以及两侧45°角位置的相对薄弱区域，利用掩护、策应、突分等进攻战术基础配合，更好地组织外线进攻，加重外线防守队员的负担，为内线队员的进攻拉开空间，从而有效地攻破“2－3”区域联防。

如图7－24所示，图中有序号的色圈代表两队队员，其中黑色代表防守队，白色代表进攻队。进攻队④⑥⑦代表的队员分别占据防守的薄弱区域，形成以多打少的有利局面。在考虑安排各位置进攻队员时，要考虑各个位置队员应当具备的条件：④代表的队员作为组织后卫，应具备反应敏捷、进攻意识强、素质较高且具有较强的传球能力和中远投能力；⑥⑦代表的队员应具备准确的中、远距离投篮能力；⑧⑤代表的队员应该具备较强的篮下进攻和抢篮板球的能力。

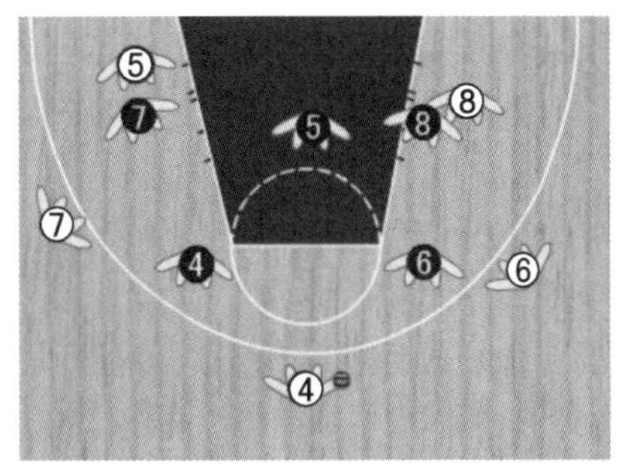

图7－24　“1－2－2”进攻战术示例

（三）篮球运动的防守战术

1. **人盯人防守战术（图7－25）**

人盯人防守是最基本的防守战术形式。从运用的角度看，它能有效地控制对手，制约对手的特长，并能根据对方的配合范围和攻击的侧重点及时调整防守位置与配备防守力量。因此，它是一种攻击性较强的防守战术。人盯人防守对队员有三个方面的要求：其一，由攻转守时，每个队员都要快速退回自己的后场，找到对手，组成集体防守；其二，队员要根据对手、球、球篮的分布情况选择有利位置，有球紧、无球松，近球紧、远球松，积极移动，控制对手；其三，队员要做到球、人、区兼顾，与同伴协同防守，破坏对方的进攻配合，加强防守的集体性。

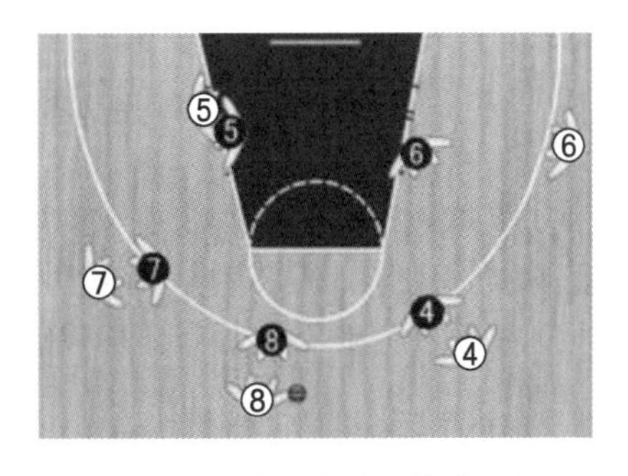

图7－25　人盯人防守战术示例

2. **“3－2”区域联防战术（图7－26）**

“3－2”区域联防又称“对位联防”，是指防守球队根据进攻队员的落位有针对性地进行落位防守，以达到对位盯人防守目的的一种战术。其落位的阵型如图7－26所示，弧顶一名防守队员，三分线45°角附近左、右各一名防守队员，三秒区45°角附近的腰部位置左、右各一名防守队员。这样就形成了外线三名防守队员、内线两名防守队员的“3－2”落位。这种防守战术的优势是能够有效防范弧顶、45°角的三分球，限制对方在上线区域的持球突破、

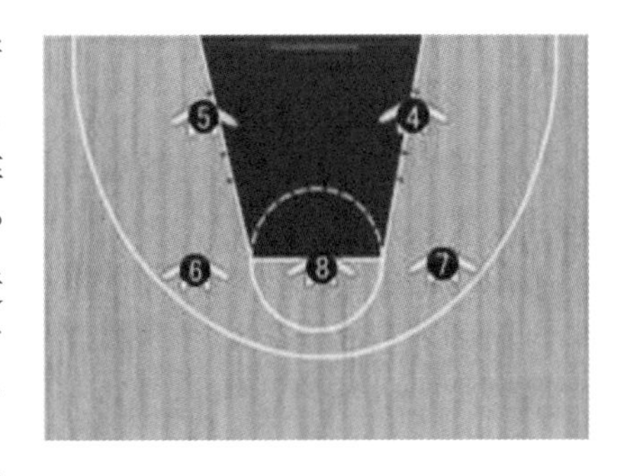

图7－26　“3－2”区域联防战术示例

传接球和战术跑动，并在抢断传球后有效发动快攻。这种防守战术的劣势是球场底角两侧和罚球线以下至小禁区以上的区域都是其防范的盲点，不利于防守两个场角的中远距离投篮和禁区内及篮下进攻，也不利于争抢篮板球。对手如果利用防守薄弱区进行强攻，一旦有机会得分，那么防守就失败了。

3. “2－3”区域联防战术（图7－27）

在对方控球后卫未过半场的时候，上线的两人（控球后卫、得分后卫）站在罚球线两端的牛角位，拉开双手准备防守。下线的中锋站在禁区，两个前锋站在中锋两翼，也拉开双手准备防守。针对没有外线投手的队伍，这种战术能够发挥强大的作用。运用“2－3”阵型的落位，优点是增强了内线与底线的防守力量，利于防守篮板球的争抢；缺点是外线防守力量较弱，不利于对中远距离投篮的防守，也不利于内线高大队员的“弧顶”及罚球线区域的高位策应进攻。

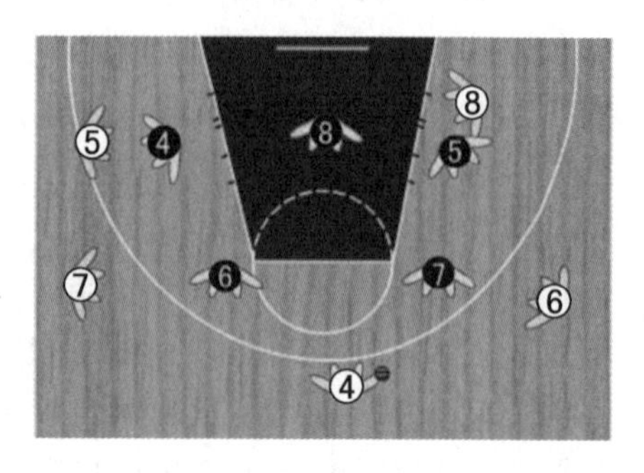

图7－27 “2－3”区域联防战术示例

第五节 篮球运动竞赛式教学设计与实施

篮球运动属于技战能主导类同场对抗性项目，学习过程中不能仅仅掌握几个基本的篮球技术动作，还要培养学生运用技战术的意识并最终学会如何打比赛，这才是篮球学习的精髓。因此，教师需要构建篮球运动竞赛式教学模式。

一、课堂常规教学

教师准备场地器材，布置整队，接受班级体育委员报告，检查学生着装。师生问好后，教师宣布本堂课的内容、目标及要求，进行动员，安排见习生随堂听课。

二、篮球各项技术与常识的竞赛式教学

（一）热身活动的竞赛式教学

1. 热身活动的内容

各种跑动练习，包括侧身跑、变速跑、变向跑、转身跑；沿篮球场罚球线的滑步练习；熟悉球性练习。

2. 师生任务

教师：口令指导练习，示范并提示要点；信号指挥练习，调动学习气氛；带领学生做熟悉球性的练习。

学生：模仿教师跑动，动作标准；充分活动腕、膝、踝等关节；体会控球，增进球感，迅速热身。

设计目的：激发学生兴趣，做好运动前的准备，避免学生在运动中受伤。

3. 热身活动竞赛式教学法的实施

（1）根据技能水平分组，介绍竞赛办法。

（2）六人一组。学生由起点出发，跑到终点，绕过终点的标志物，再跑回起点。根据学生跑完整个过程的时间，确定学生的比赛成绩。通过这项比赛，教师能够训练学生的爆发力，帮助学生缩短加速时间。

（3）八人一组。学生背对终点，趴在起点位置，在教师吹响哨声后，迅速起身、转身，跑向终点。教师根据学生跑过终点的顺序，确定学生的比赛成绩。在这项比赛中，学生能够锻炼反应力，学会如何实现眼、耳、肢体的有效配合。

（二）篮球理论常识的竞赛式教学

1. 讲述篮球比赛常识（20 分钟）

教师讲述篮球比赛场地要求、比赛规则等，基于篮球理论常识设计竞赛题目，组织学生回答问题，并给予回答正确的学生相应的分数。

比赛场地：标准篮球场应为 28 米 ×15 米的长方形。场地的丈量从界线的内沿量起，而场内的各区、线、圈的丈量则从界线的外沿量起，场上各线线宽均为 5 厘米。地面应坚实平坦，至少在周围 2 米以内无障碍物。球队席区域有 2 条 2 米长的线，其颜色与边线和端线的颜色应有较大差别。

篮球架：篮球架的支柱距端线外沿至少 1 米。篮板应横宽 1.8 米、竖高 1.05 米，下沿距离地面 2.9 米（原宽 1.8 米、高 1.2 米尺寸的篮板仍可使用）。

篮板：篮板用 0.03 米厚的坚硬木料或适宜的透明材料制成。在奥运会和世界锦标赛上，其尺寸为横宽 1.8 米、竖高 1.05 米，下沿距地面 2.9 米。其他竞赛则使用其原来的规定尺寸（宽 1.8 米、高 1.05 米，下沿距地面 2.75 米）的篮板或新规定尺寸的篮板。

球篮：球篮包括篮圈和篮网。篮圈由实心铁条制成，内径为 0.45 米，圈条直径为 0.02 米，并应漆成橙色。圈下装设小环，用于悬挂篮网。篮圈应牢固地安装在篮板上，呈水平状，离地面 3.05 米，与篮板两垂直边的距离相等。篮板面与篮圈内沿的最近点是 0.15 米。篮网用白色线绳结成，长 0.4 米，悬挂在篮圈上。

篮球：球为圆形，内装橡皮球胆，外壳用皮、橡皮或合成物质制成。球的圆周长为 749～780 毫米，重量为 567～650 克。充气后，使球从 1.8 米的高处落到硬木质地板或较硬的地面上，反弹起来的高度不得低于 1.2 米，同时不得高于 1.4 米。

基本赛制：比赛应由四节组成，每节 10 分钟，在第一节和第二节之间、第三节和第四节之间以及每一决胜期之前应有 2 分钟的休息时间。半场时间的休息应为 15 分钟。如果在第四节比赛时间终了时比分相等，为打破平局，需要一个 5 分钟的决胜期，或多个这样的 5 分钟来继续比赛。在所有的决胜期中，球队应朝向第四节中相同的球篮继续比赛。

2. 讲述中国篮球运动常识（10 分钟）

（1）篮球房：我国最早的篮球房［宽 30 英尺（9.144 米）、长 70 英尺（21.336 米）］是上海基督教青年会于 1908 年建立的，其在当时开展活动、组织比赛和举办篮球训练班等方面，发挥了历史性的作用。

（2）篮球运动留学生：我国第一位篮球运动留学生是董守义先生（1895—1978），河北省蠡县人，1961 年毕业于北京通州敬和书院，1923—1925 年赴美国春田学院（Springfield College）攻读体育专业，并亲身向篮球运动发明人詹姆斯·奈史密斯博士学习篮球运动，受到其重视。

（3）女子篮球比赛：我国最早的一场女子篮球比赛是在 1916 年，上海爱国女校派篮球队赴扬州，在江苏省运动会上做表演，这是中国女子篮球在运动会上第一次与观众见面。同年，上海女青年会体育师范学校组队与上海适美中学队比赛，这是中国女子篮球最早的校际比赛。

（4）出国访问的篮球队：我国第一支出国访问的篮球队，是由爱国华侨林珠光先生集资，以菲律宾华侨队为基础，邀请上海队员参加组成的“中华征美篮球队”（男子），于 1929 年 7 月赴美国学习及比赛。

（5）首次参加奥运会篮球赛：1936 年 8 月，我国篮球队参加在德国柏林举办的奥运会，这是我国第一次参加奥运会篮球赛（男子）。

3. 组织篮球运动知识竞赛（15 分钟）

（1）发明篮球运动的人是谁，是哪年发明的？

（2）篮球场地长、宽分别是多少米？

（3）如果两人之间有人防守的话，最佳的传球方法是什么？

（4）在篮球比赛中，哪种技术方法具有突然性强、出手点高和不易防守的优点？

（5）在交叉步突破、侧滑步突破、后转身突破三种方式中，哪种方式不包括持球突破技术动作？

（6）在掩护配合、突破上篮、策应配合三种方式中，哪种方式不属于篮球进攻基本配合？

（7）从界外发球的队员要在多少秒内发出球？

（三）篮球运动基本技术的竞赛式教学的形式

1. 运球比赛

分为直线、环线、弧线运球比赛或变向运动计时赛等。比赛采用篮球运球过障碍的场地布置，采用分组接力、累计计时的方法，最后以每个小组累计的时间进行评价与考核。

比赛规则：所有选手在起跑线后站位，分别用各自的篮球，持球做好起跑准备，听统一发令开始，不准抢跑；跑完后，冲过终点，同时，下一位选手运球出发，不准提前。以上规则加上运球过障碍规则，凡是违规一人次加一秒。

2. 传接球比赛

分为迎面跑动传接球、行进间传接球、中远距离传球等。比赛采用分组接力的形式，每个小组包括 6 名学生，学生 1 和学生 2 完成迎面跑动传接球动作、学生 3 和学生 4 完成行进间传接球动作、学生 5 和学生 6 完成中远距离传球动作。最后，根据每组学生所用时间、传接球效果等进行评价。

3. 投篮比赛

分为原地投篮、行进间定点投篮、抢篮板球投篮。比赛采用个人赛的形式，每个学生依次完成原地投篮、行进间定点投篮、抢篮板球投篮环节。在每个环节，学生都有5次出手机会。最后，根据学生的投篮命中率决出胜利者。

（四）行进间传球的竞赛式教学

对于行进间传球的竞赛式教学主要从以下5个步骤展开（以90分钟的体育课为例）。

1. 基本准备活动与专项准备活动（10分钟）

按照一堂体育课的要求，进行点名与安排见习生等教学常规，带领学生做相应的慢跑、徒手体操等热身与专项准备活动，对本次课内容进行导入。

2. 示范与讲解（20分钟）

教师讲解行进间传球的动作要求、运用时机与练习方式，并给予学生一段时间进行练习，在学生练习过程中进行巡回纠错。

3. 行进间传球竞赛式教学法的实施（40分钟）

（1）根据技能水平分组，介绍竞赛办法。

（2）组内分组，找合适的伙伴。

（3）两人一组（一人行进间双手传球一次与另一人接球一次，此为一个回合），统计单位时间完成回合次数。

（4）两人一组（单手传球－双手接球），统计不计时间的单次完成回合次数（传接球次数）。

（5）两人一组（单手传球－单手接球），统计单位时间内的单次完成回合次数（传接球次数）。

（6）两人一组（都采用单手），统计不计时间的单次完成回合次数（传接球次数）。

（7）各竞赛小组与各竞赛方式的统计。

（8）统计各竞赛方式中每个小组的第一名，然后以教师为陪练进行各竞赛方式的比赛，并统计教师陪练后的各种竞赛方式中的每小组的第一名。

（9）结合运动中传球，以每种竞赛方式的第一名为示范，教师在学生示范的同时进行讲解（评价学生之间的配合方式、手段、步骤与注意事项等）。

4. 必要的体能与专项素质练习（10分钟）

根据所在学校的要求，并结合学生提升运动能力的需要，进行相应的身体素质练习与行进间传球专项素质练习。

5. 相应的放松活动，布置课后练习与下次课前预习内容（10分钟）

组织学生开展游戏活动，帮助学生放松身心。然后，布置行进间传球的课后练习和投篮的预习任务。

（五）投篮的竞赛式教学

对于投篮的竞赛式教学主要从以下5个步骤展开（以90分钟的体育课为例）。

1. 基本准备活动与专项准备活动（10分钟）

按照一堂体育课的要求，进行点名与安排见习生等教学常规，带领学生做相应的慢跑、徒手体操等热身与专项准备活动，对本次课内容进行导入。

2. 示范与讲解（20 分钟）

教师讲解投篮的动作要求、运用时机与练习方式，并给予学生一段时间进行练习，在学生练习过程中进行巡回纠错。

3. 投篮竞赛式教学法的实施（40 分钟）

（1）根据技能水平分组，介绍竞赛办法。

（2）组内分组，找合适的伙伴。

（3）两人一组（一人分别在弧顶、45°角、罚球线投篮三次，另一人捡球、传球，此为一个回合），统计单位时间内的完成回合次数。

（4）两人一组（弧顶投篮），统计不计时间的单次完成回合次数（投篮次数）。

（5）两人一组（左、右侧45°角投篮），统计单位时间内单次完成回合次数（投篮次数）。

（6）两人一组（罚球线投篮），统计不计时间的单次完成回合次数（投篮次数）。

（7）统计各竞赛方式中每个小组的第一名，然后以教师为陪练进行各竞赛方式的比赛，并统计教师陪练后的各种竞赛方式中的每小组的第一名。

（8）结合弧顶投篮、45°角投篮、罚球线投篮，以每种竞赛方式的第一名为示范，教师在学生示范的同时进行讲解（评价学生之间的配合方式、手段、步骤与注意事项等）。

4. 必要的体能与专项素质练习（10 分钟）

根据所在学校的要求，并结合学生提升运动能力的需要，进行相应的身体素质练习与投篮专项素质练习。

5. 相应的放松活动，布置课后练习与下次课前预习内容（10 分钟）

组织学生开展投篮游戏活动，帮助学生放松身心。然后，布置投篮的课后练习和基本战术的预习任务。

（六）半场人盯人战术的竞赛式教学

对于半场人盯人战术的竞赛式教学主要从以下几个步骤展开（以 90 分钟的体育课为例）。

1. 基本准备活动与专项准备活动（10 分钟）

按照一堂体育课的要求，进行点名与安排见习生等教学常规，带领学生做相应的慢跑、徒手体操等热身与专项准备活动，对本次课内容进行导入。

2. 示范与讲解（20 分钟）

教师讲解防守动作要求、运用时机与练习方式，并给予学生一段时间进行练习，在学生练习过程中进行巡回纠错。

3. 半场人盯人战术竞赛式教学法的实施（40 分钟）

（1）学生通过观看半场人盯人战术案例，对战术特点取得基本了解。

（2）组内分组，找合适的伙伴。

（3）两人一组（一人持球进攻，另一人紧逼防守，进攻学生出手一次，此为一个回合），统计单位时间内的完成回合次数。

(4) 两人一组(投篮－防守),统计不计时间的单次完成回合次数(投篮次数)。

(5) 两人一组(上篮－防守),统计单位时间内单次完成回合次数(上篮次数)。

(6) 统计各竞赛方式中每个小组的第一名,然后以教师为陪练进行各竞赛方式的比赛,并统计教师陪练后的各种竞赛方式中的每小组的第一名。

(7) 结合人盯人防守战术,以每种竞赛方式的第一名为示范,教师在学生示范的同时进行讲解(评价学生之间的配合方式、手段、步骤与注意事项等)。

4. 必要的体能与专项素质练习(10 分钟)

根据所在学校的要求,并结合学生的实际运动能力,进行相应的身体素质练习与人盯人防守专项素质练习。

5. 相应的放松活动,布置课后练习与下次课前预习内容(10 分钟)

组织学生开展防守游戏活动,帮助学生放松身心,强调人盯人防守的注意事项。然后,布置课后练习和竞赛的预习任务。

三、篮球竞赛式教学设计与应用的结论

(一) 基于竞赛式教学,开展校内联赛

在篮球运动的教学实践中,教师可以根据不同的教学内容和目的,设计和组织不同类别的比赛,并充分利用已有的各种篮球教学设施。课程中进行的比赛要具有目的性、计划性、组织性,比赛的内容由教学目的和内容而确定。课前,教师应设计好要进行的比赛项目、比赛的相关规则和最终的奖励制度。进行竞赛式教学时,教师首先为学生讲解和演示各种篮球战术,在学生领会其中的要领后,即开始各种形式的比赛式练习,然后开展教学比赛。比赛过程中,学生很容易出现如战术思路不清等各种各样的问题,这时,教师应该及时停止比赛,对学生进行及时的指正,然后继续比赛,如此一来,就可以不断强化学生的正确观念,并且要在比赛中反复教学和巩固,从而达到教学目的。

篮球教师在教学上可以采取课内外相结合的形式,给学生安排一些课下的练习任务,使学生在篮球课之余还能积极参与篮球运动,只有这样,学生的篮球运动水平才能逐步提高,同时也能体会到成功的喜悦,进一步增强对篮球的兴趣。在学生学习压力过大的情况下,可以将举办班级联赛或者小型三对三篮球比赛作为缓解学生压力的一种方式,使学生可以在运动中放松,也可以满足大部分学生在竞赛中提高运动技能的需求。

(二) 通过多媒体辅助,培养学生兴趣

兴趣是最好的老师,开展篮球基础技战术训练的动力关键在于促进学生积极参与篮球运动的兴趣与爱好。开展基础技战术训练则是培养学生兴趣与爱好的过程。篮球运动属于技战术相结合的运动,而且具备极强的观赏性,所以体育与美育紧密相连。运动是力和智慧的结合,身体锻炼是意志和身体的结合。在开展篮球技战术训练过程中,教师可以通过讲故事和看视频结合的方式带给学生趣味性的练习,促进学生积极主动参与篮球运动训练。

在篮球战术配合教学中,教师采用多媒体课件进行辅助教学是一种行之有效的教学手段,能激发学生学习兴趣,提高学习积极性与学习效果。因此,教师应积极探索多媒

体教学在体育教学中的应用，创建适合多媒体技术应用的体育教学模式并应用于篮球战术教学，以促进体育教学现代化、信息化的发展。首先，教师可以利用网络资源，播放大型篮球比赛视频，对参赛队伍使用的战术进行解读，使学生在观看比赛的过程中学习篮球战术。其次，体育教师应积极投入体育教学的多媒体课件创作，建立适合体育教学的网络平台，实施体育教学资源共享。此外，教师还可以根据教学内容在网络平台上选取课件进行教学或作为自己课件的素材，便于教学使用。

（三）通过分层教学，实现差异教学

分层教学是当前教育界推出的在最新教育理念指导下的新式教学方法。这种教学方法最大限度地满足了不同学生的不同需求，非常适合当前重视素质教育、重视个性化教育、重视教学效率的教育发展趋势。分层教学法兼顾了不同学生的运动基础与自身需求。在实施分层教学法的过程中，教师可以根据学生情况，选择具有针对性的教学和更有效率的教育。由于学生的篮球基础参差不齐，教师在编排篮球选项课时，可对不同层次学生进行分班教学，将篮球战术认知基础稍差的学生和较好的学生分开，对基础稍差的学生可加强其基本功的练习并在教学中先只涉及简单的战术配合，对基础较好的学生可以增加课程难度并多教一些需要技能支撑的复杂战术，以使每位学生都能学到想学的内容，并且都可以参与到篮球运动中。

四、篮球运动练习小贴士

（一）跑篮训练

跑篮要结合篮球技战术来进行训练，可以两人或三人一起进行全场循环往复的传球上篮、全场运球急停、传球、假动作摆脱防守、切入内线接球投篮练习，让学生在重复训练中去体会和掌握动作要领。随着对技术动作要领熟练程度的不断提升，学生将逐渐由消极防守转变为积极防御，篮球训练将使学生在学习中享受到成功的喜悦并建立个人自信。

（二）投篮训练

1. 行进间投篮的技术要领

手臂伸直，手指手腕压腕拨指，手指手腕要柔和，争取在距离篮圈最近时才出手。训练时尽量要求学生左、右手都能够在行进间上篮。如果实在做不到，就要总结步点和擦篮板位置的规律，使学生的跳投动作达到动作的自动化，以求大幅度地提高投篮的命中率，从而直接正面影响篮球专项成绩。同时，还要规范前臂挥动的节拍和手腕拨球的柔和度。经过这些训练，学生行进间投篮和跳投动作技术可日渐得到提高。

2. 原地起跳投篮训练（图 7－28）

（1）徒手做原地投篮动作的模仿练习，体会动作方法。

（2）不对球篮的投篮练习。要求体会投篮手法和用力过程，注意球飞行路线的弧度和在空中的旋转。

（3）正面定点投篮练习。要求投篮手法正确，球向后旋，球的飞行路线为中弧线。

（4）不同角度的投篮练习。部分学生在篮球运动中形成了自己的投篮习惯，由于

他们的大部分投篮动作都是不规范的，所以，在投篮动作定型后就要从手臂、手腕和手指上纠正个别学生，在纠正其投篮动作后，如果依然不能够达到动作的自动化，就会影响其投篮的命中率，进而影响学生篮球专项的考试成绩。根据这一情况，在指导他们练习投篮动作时，可让他们继续在熟练原来投篮动作的基础上，尽量加快持球和举球的速度，为在空中完成伸臂、拨腕争取更多的时间，同时，要调整前臂挥动的节奏和手腕拨动的柔和度，篮球从指尖滑出后要注意压腕，使手掌、手指基本呈一个平面，且与地面平行。①

图 7－28　原地起跳投篮动作示例

3. 运球接行进间投篮训练（图 7－29）

在教学中，应首先由教师示范技术要领，然后让学生自行练习，在篮球对抗中熟练掌握这些动作的技术要领。熟练技术要领后，学生可正式开始练习运球接行进间投篮。训练过程中，部分学生在做背后运球时候会出现停顿的现象，影响到动作的整体连贯性，这时必须要求其调整好步法、步幅。刚开始练习时，学生容易出现行进间运球不好，控制不好球，不能按要求完成两次行进间投篮的全过程。因此，在平时训练时可跟学生强调：两次行进间投篮的运球线路基本一致，使拍球的落点也一样。运球过程中，快到三分线前面必须减慢速度，为三步上篮做好准备；之后在训练时，规范学生行进间运球与三步上篮的结合：身体向前滞空、稍稍前倾、采取擦板投篮，尽量使篮球进篮下落时碰不到篮圈。熟练行进间投篮动作必须反复练习，使每次做出来的投篮动作基本一致，并在反复练习中形成稳定的投篮动作定型，让投篮成为一种无意识的自然动作。

图 7－29　行进间投篮动作示例

① 参见李腾《高校体育篮球教学中的投篮训练方法研究》，载《科学咨询（教育科研）》2021 年第 1 期，第 81 页。

4. **罚球线定点投篮训练**

投篮时，眼睛应该注视篮圈的后沿部分，当眼睛注视这一点时，就很容易投进篮网里。这一方法比要求学生瞄篮圈前沿更实用，也比要求学生瞄篮筐稍远一些的方法更直接、更易掌握。在练习原地罚球线投篮时，以右手投篮为例，右脚尖应直接指向篮圈中央。在投篮时，应把右脚放在罚球线中点，左脚稍后于右脚。这样主要是让学生感觉自己的站位，培养学生的投篮稳定性。那么，又该如何增强投篮的稳定性？应注意个人平时的投篮习惯，不断强化训练使投篮动作定型，同时，一定要使自己在站位时感觉舒适和自然。持球时，尽量用手指和掌根最大面积接触球，而掌心尽量不要触碰到篮球。在球与手之间应该留有一定的空隙，才能留有余地更好地控制好球，用指尖去精细调整球的走向会更容易控制住球。在罚球线原地投篮动作时，膝关节一定要微屈。投篮时，膝关节必须和身体保持稳定与一致。在保持身体稳定的前提下，投篮的动作幅度越小，实际投篮的收效就越好，命中率相对更高一些。

（三）防守训练

1. **单人防守训练**

防守时，时刻都要处于对手周围，尽可能靠近且紧逼对手，尽量减少对手的活动空间，使对方难以发挥应有的技术水平，从而给对方造成空间上和心理上的压迫感。这是防守训练的第一步，也是进行防守技术和防守意识训练的基础，只有练好这一步，才能有灵活的防守步法，才不至于被对手甩掉，即使对手进行掩护配合或者传切、策应等配合，防守者也不会轻易因球转移而上当受骗。但初学者的注意力往往集中在球上面，因而对其进行防守训练时要时刻提醒他们紧跟对手。经过这样一段时间的训练后，他们在紧盯对手的同时能够很自然地注意带球的位置，而不需要教师再三强调。因此，紧紧地跟住对手是初学者防守训练中的首要原则。

站在进攻者和球篮之间进行防守训练的第二步。当练习者能够紧跟对手时，就要开始调整他们的防守位置，也就是使其总是位于进攻者和球篮之间，这是最有利的防守位置。处于对手侧面或后面，不但容易使对手进攻容易得逞，还往往容易引起防守者的犯规。如果拥有灵活的脚步动作和应对对手掩护配合的方法，则只需适时地调整自己的位置即可。运动员要想总是处于对手和球篮之间的位置上，则必须要注意对手身体重心的变化并不断调整自己的位置，从而使自己不易被对手的假动作所欺骗。

2. **抢篮板训练**

（1）判断落点。防守队员在保持对球的直觉和正确判断的同时，以及一个积极抢篮板球的态度，以及抢球的欲望。在球离开投篮队员手处于自由状态到再次被抢到这段时间里，防守队员一定要积极行动，不要寄希望于对手投球不中。一般而言，只有50%的投篮和35%的罚球不会命中。所以，防守队员必须做出正确的抢篮板的距离和角度判断。据统计，若投篮不中，70%的球将会反弹到对面，投篮距离越远，球的反弹也越远。

（2）抢占有利位置，封堵对手冲抢路线。先用手臂依靠防守队员，然后转身用臀顶住对手大腿或贴着对手小腹；当球离开投手后，防守队员一定要主动紧逼封卡投手，因为投手这时最有可能冲抢篮板，防守队员必须选择好位置伸手去触摸他的防守队员，这个动作要做得迅速。随后，防守队员快速上步转身，降低身体重心，用臀部贴着对手的下腹，封锁冲抢路线，伸开双手，张开双臂，背部用力向后，顶着对手的大腿。这样不仅可以把对手推离篮下，并且可以清楚感知对方，锁住其大腿，阻止其跳起。

（3）抢球动作。不论攻、守、抢篮板时，都必须遵守垂直起跳的原则。起跳时，用力蹬地，摆臂提腰，跳至最高点时，用双手或单手抢球。如难以抢到球，可用点拨球的方法，在空中将球点传给同伴。一定要注意对方球员上来冲抢篮板或者将球点拨走。这时，一定要尽可能地用背顶着对手，将对手完全靠在身后，在抢球时，一定要用手将球搂下，迅速收到怀中，避免发生失误。当练习抢球时，应避免无谓的犯规。在空中抢球时，凡有打、拉、推或点对方队员手腕等的非法动作都属于侵人犯规。

3. 封盖训练

（1）原地封盖训练。两人一组，一对一。进攻者可原地跳投，也可运一步球急停跳投。防守者判断进攻者动作。当进攻者起跳投篮时，防守者应及时举手封盖干扰。练习数次后互换攻守。

要求防守者抓准进攻者的出球时间，盖帽动作要伸展、轻巧、突然。

（2）运球上篮封盖训练。进攻队员呈一路纵队站在罚球延长线的边线上，一人在篮前防守。进攻队员运球上篮，防守者移动选位，看准时机起跳封盖。投篮后，进攻队员将球传给下一队员。防守者连续练习盖帽一轮后，调换一人练习。

要求盖帽前要判断对手起点，及时移动起跳，封盖时不仅要向上伸展手臂扑球，或干扰投球弧线，还要避免身体接触而造成犯规。

（四）脚步训练

运动员在比赛中常用的脚步动作有蹬地、跨步、变向跑、快速跑、侧身跑、急起、急停、转身、滑步、跳跃等。在场上完成任何一个技术动作时都要通过脚的蹬地与碾地，同时髋、膝、踝关节保持一定的弯曲来变换动作速度与方向，控制身体重心。例如，在突破中想要突然启动，主要靠蹬地与跨步的脚步动作；如遇到堵截，就要突然急停或改变方向，这些动作都来自脚下功夫。训练时，变速跑、变向跑、侧身跑三种跑法为一类，先分开单个练习，基本掌握要领后再综合起来练习。当这些脚步动作基本掌握后，应与传、接、运、投等其他技术动作结合起来练习。总之，对脚步移动的训练要注重突然性和灵活性，提高快速移动和动作变换的能力。

第八章　排球运动竞赛式教学实践

排球运动（volleyball），是由两支人数相等的球队，在被球网隔离开的两个均等的场区内，参与者以身体的任何部位在空中击球，使球不在本方场区内落地的、集体的、攻防对抗的体育项目。排球是大球类运动项目之一，排球运动所使用的球用羊皮或人造革做壳，橡胶做胆，大小和足球相似。排球运动最高级别的组织机构为国际排球联合会（Federation International de Volleyball，FIVB），截至2022年6月，共有222个协会会员，分属欧洲、亚洲、非洲、中北美和加勒比地区、南美5个洲级排球联合会。中国排球协会（China Volleyball Association，CVA，简称“中国排协”）是中华全国体育总会领导下的单项运动协会之一，是中国奥林匹克委员会承认的全国性专项运动协会。本章将在介绍排球运动起源、基本竞赛规则、技战术等的基础上，着重探讨排球竞赛式教学的设计与实施。

20世纪80年代，中国女排五连冠的辉煌战绩，让女排姑娘们顽强拼搏、为国争光的豪情壮志深入国人心中。而后在经历短暂的低谷后，2004年雅典奥运会决赛中，中国女排在0∶2落后的情况下，连扳3局逆转俄罗斯女排获得冠军；2016年里约奥运会上，中国女排重回世界之巅，时隔12年第三次荣膺奥运会冠军。自1981年11月中国女排第一次获得世界女排冠军以来，历时40年，中国女排姑娘们有过成功登顶的荣耀与辉煌，也有过跌入低谷的徘徊和迷茫。正如原中国女排主教练郎平所言：“中国女排精神与输赢无关，不是说赢了就有女排精神，输了就没有，要看到这些队员努力的过程。”女排精神指的是“祖国至上、团结协作、顽强拼搏、永不言败”[①]。坚守为国争光的梦想，永葆求新求变的精气神，用专业素养提升实力，以开放包容博采众长，靠苦干巧干赢得竞争，这是新时代女排精神的丰富内涵所在、持久魅力所在、深刻启迪所在，也正是中国人新长征路上的不畏艰险、奋力追上时代的底气力量所在。

历史是现在跟过去之间永无止境的问答交流。今天的中国在世界各国之间开辟出一条全新的登高之路，冲顶更需要坚强的意志。在实现中华民族伟大复兴的新征程中，在困难众多的经济新常态面前，我们依然要发扬历久弥新的女排精神，去解决众多“发展起来以后的问题”，去化解“为山九仞、功亏一篑”的风险，去应对暮气日长、锐气渐消的挑战，为民族复兴提供凝心聚气的强大精神动力。

---

① 《为祖国拼搏——女排精神述评》，见学习强国网页（https://www.xuexi.cn/lgpage/detail/index.html?id=9194339596856722344&item_id=9194339596856722344），刊载日期：2021年9月3日。

第一节　排球运动的起源、特点与发展

一、排球运动的起源

排球运动于1895年起源于美国，由美国马萨诸塞州霍利约克市的一位叫威廉·G. 摩根（William G. Morgan）的体育工作人员首创。当时网球和篮球运动都很盛行。但是，摩根先生认为篮球运动太激烈，而网球运动量又太小。他想寻求一种运动量适中，又富于趣味性，男女老少都适宜的室内娱乐性体育运动项目。最开始，他将网球搬到室内，把网球网挂在篮球场上，用篮球内胆隔网像打网球一样来回击打。但室内篮球场面积较小，球容易出界。于是他做了三点改进：第一，把允许网球落地后再回击的规则改为不许落地。第二，改变球外形尺寸：圆周长改为25～27英寸（63.5～68.58厘米），球的重量改为225～340克。第三，改变球的用料，他将球的外表改为皮质，内胆则改为橡皮胆。

美国马萨诸塞州的春田学院是排球的发源地，该学院的青年会是最早传播排球运动的组织，也最早举行了排球表演赛。基督教青年会的干事、传教士、春田学院毕业的学生，以及参加第一次世界大战的美国军队，都成为排球运动的初期传播者。排球于1900年第一次传入加拿大，并于同年传入亚洲的印度。1914—1918年，第一次世界大战期间，美国军队将排球带到欧洲。至于排球于何时何地由何人介绍到中国，已无从考证。但现有的历史资料证明，早在1905年的广州、香港等地就已开展了排球活动。在排球运动传入中国的初期，除一些教会、学校开展并传播这项运动外，基督教青年会在推广和传播这项运动上，也起到了相当大的作用。

排球运动在发展的初期，上场人数是十六人。排球介绍人勃朗先生说："当时美国有体育馆，较适合于六人制排球。亚洲人多，运动又多在室外进行，要考虑多数人能参加排球运动。"因此，勃朗先生向菲律宾和日本介绍的都是十六人制排球。故在1913年的第一届远东运动会上，排球比赛采用的是十六人制。1919年第四届远东运动会上，排球比赛演变为十二人制；1927年第八届远东运动会上，排球比赛演变为九人制。1950年7月，在中华全国体育总会举办的"全国体育工作者暑期学习会"上，主办方首次介绍了六人制排球规则与比赛方法。直到1951年，排球运动在中国才开始正式采用六人制。从此，六人制排球在中国逐步地开展起来。

二、排球运动的特点

1. 群众性

排球场地设备简单，比赛规则容易掌握。既可在球场上比赛和训练，亦可以在一般空地上活动，运动量可大可小，适合于不同年龄、不同性别、不同体质、不同训练程度的人。

2. 全面性

排球规则规定，每个队员都要进行位置轮转，既要到前排扣球与拦网，又要到后排防守与接应。因此，每个队员必须全面掌握各项技术，能在各个位置上比赛。

3. 技巧性

排球规则规定，比赛时球不能落地，不得持球、连击。击球时间的短暂，击球空间的多变，决定了排球运动特有的技巧性。

4. 对抗性

在排球比赛中，双方的攻防转换始终是在激烈的对抗中进行的。而在高水平的排球比赛中，对抗的焦点则在网口的扣拦上。在一场比赛中，夺取一分往往需要经过多个回合的交锋。水平越高的比赛，对抗争夺也越激烈。

5. 两重性

排球运动是一项可以在主动或被动的情况下得分与失分的运动项目，在决胜局比赛中表现得尤为突出，可以说，每个环节的单项技术都具有攻防的两重性。因此，要求排球技术既要有攻击性，又要有准确性。

6. 集体性

排球比赛是集体比赛项目，除发球外，都是在集体配合中进行的。没有严密的集体配合，再好的个人技术也难以发挥，更无法发挥战术的作用。水平越高的球队，其集体配合就越严密与默契。

三、当代世界排球技战术的特点及其发展趋势

（一）技术全面，环环相扣

当代排球运动在发球方面，各队竞相采用长距离远程飘球、“高吊球”和一些新的发球方法与策略，力求破坏对方的接发球，进而破坏其进攻战术的组成。在接发球方面，由于训练时间的增加，以及对垫球技术的精细打磨，失误率已大大减少，到位率明显增加，可以适应各种形式的发球，以便为组成快攻创造条件。在扣球方面，首先，突破了按一定步法、一定方向助跑起跳的限制，采用变步、变向起跳，以适应多种临场情况；其次，不仅打破了专位分工的限制，要求每个攻手兼备扣快球和强攻的能力，也打破了定位扣球的限制，要求在积极跑动中实现进攻；最后，不再局限于三点进攻，发展为前排的活点进攻和后排的纵深进攻。在拦网方面，应对强攻时，采用助跑摆臂起跳后充分展肩、伸臂的技术；应对快攻时，采用连跳技术；应对换位进攻时，不仅可以用人盯人、人盯区域的拦网，还可以用新型的重叠拦网；应对个人战术扣球时，强调提高单人拦网的独立作战能力，可以利用手在空中的移位去拦阻变线扣球，并利用手后仰拦网力图将球撑起后组织快速反击。在后排防守方面，强调掌握多种防守技术和不断发展新技术，如肩滚翻发展为横滚动的防守技术及各种挡球技术等。

（二）高打、快变、相互促进

由于运动员身高和环境等客观因素的差异，世界排坛形成了以快速多变为主体的亚洲型和以高举高打强攻为主体的欧洲型两种主要战术风格。随着国际交流的加强和技战术的发展，两种风格不断取长补短、相互为用，逐步缩小彼此之间的差别，趋向相互糅

合、结合运用。亚洲型队在继承发展快变打法的前提下，努力提高强攻突破能力；欧洲型队在不断提高强攻水平的同时，积极吸取快攻的打法。有些队还根据自己的具体条件在继承发扬原有特点的基础上，创造新的打法，形成自己的独特风格。所以，从当代世界排球技术的发展趋向看，单纯依靠高度和力量，或单纯仰赖快速和技巧，都难以战胜强大的对手。中国队保留自身的特色，吸取各国之长，坚持把高度与速度、强攻与快变结合起来，从而创造了中国队独有的打法。

随着运动员的身高与弹跳能力不断增长，对拦网防守和扣球进攻都提出了更高的要求。同时，随着排球规则的修改和技术的发展，高度因素已成为当前世界强队必须具备的一个重要条件。高度因素表现在两个方面：一是身高和臂展。从 1980 年奥运会排球赛来看，世界强队之中，女排队员平均身高都在 1. 77 米左右，各队均有 4～5 名身高超过 1. 8 米的队员；男排队员平均身高都在 1. 92 米以上，各队均有 7～9 名身高在 1. 94 米以上的队员。一些身高不具优势的球队也正在极力物色高大运动员加以培养。二是弹跳高度。各队都极重视专项弹跳力的训练与提高。作为世界优秀排球运动员，女排运动员摸高一般都在 3. 05 米以上，最高者可达 3. 3 米；男排运动员摸高一般都在 3. 5 米以上，最高者可达 3. 76 米。

现代排球比赛的胜败在很大程度上取决于在全面技术基础上的网上争夺能力，扣球和拦网是比赛得分的最重要手段。没有强大的攻势和严密的拦网与防守，单靠后排防守是顶不住进攻、赢不了球的。队员的弹跳高度增加有助于提高进攻能力，同时也能加强网上扣拦的对抗能力。

（三）进攻战术快高多变

当前，世界排球进攻战术正在向着高度加速度、强攻加快攻、力量加技巧、前沿加纵深的方向发展，主要表现为：①在积极跑动、交叉掩护和突然变化中实现战术配合，以引起对方防守判断的错误，形成以多打少的有利局面。在这方面，亚洲一些球队掌握得比较熟练。②打破主攻与副攻机械分工的格局，主攻和副攻互相掩护进行突破，以加强全面进攻的能力，丰富战术的内容，适应赛场上复杂多变的情况。③在反攻过程中不失时机地运用快速多变战术，在对方布防未定、立足未稳的情况下，实行突袭。④在网的前沿组织高点或远网的进攻，以避开对方的严密拦网。⑤结合前排进攻掩护，从后排纵深地带发动攻击，组成多种配套的立体战术，从而突破对方的严密拦网。⑥重视在集体战术配合下的个人战术运用，如采用两线分化（直线或斜线扣球）、平扣后区、转手转腕、打手出界和高点吊球等技巧，以加强突破和强攻能力。

第二节　排球运动的基本裁判规则

裁判规则是竞赛得以顺利进行的保证，是参与竞赛的人员都必须遵守的规定，包括但不限于裁判规则的形成、作用、裁判员守则、竞赛规则等。

一、最基本的排球竞赛规则

（一）队员的场上位置

队员（发球队员除外）必须在本场区内按轮转次序站位。靠近球网的三名队员为前排队员，其位置依次为4号位、3号位、2号位（面对球网，从左至右）。另外三名队员为后排队员，其位置依次为5号位、6号位、1号位（面对球网，从左至右）。队员的位置应根据其脚的着地部位判定：每一名前排队员至少有一只脚的一部分，比同列后排队员的双脚距中线更近；每一名右（左）边队员至少有一只脚的一部分，比同排中间队员的双脚距右（左）边线更近。发球击球后，队员可以在本场区和无障碍区的任何位置上。

（二）排球比赛的方法

排球比赛时，双方队员各据场地一边，每队上场队员6人，分前、后排站位，比赛由获得发球权的一方轮转到1号位的队员在发球区用一只手或手臂将球击过网开始。每方最多击球3次（拦网除外）使球过网，同一名队员不能连续击球两次，比赛不间断进行，直到球落地、出界或某一队不能将球击回。当发球队胜一球时，原发球队员继续发球；当接发球队胜一球时，获得发球权并按顺时针方向轮转，由轮转到1号位的队员进行发球。比赛采用每球得分制，正式比赛采用五局三胜制，前4局以先得25分并同时超出对方2分的队获胜。决胜局以先得15分并同时超出对方2分的队获胜。

（三）排球比赛的基本规则及裁判员基本手势

1. 正确的击球

（1）一方最多击球3次将球打到对方场区。

（2）队员的身体任何部位都允许触球。

（3）在第一次击球时，允许身体不同部位在同一个动作中连续触球。

（4）在拦网动作中的队员可以连续触球，但必须是单一的动作。

2. 发球犯规

（1）发球次序错误（图8－1）。

（2）发球队员在击球时或击球起跳时，踏及场区（包括端线）或发球区以外地面（图8－2）。

（3）发球队员在第一裁判鸣哨8秒内未将球击出（图8－3）。

（4）球未被抛起或未使持球手清楚撤离就击球（图8－4）。

（5）球抛起准备发球，却未击球。

图 8－1　发球次序错误

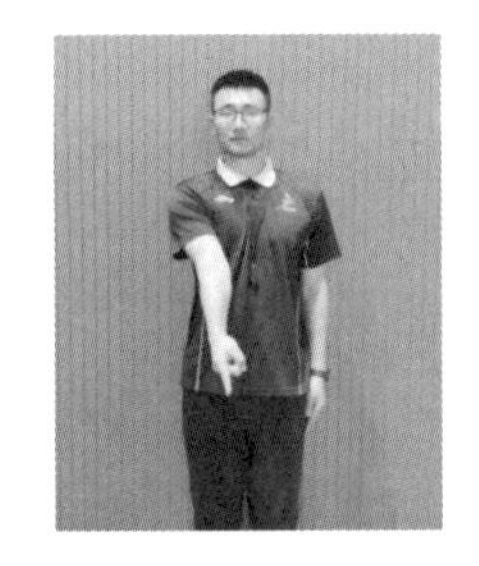
图 8－2　发球踩线

图 8－3　发球 8 秒违例

图 8－4　发球未将球抛起

3. 击球犯规

（1）四次击球犯规。每个队最多 3 次（拦网除外）将球击回对方场区，如果超过则判为四次击球犯规（图 8－5）。

（2）持球犯规。队员在击球时没有清晰地将球击出，或接触球时有较长时间的停滞，如捞、捧、推掷、携带球等都应判持球犯规（图 8－6）。

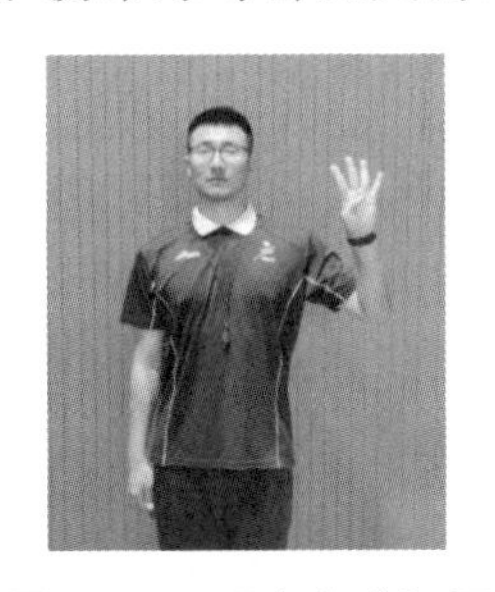
图 8－5　四次击球犯规

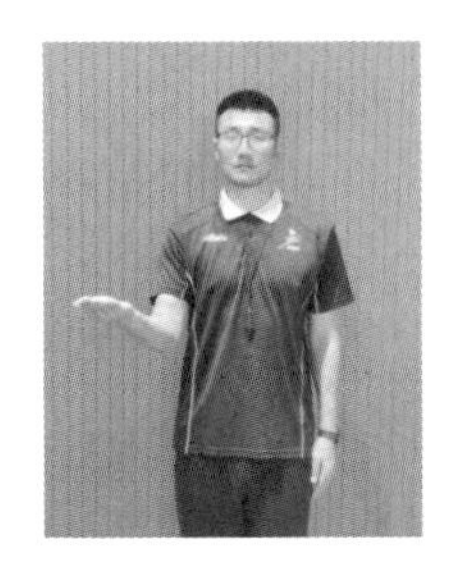
图 8－6　持球犯规

（3）连击犯规。一名队员连续 2 球两次或球连续触及其身体的不同部位，则为连击犯规（图8－7）。

（4）过网击球犯规。前排队员可以对任何高度的球完成进攻性击球，但触球时必须在本方空间，若在对方场区上空击球，即为过网击球犯规（图 8－8）。

图 8－7　连击犯规

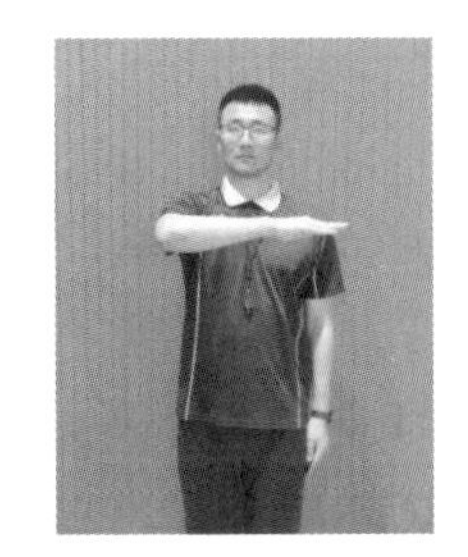
图 8－8　过网击球犯规

（5）后排队员进攻性击球犯规。后排队员可以在进攻线后对任何高度的球完成进攻性击球，但起跳时脚踏及或越过进攻线，并且击球时球的整体高于球网，即为后排队员进攻性击球犯规（图 8－9）。

（6）击发球犯规。对方发球时，球的整体在高于球网上沿时，完成进攻性击球，即为击发球犯规（图 8－10）。

图 8－9　后排进攻违例

图 8－10　击发球犯规

4．网下穿越过中线犯规

队员的一只（或两只）脚完全越过中线触及对方场区即为过中线犯规（裁判员手势同图 8－2）。在不影响比赛情况下，除脚以外身体其他部分触及对方场地不犯规。在球落地得分后，队员可以进入对方场区。

5．触网（图 8－11）

触网不是犯规，但影响下列情况的触网是犯规：①触及顶端白带 5 厘米或标志杆为犯规；②在击球时触网为犯规；③有利于进攻的触网为犯规；④阻挡对方合法击球试图触网为犯规。

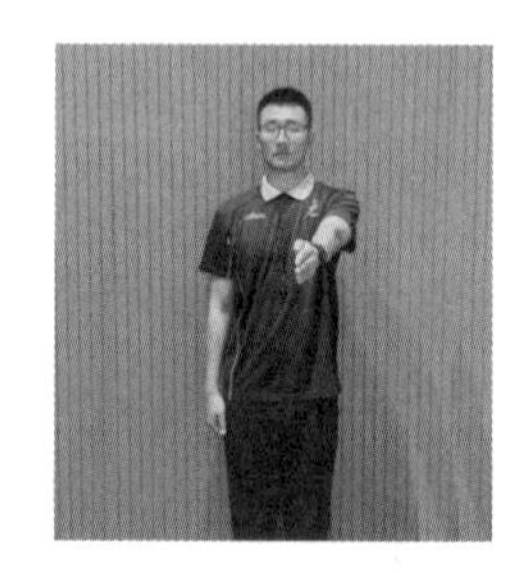

图 8－11　触网

6．位置错误（裁判员手势同图 8－1）

（1）在发球队员击球时，场上其他队员未完全站在本场区内。

（2）未按规则“每一名前排队员至少有一只脚的一部分，比同列后排队员的双脚距中线近”的规定，即 4 号位同 5 号位、3 号位同 6 号位、2 号位同 1 号位的前后对比发生位置错误犯规。

（3）未按规则“每一名左边（右边）队员至少有一只脚的一部分比同排中间队员的双脚距左（右）边线更近”的规定，即 3 号位同 4 号位、3 号位同 2 号位，或 6 号位同 5 号位、6 号位同 1 号位的左右对比发生位置错误犯规。

7．发球

获得发球权的一方须先转轮次，由转到 1 号位的队员发球。发球队员需在裁判员鸣哨后 8 秒钟内将球击出（图 8－12）。

图 8－12　允许发球

8．其他常用裁判员手势

①得分（图 8－13）；②界内球（图 8－14）；③界外球（图 8－15）；④触手出界（图 8－16）；⑤暂停（图 8－17）；⑥换人（图 8－18）；⑦比赛结束（图 8－19）；⑧交换场区（图 8－20）。

图 8－13　得分

图 8－14　界内球

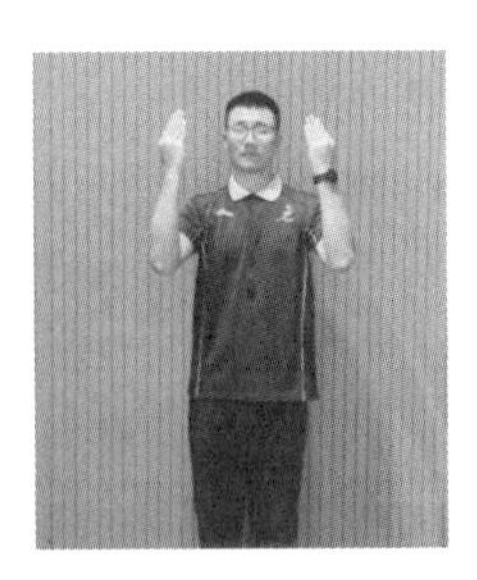
图 8－15　界外球

图 8－16　触手出界

图 8－17　暂停

图 8－18　换人

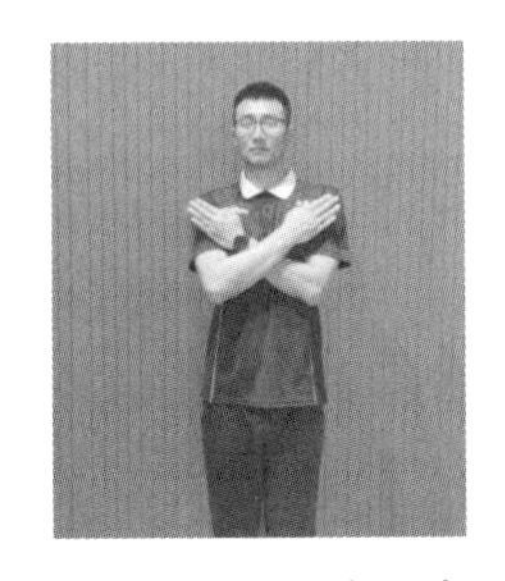
图 8－19　比赛结束

图 8－20　交换场区

9. 司线员旗语

①界内球（图 8－21）；②触手出界（图 8－22）；③界外球（图 8－23）；④球触标志杆或以外区域（图 8－24）。

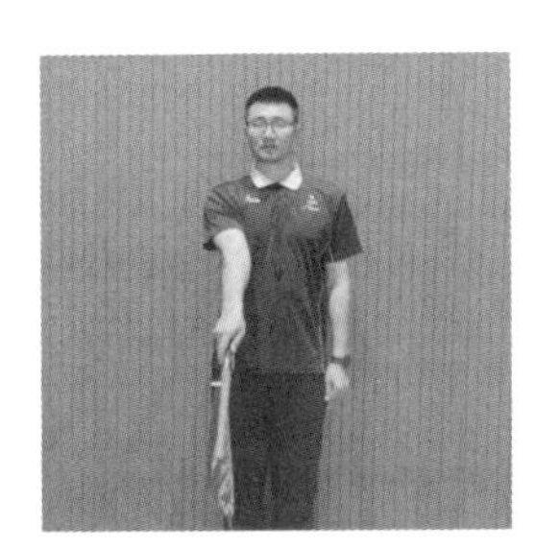
图 8－21　界内球

图 8－22　触手出界

图 8－23　界外球

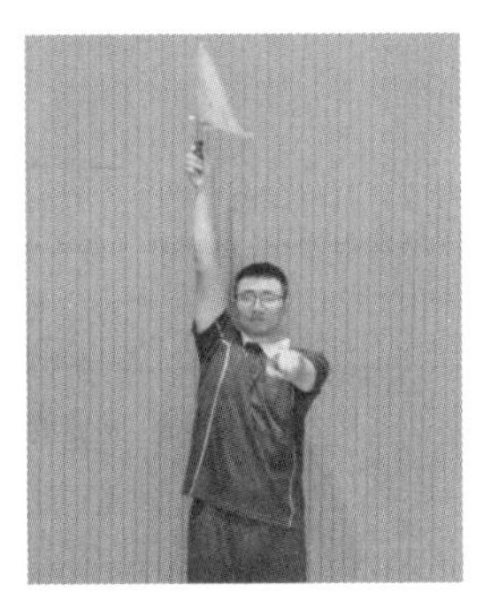
图 8－24　球触标志杆

二、排球、球网和场地

（一）排球

排球的圆周长为65～67厘米，重量为260～280克，气压为0.40～0.45千克/平方厘米。

（二）球网

场地中线上空架有球网。网宽1米、长9.5米，挂在场外两根圆柱上。女子排球网高2.24米，男子排球网高2.43米。球网两端垂直于边线和中线的交界处各有5厘米宽的标志带，在其外侧各连接一根长1.8米的标志杆。

（三）场地

排球比赛场地（图8－25）为18米×9米的长方形，四周至少有3米空地，场地上空至少高7米内不得有障碍物。国际排协世界级及正式比赛场地，无障碍区自边线以外至少5米、自端线以外至少8米，无障碍的比赛空间自地面以上至少12.5米没有障碍物。场中间横画一条线把球场分为相等的两个场区。所有线宽均为5厘米。

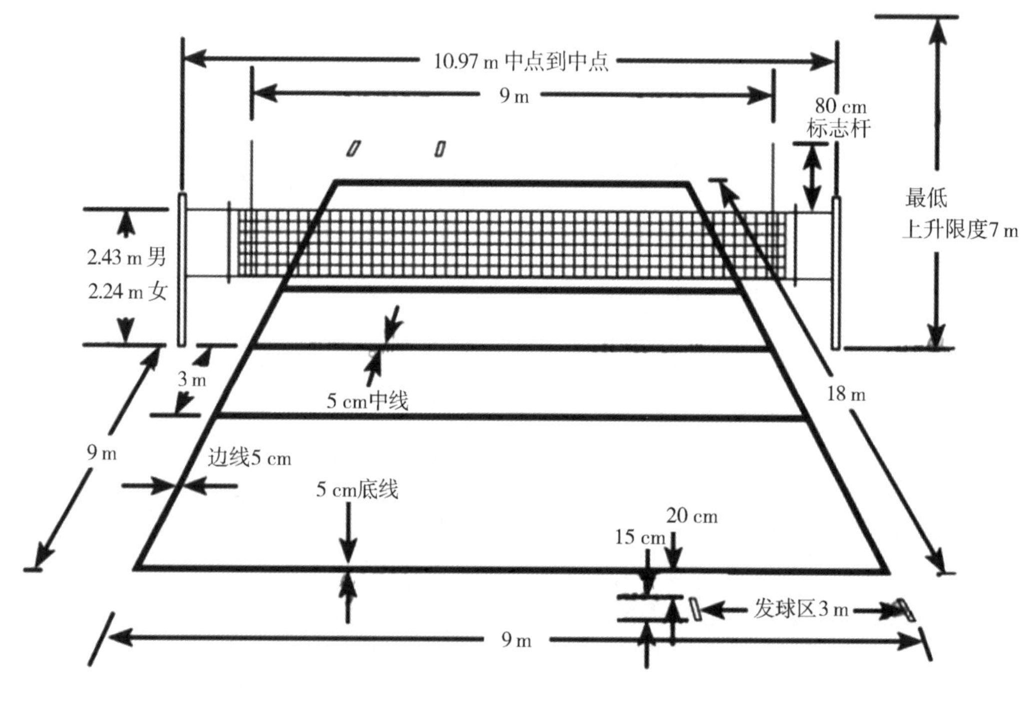

图8－25 排球比赛场地

第三节　排球运动的基本技术

排球基本技术包括传球、垫球、扣球、发球、拦网。

一、传球

传球技术主要用于二传，是从防守转入进攻的桥梁，为进攻创造条件。二传质量好，可以弥补一传和防守的不足，还可用假动作迷惑对方、牵制对方，达到助攻的目的。有时二传还可以直接吊球，起到出其不意、攻其不备的进攻效果。

（一）正面双手传球

正面双手传球是面对出球方向的传球动作。在击球时，运动员应腰腹收紧，双脚蹬地，双臂前伸，眼看出球方向，通过大臂带动小臂传送，最后把所有力量集中在手指、手腕，依靠手指、手腕的弹击力量来完成击球技术动作。经常运用于3号位和4号位的组织进攻中，相对背传缺少一定的隐蔽性。

准备姿势：双脚左右开立与肩同宽，稍一前一后；上体微前倾；双手自然放松置于脸前。

传球手型：两个大拇指呈“一”字，食指和中指呈“八”字（图8－26）。

击球点：在额头前上方一球的距离。

迎球动作：抬上臂、抬头、收腹。

用力方法：利用蹬地伸膝、抬臂、伸肘和指腕的弹力，把球向前上方传出（图8－27）。

图8－26　传球手型　　　图8－27　正面传球连续动作

（二）背向传球

背向传球是背对传球目标的传球动作。在比赛中，多运用于2号位和各种战术组织进攻中。背传可利用球网全长，增加进攻点，使进攻战术更丰富，且有一定的隐蔽性和突然性。传球时，主要依靠“空间感和手感”来控制球的方向、落点和速度。

准备姿势：上体比正面传球时稍后仰，双手自然放松置于脸前。

传球手型：与正面传球相同，但触球时手腕要稍后仰，掌心向上，拇指托在球下，击球的下部。

击球点：在额头前上方，比正面传球略偏后。

迎球动作：抬上臂、挺胸、上体后屈。

用力方法：利用蹬腿、展体、抬臂、伸肘和指腕的弹力，把球向后上方传出（图8－28）。

图8－28　背向传球连续动作

二、垫球

（一）正面双手垫球

正面双手垫球是双手在腹前将球垫起的一种动作。正面双手垫球是各项垫球技术的基础，适合于接各种发球、扣球和拦回球，有时也被二传用于组织进攻或处理球。正面双手垫球在垫轻、中、重不同力量的来球时，其技术要领均有所不同。下面我们以垫中等力量的来球为例。

准备姿势：面对来球呈半蹲或稍蹲准备姿势站立。

垫球手型（以叠掌式为例）：双手掌根相靠，双手手指重叠，手掌互握，两拇指平行向前，手腕下压，两前臂外翻呈一个平面（图8－29）。

a. 抱拳式

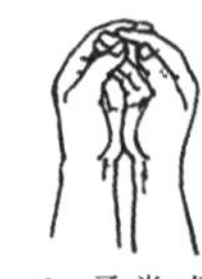

b. 叠掌式

c. 互靠式

图8－29　垫球手型

击球点：保持在距腹前一球的距离。

击球部位：用前臂的手腕关节以上10厘米左右的两小臂桡骨内侧所构成的平面击球的后下部。

垫球动作：当球到腹前约一臂距离时，双臂夹紧前伸，插入球下；同时，配合蹬地、跟腰、提肩、顶肘、压腕、抬臂等全身协调动作迎向来球，身体重心随着击球动作向前上方移动。

击球动作：在击球瞬间，手臂迎击球的速度要慢，主要依靠来球本身的反弹力量将球垫起，身体重心升高，继续向抬臂方向送球（图8－30）。

技术要领：双臂夹紧插球下，提高送臂腕下压；蹬地跟腰前臂垫，轻球重球有变化；撤臂缓冲垫重球，轻球主动抬臂击。

图8－30　垫球连续动作

（二）背向垫球

背向垫球是背对垫球目标，双手从身前向背后将球垫起的垫球动作。当球飞离较远而无法进行正面垫球时，或必须将球处理过网时运用较多。

动作方法：背垫时，要判断好来球的方向，快速移动到球的落点处，背对出球方向，双臂夹紧伸直，插入球底。击球时，用蹬地、抬头挺胸、展腹和上体后仰的动作带动双臂向后上方摆动抬送球，将球向后上方击出。背垫击球点一般应在肩部前上方。

三、扣球

扣球是队员跳起，在空中将高于球网上沿的球有力地击入对方区域内的一种击球方法，是排球最重要的基本技术之一，也是排球基本技术中最难掌握的技术。扣球在比赛中占有很重要的地位，它不仅是得分、得球权的重要手段，也是最积极、最有效的进攻武器，同时还是一个队实力强弱的具体体现。

准备姿势：站在离网 3 米左右处，双脚自然开立，双膝微屈，上体稍前倾，双臂自然下垂，观察二传来球，随时做好向各个方向助跑起跳的准备。

助跑：助跑时，左脚先向前迈出一步，接着右脚再迅速跨出一大步，左脚及时并上，落在右脚侧前方，双脚尖稍向内收准备起跳。

起跳：在助跑跨出最后一小步的同时，双臂绕体侧向后引，左脚在落地制动的过程中，双臂自后积极向前摆动，随着双腿蹬地向上起跳，双臂配合起跳用力上摆。

空中击球：起跳后，挺胸展腹，上体稍向右转，右臂向后上方抬起，身体呈反弓形。挥臂时，以迅速转体、收腹动作发力，依次带动肩、肘、腕各部位关节成鞭甩动作向前上方挥动。击球时，五指微张呈勺形并保持紧张，用全手掌包满球，以掌心为击球中心，击球的后中部，同时主动用力屈腕屈指向前推压，使扣出的球加速上旋。击球点在起跳和手臂伸直最高点的前上方（图 8 –31）。

落地：空中完成击球动作后，身体自然下落，为了避免腿部负担过重，应尽量用双脚的前脚掌先着地，同时顺势屈膝，缓冲身体下落的力量。

图 8 –31　扣球连续动作

四、发球

发球技术有很多种，这里介绍常用的正面上手发飘球。正面上手发飘球是指采用近似正面上手发球的形式，击球力量通过球体重心，使发出的球不旋转，但球不规则地向前飘晃飞行的一种发球方法。这种球使接发球队员难以判断球的飞行路线和落点。由于面对球网站立，便于观察对方，控制发球方向及落点，上手发飘球的成功率高、攻击性强，在各种水平比赛中被普遍采用。

准备姿势：近似正面上手发球，但左手持球的位置较高，约在胸前。左脚在前，左手持球于体前。可站在靠近端线处，也可站在离端线8米左右处发球（图8－32）。

图8－32　发球准备姿势

抛球与引臂：左手将球平稳地垂直地面向上抛于右肩的前上方，高度应稍低于正面上手发球，并稍靠前些。在抛球的同时，右臂上举后引，肘部适当弯曲并高于肩，双眼盯住球的击球部位（图8－33）。

挥臂击球：与正面上手发球一样，发飘球需做鞭甩动作，但击球前手臂的挥动轨迹不呈弧形，而是自后向前做直线运动。击球时，五指并拢，手腕稍后仰，用掌根的平面击球的中下部。击球瞬间要快速发力，手指、手腕要紧张。击球结束，手臂要有突停动作（图8－34）。

图8－33　抛球与引臂　　图8－34　挥臂击球

技术要领：抛球稍低略靠前，挥臂轨迹呈直线，掌根击球穿重心，击后突停不屈腕（图8－35）。

图8－35　正面上手发飘球连续动作

五、拦网

拦网是排球运动的基本技术之一，可以直接拦死、拦回对方的扣球，也可以将对方有力的扣球拦起，以减轻后排防守的压力。拦网不但起着干扰和破坏对方扣球的作用，而且拦网技术发挥得好，能削弱对方进攻的锐气，动摇对方的信心，给对方造成心理上的威胁。

准备姿势：拦网队员腿部微蹲，腰腹适当放松，双臂上抬放于胸前，随时做起动状态。

移动：最常用的拦网步法有并步、交叉步等。拦网移动时，一定要和其他拦网队员配合好，以避免出现崴脚等一系列不必要的伤害。

起跳：起跳时，身体重心降低，双膝弯曲，双脚用力蹬地，双臂在体侧划小弧用力上摆，带动身体向上垂直起跳。起跳后稍收腹，控制身体平衡。拦网起跳的时间应根据对方二传球的高低、远近、快慢以及对方扣球队员的起跳时间和动作特点来决定。拦高球时，一般应比对方扣球队员晚跳；拦快球时，可以和对方扣球队员同时起跳或提前起跳。

空中动作：双手、双臂尽量伸出拦对方来球，把握好双臂的距离，手腕下压，向对方场内方向做动作，手指、手腕一定要绷紧。

落地：拦网后，要做含胸收腹动作，以保持身体平衡。手臂不能放松和随球下撤。要先使手臂后摆或双臂上提，然后再屈肘向下收臂，以免触网。与此同时，屈膝缓冲，双脚落地。

单人拦网技术要领：取位对准球，起跳要及时，看清动作拦路线；手臂伸过网，双手接近球，球触手掌压手腕（图 8 –36）。

图 8 –36　单人拦网动作示例

第四节　排球运动的基本战术

一、排球战术的概念

排球战术是指运动员在比赛中，根据排球规则和排球运动的规律、比赛双方的具体情况及临场变化，合理运用个人技术及集体配合所采取的有意识、有组织的行动。

二、排球战术的分类

排球战术分个人战术和集体战术两大类：个人战术是指运动员在进攻或防守中，主动、灵活地运用个人技术应对比赛中多变情况的行动；集体战术是指运动员为突破对方防守或抑制对方进攻所采取的有组织、有目的的集体配合行动。

个人战术又分发球、一传、二传、扣球、拦网及防守等个人战术；集体战术则根据排球运动攻防结合、攻防转化的基本特点，按比赛中不同来球的情况，分为一攻、防反、保攻、推攻四种进攻战术体系。

三、排球战术的指导思想

战术指导思想是一支球队在训练和比赛中，指导战术行动的主导思想和所遵循的基本原则。正确的指导思想来源于运动训练与比赛中的实践，又反过来指导训练与比赛，并在实践中不断丰富和发展。

我国排球战术指导思想是经过长期实践的经验积累，逐步认识到排球运动的规律，特别是经历国际排球赛事的锻炼，在总结优劣势的经验与教训的基础上形成并逐步完善和发展起来的，我国曾多次提出排球战术指导思想（见表 8－1）。

表 8－1　我国不同时期的排球战术指导思想

年份	排球战术指导思想
1955	积极、主动、快速、灵活
1958	技术全面，战术多样
1962	以攻为主，加强集体配合，快、狠、准、变
1965	抓好攻击性发球和防反，坚持快速多变
1972	在技术全面的基础上，以攻为主，积极防守，发展高度，坚持快速、密切配合，实现快、狠、准、变
1978	在技术全面的基础上，发挥各队的特点，向全攻全守型发展，坚持快速发展高度，狠抓扣、拦、发三项得分技术，力争网上优势；以全面快速、高度、灵活、准确的打法，争取主动，夺取胜利
1989	技术全面，突出特点，准确熟练，快速善变，发展高度，不断创新，加强体能
1999	攻防全面，发展高度，坚持快速，灵活善变，不断创新，培养尖子
2001	技术全面，突出特点，准确熟练，快速善变，发展高度，不断创新，加强体能

资料来源：孙贵英：《排球技战术影响因素及规律研究》，东北师范大学出版社 2011 年版，第 57 页。

在我国新时期排球战术指导思想中，技术全面是指加强基本功和基本技术训练，全面掌握各种攻防技术，力求做到能攻善守，攻守兼备。突出特点是指要在技术全面的基础上，队有特点，人有特长，强化得分手段，夯实基础技术，拥有制胜武器。准确熟练是指运动员对技战术的掌握与运用，重视加强个人技术能力基础上的集体配合，提高成功率。快速善变是指快速多变的打法是我国的优势和特点，必须加以坚持与发扬，同时注意弥补弱点，提高拦防和反击的能力。发展高度是指加强高大队员的全面训练，练好基础技术，提高强攻能力。不断创新是指在实践中总结经验，博采众长，善于探索，大胆创新。加强体能是指在加强一般身体素质训练的基础上，发展专项素质，提高全面身体素质水平，延长运动寿命。

我国排球战术指导思想体现了排球运动需要全面、准确的技术的基本规律，体现了当下排球运动正在向高度、快速、多变和全攻全守方向发展的趋势，体现了排球比赛中网口上的比拼日趋激烈的态势，也体现了我国在发展排球运动时善于总结经验、在战术运用上灵活多变的特点，以及要在国际排坛上占据领先地位就必须不断创新战术的思想觉悟。

四、排球战术能力与培养

排球战术能力是指排球运动员在比赛中，完成战术活动的本领，其中也包括完成战术活动的具体方式，以及顺利完成战术活动所必需的心理特征。

排球战术能力包含着个人战术意识、战术的理论知识、所掌握的战术质量和数量、战术的针对性、战术的灵活性五个方面。

五、阵容配备

（一）目的

阵容配备是合理地使用本队队员的一种组织形式。其目的在于把全队的力量有效地组织起来，扬长避短，最大限度地发挥每一位队员的作用和特长。

（二）原则

（1）选择意志品质坚强、作风顽强、技术全面、身体素质好、临场经验丰富的队员，组成主力阵容。

（2）根据全队的水平采用不同的阵容配备形式。

（3）在确定每个轮次的战术时，力争做到攻守相对均衡，尽量弥补不足，避免弱轮次的出现。

（4）把平时合作默契的传球、扣球队员安排在相邻的位置上，以便更好地组织战术配合，最大限度地发挥最强进攻的优势。

（三）形式

1. “四二”战术配备（图8－37）

“四二”战术配备又称“中一二”战术配备。由四名进攻队员（两名主攻队员与两名副攻队员）和两名二传队员组成，他们分别站在对角的位置上。这样每个轮次前后排都能保持有一名二传队员和两名进攻队员，便于组织和发挥本队的攻击力量。该战术配备的变化较少，建议初学者使用。在水平一般的球队中，采用这种配备形式的较多。

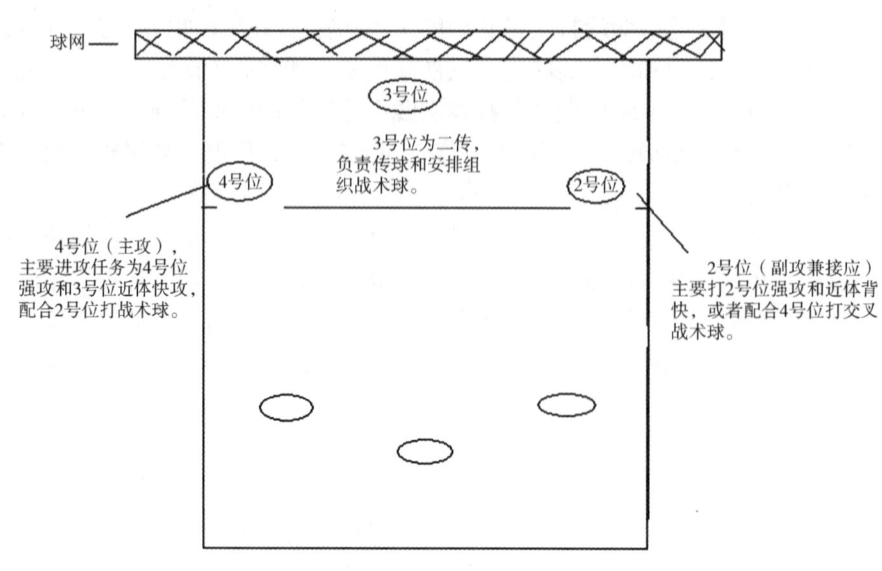

图8－37 “四二”战术配备

2. “五一”战术配备（图8－38）

“五一”战术配备又称“插上”战术配备。由五名进攻队员和一名二传队员组成。一名二传队员作为接应二传，主要承担进攻任务，这样可以加强拦网和进攻力量。接应二传也可弥补主要二传队员有时来不及传球所出现的被动局面。在水平较高的队中，普遍采用这种配备形式。

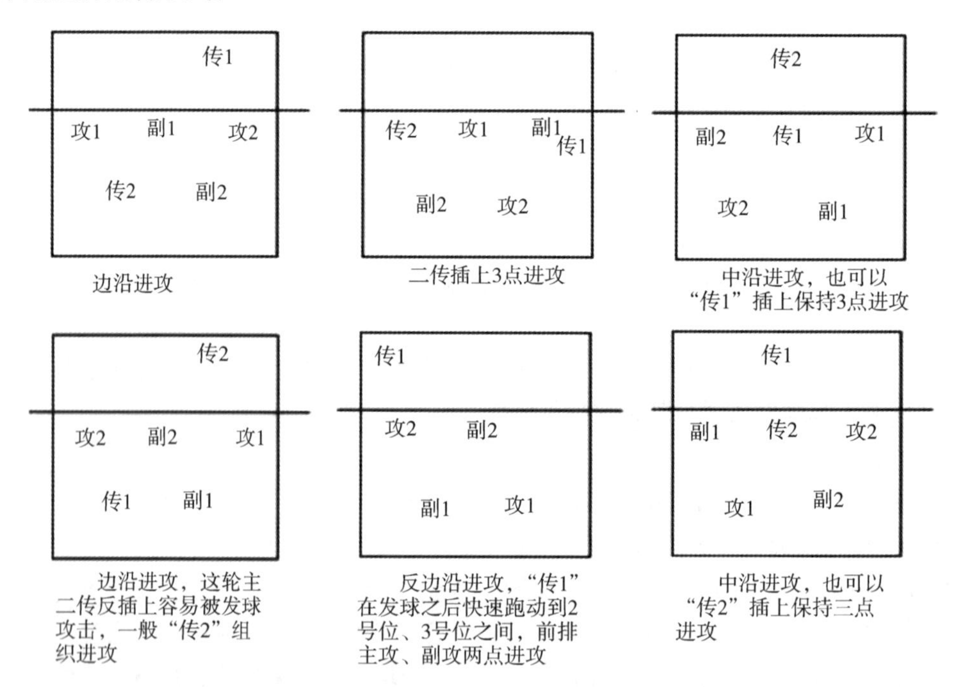

图8－38 “五一”战术配备

第五节　排球运动竞赛式教学设计与实施

体育与健康课程是提高学生身心健康水平的必修课，是实施素质教育、培养全面发展人才的必要途径。在新课程实施背景下，通过构建“会学、勤练、常赛”的教学模式，学生学会自主学习，在实践和竞赛中成长，不断提高学生的身体素质，从而打造一个高效的体育课堂。

竞赛式教学法让学生成为教学的主体，教师作为引导者，使学生在“学中练、练中学、以赛促学”。新一轮基础教育的改革实施强调在体育教学过程中应更加注重学生发挥自己的主体地位，改变以往单一的教师讲授式教学的方式，利用丰富多彩的教学形式提高学生参与课堂的积极性和兴趣，以小组竞赛为主要教学手段，以对抗和竞赛提高学生的运动技能水平，发挥学生的想象力，激发学生的团体意识，促使学生高效地完成学习目标。

一、排球竞赛式教学效果的实践验证

（一）实验分组

本研究采用教学实验法，选取广东省某学校高中二年级的两个班作为实验对象，其中一个为实验班，采用竞赛式教学法（以小组竞赛的方式授课），另一个为对照班，采用讲授式教学法（以讲解法、示范法、练习法、纠错法等教学手段授课），两个班级分别采用两种教学方法进行3周9次课的教学实验研究，两个班级均以班级为单位（每班40人，其中男生20人、女生20人），授课内容等均一致。

（二）实验过程

第一阶段：在实验之前，给班级学生进行了身体素质、技能水平测试（各项数据对比见表8－1）。数据显示，实验班与对照班没有明显的差异（$P>0.05$），说明实验对象符合实验要求。第二阶段：分别根据排球的米字移动、自垫球、对墙垫球、对垫球等内容进行授课。第三阶段：经过3周的教学后，再次对实验班和对照班的各项指标进行测试（各项数据对比见表8－2），填写并回收调查问卷。

表8－1　实验前两个班级学生的各项数据对比（$N=40$）

项目	实验班		对照班		t值	P值
	平均分/分	标准差	平均分/分	标准差		
米字移动	52.15	24.27	61.90	21.86	1.351	0.190（>0.05）
自垫球	11.55	16.39	9.15	13.20	0.651	0.613（>0.05）
对墙垫球	7.65	9.49	11.90	9.11	0.147	0.157（>0.05）
对垫球	223.40	55.30	253.00	39.05	2.121	0.058（>0.05）

表 8-2 实验后两个班级学生的各项数据对比（$N=40$）

项目	实验班		对照班		t 值	P 值
	平均分/分	标准差	平均分/分	标准差		
米字移动	89.65	20.63	75.50	20.26	1.395	0.035（<0.05）
自垫球	23.35	18.46	13.65	12.61	0.712	0.060（>0.05）
对墙垫球	18.25	11.26	17.30	8.69	0.254	0.767（>0.05）
对垫球	321.80	67.63	282.00	33.89	2.375	0.024（<0.05）

（三）研究结果与分析

对比表 8-1、表 8-2 的数据可知，对照班的学生在实验后对垫球的测试成绩提升明显高于实验前，自垫球和米字移动的测试成绩无显著差异；对墙垫球的测试成绩，实验班的成绩稍高于对照班。实验结果证明，传统的讲授式教学法可以使学生初步学好排球基本动作的技术要领（准备姿势、身体姿势等）；而竞赛式教学法除了能使学生学会排球基本动作，还能使学生有效地掌握人与球的关系，使其领会相互合作的重要性，较好地掌握并衔接排球运动的各项技术（发球、垫球、扣球、拦网、传球），促进其将动作技能学以致用。因此，竞赛式教学法适合运用于提高学生竞赛的技术水平，培养其综合能力。

学生对排球垫球课的积极性调查结果见表 8-3。

表 8-3 学生对排球垫球课的积极性调查

单位：人

项目	实验班	对照班
非常积极	35	30
积极	3	6
一般	1	2
不太积极	1	1
非常不积极	0	1

分析表 8-3 的数据得出，使用传统的讲授式教学法的对照班有 5% 的学生没有积极心态，使用竞赛式教学法的实验班仅有 2.5% 的学生没有积极心态。从整体的数据来看，竞赛式教学法能够提高学生上课的积极性。

综上所述，在排球运动教学中，采用竞赛式教学比传统的讲授式教学不仅更有助于提高学生的个人运动技能水平和团队竞赛水平，而且更有利于调动学生的学习积极性，在课堂中渲染良好的学习氛围。

由于教学实验存在着学生的运动能力与认知水平的不同等因素的影响，因此本实验严格控制无关变量。例如，实验班和对照班均为同一位教师进行授课，在教学时数、内容、进度上均保持一致，并且实验的测试和考核方法均分别在学习某个运动项目内容的

第一次课与最后一次课进行，尽量减少其他因素产生的影响。

排球竞赛式教学，首先进行各项技术的基本技能的教学，再采用竞赛式教学法进行分组学习、分层练习，最后通过小组内比赛进行分析、诊断、二次比赛检验、总结评价来构建“会学、勤练、常赛”的教学模式，从而打造高效且注重全人教育的体育课堂，让学生体验体育锻炼乐趣，滋养身心、培养品性、提高能力并应用到学习和生活中。

二、排球各项技术与常识的竞赛式教学

（一）传球的竞赛式教学

传球时，在头部以上部位用双手传球、腰腹微微收紧，双脚蹬地，做伸臂动作，眼睛往上看，通过大臂带动小臂，最后把所有力量集中在手指与手腕的弹击力量来完成的击球技术动作。传球分为正面传球、背传、侧传、跳传。

对于传球的竞赛式教学主要从以下几个步骤展开（以45分钟的体育课为例）。

1. 基本准备活动与专项准备活动（8分钟）

首先，师生问好，安排见习生，宣布课的内容、目标及任务，集中学生的注意力。然后，通过一般性准备活动，如教师自编球操和徒手操、有球游戏等，帮助学生为进入体育课做好准备。接着再进行专门的准备活动。根据课的基本部分和教授的技术动作设计针对性的准备活动，如安排学生复习排球的移动步法和练习俯卧撑，为掌握所要学的技术创造基础条件。

2. 示范与讲解（7分钟）

教师通过精练的语言讲解技术概念及重难点，并根据讲解的技术内容进行完整和分解、正面和侧面的动作示范，帮助学生对动作建立完整的、正确的概念，并形成正确的表象。

3. 传球竞赛式教学法的实施（根据掌握技能的程度选择练习内容）（17分钟）

（1）原地对墙传球练习。学生尝试与墙间隔不同距离进行传球练习，主要感受正确的传球手型和正确的击球点。

（2）原地自传球练习。学生散点站立，每人一球，进行连续的自传球练习，主要感受传球动作的连贯性，提升控制球的能力。

（3）一抛一传、对传练习。学生两人一组相距3～5米，一人抛球，另一人传球。在初步掌握了一抛一传后可以尝试两人连续地对传练习，主要提高对球的落点的预判，固定击球点，培养良好的人球关系。

（4）三人传球练习。三人形成三角形站位，连续逆时针或顺时针进行传球练习，主要感受在不同的角度和空间，如何处理人球关系。

（5）专位传球练习。学生通过插上和跑位到网前二传的位置，分别向4号位、2号位传不同弧度的球，主要感受移动中的启动和制动，提前预判和提高处理不同来球的能力。

（6）发垫传扣结合练习。采取增加人数或者缩小比赛场地的比赛形式，将学到的单项技术组合起来，提高学生学以致用、团结协作的能力。

（7）分组练习。在以上的练习中，教师指导、观察学生的学习情况，发现并纠正

错误，评价学生的手型、击球点、移动取位、传出球的质量，帮助学生进行自主思考和探究。

（8）分层练习。根据分组练习的学习情况将掌握动作优秀和良好的学生区分开，安排掌握动作优秀的学生挑战有难度的练习内容，如探究战术等；安排掌握动作良好的学生继续巩固单项技术，如反复练习对墙传球和移动传球。

（9）小组竞赛。通过同质或异质分组进行教学比赛，引导学生将所学的单项技能运用在比赛中，以此检验学习情况，同时培养学生的规则意识和普及更多的裁判知识。

4. 必要的体能与专项素质练习（8 分钟）

由于传球练习主要是锻炼学生的上肢力量，可以设计发展学生下肢力量或核心力量的动作，帮助学生全面发展，如米字移动练习、原地纵跳练习等。

5. 相应的放松活动，布置课后作业与下次课前预习内容（5 分钟）

（1）在音乐的伴奏下，教师指导学生做放松操，使学生身心得到充分放松。

（2）教师总结学习情况，引导学生自评、互评；回收器材，宣布下课。

（3）布置课后作业，预习垫球的技术动作视频。

（二）垫球的竞赛式教学

垫球是双手在腹前将球垫起的一种垫球动作。垫球是各项垫球技术的基础，适合用于接各种发球、扣球和拦回球，有时也被二传用于组织进攻或处理球。

垫球技术主要有正面双手垫球、体侧垫球、背向垫球等。对于垫球的竞赛式教学主要从以下几个步骤展开（以 45 分钟的体育课为例）。

1. 基本准备活动与专项准备活动（8 分钟）

参考传球的竞赛式教学进行相应操作。

2. 示范与讲解（7 分钟）

教师通过精练的语言讲解技术概念及重难点，并根据讲解的技术内容进行完整和分解、正面和侧面的动作示范，帮助学生对动作建立完整的、正确的概念，并形成正确的表象。

3. 竞赛式垫球教学法的实施（根据掌握技能的程度选择练习内容）（17 分钟）

（1）徒手模仿练习。学生散点站立，模仿教师动作，在原地做垫球的无球徒手动作练习，主要感受正确的垫球动作。

（2）原地自垫球练习。学生散点站立，每人一球，主要感受垫球的击球部位和手臂夹紧。

（3）对墙垫球练习。采取不同距离的对墙垫球练习，主要感受垫球的击球部位和击球点，注意身体协调用力。

（4）一抛一垫练习。两个人相对站立，拉开 3～5 米的距离，一人将球抛至对方体前，另一人将球垫起，主要感受手臂插入球底、夹臂蹬地、送髋和肩、身体重心前移四个环节。

（5）对垫球练习。两个人相对站立，拉开 3～5 米的距离，做连续垫球的动作，尽量使球不落地，主要感受腹前的击球点和触球时手臂的角度，以及移动中垫球的预判和取位。

（6）打垫组合练习。两个人相对站立，拉开 3～5 米的距离，一人扣球或者发球，另一人将球垫起，主要感受不同力量的来球，以及如何迎球、击球、送球。

（7）分组练习。在以上的练习中，教师指导、观察学生的学习情况，发现并纠正错误，评价学生的手型、击球点、预判移动、垫出球的质量，帮助学生进行自主思考和探究。

（8）分层练习。根据分组练习的学习情况将掌握动作优秀和良好的学生区分开，安排掌握动作优秀的学生挑战有难度的练习内容，如探究战术等；安排掌握动作良好的学生继续巩固单项技术，如反复练习对墙垫球和移动垫球。

（9）小组竞赛。通过同质或异质分组进行教学比赛，引导学生将所学的单项技能运用在比赛中，以此检验学生的学习情况，同时培养学生的规则意识并普及更多的裁判知识。

4. 必要的体能与专项素质练习（8 分钟）

垫球练习主要锻炼学生的下肢力量，可设计发展学生上肢力量或核心力量的动作，帮助学生全面发展，如俯卧撑练习、腹背肌练习等。

5. 相应的放松活动，布置课后作业与下次课前预习内容（5 分钟）

（1）在音乐的伴奏下，教师指导学生做放松操，使学生身心得到充分放松。

（2）教师总结学习情况，引导学生自评、互评；回收器材，宣布下课。

（3）布置课后作业，预习扣球的技术动作视频。

（三）扣球的竞赛式教学

扣球是队员跳起在空中将高于球网上沿的球有力地击入对方场区内的一种击球方法，是排球最重要的基本技术之一，也是排球基本技术中最难掌握的技术。扣球在比赛中占有很重要的地位，它不仅是得分、得权的重要手段，还是最积极、最有效的进攻武器，同时还是一个队实力强弱的具体体现。扣球技术主要有单脚起跳扣球和双脚起跳扣球。

对于扣球的竞赛式教学主要从以下几个步骤展开（以 45 分钟的体育课为例）。

1. 基本准备活动与专项准备活动（8 分钟）

参考传球的竞赛式教学进行相应操作。

2. 示范与讲解（7 分钟）

教师通过精练的语言讲解技术概念及重难点，并根据讲解的技术内容进行完整和分解、正面和侧面的动作示范，帮助学生对动作建立完整的、正确的概念，并形成正确的表象。

3. 扣球竞赛式教学法的实施（根据掌握技能的程度选择练习内容）（17 分钟）

（1）原地做扣球的无球徒手动作练习，主要感受双脚发力向上跳、充分摆臂、起跳后做挥臂动作。

（2）挥臂甩腕练习。可以就地取材，打树叶或者扣固定球，主要感受挥臂时自然放松，击球时有鞭打的动作。

（3）助跑起跳无球练习。一步或两步助跑起跳，主要掌握好起跳的节奏和起跳位置。

（4）自抛上步扣球练习，主要感受在最高点扣球，合理选择起跳时机。

（5）一抛一扣练习。一人把球抛至对方扣球的最高点，对方上步起跳扣球，主要感受助跑起跳和挥臂击球的动作连贯。

（6）网前扣球练习，主要感受准确取位、快速起跳，扣球时全掌击球。

（7）三人一组垫球、传球、扣球结合练习。将学到的单项技术组合起来，强调正确判断取位，提高学生学以致用、团结协作的能力。

（8）分组练习。在以上的练习中，教师指导、观察学生的学习情况，发现并纠正错误，评价学生的手臂鞭打动作、助跑起跳步法、最高点击球，帮助学生进行自主思考和探究。

（9）分层练习。根据分组练习的学习情况将掌握动作优秀和良好的学生区分开，安排掌握动作优秀的学生挑战有难度的练习内容，如探究战术等；安排掌握动作良好的学生继续巩固单项技术，如反复练习网前扣球。

（10）小组竞赛。通过同质或异质分组进行教学比赛，引导学生将所学的单项技能运用在比赛中，以此检验学习情况，同时培养学生的规则意识和普及更多的裁判知识。

4．必要的体能与专项素质练习（8 分钟）

扣球主要锻炼学生的上、下肢力量和弹跳素质，可设计发展学生核心力量的动作，帮助学生全面发展，如仰卧起坐和仰卧抬腿等。

5．相应的放松活动，布置课后作业与下次课前预习内容（5 分钟）

（1）在音乐的伴奏下，教师指导学生做放松操，使学生身心得到充分放松。

（2）教师总结学习情况，引导学生自评、互评；回收器材，宣布下课。

（3）布置课后作业，预习发球的技术动作视频。

（四）发球的竞赛式教学

发球是第一回合的进攻，可以直接得分，也可以破攻。

发球技术主要有正面上手发球、正面下手发球、跳飘球、大力跳发球等。

对于发球的竞赛式教学主要从以下几个步骤展开（以 45 分钟的体育课为例）。

1．基本准备活动与专项准备活动（8 分钟）

参考传球的竞赛式教学进行相应操作。

2．示范与讲解（7 分钟）

教师通过精练的语言讲解技术概念及重难点，并根据讲解的技术内容进行完整和分解、正面和侧面的动作示范，帮助学生对动作建立完整的、正确的概念，并形成正确的表象。

3．发球竞赛式教学法的实施（根据掌握技能的程度选择练习内容）（17 分钟）

（1）抛球练习。把球垂直抛起来，注意抛球的高度和方向。

（2）徒手感受击球动作，主要感受抛球、引臂、挥臂、击球与身体协调用力。

（3）对墙或隔网近距离发球，主要感受在击准球的前提下，加强挥臂的速度和力量。

（4）在发球区尝试发球，主要感受挥臂的速度和方向，体会准确地抛球以及快速地挥臂击球。

（5）三个人一组发、垫、传球或两人一组发、垫球组合练习，主要感受发球时的挥臂方向、击球的准确性。

（6）发球比赛。可以组织划分不同区域或者设定不同距离的发球比赛，主要感受发球动作的规范性，积极思考，学以致用。

（7）分组练习。在以上的练习中，教师指导、观察学生的学习情况，发现并纠正错误，评价学生的手型、抛球的重要性、击球后身体重心的改变、发球的破攻能力，帮助学生进行自主思考和探究。

（8）分层练习。根据分组练习的学习情况将掌握动作优秀和良好的学生区分开，安排掌握动作优秀的学生挑战有难度的练习内容，如探究战术等；安排掌握动作良好的学生继续巩固单项技术，如反复练习隔网发球。

（9）小组竞赛。通过同质或异质分组进行教学比赛，引导学生将所学的单项技能运用在比赛中，以此检验学习情况，同时培养学生的规则意识和普及更多的裁判知识。

4. 必要的体能与专项素质练习（8 分钟）

发球主要锻炼学生的上肢力量，可设计发展学生下肢和核心力量的动作，帮助学生全面发展，如仰卧起坐、米字移动和原地纵跳等。

5. 相应的放松活动，布置课后作业与下次课前预习内容（5 分钟）

（1）在音乐的伴奏下，教师指导学生做放松操，使学生身心得到充分放松。

（2）教师总结学习情况，引导学生自评、互评；回收器材，宣布下课。

（3）布置课后作业，预习拦网的技术动作视频。

（五）拦网的竞赛式教学

拦网是排球运动的基本技术之一。面对对方的扣球，可以直接拦死、拦回对方的扣球，也可以将对方有力的扣球拦起，以减轻后排防守的压力。拦网不但起着干扰和破坏对方扣球的作用，而且拦网技术发挥得好，能削弱对方进攻的锐气，动摇对方的信心，给对方造成心理上的威胁。拦网技术主要有单人拦网和集体拦网。

对于拦网的竞赛式教学主要从以下几个步骤展开（以 45 分钟的体育课为例）。

1. 基本准备活动与专项准备活动（8 分钟）

参考传球的竞赛式教学进行相应操作。

2. 示范与讲解（7 分钟）

教师通过精练的语言讲解技术概念及重难点，并根据讲解的技术内容进行完整和分解、正面和侧面的动作示范，帮助学生对动作建立完整的、正确的概念，并形成正确的表象。

3. 拦网竞赛式教学法的实施（根据掌握技能的程度选择练习内容）（17 分钟）

（1）运用并步、交叉步等做网前徒手拦网练习，主要感受身体垂直向上起跳。

（2）一扣一拦练习。一人做原地拦网动作，另一人将球扣出，主要感受双臂用力过网伸向对方上空，体会拦住球的感觉。

（3）拦固定路线的扣球。教师进行规定路线的扣球，学生依次轮流进行助跑起跳拦网，主要感受拦直线与拦斜线的取位和手型的区别。

（4）双人原地起跳拦网练习，主要感受双人拦网的默契配合，中间不漏球。

（5）双人移动拦网，主要体会向两侧移动后，间距保持适当，掌握拦各种球时手型的变化。

（6）分组练习。在以上的练习中，教师指导、观察学生的学习情况，发现并纠正错误，评价学生的拦网手型、预判、移动取位、拦网的质量，帮助学生进行自主思考和探究。

（7）分层练习。根据分组练习的学习情况将掌握动作优秀和良好的学生区分开，安排掌握动作优秀的学生挑战有难度的练习内容，如探究如何提高集体拦网的默契度和配合度等；安排掌握动作良好的学生继续巩固单项技术，如反复助跑起跳拦网练习。

（8）小组竞赛。通过同质或异质分组进行教学比赛，引导学生将所学的单项技能运用在比赛中，以此检验学习情况，同时培养学生的规则意识和普及更多的裁判知识。

4. 必要的体能与专项素质练习（8 分钟）

拦网主要锻炼学生的上、下肢力量，可设计发展学生核心力量的动作，帮助学生全面发展，如仰卧起坐、仰卧举腿等。

5. 相应的放松活动，布置课后作业与下次课前预习内容（5 分钟）

（1）在音乐的伴奏下，教师指导学生做放松操，使学生身心得到充分放松。

（2）教师总结学习情况，引导学生自评、互评；回收器材，宣布下课。

（3）布置课后作业，预习传球的技术动作视频。

（六）排球战术的竞赛式教学

排球战术是指运动员在比赛中，根据排球规则和排球运动的规律及临场竞赛情况的发展变化，有意识地运用合理的个人战术和集体配合所采取的有意识、有组织、有预见性、有针对性的配合行动。排球战术有“中一二”“插上”等。

对于排球战术的竞赛式教学主要从以下几个步骤展开（以 45 分钟的体育课为例）。

1. 基本准备活动与专项准备活动（8 分钟）

参考传球的竞赛式教学进行相应操作。

2. 示范与讲解（7 分钟）

教师通过精练的语言讲解战术的概念及作用。

3. 排球战术竞赛式教学法的实施（根据掌握技能的程度选择练习内容）（17 分钟）

（1）接半场抛球，组织战术配合练习。

（2）接隔网近距离抛球或发球，组织 4 号位、2 号位队员进攻。

（3）接近距离发球后练习战术配合。

（4）在教学比赛中练习进攻战术。

（5）分组练习。在以上的练习中，教师指导并让学生进行站位体验，在进行位置轮转的同时，提示学生回答轮转后所站的位置，启发学生进行自主思考和探究。

（6）分层练习。根据战术的掌握情况，安排对战术掌握熟练的学生组织比赛，例如，通过缩小比赛场地或增加比赛人数等开展比赛巩固战术。安排掌握不熟悉的学生在战术板上标注每个战术是如何运用的，例如，在“插上”战术中，二传在后排如何组织进攻？

（7）小组竞赛。通过同质或异质分组进行教学比赛，引导学生将所学的单项技能运用在比赛中，以此检验学习情况，同时培养学生的规则意识并普及更多的裁判知识。

4．必要的体能与专项素质练习（8分钟）

战术主要锻炼学生的协调能力，可设计发展学生核心力量和上、下肢力量的动作，帮助学生全面发展，如仰卧起坐、米字移动、俯卧撑等。

5．相应的放松活动，布置课后练习与下次课前预习内容（5分钟）

（1）在音乐的伴奏下，教师指导学生做放松操，使学生身心得到充分放松。

（2）教师总结学习情况，引导学生自评、互评；回收器材，宣布下课。

（3）布置课后作业，录制排球战术如何运用的讲解视频。

三、排球比赛（结合裁判实践）的竞赛式教学

为了巩固、提高单项技术的综合运用情况，应利用分组、分队的形式开展比赛，加强学生的集体配合能力和战术意识的养成。

排球比赛的竞赛式教学主要有以下7个方面。

竞赛规则：在教授单项技术的时候，应将相关规则贯穿于教学内容之中，例如，什么是发球违例、传球为什么会持球、垫球中什么情况下连击不犯规、扣球时触网的疑义、比赛中的礼仪，使学生严格遵守规则进行比赛。

教学目的：根据学生已掌握的发球、垫球、扣球、拦网、传球等单项技能和战术“中一二”“插上”等内容进行教学比赛。这里所讲的比赛均是简化了规则的球赛，而并非常规排球赛。

比赛方法：采用六对六的教学比赛方式。

比赛要求：有效地使用已学习的单项技术和战术，尽量增加来回球的次数。在比赛中注意规则，不得出现犯规行为。

组织形式：班级40人分成4组，轮换进行比赛。

裁判实习：裁判员由各小组内选拔产生，分别是一名主裁判和一名副裁判，对其他场次进行执裁。由于要考察裁判员的执裁情况，因此将由不执裁的裁判员和教师对执裁的裁判员进行打分，最终在本次教学比赛中评选出优秀裁判员。通过实际执裁，可调动学生的积极性。

比赛结果与评价：比赛往往都带有竞争性和对抗性，因为每位学生的掌握情况不同，加之排球运动具有团体性，所以，不仅要对学生的比赛成绩进行评价，还要对学生在比赛中的体育道德和学习态度进行评价。按照评分制，对学习热情高、善于思考、主动承担责任的学生打85～100分；对参与主动、乐于展示自我的学生打70～84分；对做动作不主动的学生打60～69分。

评价使学生能在学习中不断地看到自己的进步，收获自信，从而激发学习兴趣，主动学习。

四、排球竞赛式教学评价

竞赛式教学评价主要是考量学生是否学会单项技能并能运用在比赛中。排球竞赛式教学评价可以排球的专项技战术为主要考核内容，且以100分为满分，采用总结性评价

为主、过程性评价为辅的评价手段，可分为四个方面进行考核评价。

首先，总结性评价主要针对专项技能进行评价（例如，对墙垫球1分钟完成多少个，10个发球能成功落在指定区域多少个，扣10个球能成功落在指定区域多少个），该环节的评价占比为40%。

其次，过程性评价主要是通过学生的初始技能水平与最终技能水平之间的进步进行评价（在学习单项技能之前，应该采集初始数据，对学生最初掌握技能的水平和身体素质记录在册。在每个单元学习之后进行测试，对学生完成动作技能的情况、身体素质、自练能力进行记录跟踪，并对以上内容进行综合评价，找出原因进行分析等），该环节的评价占比为20%。

再次，在技能掌握方面，要根据每个技能的具体掌握情况进行评价，通过比赛考查学生是否能学以致用。例如，垫球的个数、动作的连贯性和协调性，可反映学生掌握动作的情况；在比赛中，根据学生垫球动作接扣球和接发球的情况，综合评价学生对单项技能的掌握情况。该环节的评价占比为20%。

最后，教师在教学中应该对学生的考勤、学习态度与情感表现、作业完成情况、比赛获胜情况进行评价，该环节的评价占比为20%。排球竞赛式教学总结性与过程性评价见表8－4。

表8－4 排球竞赛式教学总结性与过程性评价

序号	考核项目	分值/分	权重/%
1	专项技能	40	40
2	技能进步情况	20	20
3	技能掌握情况	20	20
4	考勤、学习态度等	20	20

在教学过程中，教师可以多采用口头评价的方式，使学生及时了解自己的学习情况。对一些体育运动能力较弱的学生，在技能掌握情况和学习态度评价中可以多采取相对评价的方式。

竞赛式评价是为了使学生更好地掌握运动技能。在评价之后，教师应该及时将评价结果反馈给学生，引导学生对自己的技术进行评估，并总结出比赛经验。在评价之后，应创造第二次比赛机会让学生将总结的比赛经验运用到技能学习中，以此达到良性循环，帮助学生将学会的单项技能和战术运用到竞赛中，通过小组竞赛提高学生对单项技能的学习积极性。

五、排球运动练习小贴士

（一）发展专项素质

排球是一项间歇式的运动，由急促和爆发用力的不同动作组合而成。因此，在提高运动技能之前，要注重发展专项身体素质，为提高技能打好基础。

首先，力量素质一定要全面、均衡的发展。例如，课堂上若大量运用了上肢力量，则课堂上的身体素质练习部分应注重下肢或核心力量的训练。

其次，要注意结合排球运动的特点进行速度素质训练。例如，移动的启动速度、米字移动往返的速度、扣球的挥臂速度、助跑起跳的速度，都需要设计专门的教学内容进行针对训练，不能只单一地发展跑的速度。

再次，发展弹跳素质要注意循序渐进。弹跳素质是基于良好的力量素质之上而专门发展的一项身体素质。在训练中，要结合排球运动中纵跳多的特点，应区别于田径跳跃项目中的负重练习，将弹跳练习与专项技术相结合。例如，多练习空中连续起跳拦扣球，做单腿或双腿的收腹跳、直腿跳、跨步跳，做轻器械的负重跳跃，等等。

最后，发展专项耐力、灵敏、柔韧素质要注意分类。耐力素质分为弹跳耐力、心肺耐力；灵敏素质的训练方法包括传球的幌人动作、垫球的鱼跃和滚翻、原地起跳扣球和拦网等；柔韧素质的训练方法包括传球的指腕柔和度、扣球的肩关节、踝关节的柔韧性等。此外，还需要根据不同的单项技术，在专项准备活动和身体素质部分加强各专项素质训练。

（二）掌握理论知识

排球运动是一项隔网的对抗性运动，要顺利完成一场比赛，学生应了解基本的排球竞赛规则和裁判方法。因此，教师在教学时要引导学生形成规则意识，要在场地进行现场教学，使学生熟知场地的规格、场上的位置与站法等理论知识。

（三）弘扬女排精神——进行榜样教学

把中国排球过去所获得的优异成绩和精彩的比赛录像介绍给学生，提示学生在观看比赛的同时，不仅要理解所学的技能在比赛中是如何发挥作用的，还要从教师的介绍中了解我国排球运动的起源和发展，感受排球运动带来的乐趣，体会女排队员坚定的意志品质和永不言败的拼搏精神，以此培养学生热爱祖国的情怀，弘扬女排精神。

“发展体育运动，增强学生体质”任重道远。目前，排球运动开始在中小学普及，采用竞赛式教学法可以帮助教师在教授排球技能时事半功倍。在课堂上采取小组竞赛的教学模式，能够帮助每一个学生学习排球技术后能将技术运用到比赛中，感受比赛的乐趣，极大程度地提高学生的学习兴趣。兴趣是最好的老师，学生热爱排球运动，可促使其提高学习排球运动的积极性，进而可帮助学生掌握一项可以进行终生锻炼的体育技能。

第九章 足球运动竞赛式教学实践

足球运动（[英] football、[美] soccer）是一项以脚为主来控制和支配球，两支球队按照一定规则在同一块长方形球场上互相进行进攻、防守对抗的体育运动项目。自2014年以来，教育部正式展开全面建设校园足球。经过改革与探索，全国初步建立了大学—中学—小学三级校园足球竞赛体系，主要的校园足球赛事有省级联赛、大区联赛和全国总决赛。为了推进开展校园足球，大部分省份已经明确提出“推广和普及校园足球活动”。虽然校园足球联赛举办得如火如荼，但面向全体学生的足球教学仍然是校园足球各项工作中的薄弱环节。

为了进一步促进校园足球发展，并为构建校园足球竞赛式教学体系提供理论依据，引导更多学生主动参加足球运动，亲身体验足球带来的乐趣，更好地掌握足球运动技战术，本章将对足球运动竞赛式教学实践做详细阐述。

第一节 足球运动的起源与发展

一、足球运动的起源

1066年，足球运动传入英国。1863年，现代足球运动在英国诞生。英国人为足球运动制定了许多标准化的规定，为现代足球的发展奠定了坚实基础。虽然英国为现代足球运动的发展做出了重要贡献，但是足球运动的发源地并非英国本土。

早在战国时期的中国，一种名为“蹴鞠”或“蹋鞠”的休闲娱乐活动就在民间和军队之中流行开来。《史记·苏秦列传》中记载道：“临淄之中七万户……甚富而实，其民无不吹竽鼓瑟、击筑弹琴、斗鸡走犬、六博蹋鞠者。临淄之途，车毂击，人肩摩。”通过文字的描述可以看出，当时齐国都城内百姓的休闲娱乐活动方式丰富多彩，其中就包括“蹴鞠”。

“足球发源于中国，由战争而传入西方”，时任国际足联秘书长布拉特在1980年《国际足球发展史》的报告中这样声明。2004年2月4日，时任国际足联副秘书长热罗姆·项伯涅在新闻发布会上正式宣布：“虽然有不少国家都认为自己是足球运动的诞生地，但研究国际足球的史学家有确切的证据表明，足球最早起源于中国——中国古代的蹴鞠就是足球的起源。”

由此可见，中国才是足球的发源地，中国古代民间和军队中流行的“蹴鞠”就是现代足球的前身（图9-1）。蹴鞠兴盛于春秋战国时期齐国的临淄一带，于公元前4世纪随着战争传入中东，经过古希腊、罗马和法国，最后流传到了英国并逐渐发展成为如今世界第一运动——足球。

图 9－1　正在参与蹴鞠运动的人们

（资料来源：https://www.sohu.com/a/239723578_273727）

二、比赛用球标准

现代足球的比赛用球可根据直径分为常见的五种：1 号球和 2 号球主要是儿童玩耍时使用；3 号球的直径为 18 厘米，是 6 岁以下人群在足球训练中普遍使用的球型；4 号球是 5～7 人制足球比赛所使用的一款足球，其直径为 19 厘米；5 号球的直径为 21.5 厘米，是中学生及成人 11 人制比赛用球（图 9－2）。

赛前，足球的气压需要保持在 0.6～1.1 个标准大气压，不得过低或过高。比赛用球的重量不得低于规定的 410 克，也不得高于规定上限的 450 克。在足球比赛过程中，如果比赛用球出现漏气或破损的情况，需要在得到主裁判的许可后进行更换。在非死球状态下由于更换足球导致的比赛暂停，在恢复比赛后需采用换球前原位，并以坠球的方式由之前持球的球队继续持球，重新开始比赛。而在死球状态下更换足球时，可根据相关的比赛规则重新恢复比赛。①

2号足球
直径15厘米
适合2周岁
以下人群

3号足球
直径18厘米
适合6岁以下
人群

4号足球
直径19厘米
适合小学生

5号足球
周长68～70厘米
正式比赛用球

图 9－2　足球尺寸示意

三、场地标准

现代足球比赛对足球比赛的场地有一定要求。

标准的足球场地（图 9－3），尺寸应达到长 105 米、宽 68 米；足球球门应长 7.32

① 参见中国足球协会审定《足球竞赛规则 2018/2019》，人民体育出版社 2019 版。

米、高 2.44 米；大禁区应长 40.32 米、宽 16.5 米，底线应分别距离最近的球门柱 16.5 米；小禁区应长 18.32 米、宽 5.5 米，底线距离最近的球门柱 5.5 米。中点是球场的中心位置，是足球场长边中点垂线与短边中点垂线在场内相交的位置。中圈区位于球场的中间区域，是以中点为圆心、以 9.15 米为半径围成的圆形区域。角球区位于边线和底线的交界处，其半径为 1 米，且距离大禁区 13.84 米。罚球弧是以点球点为圆心、以 9.15 米为半径所绘制的半圆形区域。点球点是距离球门线中点垂直 11 米处。如果无法满足上述的条件，只要达到一定的场地条件（必须是长方形，且其长度为 90～120 米、宽度为45～90米），也可以进行足球比赛。在任何环境下，足球场地的宽度都必须短于场地的长度。

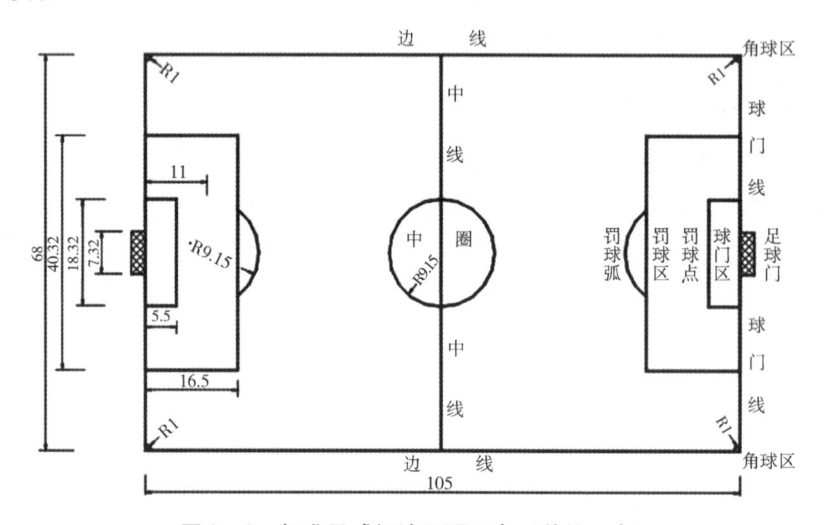

图 9－3　标准足球场地平面示意（单位：米）

四、比赛时间和基本流程

一场正规足球比赛的常规比赛时间是由上半场、下半场各 45 分钟，以及上半场伤停补时、下半场伤停补时共四个部分组成。

比赛之前，双方的队长需要通过猜硬币来决定上半场的进攻方向和开球队伍。各队教练将根据自己的战术安排，派 11 位队员作为首发球员上场参加比赛，其中一名运动员为守门员，且其身穿的球衣需与同队上场的其他队员有所差异。上半场比赛结束后，球员们将有 15 分钟的时间回到更衣室进行中场休息。之后，双方交换场地并进行下半场的角逐。

伤停补时是指主裁判根据比赛的实际情况适当地增加一些因伤停补时而消耗的比赛时间，从而满足正常比赛的质量要求。是否增加伤停补时以及补时多少是由主裁判确定的。在国际足球的规则下，伤停补时一般都在 1～5 分钟。当然，如果比赛进行得非常顺利，几乎没有什么时间损失，主裁判也可以不设立伤停补时。在半场比赛快结束的前 2～3分钟，主裁判会将伤停补时的时长告诉场下的第四官员，第四官员则在比赛的第 44～45 分钟时用电子显示牌将伤停补时的时长告诉现场观众与教练。

在设有淘汰赛的比赛中，如果在常规比赛时间内两队依然保持平局，那么将进入加时赛阶段。加时赛同样分为上、下两个半场，与常规比赛不同的是，加时赛的半场时间只有15分钟，而且在加时赛的上、下半场之间并没有中场休息时间，双方球员在场边进行简单的休息后，需要立刻交换场地继续下半场比赛。

在淘汰赛阶段的比赛中，当加时赛结束时，如果两队依然处于平局的状态，那么将进入点球大战并以此决出胜负。点球大战开始前，将采用猜硬币的方式来决定哪一队先进行主罚。两队需要确定好本队球员的主罚顺序，并按顺序进行交替主罚，共计五轮。在五轮点球结束后，得分高的队伍将胜出。若五轮点球结束后，两队仍然同分，那么将进入“突然死亡”式的点球大战，即当一方进球得分，另一方若没能够成功进球得分，那么进球得分的球队将获得本场的胜利。

第二节　足球运动的基本裁判规则

随着足球比赛的发展和科技的进步，如今，足球比赛往往会配备一名主裁判、两名边线裁判、两名底线裁判、一名第四官员和一名视频助理裁判（video assistant referee，VAR）。根据比赛的实际情况，裁判员需要身穿符合足球比赛规定的裁判员服装，且服装颜色要与参赛两队服装颜色不同，以便更好地在足球场上履行裁判员的职责（图9－4）。

图9－4　足球裁判员的两款服装

主裁判是裁判团队的领导者，应与边线裁判、底线裁判、第四官员和视频助理裁判共同协作，确保比赛的正常运行，控制比赛的节奏和判罚尺度。裁判员踏上足球比赛场地时就要开始履行相关的职责，执行相关的比赛规定。《足球竞赛规则》中写道：裁判员应该对不符合规定的动作、故意犯规和不符合体育道德的行为进行判罚，不让犯规的队伍获利，以确保比赛正常进行。

一、开球、中场结束、全场比赛结束

开球之前，双方球队的上场球员分别站在中线两侧的半场，由一名或两名开球方的球员站在球场中点处持球等待主裁判指示（图9－5）。此时，主裁判需要站在中圈外侧，面向开球地点，将手平举并指向开球进攻的方向。当听到主裁判吹响长哨时，负责开球的球员才可以将足球开出。主裁判的哨音并不代表开球，只是允许开球队员可以开球。只有当开球队员将球开出后，本场比赛才正式开始。双方球员需要在规则的约束之下，使用规定动作进行比赛，在场裁判员团队需协作配合，确保比赛的顺利进行。

当上半场比赛时间和上半场伤停补时时间结束时，主裁判可吹两声短哨，用手指向中圈位置，示意结束上半场的比赛，同时示意球员将比赛用球归还到主裁判的手中。

当全场比赛时间和下半场伤停补时的时间用完时，主裁判应当鸣哨三声，即两声短

哨加一声长哨，并用手指向中圈位置。值得注意的一点是，当伤停补时时间结束，但进攻方有一次较好的进攻机会时，主裁判应等本次进攻结束后，再吹响哨声宣布比赛结束。

图 9－5　足球比赛开球时的站位示意

二、手球犯规

手球犯规是足球比赛中常见的犯规操作之一。最新的足球比赛规定，在足球比赛中，肩膀接触足球并不会被判罚为手球，只有当肩膀以下的手臂触碰到足球时才会被判罚为手球（图 9－6）。在了解当手臂什么部位触球会被判罚手球后，我们还要了解在最新规定中，判罚手球还需要考虑的事项。①

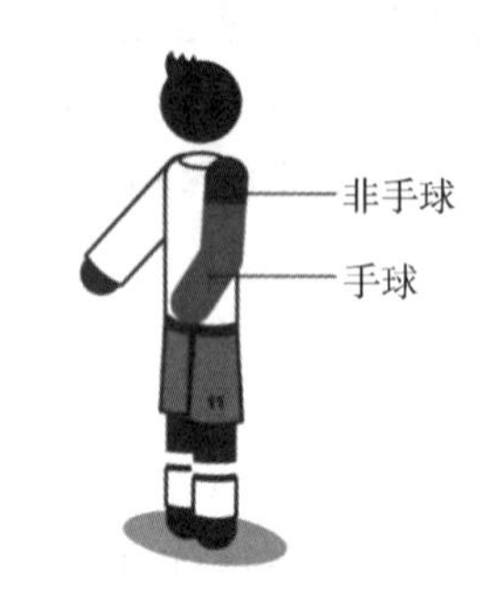

图 9－6　手球犯规的判罚部位

第一点需要考虑的是球和手的相对运动关系，即是球飞向球员的手臂，还是球员用手撞向运行中的足球。第二点需要考虑的是，球员的手臂是否处于“自然状态”或“收紧状态”，手臂的不同状态会在很大程度上影响手球的判罚。由第二点可延伸出需要考虑的第三点，即球员是否主动避让来球。第四点需要考虑的是，来球和球员之间的相对距离是否过近。第五点需要通过观察球员的身体动作，来判断球员是否为故意手球。第六点需要考虑的是，球员是否有利用手球攻门的意图。第七点需要考虑的是，防守球员故意手球而破坏进攻，则判罚任意球并可出示红牌。例如，在 2010 年世界杯乌拉圭对加纳的比赛中，乌拉圭队球员苏亚雷斯用手阻挡了加纳队的必进之球，被红牌罚下。

三、任意球的判罚

在足球比赛中最常出现的犯规判罚之一，就是当犯规发生在大禁区外时的判罚。

任意球可分为直接任意球和间接任意球。直接任意球和间接任意球的区别正如它们的名字：直接任意球俗称“一角球”，可以直接进行射门；间接任意球则不能直接进行射门，必须要经过第二个队员解球后，才可以进行射门。

① 参见张晓宇《大学生足球理论与实践》，中山大学出版社 2019 年版，第 45 页。

直接任意球的判罚是指当防守队员做出了违规动作后，进攻队员在犯规地点处主罚任意球。例如，在1997年的法国四国邀请赛上，巴西人罗伯特·卡洛斯在距离球门40米处，打入了一粒经典的大力直接任意球射门。而间接任意球判罚是指球员出于某些原因如受伤、越位等导致比赛中断，之后再次恢复比赛时的一种罚球方式。

球员需要关注主裁判的手势来判断是哪一种任意球主罚方式。当裁判员判罚直接任意球时，会鸣哨示意犯规并将左手臂水平侧举，同时用手指向发球方向；当判罚间接任意球时，裁判员的手势将发生一点变化，在鸣哨时裁判员左手臂上举。观察裁判员的手臂是平举或是上举，是分辨直接任意球判罚和间接任意球判罚的关键所在（图9－7）。

a. 直接任意球

b. 间接任意球

图9－7　任意球的裁判员手势

（资料来源：http://m.qikula.com/images/6195729288.html）

四、点球的判罚

点球是在禁区内的直接任意球表现方式，是比赛中进攻球员最想得到的判罚，也是足球赛场上防守队伍最不希望出现的判罚，因为相对其他的进球机会，点球的进球概率较大。

当进攻队员持球并进入对方禁区内，而对方的防守队员做出不符合规定的动作如拉拽、不符合规定的铲球或抢断、恶意冲撞等，试图抢断足球或阻止持球队员继续推进进攻时，裁判员即可鸣短哨，并用手指向点球点，示意点球的判罚。

在主罚点球时，主罚球员需将足球摆放到12码罚球点（即距离球门线10.97米的位置，通常也为11米）（图9－8），且击球动作要连贯。防守方守门员在点球发出前，双脚只能在球门线上进行移动，不得向前迈步。其余球员需要站在罚球区外，直到点球发出后才可进入禁区。裁判员观察条件符合后，方可发出开球的信号。

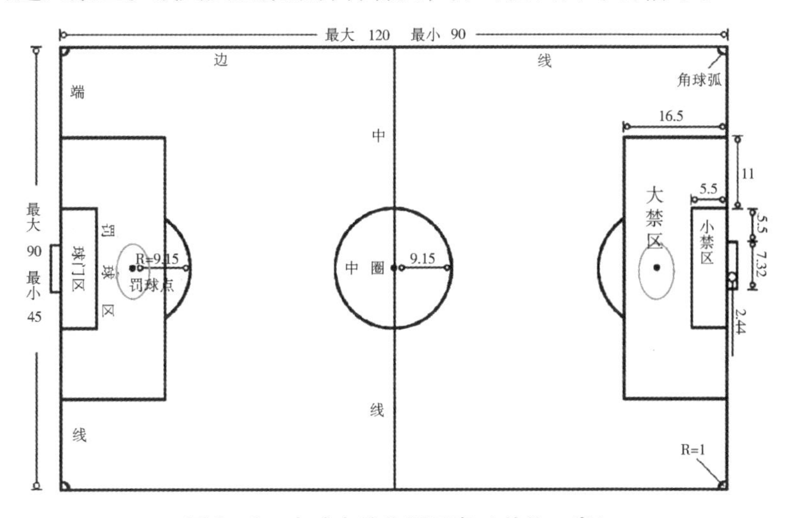

图9－8　点球点的位置示意（单位：米）

五、禁区内间接任意球的判罚

观看足球比赛时，我们偶尔会发现，进攻队员在对方禁区内，两人配合进行射门或组织进攻的场景。这种情况通常是防守一方的守门员在禁区内，用手接住队友用脚回传的足球，或手持足球超过6秒时间，因此被判罚禁区内的间接任意球（图9－9）。值得一提的是，如果防守方的犯规地点发生在小禁区内，那么进攻方的队员必须要将球放置在小禁区线上，再进行间接任意球的主罚。如果是进攻球员犯规，裁判员判罚了间接任意球，那么防守方可在发出主罚间接任意球后恢复比赛。

图9－9　禁区内间接任意球案例

（资料来源：https://zhidao.baidu.com/question/550724427.html）

六、角球的判罚

当防守一方的队员将足球的整体踢出或碰到防守方底线外时，需要通过罚角球的方式来恢复比赛。主裁判应当立刻鸣哨，手臂呈45°角上举并指向角球区位置（图9－10）。与此同时，边线裁判应当手握旗子并斜下方指向所靠近的角球区位置。

图9－10　角球判罚的裁判员手势

此时，进攻球员应当将足球放置在角球区，不得移动角旗杆。防守方球员至少要在距离球门线10码（9.144米）的位置上进行防守，并且不得过于靠近角球区。当裁判员观察发现符合罚球规定后，方可再次鸣哨，示意进攻方将球发出并恢复比赛。

七、球门球的判罚

当进攻球员将足球的整体踢出或碰出防守方底线时，需要通过开球门球的方式来恢复比赛。

主裁判应当将五指并拢、手心向下，并且指向发球方的球门区位置（图9－11）。同时，边线裁判应当面向球场将旗子平举，并指向发球方的门球区位置。当主裁判观察到发球方球员将球放在球门区的地上且球不再移动后，方可鸣短哨示意恢复比赛。

图9－11　球门球判罚的裁判员手势

八、越位的判罚

越位判罚是一种当进攻方组织进攻并且接球的队员跑过半场时，才会出现的判罚。

当进攻方准备接球的队员在队友传球的一瞬间还没越过中线时、接球队员的可触球部位比倒数第二名防守队员更靠近防守方的守门员时，以及当进攻方传球时、进攻方接球队员与倒数第二名防守队员的位置平行时，是不会被判罚越位的。此外，当一名进攻方队员持球突破所有防守队员时，若这名队员回传或横向传球给队友，接球人只要不是站在球前，都不会被判罚为越位。

比赛时，边线裁判应当站在边线外，且在半场区域内，时刻保持与防守方倒数第二名球员相平行的位置上。当发现进攻球员越位时，应当立刻将旗上举并向主裁判示意，当主裁判看到边线裁判的提示时，应当立刻吹停比赛，将球权交还给之前的防守方。

越位叫停指示可分为三类（图 9－12）。当越位发生在靠近边线裁判的位置时，视为“近端越位”，此时边线裁判应当面向球场，用旗指向前斜下方；当越位发生在球场的中间部位时，被称为“中间越位”，此时边线裁判应当面向球场，将旗向正前方平举；最后一种是当越位发生的位置在边线裁判所处位置的另一端，即“远端越位”时，边线裁判应当面向球场，将旗向前斜上方举起。

a. 近端越位　　b. 中端越位　　c. 远端越位

图 9－12　越位球判罚的边线裁判的手势

（资料来源：http://m.qikula.com/images/6195729288.html）

九、界外球的判罚

图 9－13　判罚投掷界外球的边线裁判手势

（资料来源：http://m.qikula.com/images/6195729288.html）

在比赛的过程中，当足球整体越过边线时，需要利用投掷界外球的方式让比赛继续运行。主裁判应当面向球出界的位置，五指并拢，手臂抬起45°角并指向开球的方向，即手臂要指向进攻的方向。此时，边线裁判应当面向球场内，从体侧将旗向发球方向的斜上方举起（图 9－13），在足球出边线之前，最后一次触球的队伍需把球权交给对方队伍。

主罚界外球的队员，应当站在球出界位置的边线外，面向球场内侧，双手持球，将球从头后经过头上向场内抛出。抛球队员可以进行适当助跑，但在抛球的过程中，抛球队员的双脚要在边线外侧且双脚不得离地。当球飞入到场内时，就代表着比赛已经恢复。

十、进球的判罚

在足球比赛中，当足球的整体越过球门线时，视为进球得分。

不论是进攻队员射门，还是防守队员守门失误，只要利用有效合理的部位让球的整体越过球门线，就可算作是进攻方的有效得分。但是，当手抛球直接越过球门线时，是无法被算作有效分的。

当足球的整体越过球门线后，边线裁判将利用所佩戴的设备发出信号来提示主裁判，同时，底线裁判也将做出进球的相关手势来提示主裁判。当主裁判收到进球的提示且进球是符合足球比赛规定的情况时，应当鸣一声长哨，同时指向中圈（图9－14），并快速跑回中圈处，记录进球的队员、进球时间等信息。

图9－14 进球有效时裁判员的手势

十一、进攻有利的判罚

当进攻方队员持球组织进攻而防守方队员犯规时，若防守方犯规后进攻方的进攻趋势并没有被犯规所打断，那么，主裁判就需要利用“进攻有利”原则，将双臂向前平举并微微挥动，示意比赛继续进行（图9－15）。

而当此次进攻结束之后，主裁判即可对刚刚的犯规行为重新进行相关判罚和处理。

十二、红黄牌的判罚

在足球比赛过程中，如果出现严重的犯规、多次的口头警告或违背体育道德的行为，主裁判应当及时鸣哨吹停比赛，并且可以根据犯规的情况，向犯规队员出示黄牌或者红牌。

在判罚的过程中，主裁判应当用一只手持牌，面向被处罚的队员，直臂高举并有一定的停顿时间让其他球员和观众看清判罚的结果（图9－16），并记录相关信息。

图9－15 进攻有利时（继续比赛）主裁判的手势

（资料来源：http://m.qikula.com/images/6195729288.html）

a. 黄牌警告

b. 红牌警告

图9－16 主裁判出示黄牌和红牌时的手势

（资料来源：http://m.qikula.com/images/6195729288.html）

在一场足球比赛中，当一名球员严重犯规，或被两次黄牌警告后，主裁判需立即出示红牌并将其罚下。在此情况下，被罚下球员将不能继续进行余下的比赛，球队也不能用预备球员补上，须在缺人下继续比赛。

十三、更换替补队员

当一方球队要求进行换人调整的时候，第四官员应当手握旗，并高举过头向主裁判示意有球队需要进行换人调整。

当出现下一次死球状态时，主裁判应当鸣哨示意比赛暂停，并用手臂指向第四官员的方向。第四官员应当双手高举显示有参与换人的两名球员球衣号码的电子牌（图9－17）。被换下的球员球衣号码用红色显示，换上场的球员球衣号码用绿色显示，让观众和在场人员看清楚，分别是哪两名队员参与了此次换人行为。

图9－17　第四官员高举换人电子牌

（资料来源：https://www.sohu.com/a/278591895_460558）

十四、视频助理裁判（VAR）

在2010年南非世界杯1/8决赛的比赛中，英格兰中场球员兰帕德射出的足球在击中横梁后越过了球门线，但弹起后被对方门将抱住。当时的主裁判并没有判罚进球有效，如今，足球比赛规则的不断发展完善以及运动和科技的有效结合，确保了主裁判的判罚准确度，避免或减少了误判的出现。

当存在争议时，VAR可通过耳机提示主裁判，主裁判可参考场边的视频回放来进行判罚。当主裁判观看完视频后，将双手食指从上方中部开始在空中划出一个矩形，代表借助VAR进行判罚（图9－18）。需要注意的是，在整场比赛过程中，VAR不会做出任何直接的判罚，仅在某些情况下提醒并协助主裁判进行判罚工作。

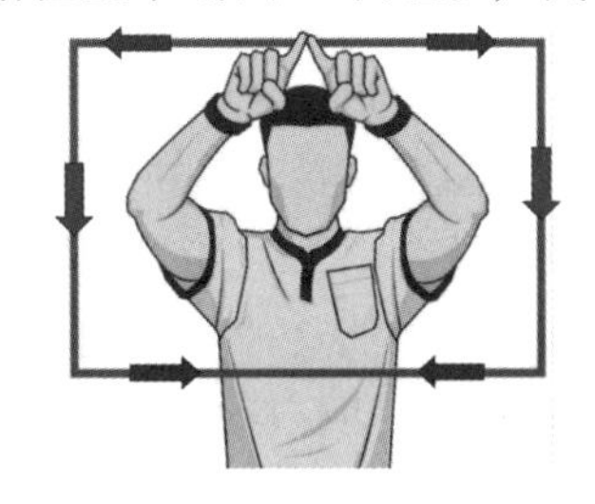

图9－18　主裁判观看完视频回放后的手势

如今的裁判员团队已不断完善，人数已经达到了6人之多，职责各不相同。人数和设备水平上的提升，在一定程度上提高了比赛的公正性。裁判员各司其职、相互协作，确保了在比赛场上对犯规判罚的准确性。虽然VAR的加入提高了在比赛中主裁判的判罚准确度，但也对比赛的流畅度和精彩程度产生了一定的影响。

第三节　足球运动的基本技战术

一、足球基础技术内容

不管是专业队足球训练还是在学校开展的普通学生足球训练，基础技术训练是必不可少的，包括颠球、踢球、脚背内侧踢球、脚背正面踢球、运球、接球和掷界外球等基础训练。

颠球是训练中的基础技术动作之一。长期练习颠球可以提高运动员足部的灵活性和轻松控球的能力。练习踢球是足球游戏和正式比赛中的基础项目，也是足球训练不可缺少的技术方法。练习脚背内侧踢球的要点是触球的面积大，击球需要有力，而且击球后球运动的路线要富于变化，这与踢球瞬间的脚法有很大关联。对于学生而言，这不只是一项简单的踢球动作，更是一种充满创造性的专业技术。训练脚背正面踢球和脚背内侧踢球稍有区别，踢脚背正面球时，脚背要发出所有的力量击球，适用于比赛中远距离的传球和射门，是加强学生脚部力量的最好训练技术。运球是运用脚部进行推拨球的技术，是任何球赛中的必备技术。运球的一大优点是它富有创造性，更利于吸引学生去学习。接球是将运动中的球或者队友给来的传球进行有效控制的技术。此外，掷界外球是在足球比赛中一种重新开球的技术。

颠球、踢球、脚背内侧踢球、脚背正面踢球、运球、接球、掷界外球七项技术是比赛中基础的技术动作，也可作为学校基础足球技术的教学内容。①

二、足球基础战术内容

足球战术主要是指在足球比赛中多名运动员之间的技术配合。

在竞技比赛中，一般都有既矛盾又统一的进攻和防守战术相配合，简而言之，就是在比赛过程中对阵双方进攻运动员和防守运动员位置之间的战术交换。因此，我们可以把足球基本战术分为进攻和防守两个部分。随着足球运动的不断发展，进攻和防守被公认由个人战术和集体战术两部分构成。②

学校足球基础战术训练的内容，主要是以两名或两名以上运动员的战术配合为主。

两名队员之间的战术配合是比赛中运用最多的配合，这种战术配合叫作“二过一”战术配合。“二过一”战术配合需要两名进攻球员运用跑位和传球突破对方的一名防守队员，当然这种“二过一”战术配合训练也可以扩展为“三过二”或者更多人数的小场练习。当在标准的球场进行训练时，就要从全队进攻战术来分析。全场战术会比小组进攻战术涉及的球员人数多，比赛中的战术变化也会因此变得更加复杂。

校园足球比赛中一般都是以小场七人赛为主，所以不会涉及太多的打法，其最重要的是对基础的“二过一”战术配合进行练习和应用，当基础的技术在小场中可以熟练

---

① 参见刘杰《足球运动教学与训练探索》，现代出版社2020年版。

② 参见车岳峰《现代高校足球运动理论与技战术技巧研究》，中国纺织出版社2018年版。

应用时，比赛中双方球员更多的是身体素质的竞争、个人技术的竞争。技术与战术之间相互渗透，同时也相互制约，只有将技术与战术相融合，才可以尽可能在比赛中获取优异的成绩，从而有效提高青少年学生的足球竞技水平。

三、足球基础技战术训练的要求

（一）良好的身心素质

在足球比赛中，每支球队都会有几套自己特有的战术配合。队员经过长期、反复的练习，来保证相互之间默契的配合，并在各种比赛中熟练运用本方独有的战术。

此外，每一支球队还会有与自己队伍相匹配的比赛阵容打法，以应对千变万化的比赛情况。球队战术训练的开始应分成几个局部来进行，在局部战术熟练的基础上，再成套进行练习。当球队将成套的战术练习得非常熟练时，再练习应变的战术。

相对于其他运动的训练来说，足球训练是综合性较强的运动训练，其目的是把运动技术、运动战术、运动员的身体素质、运动员作风以及运动员心理等众多因素融为一体，且最终在激烈的足球运动比赛中完成精彩战术配合。优秀的技术、良好的身体素质与顽强的拼搏精神是一支足球队伍制胜的关键。因此，在技战术的训练过程中，尤其是在对抗型的技战术训练中，教练员必须对球员提出严格要求，才能使技战术训练的效率不断提高。[①]

（二）教练员科学的指导

在当前环境下，球队技战术的提高和比赛意识的养成更加依赖于教练员。而球员亦比较依赖通过教练员的指导来安排和协调自己的比赛与训练。因此，教练员的责任也变得更加重大。如今，教练员的工作不再是组织简单的比赛和训练，而是有计划、科学地指引一支球队的周期训练与比赛，并通过发展足球运动员自身的竞技能力以获得更加优异的赛绩。

（三）球员与教练员的激情投入

相对于充足的训练，拥有无穷的活力与运动热情也是一支球队的质量保证。教练员的热情与活力是为数不多能够刺激队员以饱满的热情参与训练和比赛的因素。

当面对激烈的竞争时，教练员与球员都应鼓舞自己迎接挑战，并从实战中不断汲取经验，获得成长。

在基础技战术训练过程中，教练员应使每一位球员以满怀的热情参与训练和比赛。

---

① 参见［德］拉尔夫·迈耶《足球运动力量系统训练》，黄海枫译，人民邮电出版社 2020 年版。

第四节 足球运动竞赛式教学设计与实施

校园足球是政府投入经费最多、政策支持力度最大的球类运动项目。

推进校园足球持续、健康发展的最终落脚点仍旧是足球课的教学、训练和竞赛，三者成为推动校园足球发展的“三驾马车”。足球教学是推动校园足球的根本保证，足球训练是足球教学的提升手段，足球竞赛则是校园足球的核心内容，三者相互促进、共同发展。为了更好地将三者融合在一起、提高教学效果，进而促进校园足球竞赛发展，相关部门针对学生的学习特点和足球运动发展规律，创造性地提出了足球竞赛式教学法，并通过实践证明其教学效果良好。

要进一步开展和完善足球竞赛式教学的设计与实施过程，离不开校园足球生态系统的全面支持。

首先，需要增加校园足球竞赛式教学的举办场次和参赛名额，积极鼓励校园足球在全省乃至全国开展，还需要加强学校负责人对校园足球竞赛式教学体系建设的认知，改变其传统的重视文化课、轻视体育运动的思想，使其意识到校园足球竞赛式教学体系对我国足球事业发展的作用。

其次，政府要积极支持校园足球活动，鼓励学校努力营造校园足球文化，邀请著名的足球教练或运动员来学校交流，激发学生对足球的兴趣，鼓励学生参与足球竞赛式教学活动，营造校园足球竞赛式教学的良好发展氛围。

再次，改善现有场地设施。有条件的学校可以适时免费开放学校的体育场馆，为缺乏场地条件的足球队提供训练场地；同时，鼓励更多学生在课余时间踢足球，积极参与竞赛式教学；通过培训和引进人才的方式提高学校足球教练的专业技术水平，为足球教师提供更多的学习机会，让他们有更多机会接触有关足球的最新理念和技术，增强自身的综合能力。

复次，政府应鼓励企业对校园足球进行赞助与捐赠，确保校园足球有雄厚的物质条件支撑，同时，应积极进行校园足球赛事的宣传报道和网络直播，提高校园足球运动在社会的关注度和影响力，营造良好的足球氛围。

最后，政府、学校、社会三方应共同积极推动校园足球竞赛式教学理论体系的建立和完善，充分利用已有条件为校园足球竞赛式教学活动的发展提供力量帮助和经济支持，三方都要加强对足球运动青少年人才培养的重视程度，克服困难，推动校园足球竞赛式教学体系的实施与发展。

一、足球竞赛式教学效果的实证研究

足球竞赛式教学效果的实证研究采用实验法，通过对使用常规足球课堂教学的班级和采用竞赛式教学法的班级进行实验对比研究，对实验班和对照班采用组内前后比较法和组间比较法，对获取的相关数据经 SPSS 软件进行统计分析。

（一）实验分组

将样本分为实验班和对照班，调查对象为广州某高职院校足球选项课的 2019 级学生，实验班和对照班的男女学生各为32人。实验开始前，对两个班的学生都进行问卷调查和基本技术相关指标（技能达标与技术评定）的检验，选取技能达标与技术评定项目为颠球、传球与踢球（总成绩由技能达标成绩和技术评定成绩组成，其中技能达标成绩和技术评定成绩各占50%，满分为100分，下同）。实验结果经 t 检验分析，均无显著性差异（$P>0.05$），表明两个班分班合理，学生基本情况相同，符合教学实验相关要求。教学实验前相关测试指标对照见表9－1。

表9－1　教学实验前相关测试指标对照（$N=32$）

项目	实验班		对照班		t 值	P 值
	平均分/分	标准差	平均分/分	标准差		
技能达标成绩	39.12	3.72	38.22	3.65	－0.33	0.63（>0.05）
技术评定成绩	40.07	3.11	40.52	3.13	0.19	0.52（>0.05）
总成绩	79.19	6.21	78.74	6.78	0.26	0.59（>0.05）

（二）实验过程

按照足球竞赛式教学法对实验班的学生进行为期14周、每周90分钟的教学实验，对照班仍然采用原来的教学方式进行。根据实验前的测试，将实验班学生分为4个小组。由于竞赛式教学设计着重于训练和比赛因素的渗透，因此在实验班教学中强化足球竞赛规则的相关教学、增加裁判法运用的实践。教学过程的激烈性是实验班教学的一大特点，而竞赛的胜负是激发学生学习兴趣的重要因素，为此，在14周的教学中，应根据学生技战术进阶的程度和小组比赛积分，进行实时排名，以提高各个小组的比赛竞争力。

（三）研究结果与分析

在为期14周的竞赛式教学结束后，分别对实验班与对照班进行技能达标与技术评定考试，将成绩测评结果进行比对，验证足球竞赛式教学法的成效，从而实现对足球竞赛式教学设计效果的反馈与实验效果评价。

为避免人为因素对评价的影响，尽可能做到客观和准确，期末考核应实行“教考分离”措施，统计出的教学实验后技能达标成绩和技术评定成绩对照见表9－2。

由表9－2的数据可以看出，通过对实验班和对照班的得分进行独立样本 t 检验，具有明显差异（$P<0.05$ 或 $0.05<P<0.1$），说明足球竞赛式教学法教学效果明显。

表9－2　教学实验后相关测试指标对照（$N=32$）

项目	实验班		对照班		t 值	P 值
	平均分/分	标准差	平均分/分	标准差		
技能达标成绩	43.62	2.05	39.36	3.66	2.43	0.031（<0.05）
技术评定成绩	47.07	2.25	41.18	3.76	3.57	0.036（<0.05）
总成绩	90.69	2.32	80.54	4.58	4.11	0.073（>0.05）

二、足球竞赛规则及裁判法的竞赛式教学

足球竞赛规则和裁判法是足球运动的重要理论与实践内容。通过对规则和裁判法的学习，不仅可以使学生更加全面、深入了解足球运动，还可以推动其进行运动技能的学习。当熟悉运动规则和裁判法后，学生还能通过等级考试获得裁判员等级证书。

对于竞赛规则和裁判法等理论知识的传授与教学，竞赛式教学设计按照“探究学习”和“合作学习”的指导思想，全面设计竞赛式教学法，教学设计按照以下步骤进行。教师首先讲解场地和器材规格，然后通过现场实物提出问题，引导学生主动思考，分组学习理论知识，最后由理论学习较好的小组，展示和讲解基本规则和裁判法的相关案例。根据教学需要，该部分内容可以安排在开始部分、课中部分和结束部分。

（一）场地和球

1. 场地

教师讲解足球场地边线为90～120米，底线为45～90米，所有场地的线宽均为12厘米。教师边讲解边带领学生观察足球场地，并提问：一般场地规格和国际比赛场地规格为何不同？对举办足球比赛有什么影响？

2. 中线

学生站在场地中央开球点位置，也就是站在足球比赛开始的地方。教师通过对场地中线的讲解，详细介绍开球规则和裁判员的位置。

3. 球场的区和区域

足球场的不同区和区域对运动员的技术动作有明确的限制。教师介绍球门区（5.5米）、球门（宽7.32米、高2.44米）、罚球区（禁区16.5米）、罚球点位置（11米）、角球区1/4圆弧和角旗区的规格和作用，并启发学生提出不同区域内的犯规动作或者经典案例，加深学生对场地的感性认识。

4. 比赛球

教师展示不同颜色和型号的比赛球，使学生对比赛球有表象认识，再结合颠球、传球、头球或者射门等一系列基本技术示范激发学生踢球的欲望，最后讲解正式比赛球的周长（68～70厘米）、重量（410～450克）和气压（0.6～1.1个标准大气压）。

（二）比赛队员

首先，教师介绍比赛队员人员构成：足球比赛到场为18人，首发11人，其中一名守门员、一名队长；其次，教师介绍换人规则：根据不同比赛要求有3人次换人和5人次换人，且所有换人必须在三次内完成；然后，教师将战术阵型融入教学中，选派两个小组作为比赛队员进行场上阵型讲解；最后进行问答，通过师生交流掌握足球比赛阵型和基本战术打法。

（三）基本规则和裁判法示例

在足球竞赛规则的犯规中当属越位犯规最为复杂。

对于学生来说，越位犯规是比较难理解的，教师可以通过战术板演示，以助于学生理解学习。越位犯规需要同时满足三个条件：一是该队员在对方半场，二是该队员较球更接近底线，三是该队员于球门之间不足 2 名队员。越位犯规还有一个前提：球门球、角球和界外球时，不存在越位犯规。

此时，教师指定一名学生掷界外球，并详细讲解动作要领：双手发球举过头顶，从头后经过头完整连贯的动作掷入场内。之后，让学生在场上演示进攻战术，并提醒队员故意越位犯规，使学生身临其境感受电光火石般的越位犯规操作，便于学生对越位犯规的理解和应用。

三、足球各项技术的竞赛式教学

（一）脚背外侧运球的竞赛式教学

对于脚背外侧运球的竞赛式教学主要从以下几个步骤展开（以 90 分钟的体育课为例）。

1．示范与讲解动作要领（10 分钟）

首先，教师示范完整的脚背外侧运球技术动作，向学生展示脚背外侧运球的速度与激情。接着，教师用简明扼要的语言描述动作要领：身体自然放松，上体稍向前倾，步幅要小；运球时，大腿上抬，提起小腿，膝关节弯曲，脚后跟提起，脚尖稍内旋；向前迈步的过程中，使用脚背外侧部位触球后中部。

2．易犯错误与纠正方法讲解（20 分钟）

（1）在运球时，踝关节没有保持适度紧张，因此需要加大步幅运球。在走动中，向前运球，踝关节才能保持适度紧张。

（2）脚触球力度过大时，应当采用限制性运动的练习，身体协调用力，适当控制用力。

（3）运球时，球的方向很难控制时，需要向学生展示正确的触球部位——球的后中部。

3．脚背外侧运球竞赛式教学法的实施（50 分钟）

（1）两人一组，每组一球，交替练习。

（2）四个小组跑道运球竞赛式教学。在跑道内运球接力比赛，距离以 20 米为宜。运球时，学生只能在各自组别跑道内运球，球离开跑道则该组判犯规不计成绩，记录每个学生的运球用时。

（3）足球场圆圈运球竞赛式教学。在足球场内三个小组共 24 名学生站成一个大圈（手拉手围圈能够保证同学间距基本相等，围圈后学生放下手臂），另一个小组的 8 名学生按照“S”路线运球一圈，依次进行，记录每名学生的运球用时。

（4）每个小组 8 名学生全部运球结束后计算每个小组的总用时，用时少的小组名次靠前，犯规小组取消名次。

（5）教师宣读四个小组的名次及运球时间，同时表扬两名运球用时最少的学生。

（6）以两名运球用时最少的学生为示范，教师在学生运球时结合该生的技术动作进行分析、讲解。

（7）总结、分析运球技术的易犯错误。教师尽量讲解不规范动作的共性，避免指出动作不规范的学生。

4. 总结与升华（10 分钟）

足球运动训练也应该留课后作业，教师应当鼓励学生课余时间积极参与足球运动。通过运球跑动提高体能，锻炼身体协调性和灵敏性。课下练习时，运球的速度不要太快，以防踩球受伤；运球时，接触球的时间稍长一些，增加脚触球的感觉，增加运球的乐趣，同时，躯干和四肢均要放松，动作协调，充分展示运动的美感，享受运球的快感。

（二）脚背正面颠球的竞赛式教学

对于脚背正面颠球的竞赛式教学主要从以下几个步骤展开（以 90 分钟的体育课为例）。

1. 示范与讲解动作要领（10 分钟）

教师连续示范脚背正面颠球，向学生展示正确的动作，诠释颠球的技巧与风采。接着，教师用简单易懂的词汇向学生讲解动作要领：采用脚背正面颠球时，支撑腿的膝关节微屈，双手持球于颠球脚正上方，当球下落至膝盖处，摆动腿的膝关节，踝关节适当放松，用脚背正面触球中下部，掌握触球力度，将球向上颠起不宜过高，脚下步法灵活，及时调整身体重心。采用脚内侧颠球时，摆动腿抬起时屈膝并盘起来，脚内翻向上摆动，当脚内侧呈水平姿势时，用脚内侧颠球的底部，将球向上颠起。

2. 易犯错误与纠正方法（20 分钟）

（1）颠球时，为了加强对球的控制，过度地将脚尖翘起来，会造成动作僵硬。因此，在颠球时身体舒展放松，踝关节适度紧张即可，要多加练习，熟能生巧才能掌握动作的精髓。

（2）脚触球的部位以及触球的力度掌握不当。必要时可以用手辅助，控制落点，并注意触球的力度，熟练后再过渡到用脚颠球练习。

（3）颠球时，身体其他部位不够放松，导致颠球动作僵硬，引导学生的注意力“一张一弛”，掌握颠球的“文武之道”。

3. 脚背正面颠球竞赛式教学法的实施（50 分钟）

（1）在固定区域内每人一球，用手持球，然后松手使球下落，颠球一次后，用手接住足球，然后反复练习。要求同组学生观察彼此的动作，并相互提醒与鼓励。

（2）学生在固定区域内进行单脚的脚背正面颠球多次练习。

（3）加大练习难度，由单脚颠球到双脚交替颠球练习。

（4）再继续加大练习难度，这也是锻炼球感的必经之路：由单次颠球到连续颠球练习。

（5）四个小组组间赛。四个小组中每两个小组配对进行颠球比赛。每个小组安排组员出场顺序（1～8 号），从 1 号开始，相对应的序号进行 1 分钟颠球比赛，球先落地者判负，对方得1分；然后2号出场为小组荣誉而战，依次类推。如果1分钟内比赛双方的球都未落地，则判双方各得1分。当比分为4∶4时，由教师随机抽取一名学生双脚交替颠球，直至分出胜负。

（6）行进间颠球接力。四个小组同时进行颠球比赛，行进的距离由教师指定。颠球时，可以用任何颠球技术。球落地时，学生需将球捡回来在颠球失误脚触球的位置重新开始颠球。8位学生都完成接力，最先通过终点的小组获胜。当过了出发线之后，还需要用脚触球一次，方可记为比赛结束。

（7）教师宣读四个小组两次比赛的名次，同时点评比赛中学生的表现。比赛获胜是硬道理，但是从失败中获得成长才是足球比赛的真谛。

（8）在总结与分析的同时，引出脚内侧颠球、脚外侧颠球、大腿颠球和头颠球的技术动作，以激发学生的好奇心，培养学生的学习兴趣。

4. 总结与升华（10分钟）

颠球技术是将身体和足球融为一体的技术之一，要求学生具备一定的人与球时空关系的判断能力。只有提前预判落点，才能准确触球。反复练习有助于掌握时空感和位置感。只有保持身体平衡、上肢放松、脚步灵活移动，才能将足球牢牢控制，使足球在控制范围内飞翔，使足球成为身体的一部分。

（三）脚内侧传接球技术动作的竞赛式教学

接球或称“控球”“停球”，是指有目的地用身体的合理部位将运行中的球控制在身体范围内，以便更好地衔接下一个动作。接球和传球互为一体，在接球的同时，传球动作应该是下一个动作的重要选项之一。伟大的中场大师“手术刀”般的传球能轻易撕开对方的防线，正是得益于完美的接球技术。

控球技术动作的关键是：预判和移动、触球部位和方法、改变来球的力量、随球移动四个主要技术环节。

对于脚内侧传接球技术动作的竞赛式教学主要从以下几个步骤展开（以90分钟的体育课为例）。

1. 示范与讲解动作要领（10分钟）

教师向学生示范大腿停球、胸部停球和脚停球等一系列眼花缭乱的技术动作，最后以脚内侧传接球为示范结束，将足球稳稳地停在脚下。教师的传接球动作一气呵成，目的是让学生深刻体会到看似是漫不经心的传球，实为致命一击，为后续动作的学习做好铺垫。随后，教师精讲动作要领：脚内侧传接球时，采用直线助跑，支撑脚站在球侧面15厘米处，脚尖正对出球方向，支撑腿膝关节微屈，踢球腿的大腿带动小腿由后向前摆动；前摆的过程中大腿外展，触球前脚内侧部位与出球方向垂直，脚尖微翘，触球的后中部；触球后身体跟随移动。

2. 易犯错误与纠正方法（20分钟）

（1）初学者容易将支撑腿的脚尖内扣。因此，在练习过程中，多以无球练习为主，以巩固技术动作。同时，要给学生观察教师示范动作的时间，逐渐纠正。

（2）出球方向不准，球感较差时，应当注意脚内侧与出球方向是垂直关系，在脚触球后，脚后跟需要及时向前顶。

（3）当来球的力量太大时，学生做动作的缓冲时机不合适，需要注意用脚内侧向前迎球，然后在脚触球前，摆动腿迅速后撤，短时间内做出缓冲的动作。

（4）为提高身体稳定性，学生的支撑腿往往太直而造成接球动作变形。此时，教师应指导学生在接球时注意身体姿势，有意识地微屈支撑腿的膝关节。

3. 脚内侧传接球竞赛式教学法的实施（50分钟）

（1）在地面上画相距9米的两条平行线，两人一组，每组一球，相对9米站立，进行脚内侧踢地滚球练习。

（2）一名学生站在9米线后将放置在9米线上的足球用脚内侧传至同伴，同伴站在对面线后接地滚球后踢回给他，称为一个回合。

（3）组内竞赛式教学：3分钟内，记录完成回合次数最多的一组。

（4）组间竞赛式教学：同组队员分为两队，四人一队，分别站在9米线后，四名学生依次传接球接力，每人依次传接球10次为一次竞赛单元。用时最少的队为获胜队。在9米线内区域完成传接球为犯规，成绩无效。

（5）统计各小组内完成回合次数最多的一组。

（6）统计组间竞赛式教学用时最短的队。

（7）结合脚内侧传接球，以组内竞赛的四队的第一名为示范，教师讲解技术动作，强化动作记忆。

（8）结合小组之间的竞赛，选择小组第一名为示范，学习技术动作的同时，强调学生的团队合作的精神。

4. 总结与升华（10分钟）

通过相互传接球，使足球场上11名队员紧密相连，成为一个集体，进攻也好、防守也罢，都能做到阵容保持统一，具备较高的战术素养。为提高技术难度和控球能力，可以左右脚交替进行，全面发展左右脚的控球能力，也可以增大传接球的距离，提高传接球的稳定性。

课余时间布置学生可以三五成群相互传接，也可以各自面对墙进行单人传接球练习。通过与他人的练习和竞赛，学生能够切身感受到团队协作的力量。教师在教学和训练过程中，应以足球为媒介，不断发掘足球的育人价值，培育学生团结协作的意志品质。

（四）脚背内侧传球的竞赛式教学

对于脚背内侧传球的竞赛式教学主要从以下几个步骤展开（以90分钟的体育课为例）。

1. 示范与讲解动作要领（10分钟）

首先，教师在足球场内放置一个雪糕筒，接球后准确将球传向并击中雪糕筒。只有将脚背内侧传球展示得淋漓尽致，才能体现传球技术的稳定性和准确性。

其次，教师需要重点说明脚背内侧传球和脚内侧传球的不同，两种技术的最大区别在于球接触脚的部位不同。

最后，教师要清晰讲解脚背内侧传球的动作要领：采用斜线助跑，最后一步稍大，支撑脚脚尖指向出球方向，膝关节微屈，身体重心降低，距球15～20厘米，以髋关节为轴，大腿带动小腿由后向前摆动，击球脚脚尖指向斜下方，脚背绷紧；以脚背内侧踢球后中部（踢高球时可踢球的中下部），踢球后身体重心向前跟随。

2. 易犯错误与纠正方法（20 分钟）

（1）初学者支撑脚与足球的距离把握不准。可以将助跑速度放慢，同时标记一个目标区域。以慢动作重复练习，形成肌肉记忆，使动作能够自动化完成。

（2）助跑时，身体重心放在身后，容易造成踢球时上身后仰。当出现这种情况时，需要加强一步助跑练习，踢球腿膝关节向前平移。

（3）传球时，支撑脚支腿击球以及脚尖方向控制不准确。需要强调支撑脚膝关节弯曲，身体重心降低，同时放慢传球动作节奏，将脚触球的时间延长。

3. 脚背内侧传球竞赛式教学法的实施（50 分钟）

（1）在地面上画相距 5 米的两条平行线，两人一组，每组一球，相对 5 米站立，进行脚背内侧传球练习。

（2）一名学生站在 5 米线后将放置在 5 米线上的足球用脚背内侧传至同伴，同伴站在对面线后接地滚球后踢回给他，称为一个回合。

（3）组内竞赛式教学：3 分钟内，记录完成回合次数最多的一组。

（4）组间竞赛式教学：同组队员分为两队，四人一队，分别站在 5 米线后，四名学生依次传接球接力，每人依次传接球 10 次为一次竞赛单元。用时最少的队为获胜队。在 5 米线内区域完成传接球为犯规，成绩无效。

（5）统计各小组内完成回合次数最多的一组和组间竞赛式教学用时最短的队。

（6）结合脚背内侧传球，以组内竞赛的四个队的第一名为示范，要求每组学生进行行进间的传球。

（7）教师要求所有学生完成行进间的传球，磨炼学生之间的默契。按照组内的配对学生再次进行练习，提高训练积极性，使学生亲自见证个人和团队的进步。

4. 总结与升华（10 分钟）

脚背的内侧触球面积较小，完成技术动作的精密程度较高。课余时间练习时，需要引导学生自主学习、独立思考。击球时，应准确把握触球的部位，传球时注意体会大腿带动小腿摆动的用力顺序。在科技信息时代，学生可以通过各种途径获得脚背内侧传球的教学视频。在课下，同学之间可以相互交流心得体会，分享练习收获，共同进步。

（五）脚内侧踢空中球的竞赛式教学

踢球是足球技术中最实用的技术，也是比赛中最重要的得分手段。脚内侧踢空中球技术主要用于射门和传球。脚内侧踢空中球是运动员用脚内侧的关节、舟骨和跟骨所构成的三角部位触球，将球有目的地击向预定目标的技术动作。

对于脚内侧踢空中球的竞赛式教学主要从以下几个步骤展开（以 90 分钟的体育课为例）。

1. 示范与讲解动作要领（10 分钟）

面对来球，教师采用脚内侧踢空中球，爆射球门，将踢足球的力量完美演绎，使学生内心澎湃，对踢球跃跃欲试。然后，教师及时讲解脚内侧踢空中球的动作要领：目视来球，主动判断落点，调整身体姿态，及时移动到位；踢球腿大抬起并外展，小腿屈曲后摆；当球运行到合适位置，大腿带动小腿向击球方向摆动，脚内侧正对来球，踝关节锁死，脚内侧击球中部。

2. 易犯错误与纠正方法（20 分钟）

（1）球在空中飞行，学生对落点的判断不准确，容易导致踢球部位不准或者大腿抡空未踢到球。因此，学生应加强练习增强时空感，充分判断足球的运行轨迹。

（2）踢球的刹那，踝关节没有固定住。应建议学生在练习时将击球脚脚尖上勾，踝关节绷紧。

3. 脚内侧踢空中球竞赛式教学法的实施（50 分钟）

（1）在固定区域内每人一球，用手持球，然后松手使球下落，踢球一次后，用手接住足球，然后反复练习。要求同组学生观察彼此的动作，并相互提醒与鼓励。

（2）两人一组，一人抛球、一人踢球，在固定区域内进行单脚内侧踢空中球练习。

（3）加大单人踢球的练习难度，由单脚踢球到双脚交替踢球练习。

（4）继续加大练习难度以锻炼球感，由单次踢球过渡到连续踢球的练习。

（5）四个小组组间赛。四个小组中每两个小组配对进行踢球比赛。每个小组安排组员出场顺序（1～8 号），从 1 号开始，相对应的序号进行 1 分钟踢球比赛，球先落地者判负，对方得 1 分；然后，2 号出场为小组荣誉而战，依次类推。若 1 分钟内比赛双方的球都未落地，则判双方各得 1 分。当比分为 4∶4 时，由教师随机抽取一名学生双脚交替踢球，直至分出胜负。

（6）行进间踢球接力。四个小组同时进行踢球竞赛，移动的距离由教师确定。踢球时，必须用脚内侧完成踢球。球落地时，学生需将球迅速捡回来，在踢球失误脚触球的位置重新开始踢球。8 位学生都完成接力，最先通过终点的小组获胜。当过了出发线之后，还需要用脚触球一次，方可记为比赛结束。

（7）教师宣读四个小组两次比赛的名次，同时强调脚内侧踢球根据用力的大小可以成为不同类型的技术：如果踢球时触球时间长，力量偏小，出球方向比较准确，为传球；如果触球时间短暂有力，可作为射门得分的有力武器。在学习初期，应尽量减少不必要的失误，控制力量，增加踢球的稳定性和准确性。

4. 总结与升华（10 分钟）

足球是力量和技术的完美结合，造就了足球的“暴力美学”。踢球、射门和流畅的配合为观众呈现出赏心悦目的比赛，此刻观众的情感随着“暴力美学”一起迸发释放，有了情感的宣泄和依托，观众则变为忠实粉丝，这就是足球的魅力。如果课上的练习意犹未尽，学生可以在课下多加练习，把课堂教学中的拼劲、韧劲带到学习和生活中，促进学习、生活和锻炼全面协调发展。

（六）前额正面头顶球的竞赛式教学

头顶球是指运动员用前额正面或者侧面将球击向预定目标的技术动作。

现代足球比赛中，双方对时间与空间的争夺异常激烈，使用头顶球技术，不仅能帮助运动员高效利用空间，还能争取宝贵的比赛时间。统计数据显示，在国际各项大型足球比赛中，头球破门得分的比例越来越高。掌握头球技能是衡量一名优秀球员水平的重要指标。头顶球既可以传球、抢断球，还可以在高点射门。

对于前额正面头顶球的竞赛式教学主要从以下几个步骤展开（以90分钟的体育课为例）。

1．示范与讲解动作要领（10分钟）

教师持球抛向空中，然后做连续头顶球示范，最后，跳起收腹用前额正面攻门或者用前额侧面甩头攻门，为学生解除用脑袋击球是否会产生疼痛的疑惑和不安。接下来，教师要强调安全和顶球的部位，以免发生安全事故。然后，讲解动作规范：顶球时先选好站位，正对来球，双脚前后开立，双眼注视来球，上体稍后仰挺胸展腹，双臂自然张开，下颌收紧；判断来球落点，快速收腹屈体，用前额正面顶球的后中部。

2．易犯错误与纠正方法（20分钟）

（1）学生的害怕和畏惧心理，触球闭眼，被动地让球击打头部。为克服心理障碍，可以让学生先双手持球触击自己的前额部位，体会触感与击球部位。可以说，和足球建立情感是学习足球的第一步。

（2）每次来球的速度、角度和力量都不同，学生对触球时机掌握不好。这样会影响出球力量与方向，故应建议学生慢动作还原，收紧下颌，以求寻找触球时机与力量。

3．前额正面头顶球竞赛式教学法的实施（50分钟）

（1）两人一组，一人持球抛于同伴头上，另一人稍蹲后，起身顶球。

（2）学生自己抛球后自顶球。每顶一次，双手接住球，再反复进行。

（3）加大两人一组的练习难度，一人将球抛至同伴额头上方，同伴及时选择站位，将球顶回给他，连续顶球练习。

（4）四个小组组间赛。四个小组中每两个小组配对头顶球比赛。每个小组安排组员出场顺序（1～8号），从1号开始，相对应的序号进行30秒的头顶球比赛，球先落地者判负，对方得1分；然后，2号出场继续比赛，依次类推。如果30秒内比赛双方的球都未落地，则判双方各得1分。当比分为4∶4时，由教师随机抽取同组内两名学生相互头顶球比赛，哪组的球先落地，则对方小组获胜，分出比赛胜负。

（5）行进间头顶球接力。四个小组同时头顶球比赛，移动距离由教师自定。头顶球时只能用前额或者一侧顶球，球落地时，学生需将球捡回来在头球失误前额或者一侧触球的位置重新开始比赛。8名学生全部完成头顶球接力，最先通过终点的小组获胜。当过了出发线之后，头部还需要触球一次，方可记为完成比赛。

（6）教师宣读四个小组两次比赛的名次，同时让获得比赛胜利的小组展示技术动作，教师根据现场示范，对动作的优点和不足进行点评。

4．总结与升华（10分钟）

足球是勇敢者的游戏。克服头顶球的恐惧，于球员本人有着里程碑般的意义。前额正面头顶球需要全身协调用力，尤其是腰腹肌的力量。因此，课堂和课下都要加强体能练习，通过足球强壮学生的身体。换而言之，一个人的内心强大才是真正的强大。想成为强者，从足球练习开始吧！

（七）脚背外侧停反弹球和脚背正面停球的竞赛式教学

对于脚背外侧停反弹球和脚背正面停球的竞赛式教学主要从以下几个步骤展开（以90分钟的体育课为例）。

1. 示范与讲解动作要领（10 分钟）

脚背外侧停反弹球：目视来球，判断落点；当球下落至膝盖高度时，提膝使用脚内侧（脚外侧）将反弹球压停，身体重心跟随球移动。

脚背正面停球：目视来球，判断落点；脚背正面停球时，脚尖上翘，适度紧张；触球后，迅速下撤。

2. 易犯错误与纠正方法（20 分钟）

（1）初学者对球的落点判断不准确。在练习中，需要让脚动起来，也可慢动作进行练习，寻找落点。

（2）学生停反弹球的时机把握不好。建议学生慢动作还原寻找出脚停球的时机。

（3）脚背正面停球时，脚尖上翘过度紧张。建议学生在脚触球后迅速下撤，多次练习，强化触球感觉。

3. 脚背外侧停反弹球和脚背正面停球竞赛式教学法的实施（50 分钟）

（1）学生手持球将球抛起，身体倾斜，使用脚内侧（脚外侧）停反弹球。停球并注意身体重心及时跟进。

（2）以球场的一个点为圆心分别划半径为 0.5 米和 1 米的圆作为学生停球时的区域。教师用同等力量的传球分别传给 36 名学生，停球在脚下得 3 分，停球在 0.5 米的小圆圈内得 2 分，停球在 1 米的大圆圈内得 1 分，停球在 1 米的大圆圈之外扣 3 分。

（3）为了提高学生停球难度，使每个小组的得分有所区分，教师的传球力量应该控制在一定范围内。

（4）统计每个小组的得分。

（5）教师以竞赛获得优胜的小组为示范，讲解动作要领，同时强调不能为了获得分数而忽略了停球的基本动作。学习足球是个漫长的过程，只有将基本功打牢，才能做出使人眼花缭乱的假动作，才能成为一名优秀的足球运动员。

4. 总结与升华（10 分钟）

脚背外侧停反弹球和脚背正面停球是足球场上常见的基本功，也是衡量一支球队的技术是否精湛的重要指标。想象一个画面：一个稳健的停球动作加一个华丽的转身过人，然后再突破防守队员，起脚射门，获得进球。本质上，所有运动员在比赛中都有一个属于个人的展示时刻，但是，只有经常做出此种高水平技术动作的运动员才称得上是超级巨星。巨星是怎样练成的？是靠日积月累的艰苦训练。球场的比拼归根到底是基本技术的较量，因此，想要成为一个卓越的人，需要付出比常人多若干倍的努力。

（八）禁区内射门技术的竞赛式教学

足球上“得分不得势”的情况，即指球队的其他技术发挥得十分完美，唯独在进攻方面只差临门一脚。运动员射门时，距离球门越近，对方守门员扑救的难度越大，得分的概率就越高。因此，禁区内射门技术是得分获胜的关键技术之一。

对于禁区内射门技术的竞赛式教学主要从以下几个步骤展开（以 90 分钟的体育课为例）。

1. 示范与讲解动作要领（20 分钟）

教师首先安排一名守门员，然后运用各种技术进行射门，可以正面示范、侧面示范，也可以完整示范和分解示范；伴随足球优美的弧线，球应声入网，可让学生充分享受射门带来的视觉冲击。最后教师将多种禁区射门技术进行详细讲解。

（1）脚内侧射门：采用直线助跑，支撑脚站在球侧面 15 厘米处，脚尖正对出球方向，支撑腿膝关节微屈，踢球腿的大腿带动小腿由后向前摆动，前摆的过程中大腿外展；触球时，前脚内侧部位与出球方向垂直，脚尖微翘，触球的后中部；触球后身体跟随移动。

（2）脚背正面射门：支撑腿弯曲，身体微微倾斜；触球时，脚背正面发力并踢球的后中部；踢完后，身体重心向前跟随。

（3）运球射门：严格来讲，运球射门不是单一的足球技术，是运球技术和射门技术的结合体，是技术的串联和应用。其技术动作要点为：首先，有目的地向球门的两个底角进行射门；其次，注意支撑脚和球的距离；最后，注意触球的部位的选择与摆腿时的发力。

（4）接回传球摆脱射门：禁区内的射门往往是接队友的传球进行射门。这是运动队运用最多的得分技术之一。其技术动作要点为：首先，接球后的摆脱连接要迅速，以免对方队员破坏和拦截，错失最佳射门时机；其次，射门方向朝向足球门的底角；最后，射门前应提前观察，尽可能少做调整。

（5）在防守压力下射门：在竞赛式足球教学设计与实施中，对手带来的竞争压力、和队友之间的配合是重现竞赛氛围的重要前提。为了接近实战，有效提高射门质量，在禁区射门训练中应尽量模拟有防守压力的训练情景，可以将射门区域设置在人员密集的中路，同时，做好背身接球转身后的射门。需要注意的要点有：首先，运球要快速，提前观察场上局势；其次，首选用脚内侧踢地滚球完成射门；最后，选择正确的角度比用大力射门更有效果。

2. 讲解易犯错误与纠正方法（20 分钟）

（1）射门时，支撑脚与球之间的距离太远。建议学生在训练中观察一下支撑脚与球之间的距离，然后再个人逐渐纠正。

（2）小腿折叠摆动较慢，摆腿不够充分，发力不明显。建议学生加强腿部力量练习，注重大腿带动小腿加速摆动。

（3）运球时低头看球，并且调整次数过多，动作连接慢。针对这种错误，教师在强调技术动作的同时，更要加强针对学生比赛意识的锻炼。

（4）将球暴露在防守球员能触及的位置。建议学生加强对球的控制至关重要。

（5）射门时，没有观察守门员的站位。足球进攻中需要突破的最后一道关卡就是对方门将，射门训练时可以设置守门员，注重学生视野的培养。

3. 禁区内射门技术竞赛式教学法的实施（40 分钟）

（1）两人一组，每组一球，一名学生前脚掌踩球，另一名学生模仿射门的动作进行练习。

（2）两人行进间传球，并配合完成射门。

（3）绕杆射门竞赛：四个小组学生依次完成运球绕杆射门，球入球门记为完成射门，用时少的队伍名次排在前面。

（4）接传球后射门比赛：教师作为守门员，每组选一名学生在固定地点主罚任意球，队员在禁区内接球后完成射门，其他 7 名学生依次完成 3 轮的射门，总成绩为 21 分。

（5）统计每组两个竞赛的成绩。

（6）以获得四个小组的第一名的组作示范，教师结合动作的优点和不足讲解技术动作。

（7）教师讲解和示范，接学生主罚的任意球后禁区内射门，然后再主罚任意球，给获胜小组学生接球射门。

4. 总结与升华（10 分钟）

课后复习禁区内射门时提出“三个注意”：①注意支撑脚的方向、距离；②注意触球部位的准确性；③注意触球的后中部。射门得分考验的不仅是个人的技术水平，还有心理素质等，因此，当禁区出现机会时，头脑需要冷静，这样才能有机会为球队摧城拔寨、建功立业。

（九）个人进攻与防守技术的竞赛式教学

在所有球类项目中，足球运动是对抗性较强的运动项目之一，也是进攻和防守矛盾的统一体。大部分教科书中的进攻战术和防守战术是两个章节的内容，其优点不再赘述。但当教师传授进攻战术时，一定会介绍如何突破对方防守；而在传授防守战术时，也会不可避免地讲解如何限制对方的进攻。基于此，为有别于教科书式教学设计，竞赛式教学设计将进攻和防守归为一个体系进行阐述。

对于个人进攻与防守技术的竞赛式教学主要从以下几个步骤展开（以 90 分钟的体育课为例）。

1. 示范与讲解动作要领（10 分钟）

所谓“知彼知己、百战不殆”，要想做好防守，就要学习进攻战术。

进攻时，仔细观察对手，同时调整自身身体位置与状态，在距防守队员 1.5 米左右做假动作，注意大小步幅交替结合，突然衔接使用真动作改变原来的方向，变向后加速摆脱。进攻技术的动作要点是提前观察，主动判断，使用假动作迷惑防守队员。

作为防守队员，面对进攻队员时，应当及时判断选位，身体重心降低，寻找时机进行抢球，封堵对方传球路线，并及时封堵对方射门，保证球门不失。防守队员则应当加强预判，力争触球后改变足球路线，破坏对方进攻意图；力争触球后，迫使进攻队员失去对球的控制；力争使进攻队员用一侧非惯用脚控球，为下一步抢球做好准备。

2. 易犯错误与纠正方法（20 分钟）

（1）进攻队员进攻时，与对手距离太近，无法摆脱对手。练习时，应当选择合适的距离，反复练习，促使技术动作带有欺骗性。

（2）进攻队员变向后没有加快速度，被防守队员及时跟上断球。因此，突破时，应当降低身体重心，变向后身体及时跟进，以便衔接下一个技术动作。

（3）防守队员面对进攻球员时，身体重心太高，容易导致防守队员移动速度过慢，被轻易突破。纠正方法是防守时降低身体重心，提前观察，快速移动。

（4）防守队员不确定何时做动作抢球，对抢球的时机把握不准。纠正方法是强调主动判断，恰当选择抢球时机，要做到不被假动作迷惑调离防守位置而被突破防线。

3. 个人进攻与防守的技术竞赛式教学法的实施（50 分钟）

进攻成功的标志是得分，防守成功主要体现在未让对手得分。因此，得分是检验进攻和防守技术的重要标准。

（1）四个小组，每两个小组逐队比拼，进行攻防演练，胜者进入冠亚军决赛，负者则争夺教学竞赛的第三名。

（2）6 对 6 的半场攻防演练：进攻方 2 名学生作为替补球员，防守方 1 名学生作为替补球员，1 名学生当作守门员，进行上、下半场各 15 分钟的教学竞赛，上、下半场进攻方和防守方应互换角色。30 分钟比赛结束后，如果平局，则需进行点球大战，直至比赛决出胜负。

（3）教师公布比赛排名。以优胜者为例，讲解比赛中表现优异之处。

4. 总结与升华（10 分钟）

团队配合是足球赛场上获取胜利的关键因素，当每位球员处于场上各自应处的位置并发挥作用时，球队的凝聚力才能体现出来。因此，同学之间要相互沟通，在足球训练的课上和课下都要加强沟通，以增进彼此之间的感情和配合默契度。

第十章　羽毛球运动竞赛式教学实践

羽毛球运动（badminton）是一项隔着球网，使用长柄网状球拍击打用羽毛和软木制作而成的一种小型球类的室内运动项目。羽毛球比赛在长方形的场地上进行，场地中间有网相隔，双方运用各种发球、击球和移动等技战术，将球在网上往返对击，以使球不落在本方有效区域内，或使对方击球失误为胜。羽毛球运动适合男女老幼，运动量可根据个人年龄、体质、运动水平和场地环境的特点而定。羽毛球运动在中国有着良好的群众运动基础和大众普及亲和度。本章将在介绍羽毛球运动的起源与发展、基本裁判规则、基本技战术等的基础上，着重探讨羽毛球竞赛式教学的设计与实施。

第一节　羽毛球运动的起源与发展

一、羽毛球运动的起源

1. 于日本的起源

相传羽毛球最早出现于14—15世纪时的日本。当时，羽毛球球拍是木制的，球用樱桃核插上羽毛制成。这种球的球托太重，球飞行速度太快，使得球的羽毛极易损坏，加之球的造价太高，该运动时兴了一阵子就慢慢消失了。

2. 于印度的出现

大约18世纪，印度浦那出现了一种与早年日本的羽毛球极其相似的游戏。球用直径约6厘米的圆形硬纸板，中间插羽毛制成（类似我国的毽子），板是木质的，两人相对站位，手执木板来回击球。

3. 于英国的正式诞生

1800年左右，现代羽毛球运动诞生于英国，由网球派生而来。我们可以注意到，现今的羽毛球场地和网球场地仍非常相似。1870年，出现了用羽毛、软木做的球和穿弦的球拍。1873年，英国公爵鲍弗特在格拉斯哥郡伯明顿镇的庄园里进行了一次羽毛球游戏表演。然而天公不作美，户外活动只能改在室内进行。应邀来宾中有好几位是英国驻印度的退役军人，他们建议进行“浦那”游戏。他们在场地中间拉了一根绳子代替球网，每局比赛只能有两人参加，有一定的分数限制。于是，羽毛球运动作为一种高雅的娱乐活动迅速传遍英国。从此，羽毛球运动便逐渐开展起来，为了纪念此项运动的诞生地，“伯明顿”即成了羽毛球的名字，其英文是“badminton”。那时的活动场地是葫芦形，两头宽、中间窄，窄处挂网，直至1901年，羽毛球场才改为长方形。

二、羽毛球规则的形成及协会的成立

1875年，世界上第一部羽毛球比赛规则在印度的浦那诞生。

1878 年，英国制定了统一和渐趋完善的羽毛球比赛规则。

1893 年，世界上最早的羽毛球协会——英国羽毛球协会（Britain Badminton Association）成立，并于 1899 年举办了第一届全英羽毛球锦标赛。

1903 年，在都柏林举行了由爱尔兰和英格兰参加的世界最早的羽毛球国际比赛。

1934 年，由加拿大、丹麦、法国、爱尔兰、荷兰、新西兰、英格兰、苏格兰和威尔士创立了国际羽毛球联合会（International Badminton Federation，IBF，简称“国际羽联”），总部设在伦敦。

1978 年，在亚非地区广大羽毛球界的倡议下，成立了世界羽毛球联合会（World Badminton Federation），总部设在曼谷，联络处设在香港，并组织了两届世界羽毛球赛和一届世界杯羽毛球赛（团体赛）。至此，形成了以国际羽毛球联合会和世界羽毛球联合会两大国际组织共存的局面。

1981 年，国际羽毛球联合会和世界羽毛球联合会宣告合并，并维持使用国际羽毛球联合会的名称。同年，中国羽毛球协会（Chinese Badminton Association）加入了国际羽毛球联合会。

2006 年 9 月 24 日，国际羽毛球联合会正式改名为羽毛球世界联合会（Badminton World Federation，BWF，简称“世界羽联”），总部设在马来西亚吉隆坡。

三、羽毛球重大赛事分类

世界羽联管辖的世界性比赛有汤姆斯杯赛（世界男子羽毛球团体锦标赛）、尤伯杯赛（世界女子羽毛球团体锦标赛）、苏迪曼杯赛（世界羽毛球混合团体赛）、世界羽毛球锦标赛、奥运会羽毛球赛、世界羽毛球系列大奖赛等一系列比赛。

羽毛球比赛分为男子单打（简称“男单”）、女子单打（简称“女单”）、男子双打（简称“男双”）、女子双打（简称“女双”）、混合双打（简称“混双”）。下面主要介绍几项国际重大羽毛球赛事。

1. 汤姆斯杯赛

汤姆斯杯羽毛球赛（Thomas Cup Badminton，简称“汤杯”）即世界男子羽毛球团体锦标赛，是世界最高水平的男子羽毛球团体赛，由国际羽联于 1948 年创办。该奖杯由国际羽联第一任主席乔治·汤姆斯（George Thomas）爵士捐资制作，作为世界羽毛球男子团体赛的流动奖杯。1948 年举行了第一届比赛，之后每三年举行一次，每场比赛有 5 场单打、4 场双打，共 9 场比赛，比赛两天完成。1984 年改为每逢偶数年举行，并将 9 场制的比赛改为 5 场制，分别是 3 场单打、2 场双打。截至 2021 年 10 月 17 日，印尼队 14 次夺冠，中国队 10 次夺冠，马来西亚队 5 次夺冠，日本队 1 次夺冠，丹麦队 1 次夺冠。

2. 尤伯杯赛

尤伯杯羽毛球赛（Uber Cup Badminton，简称“尤杯”）即世界女子羽毛球团体锦标赛，是世界上最高水平的女子羽毛球团体赛，由国际羽联于 1956 年创办，该奖杯由世界著名羽毛球运动员贝蒂·尤伯夫人（Betty Uber）捐赠，作为世界羽毛球女子团体赛的流动奖杯。每三年举行一次，比赛采用七场四胜制。自 1984 年开始，尤伯杯赛与汤姆斯杯赛同时同地举行，并改为每两年举行一次，采用五场三胜制。截至 2021 年 10 月 17 日，中国队 15 次夺冠，日本队 6 次夺冠，印尼队 3 次夺冠，美国队 3 次夺冠，韩国队 1 次夺冠。

3. 苏迪曼杯赛

苏迪曼杯赛（Sudirman Cup Badminton），又称“世界羽毛球混合团体锦标赛”，于 1989 年开始举办，两年一届，在奇数年举行。苏迪曼杯是印度尼西亚羽毛球协会代表本国人民向国际羽联捐赠的一座奖杯，作为世界羽毛球男女混合团体赛的流动奖杯。苏迪曼杯赛由男单、女单、男双、女双和混双五个项目组成，是代表羽毛球整体水平最重要的世界大赛之一，与汤姆斯杯赛和尤伯杯赛齐名。截至 2021 年 10 月 4 日，中国队共 12 次夺冠（包括一个 4 连冠和一个 6 连冠），韩国队 4 次夺冠，印尼队 1 次夺冠。

4. 世界羽毛球锦标赛

1977 年，在瑞典的马尔默举行了首届世界羽毛球锦标赛（BWF World Championships，简称“世锦赛”），设五个单项比赛，最初每三年举办一届，后变为每两年举办一届。从 2006 年起，改为每年举办一届，奥运年不举办。世界羽毛球锦标赛是世界最高水平的羽毛球单项锦标赛，由世界羽联举办。

5. 奥运会羽毛球比赛

奥运会是备受瞩目的一项国际大赛。国际羽联在 1970 年就开始着手准备羽毛球进入奥运会的工作，直至 1985 年 6 月 5 日，国际奥委会第 90 次会议才决定将羽毛球列为奥运会的正式比赛项目。在 1988 年汉城（首尔）奥运会上，羽毛球被列为表演赛并取得成功。1992 年的巴塞罗那奥运会最终设立羽毛球为正式比赛项目，设男单、女单、男双和女双，共 4 枚金牌。在 1996 年亚特兰大奥运会上，增设了混双比赛项目，使奥运会羽毛球项目的金牌总数增至 5 枚。奥运会羽毛球赛冠军是世界羽坛的至高荣誉。截至 2020 年东京奥运会结束，中国羽毛球队共在历届奥运会上斩获 20 枚金牌。

6. 世界超级系列赛

超级系列赛（Super Series）是世界羽联从 2007 年开始推行的新赛制，赛事贯穿于整个年度，包括 12 个国际分站赛。2011 年，世界羽联仿效网球四大满贯赛事对羽毛球进行赛制改革，决定从 2012 年开始将 12 站超级系列赛其中的 5 站升级为顶级系列赛，其成绩计入世界排名和奥运参赛积分，并大幅提高顶级赛的积分和奖金，以吸引更多的优秀选手参赛。这 5 站顶级系列赛分别是马来西亚公开赛、印尼公开赛、丹麦公开赛、全英公开赛和中国公开赛，7 站超级系列赛分别是印度公开赛、新加坡公开赛、澳大利亚公开赛、韩国公开赛、日本公开赛、法国公开赛和中国香港公开赛。

超级系列赛总决赛（Super Series Season Finale）是在经过全年 12 站超级系列赛之后，由排名 5 个单项前 8 名的选手进行争夺，自 2008 年开始举办，是世界羽联举办的每年一次的最高级别个人赛事。

在超级系列赛之下还有大奖系列赛，按照奖金的不同可分为黄金大奖赛（Gold Grand Prix，GGP）和大奖赛（Grand Prix，GP）等国际巡回赛。其中，黄金大奖赛的奖金不少于 12 万美元，大奖赛的奖金不少于 5 万美元。

在大奖赛之下还有洲际羽联巡回系列赛，包括挑战赛、国际赛、未来赛、洲际锦标赛等。

7. 世界巡回赛

2017 年年底，随着超级系列赛总决赛的落幕，持续了 11 年的世界羽联超级赛时代宣告结束。2018 年，世界羽联引入了一套新的比赛级别系统——世界巡回赛，并对各级别赛事进行了重新命名。

世界巡回赛包括三个等级。其中，第一等级包括奥运会、世界锦标赛、苏迪曼杯赛、汤姆斯杯赛、尤伯杯赛、世青赛等世界大赛；第二等级是世界巡回赛，共划分为 6 个级别；第三等级包括国际挑战赛、国际系列赛、国际未来系列赛。下面就 2023—2026 年世界巡回赛的 6 个级别作简单的介绍。①

第二等级世界巡回赛的第 1 级别是 BWF 年终总决赛。

第二等级世界巡回赛的第 2 级别是 Super 1000，共 4 站，分别是全英公开赛、印度尼西亚公开赛、中国常州公开赛、马来西亚公开赛。

第二等级世界巡回赛的第 3 级别是 Super 750，共 6 站，分别是日本公开赛、丹麦公开赛、法国公开赛、新加坡公开赛、印度公开赛、中国深圳大师赛。

第二等级世界巡回赛的第 4 级别是 Super 500，共 9 站，分别是韩国公开赛、泰国公开赛、中国香港公开赛、澳大利亚公开赛、芬兰公开赛、加拿大公开赛、印度尼西亚大师赛、马来西亚大师赛、日本熊本赛。

第二等级世界巡回赛的第 5 级别是 Super 300，共 11 站，分别是德国公开赛、德国海洛公开赛、瑞士公开赛、中国台北公开赛、美国公开赛、新西兰公开赛、法国奥尔良大师赛、泰国大师赛、西班牙大师赛、韩国大师赛、印度勒克瑙赛。

第二等级世界巡回赛的第 6 级别是 Super 100，各比赛站点设置以世界羽联官方网站公布为准。

另外，亚洲锦标赛升至第二等级第 2 级别，与 Super 1000 赛事级别相同；欧洲锦标赛升至第二等级第 4 级别，与 Super 500 赛事级别相同；泛美锦标赛升至第二等级第 5 级别，与 Super 300 赛事级别相同；大洋洲锦标赛为第三等级国际挑战赛；非洲锦标赛为第三等级国际挑战赛。

四、羽毛球运动的发展趋势

羽毛球运动从开创至今，技战术的发展从简单到全面，从全面到快速灵活，从快速灵活到多变，其间产生了三次飞跃。

第一次飞跃是在开创时期。这一时期英国选手垄断整个世界羽坛，虽然他们的技术比较单一，打法陈旧，几乎没有战术变化，但是他们的技术水平一直处于领先地位，为羽毛球运动传播到全世界立下了头等功。

第二次飞跃是在 20 世纪 50—60 年代中期，这是羽毛球的技战术全面发展的时期。

---

① 参见世界羽联官方网站（https://bwfbadminton.com/zh-cn/news-single/2022/06/18/bwf-world-tour-hosts-2023-2026-announced-copy/）。

男子技术优势从欧洲全面转向亚洲，形成了亚洲人在世界羽坛上称雄的局面，以马来西亚、印度尼西亚（简称“印尼”）选手为代表。他们主要以拉、吊来控制球的落点，主要代表人物是马来西亚的王炳顺、庄友明。从 1958 年开始，羽毛球技术开始向快速、灵活的方向发展，以印尼的陈友福为代表，主要以较快的速度运用下压抢网和加强扣杀上网的技战术取得优势，从此开创了印尼控制世界羽坛的局面。在这一时期，中国虽然没有参加世界比赛，但技战术水平提高得很快，达到了世界先进水平，其中以汤仙虎、侯加昌为代表的快攻打法特点最为明显。快攻打法除了脚步移动快，还表现在后场跳起扣杀后，快速上网高点击球、两边起跳突击、发球抢攻等方面，特别是他们“快、狠、准、活”的技术风格，以绝对优势压倒了印尼队和欧洲队，为推动世界羽毛球运动发展做出了巨大贡献。从此，中国的快攻技术开始被世界羽坛所接受。到 20 世纪 60 年代末、70 年代初，在研究中国技战术特点的基础上，世界羽坛注重了速度和进攻，发展了新技术，出现了以印尼梁海量为代表的劈杀技术，以林水镜为代表的双脚起跳扣球技术，世界羽毛球技术水平得到迅速提高。

第三次飞跃是在 20 世纪 80 年代，世界羽坛技战术向快速进攻、全面、多变的方向发展。以中国、印尼、印度、丹麦、马来西亚、韩国为代表的各国选手打法更全面，变化更多，速度更快。最为突出的典型有林水镜，他速度快、进攻凶狠；费罗斯特、韩健则以控制对方后场的进攻、加强防守、创造条件抢攻而闻名；杨阳、赵剑华将“快、狠、准”的打法发展成“拉吊进攻”和“变速突击”的打法。到了 20 世纪 90 年代，名将们的技术更加炉火纯青，新的技术又开始形成。印尼年轻集团军和韩国的凶狠拼搏作风、马来西亚西迪兄弟的拉吊技术，以及以中国吴文凯、刘军为代表的快攻型打法在世界羽坛各领风骚。

五、中国羽毛球运动的发展

中华人民共和国成立后，在党和政府的关怀下，羽毛球运动才真正一步步地发展起来。总结中国羽毛球的发展过程，大致可归结为以下五个时期。

20 世纪 50 年代是起步时期。1954 年，以王文教、陈福寿、黄世明等为代表的第一批爱国华侨从印度尼西亚回国，为我国羽毛球运动带来了代表着当时世界先进水平的技战术。1958 年，中国羽毛球协会正式成立，标志着我国羽毛球运动新纪元的到来。1959 年，第一届全国运动会的羽毛球比赛推动我国羽毛球运动逐步走向制度化和规范化。

20 世纪 60 年代是赶超世界先进水平时期。以汤仙虎、侯家昌、方凯祥、陈玉娘、梁小牧等为代表的又一批爱国华侨从印度尼西亚回国，这批选手的到来，给我国羽毛球运动注入了新鲜血液。另外，我国羽毛球工作者总结了当时世界羽坛先进技战术的发展现状，进一步解决了学习、继承和创新的关系。1964 年，第一次全国羽毛球训练工作会议明确了我国“快、狠、准、活”的技术风格，确定了“以我为主，以攻为主，以快为主”的发展方向，奠定了我国羽毛球运动冲击世界最高水平的理论基础。

20 世纪 60 年代中后期至 20 世纪 70 年代中期是我国羽毛球运动发展史上的徘徊、

低谷时期。

20 世纪 80 年代是我国羽毛球运动史上最鼎盛的“黄金时期”，是世界羽毛球运动的“中国时代”。1981 年，中国羽毛球协会加入了国际羽毛球联合会。在这之后，我国羽毛球运动得到了空前发展，几乎包揽了各项重大国际比赛的桂冠。在 1981 年美国举办的第一届世界运动会羽毛球比赛上，我国首次派队参加了这一国际比赛，荣获 5 个单项比赛的 4 项冠军，轰动了世界羽坛。1982 年，中国羽毛球男队首次参加第十二届汤姆斯杯并夺得桂冠，正式登上了世界男子羽毛球团体冠军的宝座。从 1986 年开始，中国队连续夺得第十四届、第十五届、第十六届汤姆斯杯赛的冠军，创造了我国羽毛球运动历史上“汤杯三连冠”的纪录。尤其值得一提的是，中国男队、女队分别在 1986 年举行的汤杯、尤杯比赛中均以 3∶2 的比分战胜印尼队，创造了一个国家同时夺取代表世界团体最高水平的汤杯和尤杯冠军的纪录。此外，在这一时期，韩健、杨阳、赵剑华、李永波、田秉毅、李玲蔚、韩爱萍、林瑛、吴迪西等选手还多次夺得世界羽毛球锦标赛的桂冠，使中国羽毛球队在这一重大世界单项羽毛球比赛中处于领先地位。

20 世纪 90 年代初，我国羽毛球运动再次进入“新老交替起伏不定”的时期。随着又一批优秀羽毛球运动员的退役，中国羽毛球队的成绩出现下滑，在 1992 年巴塞罗那奥运会中一金未得。在经过一段时间的调整与恢复后，中国羽毛球队于 1995 年参加第四届苏迪曼杯赛并首次夺得桂冠，1996 年在美国亚特兰大奥运会中获得羽毛球女子双打冠军。

进入 21 世纪，中国选手在羽毛球项目中有着极为出色的表现。男子项目中，林丹被誉为“羽毛球之王”，创造了令人惊叹的成绩，赢得两次全满贯。另外，男单项目有谌龙、石宇奇、陈光祖、李诗沣等，男双项目有李俊慧/刘雨辰、何济霆/谭强等，女单项目有李雪芮、陈雨菲、何冰娇等，女双项目有李汶妹/杜玥、陈清晨/贾一凡等，混双项目有王懿律/黄东萍、郑思维/黄雅琼等球员，群星璀璨，为国家赢得了无数的荣誉，展现了我国运动员良好的精神风貌，促进了中国羽毛球运动的发展。

综上所述，中国羽毛球运动技战术发展总趋势正在向“快速、全面、进攻、多拍”的方向发展。其中，“快速”指的是在出手动作、步法移动和判断反应，以及战术变化等方面的速度加快；“全面”是指技术全面，攻守兼备，控球能力强，具有良好的身体素质和心理素质；“进攻”是指凭技术特长，先发制人，积极主动，以抢攻为主；“多拍”是指在战术变化中，从若干次攻守回合中，提高控球能力，减少失误。

第二节　羽毛球运动的基本裁判规则

羽毛球运动的裁判规则主要包括竞赛规则与裁判法，前者是赛场运动员需要遵守的，如挑边、计分方法、发球与接发球规则等；后者是裁判员在场上的执裁要求，本节着重以裁判员手势来体现。

一、羽毛球竞赛规则

（一）挑边

比赛前，双方应挑边。赢方将先选择比赛场区以及先发球或先接发球，输方则选择余下的一项。

（二）计分方法

羽毛球采用21分得分制。一场比赛应以三局两胜定胜负，除非另有规定（“礼让比赛”和其他计分方法）。比赛先得21分的一方胜一局；如果比分为20平，则领先得2分的一方胜该局；如果比分为29平，则先到30分的一方胜该局。一局比赛中的胜方将获得下一局的发球权。

（三）交换场区

第一局比赛结束，双方应交换场地进行第二局比赛。

第三局比赛开始前，双方交换场地，进行决胜局比赛。

第三局比赛中或只进行一局的比赛中，一方先得11分时，双方交换场地。

（四）单打

（1）一局中，发球方的分数为0或双数时，双方球员均应在各自的右发球区发球或接发球；发球方分数为单数时，双方球员均应在各自的左发球区发球或接发球。

（2）一回合中，球应由发球员和接发球员交替从各自场区的任何位置对击直至“死球”。

（3）得分和发球。

若接发球员违例或因球触及接发球员场区内的地面而成死球时，则发球员得1分，随后发球员再从另一发球区发球；若发球员违例或因球触及发球员场区内的地面而成死球时，则接发球员得1分，同时发球员失去发球权，而接发球员成为新的发球员。

（五）双打

（1）一局中，发球方的分数为0或双数时，发球员均应从右发球区发球；发球方的分数为单数时，发球员均应从左发球区发球。

（2）接发球方上回合最后一次发球的球员应在原发球区接发球，同伴的站位则与其相反。

（3）发球员和接发球员都应站在斜对角发球区内接发球。

（4）发球方每得1分，原发球员需变换发球区再发球。

（5）球都应从与发球方得分相对应的发球区发出。发球员发球后，只能由接发球员接球。如果接发球员的同伴触及球或接球，即为违例，发球方得分。

（6）每一回合发球被回击后，由发球方的任何一人和接球方的任何一人交替在各自场区的任何位置击球，如此往返，直至“死球”。

（7）若接发球方违例或因球触及接发球方场区内的地面而成死球，发球方得1分，原发球员交换场区继续发球；若发球方违例或因球触及发球方场区内的地面而成死球，接发球方得 1 分，发球方失去发球权，接发球方成为新的发球方。

（六）发球、接发球违例

（1）一旦发球员和接发球员做好准备，则任何一方都不允许延误开始发球。

（2）一旦双方运动员站好位置，发球员的球拍头开始向前挥动即为发球开始。一旦发球开始，发球员的球拍击中或未能击中球，则视为发球结束。

（3）发球员须在接发球员准备好后才能发球。如果接发球员已试图接发球，但未击中球，则被视为已做好准备。

（4）发球员和接发球员都应站在斜对角的发球区界限内发球和接发球，脚不能触及发球区和接发球区的界线。

（5）从发球开始至发球结束，发球员和接发球员的双脚都必须有一部分与地面接触，且不得移动。

（6）发球员的球拍应首先击中球托。

（7）发球员的球拍击中球的瞬间，整个球应低于距场地地面高度 1.15 米。在不使用固定高度发球规则的比赛中，发球员的球拍击中球的瞬间，整个球应低于发球员的腰部。腰指的是发球员最低肋骨下缘的水平切线。

（8）发球员的球拍击中球的瞬间，发球员的拍杆和拍头应指向下方。

（9）自发球开始，发球员挥拍必须连贯向前，直至将球发出。

（10）发出的球必须向上飞行过网，如果未被拦截，应落入规定的接发球区内（包括落在接发球区界线上）。

（11）发球员发球时，应击中球。

（12）双打比赛中，发球员或接发球员的同伴应在各自的场区内站位不限，但不得阻挡对方发球员或接发球员的视线。

（13）发出的球挂在网上，或停在网顶，或过网后挂在网上，或不过网，或从网孔或网下穿过，则发球违例；接发球不过网，或从网孔或网下穿过，则接发球违例。

（14）接发球员的同伴去接发球或被球触及，则接发球违例。

（七）比赛进行中的违例

（1）球落在场地界线外。

（2）球未从网上越过。

（3）球触及四周墙壁、屋顶或天花板。

（4）球触及运动员的身体或衣服。

（5）球触及场外其他人或物体。

（6）过网击球：比赛时，球拍与球的最初接触点不在击球者网的这一方（击球者击球后，球拍可以随球过网）。

（7）触网：比赛进行中，运动员球拍、身体或衣服触及网或网的支撑物。

（8）侵入对方场区：比赛进行中，运动员的球拍或身体从网上（或网下）侵入对方场区，妨碍对方或使对方分散注意力（球拍从网上随球过网除外）。

（9）妨碍：妨碍对方，即阻挡对方随球过网的合法击球。

（10）比赛时，运动员故意分散对方注意力的任何举动，如喊叫、做手势等。

（11）持球：比赛击球时，球夹或停滞在球拍上，紧接着又被拖带抛出。

（12）连击：比赛击球时，被同一运动员两次挥拍连续击中球两次，或被同一方两名运动员连续各击中球一次。

（13）球触及运动员球拍后未飞向对方场区。

（八）发球区错误

（1）发球区错误的情况有：发球或接发球的顺序错误，在错误的发球区发球或接发球。

（2）如果发现发球区错误，应在“死球”后予以纠正，已得比分有效。

（九）重发球

由裁判员宣报“重发球”，用于中断比赛。下列情况出现时，应重发球。

（1）遇到不能预见或意外的情况，如灯光熄灭，非比赛人员闯入场地。

（2）除发球外，球过网后挂在网上或停在网顶。

（3）发球时，发球员和接发球员同时违例。

（4）发球员在接发球员未做好准备时发球。

（5）比赛进行中，球托与球的其他部分完全分离。

（6）司线员未看清，裁判员也不能作出裁决时。

（7）重发球时，自该次发球起之后的对击无效，原发球员重新发球。

（8）裁判员认为比赛被干扰或教练员干扰了对方运动员的比赛。

（十）死球

出现下列情况时，应视为死球。

（1）球撞网或网柱后，开始向击球者这一方的地面落下。

（2）球触及地面。

（3）已被宣报“违例”或“重发球”。

（十一）比赛连续性、行为不端及处罚

（1）除规则允许的间歇和暂停外，比赛自第一次发球开始至该场比赛结束应是连续的。

（2）间歇：每局比赛，当一方先得 11 分时，允许有不超过 60 秒的间歇；所有比赛中，每局之间允许有不超过 120 秒的间歇（有电视转播的比赛，裁判长可在该场比赛前决定变更规定的间歇时间）。

（3）暂停：遇到不是运动员所能控制的情况，裁判员可根据需要暂停比赛；遇到特殊情况，裁判长可要求裁判员暂停比赛；如果比赛暂停，已得比分有效，续赛时，由该比分计起。

（4）延误比赛：不允许运动员以恢复体力、喘息或接受指导为由而延误比赛，裁判员是延误比赛的唯一裁决者。

（5）指导和离开场地：一场比赛中，仅在死球时允许运动员接受指导；一场比赛中，运动员未经裁判员允许不得离开场地（规定的间歇时间除外）。

（6）运动员不得有下列行为：故意延误或中断比赛；故意改变或损坏球，以此影响球的速度或飞行；举止无礼或不当；规则未述的其他不端行为。

（7）对违犯规则的运动员，裁判员应执行警告，对已被警告过的一方判违例；对严重违犯规则的运动员直接判违例；在判违例后，裁判员应立即报告裁判长，裁判长有权取消其在该场的比赛资格。

二、羽毛球裁判员手势

（一）裁判员的主要手势

羽毛球裁判员的主要手势如图 10－1 所示。

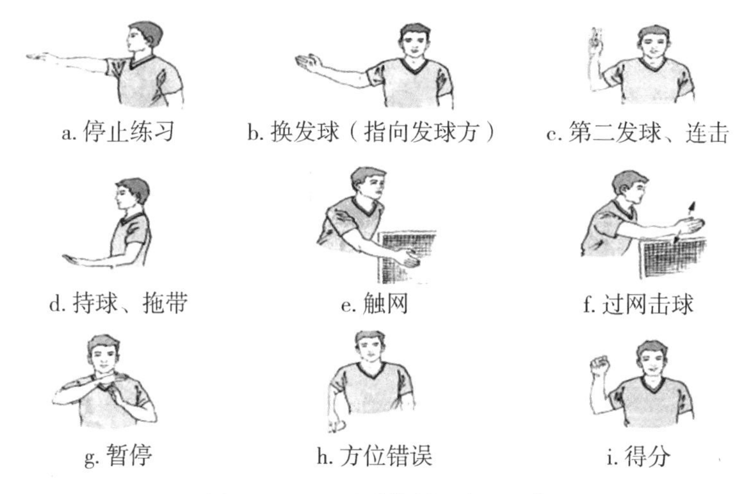

a. 停止练习　b. 换发球（指向发球方）　c. 第二发球、连击

d. 持球、拖带　e. 触网　f. 过网击球

g. 暂停　h. 方位错误　i. 得分

图 10－1　羽毛球裁判员主要手势

（资料来源：https://max.book118.com/html/2015/1101/28278653.shtm）

（二）发球裁判员的手势要求

发球违例的判定是羽毛球临场裁判员工作中的难点，常易引起比赛双方的争议。当看到并肯定发球员发球违例时，发球裁判员则大声宣报“违例”，用规定的手势表明违例类型（图 10－2）。

发球过手：在不使用固定高度发球的规则下，发球员的球拍击中球的瞬间，拍杆和拍头应指向下方。裁判员的手势是右手弯曲，前伸抬举在胸前，手掌代表球拍的拍头，高于整个前臂（图 10－2a），表明球拍的拍头高于握拍的手部。

发球过高或过腰：发球员的球拍击中球的瞬间，整个球距场地地面应低于 1.15 米；在不使用固定高度发球的规则下，发球员的球拍击中球的瞬间，球的任何部分高于发球员的腰部。裁判员的手势是右手抬起，超过腰的高度，肘关节弯曲，前臂平放在胸前（图 10－2b）。

延误发球：发球员的球拍不是一次性地连续向前将球击出。裁判员的手势是以右手做不连续的发球挥拍动作（图 10－2c）。

发球脚违例：在整个发球时间里，发球员的任何一脚踩线、触线或移动均属违例。

裁判员的手势是用右手指向自己向前伸出的右脚（图 10－2d）。

未先击中球托：发球时，球拍与球的最初接触点不在球托上。裁判员的手势是以左手 5 个手指做成羽毛球的形状，以右手手掌代表球拍的拍面，然后以右手手掌轻擦左手指尖（图 10－2e），表示球拍先击在羽毛上。

a. 发球过手

b. 发球过腰

c. 延误发球

d. 发球脚违例

e. 未先击中球托

图 10－2　羽毛球发球裁判员主要手势

（资料来源：https://max.book118.com/html/2015/1101/28278653.shtm）

（三）司线员的要求

司线员专门负责察看在他所负责的线段附近的来球落点，并以规定的术语“界外”“界内”“视线被挡”3 个手势进行宣报（图 10－3）。

司线员应坐在椅子上，对准自己所负责的线，最好面向裁判员。在实际安排中，司线员的位置与场地界限的距离为 2.5～3.5 米。

界外：当球无论落在他所负责的线的界外多远，司线员都应做出双臂向两边平伸的手势，并看向裁判员（图 10－3a），同时立即大声、清晰地宣报“界外”，使运动员和观众都能听清。

界内：如果球落在界内，司线员只需伸出右手指向他（她）所负责的线，并看向裁判员（图 10－3b），不宣报。

视线被挡：如果视线被挡，司线员应立即用双手盖住双眼，向裁判员示意（图 10－3c）。

a. 界外

b. 界内

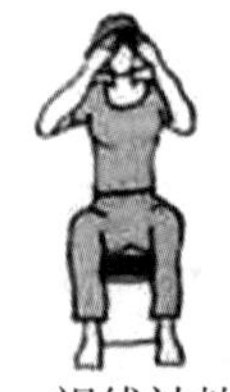
c. 视线被挡

图 10－3　羽毛球司线员主要手势

（资料来源：https://max.book118.com/html/2015/1101/28278653.shtm）

第三节　羽毛球运动的基本技术

羽毛球的基本技术包括手法和步法两大部分。手法包括握拍、发球、接发球、击球等基本技术，其他技术如羽毛球的弧线、速度、力量、旋转、落点等都是在良好掌握基本技术的前提下灵活运用的。步法包括上网步法、后退步法、两侧移动步法等。

一、握拍方法（以右手为例）

（一）正手握拍

首先左手拿球拍，使拍面与地面成垂直状，然后张开右手握住拍柄，使手掌小鱼际靠近握柄底部，虎口对应拍柄窄面小棱边，拇指与食指自然贴在拍柄两面的宽面上，其余三指自然并拢握住拍柄，食指与中指稍分开，掌心与拍柄之间留有空隙。多用于正手高远球、平高球、吊球、杀球、网前球等。

（二）反手握拍

一般说来，反手握拍有两种：①在正手握拍的基础上，把球拍稍微外旋，拇指上提，食指收拢，拇指压住拍框的宽面，食指、中指、无名指和小指并拢；②在正手握拍的基础上，把球拍稍微外旋，拇指上提，食指收拢，拇指压住拍框的内侧小棱边，食指、中指、无名指和小指并拢，掌心与拍柄之间留有空隙。多用于位置较好的反手高远球、平高球、吊球和网前球等。

（三）特殊握拍法

根据对方来球的不同角度和为了控制准确的落点，握拍的方法也较灵活，随时会有些细微的改变。

1. 前场搓小球握拍

正手搓小球握拍：在正手握拍的基础上，拇指、食指、中指和无名指稍松开，使拍柄离开掌心，拇指斜贴在拍柄内侧的上小棱边上，食指稍前伸，食指第二指关节斜贴在拍柄外侧的宽面上。

反手搓小球握拍：在正手握拍的基础上，拇指、食指、中指和无名指稍松开，拍柄离开掌心，同时使拍柄稍内旋，拇指贴在拍柄内侧的上小棱边上，食指第三指关节贴在拍柄外侧的下小棱边上。

2. 中场平抽挡握拍

正、反手平抽挡握拍：在正、反手握拍的基础上，将持拍手与球拍柄接触位置稍上移，几乎置于拍柄与拍杆的接触部位。

3. 后场高远球与扣杀球握拍

正、反手高远球和扣杀球握拍：在正、反手握拍的基础上，将持拍手与球拍柄接触位置稍靠后，以便击球发力。

二、发球

发球有两种形式，一种是正手发球，另一种是反手发球。正手发球包括发高远球、发平高球、发平射球、发网前球，反手发球包括发平高球、发平射球、发网前球。

（一）正手发球

发球站位及准备姿势：单打发球站在靠中线附近，离前发球线后1米左右的位置；双打发球站位可靠近前发球线。发球时，双脚自然分开，左脚在前，脚尖对网；右脚在后，脚尖稍斜，身体重心在右脚上；右手持拍向右后侧举起，肘部放松屈举；左手拇指、食指和中指夹持住羽毛，自然抬举至胸腹，呈发球前的准备姿势。完成击球后，身体重心由右脚移至左脚。

1. 正手发高远球

以发球站位及准备姿势站立，持球手松手放球，持拍手上臂外旋带动前臂充分伸腕，自下而上沿半弧形做回环引拍动作。引拍同时转体，身体重心向左脚移动，当挥拍至身体右侧前下方，身体转体至接近面对球网时，准备击球。

当拍面与球接触的瞬间，上臂与前臂迅速内旋，带动手腕快速向前上方屈指展腕闪动发力，用正拍面将球击出。完成击球动作后，身体重心完全移至左脚，持拍手随击球后的惯性动作继续内旋，自然向左肩上方挥动，回收至胸前。

2. 正手发平高球

发平高球与发高远球基本一致，不同的是发正手平高球的击球点略高于发高远球的击球点。击球时，前臂带动手腕发力，有控制地向前推进击球。完成击球动作后，随前动作也不必向左肩上方挥动，到胸前即可。

3. 正手发平射球

发平射球的发球站位比发高远球稍靠后，击球点在规则允许的范围内争取略高，这样可使球的弧度较平。发平射球与发高远球基本一致，不同的是发平射球在挥拍至击球一瞬间前臂内旋动作不明显，挥拍线路不是向上方而是向前方，从而带动手腕快速闪动屈指向前发力击球。

4. 正手发网前球

发网前球的发球站位比发高远球更靠近前发球线。发网前球与发高远球基本一致，不同的是，正手发网前球在击球时，握拍要松，前臂前摆，用手指控制力量收腕发力，以斜拍面向前推送切击球托，使球轻轻擦网而过，落入对方前发球区内。为控制好击球力量，引拍动作较发高远球要幅度小且柔和一些，发球后手腕以收腕姿势制动结束。

（二）反手发球

发球站位及准备姿势：单打发球站在靠中线附近，距前发球线较近的位置上；双打发球站位可靠近前发球线。发球时面向球网，双脚前后站立，上体稍前倾，身体重心在前脚上；右手反手握拍，左手拇指、食指和中指夹持住羽毛，球托明显朝下，斜放在拍面前面，呈发球前的准备姿势。必要时，握拍可在拍柄前段，肘关节抬起，手腕前屈。

1. 反手发网前球

以发球站位及准备姿势站立，持球手松手放球。挥拍击球时，球拍稍微向后摆，并接着向前挥动。前臂向斜上方推送，同时带动手腕由屈到微伸向前摆动，并利用拇指顶的力量，轻轻切击球托的侧后部。完成击球动作后，前臂上摆至一定高度即可。

2. 反手发平高球

发反手平高球与发反手网前球基本一致，不同的是，反手发平高球在击球瞬间并非靠轻轻切送球托侧后部击球，而是手腕突然由屈变直，向前上方挥动发力，让球突然飞越接发球者，飞向后发球线。

3. 反手发平射球

发反手平射球与发反手网前球基本一致，不同的是，反手发平射球在击球瞬间手腕应突然发力击球托后部，让球以较快的速度、较平的弧线飞向接发球者的后场靠近中线区域。

三、接发球

将对方的发球回击至对方场区叫接发球。发球方控制着发球的主动权，接发球方则掌握着第一击球的主动权。

（一）接发球的站位

1. 单打接发球站位

单打接发球站在离前发球线约 1.5 米处。在右区时，应站在靠近中线的位置，以防发球方以平射球攻击头顶区域；在左区时，则站在中间稍偏边线的位置，以防发球方攻击反手部位。

2. 双打接发球站位

双打接发球时站位可靠近前发球线，这是因为双打的后发球线距前发球线比单打短，发高远球易被扣杀。所以，双打接发球主要精力应放在对方发网前球上。

（二）接发球的准备姿势

1. 单打接发球准备姿势

单打接发球应左脚在前，右脚在后，侧身对网，身体重心放在前脚，膝关节微屈，后脚跟稍提起，收腹含胸。持拍置于右身前，双眼注视对方发球的动作。

2. 双打接发球准备姿势

双打接发球准备姿势与单打基本相同，不同的是，膝关节弯曲的程度更大一些。此外，球拍应高举在肩上，注意力高度集中，以便能直接进行后蹬起跳。

四、击球

羽毛球运动的击球是把对方打出的各种弧度来球，回击到对方场区预想的战术位置上。根据不同的战术目的，有多种击球方法。

（一）后场击球

1. 高远球

高远球是用较高的弧线把球击打到对方底线附近，以削弱对方的进攻威力，消耗对方的体力。主要技术有正手击高远球、反手击高远球、头顶击高远球、正手底线被动击高远球、反手底线被动击高远球。

2. 杀球

杀球是把对方击来的中后场高球，以较大的力量与较快的速度在高的击球点上用力扣压回击到对方的中后场区。杀球技术主要包括正手杀球、反手杀球、绕头顶杀球。

3. 吊球

吊球是指把对方击来的球从后场轻巧地还击到对方网前地区，是调动对方，打乱对方阵脚、配合战术的一种击球技术。吊球可分为快吊（劈吊）、慢吊（轻吊、近网吊）、拦截吊 3 种，均可用于正手吊球、反手吊球、绕头顶吊球。

（二）中场击球

1. 接杀球

接杀球是运动员把对方杀来的球还击到对方场区内的击球技术，是转守为攻的打法，有正手接杀球、反手接杀球之分，可分为挡网前球、挑后场高球、平抽反击球 3 种。

2. 平抽球

平抽球是击球平飞过网的一种打法。抽击时，击球点在肩部以下的两侧，是下手击球速度较快的一项进攻技术，常用于双打中。

3. 挑高球

挑高球是把对方击来的吊球挑高，回击到对方后场去。可分为中场正手挑高远球和中场反手挑高远球。

（三）前场（网前）击球

1. 放网前球

放网前球是将对方的吊球或网前球，用球拍轻轻一托，使球一过网顶就朝下坠落，落点靠近球网，目的是调动对方，为己方创造有利的进攻优势。放网前球可分为正手放网前球、反手放网前球。

2. 搓小球

搓小球是从放网前球技术发展而来的。击球点大约与肩同高或离网顶 30 厘米左右或更高处，利用搓切技术，摩擦球托底部，改变球在空中的正常运行轨道，使球沿横轴翻滚或纵轴旋转过网。搓小球可分为正手搓小球和反手搓小球。

3. 推球

推球是用推的动作将对方击来的网前球回击到对方后场底线去，球的飞行弧度较低，速度较快，可造成对方回击的困难。推球可分为正手推直线球、正手推对角线球、反手推直线球、反手推对角线球。

4. 勾小球

勾小球是用勾的动作将对方击来的网前球回击到对方对角网前区。这是一种主动进攻的技术，与搓小球、推球结合起来运用，战术效果更佳。勾小球可分为正手主动勾小球、正手被动勾小球、反手主动勾小球、反手被动勾小球。

5. 扑球

扑球是双打中常用的一项进攻技术。当对方发网前球或回击网前球，球越过网顶弧度较高时，迅速上步以最快的速度在网前举拍扑杀。扑球可分为正手扑球与反手扑球。

6．挑高球

挑高球是把对方击来的网前球挑高，使球回击到对方后场。这是在本方比较被动的情况下，采取的一项防守性技术。挑高球可分为正手网前被动挑高远球与反手网前被动挑高远球。

五、羽毛球步法

在羽毛球运动中，步法的移动是其灵魂，素有“三分技术、七分步法”之说。步法决定手法，许多击球技术都是靠熟练、快速、准确的步法移动来完成的。

（一）上网步法

在单、双打接发球站位的基础上，运动员首先站位于球场中心位置，双脚左右开立（稍有前后），约同肩宽；双膝微屈，双脚前脚掌着地，后脚跟稍提起并左右微动；上体稍前倾，右手持拍于体前，双眼注视对方来球。上网步法包括跨步上网、垫步或交叉步上网、蹬跳上网。不论用哪种步法上网，其上网前的站位及准备姿势都是一样的。

1．正手上网步法

（1）跨步上网。在预先判断来球的基础上，左脚掌内侧用力蹬地并侧身向来球方向迈出，紧接着右脚也向前迈一大步，以脚掌外侧和脚跟先落地，再过渡到前脚掌，右膝关节弯曲呈弓箭步，紧接着左脚自然向前脚着地的方向靠小半步。击球后，右脚蹬地用小步、交叉步或并步回到球场中心位置。

跨步上网时，须注意右腿呈弓箭步时，防止因上网前冲力过大使身体重心前移越过右腿而失去身体平衡。

（2）垫步或交叉步上网。在预先判断来球的基础上，右脚先迈出一小步，左脚立即向右脚垫一小步（或从右脚后交叉迈出一小步），左脚着地后，脚内侧用力蹬地，右脚再向网前跨一大步呈弓箭步到位击球，身体重心在右脚。击球后，右脚蹬地，用小步、交叉步或并步退回到球场中心位置。

垫步或交叉步上网的优点是步法调整能力强，在被动情况下，能利用蹬力强、速度快的特点迅速调整步法，去迎击来球。垫步或交叉步上网的注意事项同跨步上网。

（3）蹬跳上网。在预先判断来球的基础上，利用脚蹬地迅速扑向球网，以争取在球刚越过网时立即进行回击。在单打或双打中常用此步法进行上网扑球。其动作是站位稍靠前，观察到对方有打网前球的意图后，右脚稍向前做点地动作，脚刚着地便用力蹬跳，侧身扑向网前。击球后，应立即退回中心位置。蹬跳上网既要快，又要防止因向前冲力过大而触网或过网击球犯规。

2．反手上网步法

在羽毛球技术中，无论是正手上网还是反手上网，都要求最后一步到位击球时，应保持右脚在前、左脚在后的身体姿势。所以，反手上网与正手上网的步法是相同的。不同的是，在反手上网步法起动时，右髋应迅速转向左前方，使身体右侧斜对反手网前的击球点位置（转体也可在移动过程中完成），以便朝左前方移动。

（二）后退步法

后退步法是完成回击高球、吊球、杀球、后场抽球的步法，包括右后场区后退步法和左后场区后退步法。右后场区后退步法主要是正手后退步法，左后场区后退步法包括头顶后退步法和反手后退步法。不论采取哪种步法后退击球，其后退前的站位及准备姿势均与上网步法相同。

1. 正手后退步法

正手后退步法有并步和交叉步两种，在实战中可根据场上情况和个人特点灵活运用。在预先判断来球的基础上，调整身体重心至右脚，然后右脚蹬地向右后侧身退一步，并带动髋部及上体右后转，左肩对网。接着，左脚用并步靠近右脚或后交叉步后撤，右脚再退至来球位置到位击球。

2. 头顶后退步法

头顶后退步法是当对方来球向左后场区时，用头顶击球技术回击时所采用的步法。头顶后退步法也可用并步或后交叉步移实现。

在预先判断来球的基础上，右脚蹬地向左后方侧身退一步，并带动髋关节及上体向右后方转动（转动幅度较正手后退要大），且稍有后仰。接着，左脚用并步或交叉步后撤，右脚再退至来球位置到位击球。

3. 反手后退步法

反手后退步法是在用反手技术回击对方击向本方左后场区高球的脚步移动方法。可根据当时所处的位置和离击球点距离的远近选择采用一步、两步或三步反手后退步法。

如离球较近，可采用一步转体后退步法。起动时，身体重心移向左脚，并以左脚为轴，身体向左后方转动，同时右脚向左后方跨出一大步，背对网到位击球。

如离球稍远，可采用两步后退步法。左脚先向左后方退一小步，然后身体左转，右脚向左后方跨一大步，背对网到位击球；或右脚先向后退一步，左脚向左后方跨出一步，以侧身的形式到位击球。

如离球较远，可采用三步或更多步后退步法。右脚用并步或交叉步后撤，然后左脚向左后方退步，此时上体左转，右脚再向左后方跨出一大步，背对网到位击球。

（三）两侧移动步法

两侧移动步法是完成中场球的回击步法，如接发球、接对方平射球时所采用的步法。其移动前的站位及准备姿势与上网步法基本相同，包括左侧移动步法、右侧移动步法。

1. 左侧移动步法

判断来球落点较近时，迅速将身体重心调整至右脚，用右脚掌内侧用力蹬地，左脚随髋关节的转动向左侧跨一大步，正对球网到位击球。

判断来球落点较远时，左脚先向左侧移动一小步，然后右脚向左侧蹬跨出一大步，背对球网到位击球。

2. 右侧移动步法

判断来球落点较近时，迅速将身体重心调整至左脚，用左脚掌内侧蹬地，右脚随髋关节的转动，同时向右侧跨一大步，正对球网到位击球。

判断来球落点较远时，左脚应先向右侧移动一小步，然后右脚向右侧蹬跨出一大步，正对球网到位击球。

第四节　羽毛球运动的基本战术

羽毛球运动战术是指运动员在比赛中为表现出高超的竞技水平以战胜对手所采取的计谋和行动。运动员选择战术不应脱离自身实际情况，采取“以己之长，克敌之短”是最正确、最佳的战术选择。

一、单打战术

1. 发球抢攻战术

在比赛开始时，有意识地采用多变的发球，争取在发球开始就掌握场上的主动权。如发网前低球结合平快球或平高球，争取第三拍的主动进攻，为自己创造进攻机会。这种战术一般用于应对经验不足和防守能力较弱的运动员比较有效，特别是当比赛进入关键时刻，比分出现相持状态的情况下，通过打破常规，突然改变发球方式形成发球抢攻之势，从而限对方于被动，效果往往很好。实施这一战术时，应有高质量的发球作为保障，否则很难成功。

2. 接发球抢攻战术

接发球抢攻战术是接发球战术中最具有威胁力的一种战术，但前提是对方发球的质量欠佳。如发高球时，落点不到位；发前场区球，过网时过高；发平射球时球速不快、发球角度欠佳；发平高球时，节奏、落点、弧度不佳等，这些欠佳的发球质量都会给接发球抢攻创造机会。

3. 攻前场战术

这种战术采用先发制人的手段，以快速、凶狠、凌厉的进攻，从速度、力量上压制对方，速战速决。其特点是先将球下压，将对方吸引到网前，再配合以平高球突击对方底线，从而创造中后场的进攻机会，再全力发起进攻。这种战术一般用于应对身材高大、步法移动缓慢、网前出手慢或接下手球吃力的运动员。实施这一战术要有高质量的网前击球技术作为保障。

4. 攻后场战术

攻后场战术反复用快速的高球、平高球、推球击至对方底线附近，特别是对方反手后场区域，造成对方被动，再以快吊或突击点杀进攻其前场空当。此种战术一般用来应对初学者，以及后场回击能力较差或后退步法较慢的对方选手是很有效的。

5. 攻四角球战术

当对方步法较慢、技术不全面时，可利用快速的拉吊技术将球准确地击到对方场区的后场底线两角和前场网前两角区域。在对方回球质量下降或露出破绽时，可乘虚而人，寻找机会快速反击。该战术的特点是通过多拍技术快速调动对方，迫使对方出现前后左右大范围移动而被动应对的局面。

6. 杀、吊上网战术

对方打来的后场高球，本方先以杀球配合吊球把球下压，落点选在场区的两条边线附近，致使对方被动回球。如对方回网前球时，本方应迅速上网搓小球、勾对角球或平推球，创造在中场大力扣杀的机会。这种战术的特点是本方必须能很好地控制杀、吊球的落点，造成对方被动回球时，才能主动迅速上网。

7. 单打防守反攻战术

防守反攻战术的原则是“积极防守”“守中反攻”。要达到此目的，须在本方处于防守的被动局面下，通过调整战术来化解对方的攻势，夺回失去的主动权。这就要求必须具备较好的防守能力（包括手法、步法），例如，起动反应快、步法到位、反挡底线的能力、回击后场高远球的能力、勾对角球的能力等，才能运用“积极防守”“守中反攻”的战术。

如“守中反攻战术”，在本方防守能力好，对方喜欢盲目进攻且体力又差时，可采用此战术。即通过先将各种进攻球回击至对方后场，以诱使对方发起进攻，在对方只顾进攻而疏于防守时，本方即可采取突击反攻，或当对方疲于进攻、体力耗尽、速度减慢时，本方再发起进攻，如高质量地接杀挡网、抓住对方攻杀力量减弱或落点不好的机会，可扭转被动局面。

二、双打战术

1. 攻人战术

攻人技术是指当对方两人中有一人技术水平稍差，可集中力量盯住弱者进行回击，不让对方有调整的机会。集中攻击对方有明显弱势的人，因强者为保护弱者，已将注意力集中在弱者身上，此时再突然专攻强者因疏忽而露出的空当反而容易奏效。

2. 攻中路战术

当对方左、右分边站位防守时，本方可将球攻到对方两人之间的中场空当区域，造成对方因抢接球发生碰撞，或相互让球出现漏接等情况。当对方前后站位时，可将球回击到中场靠边线位置，诱使对方防守时因互相争抢或让球而出现失误。

3. 攻后场战术

当对方扣杀能力较弱时，本方可采用平高球、推平球、挑底线等球，将对方一人紧逼在底线两角移动。当对方被动还击时，则抓住机会大力扣杀。当对方另一人后退支援时，即可攻网前空位。

4. 后攻前封战术

这是双打中最常见的进攻战术。当本方处于主动进攻前后站位时，后场队员大力杀球进攻，迫使对方接球挡网前，前场队员则趁机进行封网扑杀。此时，前场队员要积极封锁网前，迫使对方被动挑高球，一旦对手挑高球达不到后场，就为本方创造了再进攻的机会。

5. 防守反攻战术

在防守中寻找反攻的机会，以便摆脱困境，转被动为主动。例如，挑底线高球，即不论对方从哪里进攻，本方都应设法把球挑到对方的另一边底线。如对方后场攻直线，本方就挑对角线；如对方攻对角线，本方就挑直线。这是一种较容易争得主动权的防守战术。若时机有利，则可运用反抽或挡网前回击对方的杀球，从而“守中反攻”，争得主动权。运用此战术时，要注意挑高球一定要挑到对方底线，否则将会出现对方连续攻杀而本方无力反击的局面。

三、混合双打战术

混合双打是由一名男队员和一名女队员搭配组成的双打，基本技战术同双打相似。但由于女队员往往在技术、速度和力量等方面比男队员相对弱一些，易成为被攻击的主要对象，所以在运用具体战术上与双打略有不同，突出表现在以下两个方面。

1. 站位

混合双打男队员攻击力较女队员强，主要负责中后场的大范围区域，而女队员则负责前场的网前球，形成男队员在后、女队员在前的基本进攻阵形。男队员发球时站位要较双打后移至中场附近，女队员则靠近前发球线附近。左右站位时，女队员往往会缩小防守范围，只负责防守靠近边线的大约1/3区域，而男队员则负责场区的大部分区域。

2. 攻女队员战术

以女队员为攻击目标是混合双打战术的核心战术。进攻时，通常选择围攻女队员；防守时，也设法将女队员调至后场，抑制男队员的后场进攻威力。这种战术在获得主动进攻时、两边中场控球时、接发球时宜被采用，而被攻击的女队员则可采用回击对角线路球来限制和摆脱对方强有力的进攻。

第五节 羽毛球运动竞赛式教学设计与实施

一、羽毛球运动竞赛式教学效果的实践验证

（一）实验对象与方法

本研究采用实验对照研究，分别将两种不同的教学法应用于两个班的羽毛球教学中，分析实验前、后两个班学生的运动技术与运动认知的差异。研究对象是中山大学普通本科2019级羽毛球选项课两个班级的学生，并随机确定为实验班与对照班。实验班采用竞赛式教学法，对照班仍采用传统教学方法。教学实验前，通过调查，去除由于运动禁忌证而不能参与运动和有过训练经历的学生，确定参与实验的班级人数均为40人/班。两个班级每周各一次课，共计18次课。教学实验前、后分别对两个班级学生的羽毛球相关技术指标与运动认知情况进行测试和统计，并将收集到的实验数据利用SPSS软件进行对比分析，为竞赛式教学效果的反馈与评价提供数据支撑。

（二）实验测试指标

羽毛球运动基本技术测试项目包括羽毛球全场步法、正手发高远球、反手发网前球、正手击高远球、正手击高吊球，分别设定实验前和实验后的评分标准进行评分，满分为100分。

羽毛球运动认知调查表共分为五个维度，分别是积极性、消极性、技能学习、课余活动和体育关注度。五个维度共27道题目，其中积极性和消极性维度各6道题目，其余三个维度各5道题目。

（三）实验过程

传统教学过程中，强调教师的主导作用，教学形式相对比较单一，教学以教会学生“基本知识、基本技术、基本技能”为教学任务。课堂主要由提出课程目标、教师讲解示范、学生分组练习、教师巡视纠正、学生再练习、总结下课等环节组成。

而在竞赛式教学过程中，侧重于以教师为主导、学生为主体的竞赛形式进行教学，学生以赛促学、以赛促练。竞赛式教学法能充分调动学生上课的兴趣和积极性。首先，学生通过教师讲解示范了解羽毛球技术动作并进行练习。接着，按照技术诊断将学生进行层次分组，将技术水平相当的学生分为一组，进行组内竞赛。竞赛过程中合理安排小组内人员进行裁判、组织、管理等任务，使小组内形成组内小循环，可进一步增强学生的羽毛球运动基本技术与能力。教师发现问题后应停止竞赛，进行技术指导和总结后再继续进行。然后，根据学生掌握程度逐渐增加羽毛球教学比赛的难度，调整羽毛球教学比赛的组织形式，如将羽毛球单项技术动作的竞赛形式变为羽毛球组合技术动作的竞赛形式，如一对一、二对二、小组对抗等。最后，在整个竞赛式教学过程中，如学生个人或小组获得胜利，教师应做好比赛记录并进行总结、提出新要求。

（四）结果与分析

1. 实验前羽毛球运动技术水平

实验前，实验班与对照班羽毛球运动技术水平测试结果见表10－1。

表10－1　实验前羽毛球运动技术测试结果（$N=40$）

项目	实验班		对照班		t 值	P 值
	平均分/分	标准差	平均分/分	标准差		
羽毛球全场步法	72.40	8.44	73.08	7.27	−0.383	0.702（>0.05）
正手发高远球	75.35	9.49	73.43	10.41	0.864	0.390（>0.05）
反手发网前球	73.68	10.16	71.95	14.31	0.622	0.536（>0.05）
正手击高远球	74.63	10.49	75.43	10.08	−0.348	0.729（>0.05）
正手击高吊球	69.03	7.37	72.15	6.77	−1.976	0.052（>0.05）

由表10－1的数据可知，通过实验前对两个班级的羽毛球运动技术相关测试指标进行 t 检验，结果显示，两个班无显著性差异（$P>0.05$），说明两个班级学生的羽毛球

运动技术水平情况基本相同，符合实验要求，可以开展教学。

2．实验前羽毛球运动认知情况

实验前，实验班与对照班羽毛球运动认知情况见表10－2。

表10－2　实验前羽毛球运动认知情况（$N=40$）

项目	实验班		对照班		t 值	P 值
	平均分/分	标准差	平均分/分	标准差		
积极性	22.05	1.11	21.88	0.88	－0.988	0.323（>0.05）
消极性	14.35	1.42	14.38	1.41	－0.573	0.567（>0.05）
技能学习	16.85	1.53	16.80	1.96	－0.261	0.794（>0.05）
课余活动	15.85	1.12	15.83	1.66	－0.720	0.472（>0.05）
体育关注度	12.98	1.46	13.23	1.89	－0.167	0.868（>0.05）

由表10－2的数据可知，通过实验前对两个班级的羽毛球运动认知相关测试指标进行 t 检验，结果显示，两个班无显著性差异（$P>0.05$），说明两个班级学生羽毛球运动认知水平情况基本相同，符合实验要求，可以开展教学。

3．实验后羽毛球运动技术水平

实验后，实验班与对照班羽毛球运动技术水平测试结果见表10－3。

表10－3　实验后羽毛球运动技术测试结果对比（$N=40$）

项目	实验班		对照班		t 值	P 值
	平均分/分	标准差	平均分/分	标准差		
羽毛球全场步法	86.60	4.71	80.79	10.98	3.077	0.003（<0.01）
正手发高远球	88.75	4.54	80.33	9.94	4.874	0.000（<0.01）
反手发网前球	87.03	4.67	81.38	9.99	3.236	0.002（<0.01）
正手击高远球	84.68	5.29	80.49	9.16	2.505	0.015（<0.05）
正手击高吊球	87.03	5.22	82.47	10.00	2.555	0.013（<0.05）

由表10－3的数据可知，通过实验后对两个班级的羽毛球运动技术相关测试指标进行 t 检验，结果显示，两个班均具有显著性差异（$P<0.05$）。这表明竞赛式教学法在促进学生的学习兴趣和积极性，以及增强学生的个人竞争意识和团队协作能力方面发挥了更为积极的作用，且实验班学生羽毛球各项技术的整体成绩均有了显著性的提高，其教学效果优于对照班。

4．实验后羽毛球运动认知情况

实验后，实验班与对照班羽毛球运动认知情况见表10－4。

表 10－4 实验后羽毛球运动认知测试结果对比（$N=40$）

项目	实验班		对照班		t 值	P 值
	平均分/分	标准差	平均分/分	标准差		
积极性	25.60	1.24	24.25	0.95	－0.479	0.000（＜0.01）
消极性	10.63	0.71	12.20	0.82	－6.452	0.000（＜0.01）
技能学习	21.90	1.41	20.27	1.87	－4.243	0.000（＜0.01）
课余活动	20.90	1.26	18.50	2.10	－5.650	0.000（＜0.01）
体育关注度	17.15	1.25	15.33	1.86	－5.161	0.000（＜0.01）

由表 10－4 的数据可知，通过实验后对两个班学生的羽毛球运动认知相关测试指标进行 t 检验，结果显示，两个班的差异非常显著（$P<0.01$）。这说明两个班的学生在课程结束后对待羽毛球运动的态度、主动学习和关注度等方面均发生了积极的转变，而实验班学生转变程度更明显。这是因为在竞赛式教学法中，学生除了技能学习，其在竞赛的组织、裁判和团队管理等综合能力方面也得到了锻炼，竞赛式教学法让其对羽毛球运动有了更深刻、更全面的认识，更有利于学生终身体育意识的培养和发展。

综上所述，竞赛式教学法作为对体育教学方法的尝试和创新，为丰富学校体育教学理论体系，构建体育教学高效课堂提供了理论支撑，不仅增强了学生的个人竞争意识和团队协作能力，而且在课堂中实现了“学、练、赛”一体化教学指导思想。由此可见，在教学中融入竞赛元素、设计丰富多样的教学竞赛，对提高学生的技术水平和增强学生的战术意识创造了更有利的条件。因此，竞赛式教学法更注重学生的全面发展，更注重课堂的高效性。但是，竞赛式教学法的研究尚处于初级阶段，如何在众多的教学方法中脱颖而出，其实践价值还需要更多的研究者去不断创新和探索。

下面列出羽毛球运动教学中相关技术的竞赛式教学设计，希望能给大家提供一种思路。需要注意的是，在竞赛式教学法实施过程中，若所呈现的授课内容较多或难度较大，教师可安排多个课时进行。

二、羽毛球各项技术与常识的竞赛式教学

（一）羽毛球步法与手法（握拍）的竞赛式教学

握拍是学习羽毛球各项基本技术的起点。选手在掌握基本的正手握拍与反手握拍的基础上，根据实战需要，判断对方从不同方向击来的不同落点球，需要迅速灵活地调整握拍，才能完成高质量的击球。技术水平越高，对握拍的要求也越高。

羽毛球运动的步法和手法是相辅相成、不可分割的。许多击球技术都是靠快速、熟练、准确的步法移动来完成的。没有正确的步法，必然会影响各种击球技术的完成。而在比赛中如果步法不到位，手法就会失去其尖锐性与威胁性。

因此，可将羽毛球的握拍与步法相结合，分大组（八人一组）和大组中的小组（两人一组）进行竞赛式教学设计（以 90 分钟的体育课为例），为羽毛球运动打下良好的基础。

1. 一般准备活动与专项准备活动（10 分钟）

按照体育课堂常规要求，进行准备活动。体委整队，报告人数，师生问好。教师介绍教学内容及教学目标，检查服装，安排见习生。

导入教学内容，以游戏的形式进行热身，并进行专项性的准备活动。

2. 示范讲解与练习（20 分钟）

教师示范并讲解羽毛球步法和握拍的技术动作要领及练习方法。学生以大组为单位分小组进行模仿练习。教师巡视指导，加强学生对动作的领悟，培养学生团队协作能力。

3. 步法和握拍竞赛式教学法的实施（40 分钟）

（1）两人一组（前场正手上网步法和正手挑高球握拍）。要求一人结合步法模仿击球时的握拍动作，另一人进行统计，两人交替练习。统计单位时间步法与握拍的正确回合数和一次性步法与握拍的连续正确回合数。

（2）两人一组（前场反手上网步法和反手挑高球握拍）。要求一人结合步法模仿击球时的握拍动作，另一人进行统计，两人交替练习。统计单位时间步法与握拍的正确回合数和一次性步法与握拍的连续正确回合数。

（3）两人一组（前场正手上网步法和正手搓小球握拍）。要求一人结合步法模仿击球时的握拍动作，另一人进行统计，两人交替练习。统计单位时间步法与握拍的正确回合数和一次性步法与握拍的连续正确回合数。

（4）两人一组（前场反手上网步法和反手搓小球握拍）。要求一人结合步法模仿击球时的握拍动作，另一人进行统计，两人交替练习。统计单位时间步法与握拍的正确回合数和一次性步法与握拍的连续正确回合数。

（5）两人一组（中场正手右侧移动步法和正手平抽挡握拍）。要求一人结合步法模仿击球时的握拍动作，另一人进行统计，两人交替练习。统计单位时间步法与握拍的正确回合数和一次性步法与握拍的连续正确回合数。

（6）两人一组（中场反手左侧移动步法和反手平抽挡握拍）。要求一人结合步法模仿击球时的握拍动作，另一人进行统计，两人交替练习。统计单位时间步法与握拍的正确回合数和一次性步法与握拍的连续正确回合数。

（7）两人一组（中场正手右侧移动步法和正手接杀球握拍）。要求一人结合步法模仿击球时的握拍动作，另一人进行统计，两人交替练习。统计单位时间步法与握拍的正确回合数和一次性步法与握拍的连续正确回合数。

（8）两人一组（中场反手左侧移动步法和反手接杀球握拍）。要求一人结合步法模仿击球时的握拍动作，另一人进行统计，两人交替练习。统计单位时间步法与握拍的正确回合数和一次性步法与握拍的连续正确回合数。

（9）两人一组（后场正手后退步法和正手高远球握拍）。要求一人结合步法模仿击球时的握拍动作，另一人进行统计，两人交替练习。统计单位时间步法与握拍的正确回合数和一次性步法与握拍的连续正确回合数。

（10）两人一组（后场反手后退步法和反手高远球握拍）。要求一人结合步法模仿击球时的握拍动作，另一人进行统计，两人交替练习。统计单位时间步法与握拍的正确回合数和一次性步法与握拍的连续正确回合数。

（11）两人一组（后场正手后退步法和正手吊球握拍）。要求一人结合步法模仿击球时的握拍动作，另一人进行统计，两人交替练习。统计单位时间步法与握拍的正确回合数和一次性步法与握拍的连续正确回合数。

（12）两人一组（后场反手后退步法和反手吊球握拍）。要求一人结合步法模仿击球时的握拍动作，另一人进行统计，两人交替练习。统计单位时间步法与握拍的正确回合数和一次性步法与握拍的连续正确回合数。

（13）两人合作（后场正手后退步法和正手扣杀握拍）。要求一人结合步法模仿击球时的握拍动作，另一人进行统计，两人交替练习。统计单位时间步法与握拍的正确回合数和一次性步法与握拍的连续正确回合数。

（14）两人合作（后场反手后退步法和反手扣杀握拍）。要求一人结合步法模仿击球时的握拍动作，另一人进行统计，两人交替练习。统计单位时间步法与握拍的正确回合数和一次性步法与握拍的连续正确回合数。

（15）八人为一个大组，统计各竞赛项目中各大组的组内第一名，然后进行各大组间的竞赛，统计排名。

（16）以每个竞赛项目的第一名进行优秀示范。在进行优秀示范的同时，教师做点评与讲解。

（17）结合优秀示范后的点评与注意事项，以原小组为单位继续进行步法结合握拍的技术动作练习，不断提高学生的技术水平，并磨炼学生之间的默契度。

4. 必要的体能和专项素质练习（12 分钟）

根据学生的实际情况，进行补偿性的体能练习、拓展性的体能练习或结合羽毛球步法的体能练习，即根据羽毛球运动的方式及动作结构特点所需要的有针对性的力量、速度、耐力、灵敏性和柔韧性等素质进行练习，做到体能与技能并重。

5. 相应的放松活动，布置课后作业与下次课前预习内容（8 分钟）

（1）教师组织学生进行放松练习，主要针对运动中涉及的肌肉进行静力性的拉伸与放松。

（2）教师集合学生，回收器材，进行总结评价。有效的评价能使学生认识到自身的不足，激发学生练习的积极性，让学生目标更明确，从而做到以评促学。

（3）安排课后作业与下次课前预习内容。

（二）羽毛球手法（握拍）与熟悉球感的竞赛式教学

熟悉球感是学习羽毛球技术的基本功，其简单易练，不受场地、时间和对手的限制。球感即本体感觉，是球拍接触球的一瞬间，身体对来球的力量、速度、落点做出恰当处理的一种能力。球感的好坏，将直接影响击球的质量。熟悉球感包括熟悉羽毛球的形状、大小、轻重、弹力，以及球的重力、空间运行速度与线路变化等。

在羽毛球握拍与熟悉球感的过程中有多种辅助练习的方法，因此，接下来将羽毛球握拍与熟悉球感相结合，分大组（八人一组）和大组中的小组（两人一组）来进行竞赛式教学设计（以 90 分钟的体育课为例），以期为羽毛球运动打下良好的基础。

1．一般准备活动与专项准备活动（10 分钟）

按照体育课堂常规要求，进行准备活动。体委整队，报告人数，师生问好。教师介绍教学内容及教学目标，检查服装，安排见习生。

导入教学内容，以游戏的形式进行热身，并进行专项性的准备活动。

2．示范讲解与练习（20 分钟）

教师示范并讲解羽毛球握拍与熟悉球感的技术动作要领及练习方法。学生以大组为单位分小组进行模仿练习。教师巡视指导，加强学生对动作的领悟，培养团结协作能力。

3．握拍和熟悉球感竞赛式教学法的实施（40 分钟）

（1）两人一组（正手握拍抬击球）。要求一人正手握拍并轻轻向上抬击球，尝试连续抬击并控制球，另一人进行统计，两人交替进行。统计单位时间内正手握拍抬击球的成功次数和一次性正手握拍连续抬击球的成功次数。

（2）两人一组（反手握拍抬击球）。要求一人反手握拍并轻轻向上抬击球，尝试连续抬击并控制球，另一人进行统计，两人交替进行。统计单位时间内反手握拍抬击球的成功次数和一次性反手握拍连续抬击球的成功次数。

（3）两人一组（正手握拍挑球）。要求一人正手握拍并全力向上方挑球，球挑得越高越好，体会发力动作方法，另一人进行统计，两人交替进行。统计单位时间内正手握拍挑球的成功次数和一次性正手握拍连续挑球的成功次数。

（4）两人一组（反手握拍挑球）。要求一人反手握拍并全力向上方挑球，球挑得越高越好，体会发力动作方法，另一人进行统计，两人交替进行。统计单位时间内反手握拍挑球的成功次数和一次性反手握拍连续挑球的成功次数。

（5）两人一组（正手握拍旋转搓击球）。要求一人正手握拍并以斜拍面向上搓击球，发力动作应小而轻，使球向上或向下旋转移动，连续搓击球次数越多、越旋转越好，另一人进行统计，两人交替进行。统计单位时间内正手握拍搓击球的成功次数和一次性正手握拍连续搓击球的成功次数。

（6）两人一组（反手握拍旋转搓击球）。要求一人反手握拍并以斜拍面向上搓击球，发力动作应小而轻，使球向上或向下旋转移动，连续搓击球次数越多、越旋转越好，另一人进行统计，两人交替进行。统计单位时间内反手握拍搓击球的成功次数和一次性反手握拍连续搓击球的成功次数。

（7）两人一组（正手握拍对墙击球）。要求一人正手握拍对墙击球并体会击球发力的感觉，另一人进行统计，两人交替进行。统计单位时间内正手握拍对墙击球的成功次数和一次性正手握拍连续对墙击球的成功次数。

（8）两人一组（反手握拍对墙击球）。要求一人反手握拍对墙击球并体会击球发力的感觉，另一人进行统计，两人交替进行。统计单位时间内反手握拍对墙击球的成功次数和一次性反手握拍连续对墙击球的成功次数。

（9）两人一组（正手握拍抛接球）。要求一人正手握拍并用挑球动作将球向上抛起，再用球拍将球缓冲置于拍面上，另一人进行统计，两人交替进行。统计单位时间内正手握拍抛接球的成功次数和一次性正手握拍连续抛接球的成功次数。

（10）两人一组（正手握拍传抛接球）。要求两人相距6米站立，一人用挑球动作将球向斜上方抛起，另一人用球拍将球缓冲置于拍面上。两人互相统计，交替进行。统计单位时间内正手握拍传抛接球的成功次数和一次性正手握拍连续传抛接球的成功次数。

（11）统计各竞赛项目中每大组的组内第一名，然后进行各大组间的竞赛，统计排名。其中，教师可以以陪练的方式参与到组间竞赛中。

（12）以每种竞赛项目的第一名进行优秀示范（配合项目则需前两名学生共同进行示范），在进行优秀示范的同时，教师做点评与讲解。

（13）结合优秀示范后的点评与注意事项，以原小组为单位继续进行握拍结合熟悉球感的技术动作练习，不断提高学生的技术水平，并磨炼学生之间的默契度。

4. 必要的体能与专项素质练习（12分钟）

根据学生的实际情况，进行补偿性的体能练习、拓展性的体能练习或结合羽毛球步法的体能练习，即根据羽毛球运动的方式及动作结构特点所需要的有针对性的力量、速度、耐力、灵敏性和柔韧性等素质进行练习，做到体能与技能并重。

5. 相应的放松活动，布置课后作业与下次课前预习内容（8分钟）

（1）教师组织学生进行放松练习，主要针对运动中涉及的肌肉进行静力性的拉伸与放松。

（2）教师集合学生，回收器材，进行总结评价。有效的评价能使学生认识到自身的不足，激发学生练习的积极性，让学生目标更明确，从而做到以评促学。

（3）安排课后作业与下次课前预习内容。

（三）高远球的竞赛式教学

高远球是羽毛球技术中必须要掌握的基本技术之一，更是学习吊球、杀球的基础。接下来，结合发高远球与击高远球来进行高远球技术的竞赛式教学设计（以90分钟的体育课为例）。

1. 一般准备活动与专项准备活动（10分钟）

按照体育课堂常规要求，进行准备活动。体委整队，报告人数，师生问好。教师介绍教学内容及教学目标，检查服装，安排见习生。

导入教学内容，以游戏的形式进行热身，并进行专项性的准备活动。

2. 示范讲解与练习（20分钟）

教师示范并讲解高远球相关技术动作要领及练习方法。学生以大组（八人一组）为单位分小组进行模仿练习。教师巡视指导，加强学生对动作的领悟，培养学生团队协作能力。

3. 高远球竞赛式教学法的实施（40分钟）

（1）两人一组（发正手高远球）。要求一人所发高远球不仅要又高又远，而且要垂直下落，落点在对方正手区域底线处，另一人进行统计，两人交替进行。统计单位时间内发高远球至对方正手区域的成功次数，以及一次性连续发高远球至对方正手区域的成功次数。

（2）两个一组（发反手高远球）。要求一人所发高远球不仅要又高又远，而且要垂直下落，落点在对方反手区域底线处，另一人进行统计，两人交替进行。统计单位时间内发高远球至对方反手区域的成功次数，以及一次性连续发高远球至对方反手区域的成功次数。

（3）两人一组（正手原地高远球挥击）。要求一人用正手高远球击球动作进行原地击打悬挂球练习，且击球点准确，另一人进行统计，两人交替进行。统计单位时间内用正手高远球击球动作正确击打悬挂球的成功次数，以及一次性连续用正手高远球击球动作正确击打悬挂球的成功次数。

（4）两人一组（反手原地高远球挥击）。要求一人用反手高远球击球动作进行原地击打悬挂球练习，且击球点准确，另一人进行统计，两人交替进行。统计单位时间内用反手高远球击球动作正确击打悬挂球的成功次数，以及一次性连续用反手高远球击球动作正确击打悬挂球的成功次数。

（5）四人一组，从发高远球开始。要求两人连续击直线高远球，另外两人进行统计，四人交替进行。统计单位时间内击直线高远球的成功次数，以及一次性连续击直线高远球的成功回合次数。

（6）四人一组，从发高远球开始。要求两人连续击斜线高远球，另外两人进行统计，四人交替进行。统计单位时间内击斜线高远球的成功次数，以及一次性连续击斜线高远球的成功回合次数。

（7）四人一组，从发高远球开始。要求两人连续击不固定的直线与斜线高远球，另外两人进行统计，四人交替进行。统计单位时间内击不固定的直线与斜线高远球的成功次数，以及一次性连续击不固定的直线与斜线高远球的成功回合次数。

（8）统计各竞赛项目中每大组的组内第一名，然后进行各大组之间的竞赛，统计排名。教师可以以陪练的方式参与到组间竞赛中。

（9）以每个竞赛项目的第一名进行优秀示范（配合项目则须前两名学生共同进行示范），在进行优秀示范的同时，教师做点评与讲解。

（10）结合优秀示范后的点评与注意事项，以原小组为单位继续进行高远球技术动作练习，不断提高学生的技术水平，并磨炼学生之间的默契度。

4．必要的体能与专项素质练习（12 分钟）

根据学生的实际情况，进行补偿性的体能练习、拓展性的体能练习或结合羽毛球步法的体能练习，即根据羽毛球的高远球相关技术及动作结构特点所需要的有针对性的力量、速度、耐力、灵敏性和柔韧性等素质进行练习，做到体能与技能并重。

5．相应的放松活动，布置课后作业与下次课前预习内容（8 分钟）

（1）教师组织学生进行放松练习，主要针对运动中涉及的肌肉进行静力性的拉伸与放松。

（2）教师集合学生，回收器材，进行总结评价。有效的评价能使学生认识到自身不足，激发学生练习的积极性，让学生目标更明确，从而做到以评促学。

（3）安排课后作业与下次课前预习内容。

（四）前场发球、接发球的竞赛式教学

将球发至对方场区叫发球。发球有正手发球、反手发球之分。一般情况下，单打时

多采用正手发球姿势，双打时多采用反手发球姿势。根据球飞行的角度和距离，又可将发球分为发后场高远球、发平高球、发平射球和发前场小球等。

将对方的发球回击至对方场区叫接发球。根据球飞行的角度和距离的不同，可将接发球分为前场和后场接发球、正手和反手接发球。

发球方控制着发球的主动权，但接发球方却掌握着击第一球的主动权。由于网前发球的飞行距离短、落地快，所造成的威胁大，常常会使对方措手不及而直接得分。因此，该部分以发前场小球和接发前场球为主要内容，分大组（八人一组）和大组中的小组（两人一组）进行竞赛式教学设计（以90分钟的体育课为例），精细化提高学生的技术水平。

1. 一般准备活动与专项准备活动（10分钟）

按照体育课堂常规要求，进行准备活动。体委整队，报告人数，师生问好。教师介绍教学内容及教学目标，检查服装，安排见习生。

导入教学内容，以游戏的形式进行热身，并进行专项性的准备活动。

2. 示范讲解与练习（20分钟）

教师示范并讲解羽毛球前场发球和接发球的技术动作要领及练习方法。学生以大组为单位分小组进行模仿练习。教师巡视指导，加强学生对动作的领悟，培养学生团队协作能力。

3. 前场发球、接发球竞赛式教学法的实施（40分钟）

（1）两人一组（正手发前场球）。要求一人用正拍面摩擦击球，使球轻轻擦网而过，落在对方前发球线附近，另一人进行统计，两人交替进行。统计单位时间内正手发前场球的成功次数和一次性连续正手发前场球的成功次数。

（2）两人一组（反手发前场球）。要求一人用反拍面摩擦击球，使球轻轻擦网而过，落在对方前发球线附近，另一人进行统计，两人交替进行。统计单位时间内反手发前场球的成功次数和一次性连续反手发前场球的成功次数。

（3）两人一组（正手搓网前球）。一人发前场球，另一人用正手接发球的搓网前球技术，要求向前摩擦推送搓球，使球旋转过网，两人交替进行。统计单位时间内正手搓球过网的成功次数和一次性连续正手搓球过网的成功次数。

（4）两人一组（反手搓网前球）。一人发前场球，另一人用反手接发球的搓网前球技术，要求向前摩擦推送搓球，使球旋转过网，两人交替进行。统计单位时间内反手搓球过网的成功次数和一次性连续反手搓球过网的成功次数。

（5）两人一组（正手勾对角球）。一人发前场球，另一人用正手接发球的勾对角球技术，要求向网前斜对角方向发力击球，两人交替进行。统计单位时间内正手勾对角球过网的成功次数和一次性连续正手勾对角球过网的成功次数。

（6）两人一组（反手勾对角球）。一人发前场球，另一人用反手接发球的勾对角球技术，要求向网前斜对角方向发力击球，两人交替进行。统计单位时间内反手勾对角球过网的成功次数和一次性连续反手勾对角球过网的成功次数。

（7）两人一组（正手挑后场球）。一人发前场球，另一人用正手接发球的挑后场球技术，要求以较高或半高的飞行弧度击至对方后场区域，两人交替进行。统计单位时间内正手挑后场球的成功次数和一次性连续正手挑后场球的成功次数。

（8）两人一组（反手挑后场球）。一人发前场球，另一人用反手接发球的挑后场球技术，要求以较高或半高的飞行弧度击至对方后场区域，两人交替进行。统计单位时间内反手挑后场球的成功次数和一次性连续反手挑后场球的成功次数。

（9）两人一组（正手推后场球）。一人发前场球，另一人用正手接发球的推后场球技术，要求以较高或半高的飞行弧度击至对方后场区域，推后场球弧线要低于挑后场球弧线，两人交替进行。统计单位时间内正手推后场球的成功次数和一次性连续正手推后场球的成功次数。

（10）两人一组（反手推后场球）。一人发前场球，另一人用反手接发球的推后场球技术，要求以较高或半高的飞行弧度击至对方后场区域，推后场球弧线要低于挑后场球弧线，两人交替进行。统计单位时间内反手推后场球的成功次数和一次性连续反手推后场球的成功次数。

（11）两人一组（正手扑球）。一人发前场球，另一人抢高击球点用正手接发球的扑球技术，要求将对方发至前场网上高弧线球，以向下飞行的轨迹，将球从网顶部扑至对方场区，两人交替进行。统计单位时间内正手扑球的成功次数和一次性连续正手扑球的成功次数。

（12）两人一组（反手扑球）。一人发前场球，另一人抢高击球点用反手接发球的扑球技术，要求将对方发至前场网上高弧线球，以向下飞行的轨迹，将球从网顶部扑至对方场区，两人交替进行。统计单位时间内反手扑球的成功次数和一次性连续反手扑球的成功次数。

（13）统计各竞赛项目中各大组的组内第一名，然后进行各大组之间的竞赛，统计排名。教师可以以陪练的方式参与到组间竞赛中。

（14）以每个竞赛项目的第一名进行优秀示范（配合项目则须前两名学生共同进行示范）。在进行优秀示范的同时，教师做点评与讲解。

（15）结合优秀示范后的点评与注意事项，以原小组为单位继续进行前场发球、接发球技术动作练习，不断提高学生的技术水平，并磨炼学生之间的默契度。

4. 必要的体能与专项素质练习（12 分钟）

根据学生的实际情况，进行补偿性的体能练习、拓展性的体能练习或结合羽毛球步法的体能练习，即根据羽毛球的前场发球、接发球相关技术及动作结构特点所需要的有针对性的力量、速度、耐力、灵敏性和柔韧性等素质进行练习，做到体能与技能并重。

5. 相应的放松活动，布置课后作业与下次课前预习内容（8 分钟）

（1）教师组织学生进行放松练习，主要针对运动中涉及的肌肉进行静力性的拉伸与放松。

（2）教师集合学生，回收器材，进行总结评价。有效的评价能使学生认识到自身的不足，激发学生练习的积极性，让学生目标更明确，从而做到以评促学。

（3）安排课后作业与下次课前预习内容。

（五）羽毛球组合技术的竞赛式教学

羽毛球组合技术是指把两种或两种以上的羽毛球基本技术，通过一定的路线组合在一起进行练习的方法。在练习中，特意设定一些专门的球路进行针对性地训练，有助于学生把已掌握的基本技术结合起来，灵活运用，同时还可以把前场和后场、进攻与防守、直线与斜线等技术综合起来加以熟练、巩固和提高。在练习前，可以固定回球的落点、回球的路线范围，也可以不固定路线进行练习。练习方法如高吊球组合、吊杀球组合、杀球上网组合、吊球上网组合等。

经过一段时间的教学后，待学生的技战术水平有了一定程度的提高，就可以尝试采用羽毛球组合技术的竞赛式教学法进行教学实践。下面结合高吊球组合技术，分大组（八人一组）和大组中的小组（两人一组）进行竞赛式教学设计，为提高学生的实战应用能力做参考（以 90 分钟的体育课为例）。

1. 一般准备活动与专项准备活动（10 分钟）

按照体育课堂常规要求，进行准备活动。体委整队，报告人数，师生问好。教师介绍教学内容及教学目标，检查服装，安排见习生。

导入教学内容，以游戏的形式进行热身，并进行专项性的准备活动。

2. 示范讲解与练习（20 分钟）

教师示范并讲解羽毛球高吊球组合技术的动作要领及练习方法。学生以大组为单位分小组进行模仿练习。教师巡视指导，加强学生对动作的领悟，培养学生团队协作能力。

3. 羽毛球高吊球组合技术竞赛式教学法的实施（40 分钟）

（1）两人一组（固定正手直线高吊球）。一人进行击直线高远球、吊直线网前球练习，另一人进行回击与统计，两人交替进行。要求一人固定位置依次击直线后场高远球和吊直线前场网前球（一点攻两点），另一人以相对应的击直线后场高远球和挑直线后场高球的方式进行回击（两点攻一点）。统计单位时间内固定正手击直线高远球、吊直线网前球的成功次数，以及一次性连续固定正手击直线高远球、吊直线网前球的成功回合次数。

（2）两人一组（固定正手斜线高吊球）。一人进行击斜线高远球、吊斜线网前球练习，另一人进行回击与统计，两人交替进行。要求一人固定位置依次击斜线后场高远球和吊斜线前场网前球（一点攻两点），另一人以相对应的击斜线后场高远球和挑斜线后场高球的方式进行回击（两点攻一点）。统计单位时间内固定正手击斜线高远球、吊斜线网前球的成功次数，以及一次性连续固定正手击斜线高远球、吊斜线网前球的成功回合次数。

（3）两人一组（固定正手直线高远球、斜线吊球）。一人进行击直线高远球、吊斜线网前球练习，另一人进行回击与统计，两人交替进行。要求一人固定位置依次击直线后场高远球和吊斜线前场网前球（一点攻两点），另一人以相对应的击直线后场高远球和挑斜线后场高球的方式进行回击（两点攻一点）。统计单位时间内固定正手击直线高远球、吊斜线网前球的成功次数，以及一次性连续固定正手击直线高远球、吊斜线网前球的成功回合次数。

（4）两人一组（固定正手斜线高远球、直线吊球）。一人进行击斜线高远球、吊直线网前球练习，另一人进行回击与统计，两人交替进行。要求一人固定位置依次击斜线后场高远球和吊直线前场网前球（一点攻两点），另一人以相对应的击斜线后场高远球和挑直线后场高球的方式进行回击（两点攻一点）。统计单位时间内固定正手击斜线高远球、吊直线网前球的成功次数，以及一次性连续固定正手击斜线高远球、吊直线网前球的成功回合次数。

（5）两人一组（固定正手直线和斜线四角高吊球）。一人进行击直线和斜线高远球、吊直线和斜线网前球练习，另一人进行回击与统计，两人交替进行。要求一人固定位置依次击直线后场高远球、吊直线前场网前球、击斜线后场高远球、吊斜线前场网前球（一点攻四点），另一人以相对应的击直线后场高远球、挑直线后场高球、击斜线后场高远球和挑斜线后场高球的方式进行回击（四点攻一点）。统计单位时间内固定正手击直线和斜线高远球、吊直线和斜线网前球的成功次数，以及一次性连续固定正手击直线和斜线高远球、吊直线和斜线网前球的成功回合次数。

（6）两人一组（不固定正手直线高吊球）。一人进行击直线高远球、吊直线网前球练习，另一人进行回击与统计，两人交替进行。要求一人不固定位置依次击后场直线高远球、吊直线前场网前球（两点攻两点），另一人以相对应的击斜线后场高远球、挑斜线后场高球的方式进行回击（两点攻两点）。统计单位时间内不固定正手击直线高远球、吊直线网前球的成功次数，以及一次性连续不固定正手击直线高远球、吊直线网前球的成功回合次数。

（7）两人一组（不固定正手斜线高吊球）。一人进行击斜线高远球、吊斜线网前球练习，另一人进行回击与统计，两人交替进行。要求一人不固定位置依次击后场斜线高远球、吊斜线前场网前球（两点攻两点），另一人以相对应的击直线后场高远球、挑直线后场高球的方式进行回击（两点攻两点）。统计单位时间内不固定正手击斜线高远球、吊斜线网前球的成功次数，以及一次性连续不固定正手击直线高远球、吊斜线网前球的成功回合次数。

（8）两人一组（不固定正手直线高远球、斜线吊球）。一人进行击直线高远球、吊斜线网前球练习，另一人进行回击与统计，两人交替进行。要求一人不固定位置依次击后场直线高远球、吊斜线前场网前球（两点攻两点），另一人以相对应的击斜线后场高远球、挑直线后场高球的方式进行回击（两点攻两点）。统计单位时间内不固定正手击直线高远球、吊斜线网前球的成功次数，以及一次性连续不固定正手击直线高远球、吊斜线网前球的成功回合次数。

（9）两人一组（不固定正手斜线高远球、直线吊球）。一人进行击斜线高远球、吊直线网前球练习，另一人进行回击与统计，两人交替进行。要求一人不固定位置依次击后场斜线高远球、吊直线前场网前球（两点攻两点），另一人以相对应的击直线后场高远球、挑斜线后场高球的方式进行回击（两点攻两点）。统计单位时间内不固定正手击斜线高远球、吊直线网前球的成功次数，以及一次性连续不固定正手击斜线高远球、吊直线网前球的成功回合次数。

（10）两人一组（不固定正手直线和斜线的四角高吊球）。一人进行击直线和斜线高远球、吊直线和斜线网前球练习，另一人进行回击与统计，两人交替进行。要求一人不固定位置在后场底线两个角的区域以任意一种方式（击后场直线高远球、吊斜线前场网前球、击后场斜线高远球、吊直线前场网前球）将球击打至对方场区全场四个角的区域（两点攻四点），而另一人只能将来球回击到来球方后场底线两个角的区域任何一个点（四点攻两点）。统计单位时间内不固定正手击直线和斜线高远球、吊直线和斜线网前球的成功次数，以及一次性连续不固定正手击直线和斜线高远球、吊直线和斜线网前球的成功回合次数。

（11）鉴于羽毛球组合技术具有一点的难度，而班级各小组的技术水平之间又存在一定的差异，教师可根据实际情况给各小组分配竞赛式教学任务。例如，技术水平较高的小组进行不固定的羽毛球高吊球竞赛，技术水平较弱的小组进行固定的羽毛球高吊球竞赛。

（12）统计各竞赛项目中每大组的组内第一名，然后进行各大组之间的竞赛，并统计排名。教师可以以陪练的方式参与到组间竞赛中。

（13）以每个竞赛项目的前两名学生配合进行优秀示范。在进行优秀示范的同时，教师做点评与讲解。

（14）结合优秀示范后的点评与注意事项，以原小组为单位继续进行高吊球组合技术动作练习，不断提高学生的技术水平，并磨炼学生之间的默契度。

4．必要的体能与专项素质练习（12 分钟）

根据学生的实际情况，进行补偿性的体能练习、拓展性的体能练习或结合羽毛球步法的体能练习，即根据羽毛球高吊球组合的相关技术及动作结构特点所需要的有针对性的力量、速度、耐力、灵敏性和柔韧性等素质进行练习，做到体能与技能并重。

5．相应的放松活动，布置课后作业与下次课前预习内容（8 分钟）

（1）教师组织学生进行放松练习，主要针对运动中涉及的肌肉进行静力性的拉伸与放松。

（2）教师集合学生，回收器材，进行总结评价。有效的评价能使学生认识到自身的不足，激发学生练习的积极性，让学生目标更明确，从而做到以评促学。

（3）安排课后作业与下次课前预习内容。

（六）羽毛球理论常识的竞赛式教学设计

羽毛球理论常识包括羽毛球器材的选择、羽毛球的竞赛项目与竞赛方法、羽毛球国际重大赛事、羽毛球世界排名方式、羽毛球运动欣赏、羽毛球裁判手势等。教学设计可将此部分内容以分组抢答或课堂提问的竞赛形式贯穿于实践课中，作为对羽毛球知识的丰富与拓展，这将对学生学习羽毛球运动起到事半功倍的作用。

1．做出羽毛球裁判手势并加以解释

教师可在授课期间，将相对应的裁判知识穿插于课堂中，并体现在竞赛式教学的各个环节，促使学生学以致用。教师亦可预先布置作业，待课堂中进行问答并演示。

2．羽毛球运动欣赏

在羽毛球比赛过程中，可欣赏选手的发球、接球、扣杀、抽球等技术动作，以及双方如何进行攻守转换，体会选手在竞赛过程中的心理变化和所展现出的个人意志品质，学习对方守中反攻、快拉快吊、打四方球等战术，了解羽毛球的竞赛组织方法与规则意识，认同运动员的家国情怀等。这些都旨在提高学生对羽毛球运动的认识和文化素养，激发更多人喜欢并参与该运动。

3. 世界羽联的世界排名计分方式

世界羽联的世界排名是通过积分系统来直观地显示选手最近52周（一年）参加的各大世界羽联规定的羽毛球赛事以及其近期的综合实力的。此外，该排名还可用于确定比赛的种子选手，以及获得参加奥运会和世锦赛的资格。

选手根据最近52周参加一个或多个世界羽联规定可授予积分的比赛（青年赛除外）的名次而获得积分，并通过积分累加而获得羽毛球世界排名。积分通常会保持52周，直到下一届相同的赛事举行，才会被替换。

世界排名分为六项，分别是五个单项（男单、女单、男双、女双、混双）排名和团体排名。世界排名每周二在世界羽联官网上更新。

（1）单项排名规则。单项排名依据总积分的高低进行计算。若最近52周参加的规定赛事大于或等于11场，总积分取10场最高积分之和；若最近52周参加的规定赛事小于或等于10场，总积分为每场积分相加之和。积分的获得主要根据选手所参加比赛的级别以及最终获得的名次来决定。世界羽联各赛事单项比赛的积分对照见表10－5。

表10－5 世界羽联各赛事单项比赛积分对照

级别	冠军	亚军	3～4名	5～8名	9～16名	17～32名	33～64名	65～128名	129～256名
奥运会、世锦赛	13000	11000	9200*	7200	5200	3200	1300	—	—
总决赛	12000	10200	8400	6600	—	—	—	—	—
Super 1000	12000	10200	8400	6600	4800	3000	—	—	—
Super 750	11000	9350	7700	6050	4320	2660	—	—	—
Super 500	9200	7800	6420	5040	3600	2200	880	430	—
Super 300	7000	5950	4900	3850	2750	1670	660	320	—
Super 100	5500	4680	3850	3030	2110	1290	510	240	—
国际挑战赛	4000	3400	2800	2200	1520	920	360	170	70
国际系列赛	2500	2130	1750	1370	920	550	210	100	40
国际未来系列赛	1700	1420	1170	920	600	350	130	60	20

*奥运会第三名获得积分为10100分，第四名获得积分为9200分。

“—”表示因参赛人数限制而不适用。

（2）团体排名规则。世界羽联团体世界排名用于定量显示各国家或地区队的总体实力，也可用于各项团体赛事作为分组参考。团体排名积分包括参加世界羽联规定比赛的男单、女单、男双、女双、混双五个项目的积分与近期举办的汤姆斯杯、尤伯杯、苏迪曼杯的积分之和，但汤尤杯和苏杯只能二选一。需要注意的是，若某国家的运动员在男单有前三名的选手，则该国男单积分为1500分；若某国家的运动员在男单有前十名的选手并且没有前三名的选手，则该国男单积分为1200分；其余四项积分计算方法与男单相同。世界羽毛球团体比赛的积分对照见表10－6。

表10-6 世界羽毛球团体比赛积分对照

项目	1～3名	4～10名	11～20名	21～50名	51～100名	101～200名	201～500名	低于500名
男单、女单	1500	1200	1000	750	500	250	100	10
男双、女双、混双	1500	1200	1000	500	250	125	50	5
赛事	冠军	亚军	3～4名	5～8名	9～12名	13～16名	—	—
汤姆斯杯赛、尤伯杯赛	2500	2000	1500	1000	750	500	—	—
苏迪曼杯赛	5000	4000	3000	2000	1500	—	—	—

注："—"表示因赛事人数限制而不适用。

4. 羽毛球场地设施与比赛器材要求

（1）球场。标准羽毛球场地是长方形，长为13.4米，双打比赛场地宽为6.1米，单打比赛场地宽为5.18米。线宽均为0.4米，线的颜色应为白色、黄色或其他容易辨别的颜色。球场周围2米、上空9米不得有任何横梁、障碍物。球场四周墙壁的颜色必须是深色。在比赛时，应采用灯光照明，并关闭门窗或空调。

（2）网柱。从场地地面量起，羽毛球的网柱高1.55米。不论是单打还是双打比赛，网柱都应放置在双打边线上，网柱及其支撑物不得延伸进入除边线外的场地内。

（3）球网。羽毛球标准球网应由深色优质的细绳编织而成，网孔为均匀分布的方形，边长为15～20毫米。球网上、下宽0.76米，全长至少6.1米。正式比赛时，球网中部上沿离地面为1.524米高，双打边线中心点处网高1.55米。

（4）羽毛球。羽毛球可由天然材料、人造材料或两者混合制成。由天然材料制作的球应由16根羽毛固定在球托上，球重4.74～5.5克。每根羽毛从球托面至羽毛尖的长度统一为62～70毫米。羽毛之间应用线或其他适宜材料扎牢围成圆形，顶端直径为58～68毫米。球托底部为球形，直径为25～28毫米。

（5）羽毛球拍。羽毛球拍多用铝合金或碳素纤维制成。一支球拍长度不超过680毫米、宽不超过230毫米，由拍柄、拍弦面、拍头、拍杆、连接喉组成整个框架。拍柄是击球者通常握拍的部分；拍弦面是击球者通常用于击球的部分，一般长不超过280毫米、宽不超过220毫米；拍头即拍框，限定着拍弦面的范围；拍杆连接拍柄与拍头；连接喉连接拍杆与拍头。随着科学技术的发展，球拍向着总重量越来越轻、拍框越来越硬、拍杆弹性越来越好、空气阻力越来越小的方向发展。

三、羽毛球比赛（结合裁判实践）的竞赛式教学

在"教会、勤练、常赛"的体育教学指导方针引领下，教师可将比赛组织方法、裁判方法等竞赛规则贯穿在平时教学内容中，以便在期末组织全体学生进行羽毛球比

赛。这样既检验了教学效果，也可以使学生能够学以致用。

分组循环：学生期末比赛可采用循环赛进行。循环赛有利于学生相互学习、共同提高，能更为合理地赛出名次；但同时也导致比赛时间长。根据班级人数及课时的实际情况，为了不过多地增加比赛的场数和延长比赛的天数，常采用分组循环赛的方式进行，每组4～6人。比赛时，先让所有参赛学生分组进行第一阶段小组单循环赛，然后各小组优胜者之间再进行第二阶段比赛，直至进入半决赛、决赛并确定最终名次。要注意的是，为避免强者间提前相遇而有失公平，分组过程中各小组之间的实力要均衡，可通过确定种子选手的形式进行分组。下面以每小组6名学生的单循环赛共15场比赛为例，编排见表10－7。

表10－7　小组6人单循环赛编排

序号	A	B	C	D	E	F	胜次	净胜局	名次
A	—	2:1	2:0	2:0	2:0	2:0	5	9	1
B	1:2	—	2:0	2:0	2:0	2:0	4	7	2
C	0:2	0:2	—	2:0	2:0	2:1	3	1	3
D	0:2	0:2	0:2	—	1:2	0:2	0	0	6
E	0:2	0:2	0:2	2:1	—	2:0	2	0	4
F	0:2	0:2	1:2	2:0	0:2	—	1	0	5

注："—"表示不适用。

赛制：世界羽联21分制实行每球得分制，除非另有规定，一场比赛应以三局两胜定胜负，先得21分的一方胜一局。如果双方比分为20平后，则领先2分的一方胜该局；如果双方比分为29平后，则先得30分的一方胜该局。运动员在一局比赛结束后应交换场地，且胜利的一方在下一局首先发球。需注意的是，在第三局比赛中，一方先得11分时进行场地交换。在比赛后若双方胜次相同，则双方间比赛胜者名次列前；若三方胜次相同，则依次以三方在本阶段全部比赛的净胜局决定名次；若再出现两方的净胜局相同，则以他们之间的胜负决定名次；若再出现三方的净胜局相同，则将以抽签的方法来决定名次的排列。

裁判实习：因学校场地数量通常不足以满足所有学生同时比赛，为了锻炼学生的执裁能力，教师可安排暂不参加比赛的学生进行裁判实习，这样既可营造学生的羽毛球比赛氛围，又可提高学生的执裁能力，从而达到全面发展学生羽毛球运动水平的目的。

竞赛结果：首先，要正确对待比赛的结果，将其与社会适应能力相结合。胜败乃兵家常事，能赢固然值得称赞，输了则应吸取教训，再接再厉。竞赛的不仅仅是一场比赛的得失，还包括比赛过程中的每位选手的体育道德与心理素质。现代社会都回避不了竞争，培养良好的社会适应能力更有利于长远的发展。其次，比赛失利后，要认真分析原因所在，要敢于挑战并虚心请教技术水平高的同学，以便进一步学习、提高，争取在下次比赛中取得好成绩。最后，教师要将"体育课程思政"渗透于羽毛球竞赛式教学的每一个环节，让思想引导实践，把握教学的正确导向。每一次的竞赛，都帮助学生去调整好心态，挑战自我，挖掘潜力，掌握更多的技能，不断进步，以达到“以赛促学，赛教融合”的真正目的。

四、羽毛球竞赛式教学评价

教学评价是以教学目标为依据，按照科学的标准，运用一切有效的技术手段，对教学过程及结果进行测评，并给予价值判断的过程。在新课程标准执行中，强调学科培养目标和评价内容的多元化，即对学生的评价不仅包括基本技能和基础知识的评价，还包括情感、态度与价值观、学习过程与学习方法等的评价。因此，对学生进行多元评价是促进学生全面发展的有效途径。

（1）评价要全面。对学生的评价不能局限于重视技能等方面的正式评价，还要形成教师的个人风格，给予一定的非正式评价。例如，用一个眼神、一个微笑、一个竖起的大拇指等肢体语言来表达对学生的认可和赞赏，这些都可以帮助学生在学习过程中树立自信、肯定自我。

（2）评价的方式要多元化。对学生的评价还可通过比赛、执裁、优秀展示等方式进行，以实现教学评价的多元化。

（3）结果性评价与过程性评价相结合。对学生的评价，在注重结果的同时，也要对学生的过程性学习有科学的评定，不然就会出现一部分学生的羽毛球技术非常好，但课堂表现却一般，品德较差，也会在考核中取得较理想的成绩。因此，结果性评价应与过程性评价并重。

（4）保持评价的长期连续性。俗话说“一百次一分的赞美远比一次一百分的赞扬效果要好得多”。对学生采取多次连续刺激，使其在认知、学习、品德、行为等方面全面得到教育与提高。

（5）羽毛球课程评价内容应以基本部分、综合素质等评价为侧重点。羽毛球课程中的基本部分包括技能达标、技术评定和基本能力，其权重占比为70%。其中，技能达标、技术评定以考试为主，基本能力评价以课堂中所展现出来的团队管理能力、竞赛活动组织能力、裁判水平为主。综合素质部分包括考勤、平时表现，其权重占比为30%。其中，考勤和平时表现主要结合竞赛获胜次数、进步幅度、责任心、课堂纪律、仪表仪态、行为习惯和能否按时完成课堂教学任务与要求进行评价。羽毛球竞赛式教学评价内容与权重见表10－8。

表10－8　羽毛球竞赛式教学的评价内容与权重

评价角度	评价内容	分值/分	权重/%
基本部分	技能达标	20	70
	技术评定	30	
	基本能力	20	
综合素质	考勤、平时表现	30	30

五、羽毛球运动小贴士

（一）单打常识

（1）跑动到位。选手在移动中要预测球的运动轨迹，在较好体能的基础上积极跑动，赶在球下落之前到达位置，准备击球动作。

（2）迫使对方跑动。可采用多变的四方球技术，迫使对方疲于跑动而回球质量不高，从而占据主动地位。

（3）不轻易跳起杀球或从底线杀球。跳起杀球对初学者来说难度大、失误多。底线杀球时，球到达对方场区的球速相对减慢，易使对方反守为攻。

（4）网前击球，要保持网前位置和高举球拍。对方面对高质量的网前击球只有两种击球可能：一种是回击网前球，运动员应保持网前位置，以直接扑球或搓球；另一种是挑球，运动员在网前也会有足够的时间进行跑位。

（5）清晰对方的弱点。可迫使体能较弱者多跑动，迫使反手弱者接反手球，迫使身材高大者接追身球。

（二）双打常识

（1）有预判、有行动。单打时，要求“有预判、无行动”，最多就是移动一下身体重心而已。双打时，则要求“有预判、有行动”。因为在双打比赛中，如果总是要先看清对方的打法才开始行动，就会永远落后一步。因此，应及时预判对方的动作趋势，并采取对策。即使预判失误导致行动错误（例如，提前移动去抢封直线，对方却回了斜线），也应该相信搭档。

（2）前三拍定胜负。首先，发球质量要高，不给对方进攻的机会，如以发前场小球为主，辅以偷袭后场。这样，从发球开始，就可以迫使对方起高球陷入防守境地。其次，接发球尽量采用快速扑推中路及两边的战术，争取主动。最后，随时做好处理对方回球的准备，前场发球队员发球后要迅速举拍封堵对方的接发球习惯球路。

（3）进攻前后站、防守左右站。球场上两人的站位及分工不是一成不变的，两人的位置会随着攻守关系的变化而变化。我们要时刻清楚场上的形势，做到“进攻前后站、防守左右站”。

（4）谁挑球，谁就被动。在一场高水平比赛中，水平接近的参赛双方总是向下打球的一方更占据主动，总是向上打球则意味着总是处于防守态势。防守时，应尽量少挑球，回球线路能平则平，以加强网前对抗能力。

（5）轮转换位：斜上直退、斜退直上。

在双打比赛中，为了摆脱被动，伺机转入反攻，首先要调整好防守的站位。双打防守时的站位调整，都是一名队员在跑动击球，搭档则根据该名队员的跑动情况进行补位。如果一名队员斜线上网前挑高球，那么该名队员击完球后应直线后退进入防守位置，切忌对角后退。因为直线后退线路短、站位快，对角后退路线长，容易被对方打追身球。同理，如果一名队员斜线退后场回击对方高远球，那么该名队员击完球后就要直线向前进入防守位置，搭档则要根据该名队员的回球决定退防补位。

上述第一种情况相对容易，后场队员根据观察搭档的回球及退防方向即可确定自己的补防位置。而上述第二种情况则有一定的难度，需要前场队员通过搭档回球的方式以及移动的脚步声，来判断本方是进攻还是防守。

（6）前场队员永远是对的。搭档在技术上要相互了解、相互信任，尤其是前后形成进攻站位时，由于前场队员看不到后场搭档的行动，所以他的移动更多是基于对对方习惯回球线路的捕捉，无论朝哪边移动都应该是积极的。那么，作为处在后场的搭档就要根据前场队员的移动及时补位，并多鼓励前场搭档进行封堵，这样才能配合默契，打出最佳水平。

第十一章　网球运动竞赛式教学实践

网球运动（tennis）是一种世界广泛流行的球类运动，与高尔夫球、保龄球和桌球并称为世界四大绅士运动。网球运动起源于法国，发展在英国，普及在美国，盛行于世界。随着体育运动的发展与普及，王室贵族运动慢慢走进了普通老百姓的生活，最能体现这一点的运动项目就是网球。在快速发展的现代社会，网球运动逐渐渗透大街小巷，从老年朋友到少年儿童，各年龄段的网球爱好者都出现在了网球场上。

有效的网球运动场是一个长方形场地（图 11 - 1），长为 23. 77 米，单打比赛的场地宽为 8. 23 米，双打比赛的场地宽为 10. 97 米。网球场中间有隔网，比赛双方各占球场一边，球员用网球拍击球。

图 11 - 1　网球运动场

第一节　网球运动的起源与发展

一、网球运动的起源

网球被人们誉为是一项高雅而又激烈的体育运动，被称之为世界第二大球类运动。

网球运动最初是以室内网球的形式开展的。历史学家们相对集中的观点认为，这项运动的起源可以追溯到 12—13 世纪的法国。当时法国的神职人员为了调节无聊又单调的生活，常常在教堂的回廊中用手掌击打一种类似小球的物体。慢慢地，这种活动传入到了法国的宫廷内，并很快成为王室贵族的一种娱乐消遣游戏。当时，这种游戏没有球拍，称之为“jeu de paume”（法语，用手掌击球的意思），即“掌击球游戏”（图 11 -

2）。14 世纪中叶，法国王储将掌击球游戏所使用的球赠给了英国国王亨利五世，于是这种游戏便传入了英国。后来，欧洲人掌握了橡胶技术，做出了能弹跳的球。当时，人们公认埃及坦尼斯镇生产的球皮最好，所以“坦尼斯”（tennis）作为网球运动的专用名称一直沿用到现在。15 世纪，这种游戏由用手掌击球改为用木板击球，并很快出现了一种用羊皮纸作拍面的卵形球拍。后来，球拍的拍面由原来的羊皮纸换成了穿着有弹性的弦线；而场地中央的绳子也改为绳帘，再改为小方格子网。因此，网球又被称为“宫廷网球”和“皇家网球”。

16—17 世纪的网球不再是一种单纯的游戏，而逐渐以一种竞技比赛的形式呈现（图 11－3）。1871 年，英国的温菲尔德少校改进了早期的网球打法，并将场地转移到了草坪地。同年他还出版了《草地网球》一书，提出了一套接近现代网球的打法。1874 年，网球场地的大小和球网的高低进一步确定，并在英国首先出现了简易的草地网球比赛。1875 年，全英网球运动俱乐部建立，该俱乐部制定了网球比赛规则。1877 年，英国伦敦郊外温布尔登设置了几个草地网球协会，草地网球运动在英国得到进一步发展，并于 1877 年 7 月举办了全英草地网球男子单打锦标赛，即后来的温布尔登网球公开赛。随后，英国板球俱乐部又将网球场地定为长 23.77 米（78 英尺①）、宽 8.23 米的长方形，球网中央的高度定为 99 厘米，并确定了每局采用 15、30、40、平分记分的方法。1884 年，英国伦敦玛丽勒本板球俱乐部又将球网的中央高度定为 91.4 厘米。至此，现代网球运动正式形成，并以飞快的速度在欧美盛行开来，成为一项深受欢迎的球类运动。

图 11－2　掌击球游戏

（资料来源：李志平、于海强：《网球入门、提高训练与实战》，化学工业出版社 2017 年版，第 7 页）

图 11－3　早期网球运动

（资料来源：熊建设、卢丹旭：《网球》，重庆大学出版社 2017 年版，第 4 页）

1874 年，在百慕大度假的美国女士玛丽·尤因·奥特布里奇在观看了英国军官的网球比赛后，对此项体育活动产生了浓厚的兴趣，于是便将网球的规则、网球拍和网球一同带回了纽约。在美国，网球运动最初是在东部各学校中开展的，很快在中部和西部也传播开了，进而在美国得到普及。此时的网球运动的场地已经由草地演变到沙土地等多种场地，于是网球的名称就慢慢替代了草地网球的名称。

网球运动起源于法国教会，又经过欧洲各国王室贵族的推动，逐步走向平民，并在全世界传播开来。1913 年 3 月 1 日，国际网球联合会（International Tennis Federation，

① 1 英尺 =0.3048 米。——编者注

ITF）在法国巴黎成立，总部设在了伦敦。国际网球联合会的成立，标志着网球运动由娱乐游戏阶段过渡到了职业网球的竞技体育阶段。

1896 年，在雅典第一届奥运会上，网球男子单打与男子双打被正式列为正式比赛项目。后来，由于国际网球联合会与国际奥委会在“业余球员”的定义上有分歧，已连续在七届奥运会出现的网球比赛被取消。到了 1984 年洛杉矶奥运会，网球被列为表演项目。直到 1988 年的汉城（首尔）奥运会上，网球才重新被列入正式比赛项目。

除了 20 世纪 70 年代采用的“抢七”规则外，网球运动规则自 1890 年至今变化很小。近年，在职业赛事中增加了“即时重放”系统即“鹰眼”，以判定有争议的球。

二、中国网球的发展

19 世纪中叶，中国被迫陆续开放了一些沿海通商口岸，西方的官员、商人、传教士和军警纷至沓来，他们在上海、广州、香港、北京、青岛、天津等地修建了许多网球场，平日里用来娱乐消遣，网球运动随之进入中国。不久之后，网球运动在教会和学校中也逐渐展开。1898 年，上海圣约翰书院举办了中国最早的学校网球比赛——“斯坦豪斯杯”网球赛。1910 年，在南京举行的旧中国第一届全国运动会上，男子网球被列为比赛项目。1924 年，旧中国第三届全国运动会上，女子网球被列为比赛项目，但是当时并没有选手报名参加比赛，直到 1930 年旧中国第四届全国运动会，才有女子选手正式报名参加比赛。

20 世纪初，中国网球才开始与国际网坛进行交流。1915 年第二届至 1934 年第十届远东运动会上，中国男子网球队均参加了网球表演赛；女子网球队则参加了第六届至第十届远东运动会的网球表演赛。我国著名网球选手邱飞海在 1924 年的英国温布尔登网球赛中打进第二轮的比赛。在第八届远东运动会上，中国队以林宝华和邱飞海为主力获得了男子网球团体赛冠军。我国选手在 1924—1946 年间共参加了 6 次戴维斯杯的比赛。

中华人民共和国成立以后，我国的网球事业得到了迅速发展。1953 年成立了中国网球协会，在天津市举办了第一届全国网球表演赛。从 1956 年开始，我国网球队加强了与国际网坛的交往，并积极参加各种国际网球比赛，取得了不俗的成绩。1966 年以后，和其他体育项目一样，我国网球运动也受到了很大的冲击，网球运动竞技水平停滞不前，甚至在走下坡路，与国际网坛几乎断绝了往来，直到 1978 年后才慢慢恢复生机。1980 年，中国网球协会加入国际网球联合会，成为正式会员。

近年来，我国网球事业掀开了崭新的历史画卷。中国选手夏嘉平在 2001 年第 21 届世界大学生运动会网球比赛中获得了男子单打冠军，李娜获得女子单打冠军。李婷、孙甜甜获得 2004 年雅典奥运会女子双打冠军，郑洁、晏紫获得 2006 年澳大利亚网球公开赛、温布尔登网球公开赛女子双打冠军，我国女子选手在近几年的世界网球赛事上取得了令世瞩目的佳绩。特别是李娜，2014 年一度在世界女子网坛单打排名第二。

如今，网球运动已经成为高校中最受学生喜欢的体育运动之一。网球运动在青少年中也逐渐普及，许多城市的学校和居民小区出现了网球场，网球运动成为人们大众健身、娱乐、休闲的选项之一。据国际网球联合会公布的《2021 世界网球调查报告》显示，中国的网球人口（平均每周打 1 次网球的人群）超过 200 万人，占全世界的 22.9%，中国的“网球时代”已经来到。

第二节　网球运动的基本裁判规则

竞技比赛中的裁判员是一个重要的角色，裁判员作为竞技比赛中的执裁者，保证着比赛的顺利开展。裁判长是一切正式网球比赛不可缺少的临场官员，是由主管该赛会的组织机构委派的全权代表，负责指挥整个网球比赛。一般来讲，国际网联将裁判长分为两个级别：金牌裁判长和银牌裁判长。国际大型比赛的裁判员要由金牌裁判长担任，而地区性或较低级别的国际比赛的裁判员则由银牌裁判长担任。我国国内的网球比赛至少需由中国网球协会批准的国家级裁判员担任裁判长。国际比赛则根据比赛级别的不同，有的只设一名裁判长，有的设一名监督和一名裁判长。目前，我国国内网球比赛还是按照一名裁判长和若干名副裁判长的模式设置，只有在全国网球巡回赛上，才参照国际惯例设置监督和裁判长各一名。

一、网球竞赛的基本规则

（一）一局的计分

1. 常规局

在一个常规局比赛中，报分的顺序应为先报发球运动员的得分，当两名运动员/队都获得了 3 分时，计为“平分”。平分后先拿下 1 分方，计为“占先”，占先一方再次获得 1 分则赢得该局；如果占先后对方拿下 1 分则比分仍为“平分”。一方需在平分后连续拿下两分才能赢得该局比赛。

2. 平局决胜局

在平局决胜局中，使用 0、1、2、3 分等来进行计分。率先拿下 7 分且净胜对方 2 分的一方赢得本盘比赛。

（二）赛制

比赛可以采用三盘二胜制，先赢得两盘的运动员/队赢得比赛；或者采用五盘三胜制，先赢得三盘的运动员/队赢得比赛。

（三）交换场地

运动员应该在每一盘的第一局、第三局和随后的每一个单数局结束后交换场地。一盘结束后运动员也需交换场地，除非在一盘结束后双方所得局数之和为偶数时，运动员则在下一盘第一局结束后交换场地。

（四）发球

在常规发球局中，发球员在每一局都应从场地的右半区开始，交替站在同侧场地的两个半区发球。在开始发球动作前，发球员应双脚站在底线后，然后用手将球抛出并在球接触地面前将球击出，在球拍击到球或没有击到球的那一刻，整个发球动作被认为已经完成。发出的球应当越过球网，在接球员回击发球之前落到对角方向的发球区内。如果第一次发球失误，发球员应当立即从他该次发球失误的同一半区后面的规定位置再次发球，除非发球失误的这次发球是从错误的半区发出的。

（五）运动员失分

（1）发球连续两次失误。

（2）在活球状态下，运动员在球连续两次触地前不能将球回击过网并落入有效区域内。

（3）在活球状态下，运动员回击的球在落地前触到有效击球区外的地面或其他物体。

（4）在活球状态下，运动员回击的球在落地前触碰到永久固定物。

（5）接球员在球没有落地前击球。

（6）运动员故意用球拍托带或接住处于活球状态中的球，或故意用球拍触球超过一次。

（7）在活球状态下的任何时候，运动员或他的球拍，或他穿戴或携带的任何物品触碰到球网、网柱/单打支柱、网绳或钢丝绳、中心带或网带，或对手场地。

（8）运动员在球过网前击球。

（9）在活球状态下除了运动员手中的球拍外，球触碰到运动员的身体或他穿戴的或携带的任何物品。

（10）双打比赛中，在一次回击球时，同队两名运动员都接触到了球。

（六）网球裁判员基本姿势（图 11－4 至图 11－21）①

图 11－4　准备站位

图 11－5　放松时站法

图 11－6　准备位置坐法

图 11－7　出界（发球失误）站法

图 11－8　好球站法

图 11－9　出界坐法

① 资料来源：李志平、于海强：《网球入门、提高训练与实战》，化学工业出版社 2017 年版，第 287～304 页。

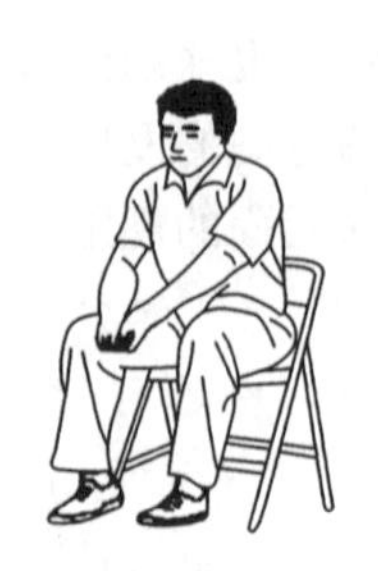
图 11－10　好球坐法

图 11－11　纠正（脚误、穿网、擦网等）

图 11－12　脚误坐法

图 11－13　没看见动作

图 11－14　擦网动作

图 11－15　司网裁判动作

图 11－16　发球线司线员准备姿势

图 11－17　发球好球动作

图 11－18　发球失误（出界）动作

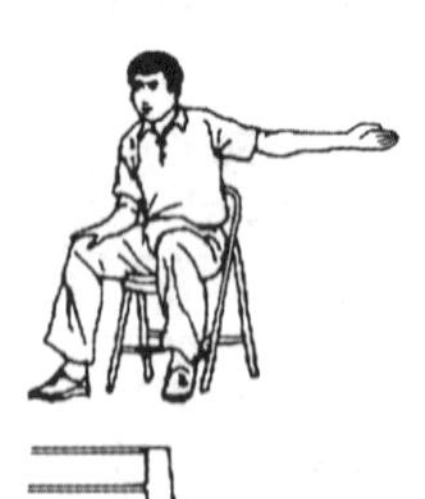
图 11－19　底线司线员的坐角

图 11－20　底线司线员的动作

图 11－21　主裁判坐法

二、记分的裁判方法

（1）记分表要填写清楚。应将比赛项目、选手姓名（包括单位）、场地号填写好。

（2）在选择场地和首先发球权后，根据主裁判座所在位置，将首先发球的运动员姓名的首字母填写在第一局空格中。第二局填写对方运动员姓名的首写字母，方位与第一局相同。第三局的方位改到另一面。第四局与第三局相同。以此类推，交替进行。根据这一规律，在比赛前可将第一盘各发球局运动员姓名的首写字母和所在的方位填于空格中。

（3）在局数总计一格中可根据第一局运动员所在的方位，将双方运动员姓名的首字母或单位填于空格中。

（4）在第 N 盘开始时间的格中填写本盘开始比赛的时间。

（5）比分记在“point”下面的方格内。上半部为发球方的得分，下半部为接球方的得分。每一分球后，用铅笔划一记号。

我国目前使用的得分记号为：

✧得分，则画符号“/”。

✧第一次发球失误，在发球方格内的下部中间画符号“·”。

✧发球直接得分被称为“ACE 球”，写“A”。

✧发球双误，则在接球方格内写“D”。

✧运动员犯规，则在对方格内写“C”。

（6）第几局哪方获胜即在局数总计格中填上本方获胜局数的累计数。

（7）在记分表中规定的换球局附近应做一明显标志，画符号“—”或“△”等。

（8）当局数为 6∶6 时即进行决胜局的比赛，采用 12 分 7 胜，即哪方胜了该局就胜了该盘比赛。在决胜局一格中填写双方运动员姓名的首字母或单位，决胜局的记分要用数字表示，即用 0、1、2、3……表示。

（9）每盘结束后，应迅速填写结束的时间和局数比。局数比之间用一字线，如“6—3”。如来不及，可在下一盘第一局后交换场地的间歇内填写。以后每盘的记分方法同上。比赛结束应填写获胜方及盘数比，决胜局比分应填入括号内，如“（7—4）”。最后经主裁判签字核对比分后送交裁判长。

第三节　网球运动的基本技术

按照是否直接控球来划分，网球的基本技术包括无球技术和有球技术。无球技术主要是握拍方法和基本步法，有球技术主要包括发球、接发球、正手击球、反手击球、挑高球、高压球、截击球等。本节以右手持拍为例，重点讲解以上基本技术。

一、网球运动的无球技术

（一）握拍方法

要学打网球先要学会如何握拍（图 11－22），找到适合自己的握拍方法对每一次击球会有很大的影响。握拍方法不同决定了击球时的角度和接触球的位置不同，打球时的步法也不同。每一种握拍的方式都有各自的优点，选择适合自己的握拍方式最重要。下面介绍几种常用的握拍方法。

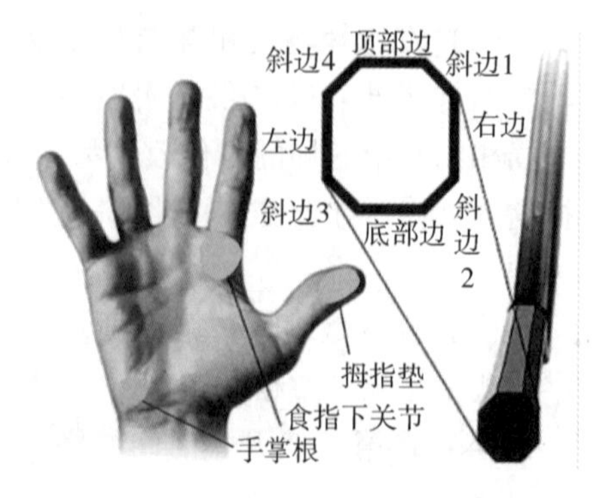

图 11－22　握拍手掌位置示意

1. **大陆式握拍**

大陆式握拍是一种较为灵活的握拍方法，也是我们常用的一种握拍方法，拍面与地面垂直，虎口的 V 形放在拍柄正上方（图 11－23）。

2. **东方式正手握拍**

将手掌分开放在拍面上，下滑至拍柄握住，或者将地面平放的球拍拿起，这是东方式正手握拍（图 11－24）。这种握拍方法较容易掌握，东方式正手握拍在我们学习正手击球时较为常用。

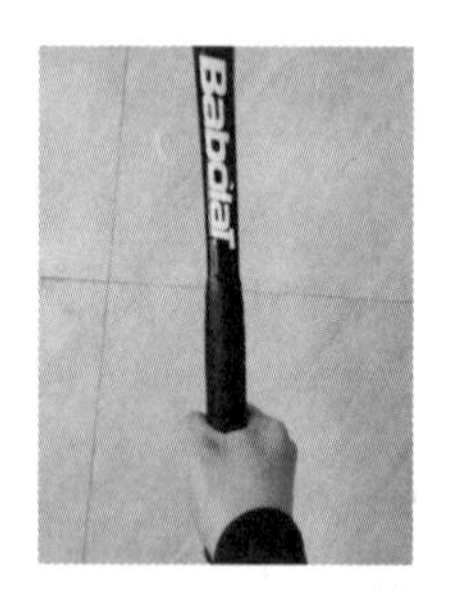

图 11－23　大陆式握拍

图 11－24　东方式正手握拍

3. **半西方式正手握拍**

从东方式正手握拍手掌顺时针转动球拍，直至食指根部处于下一条斜边上，这是半西方式正手握拍（图 11－25）。

4. **西方式正手握拍**

从半西方式正手握拍手掌顺时针转动手掌，直至食指根部处于下一条斜边上，这时的手掌几乎位于拍柄的下方，这是西方式正手握拍（图 11－26）。

图 11－25　半西方式正手握拍

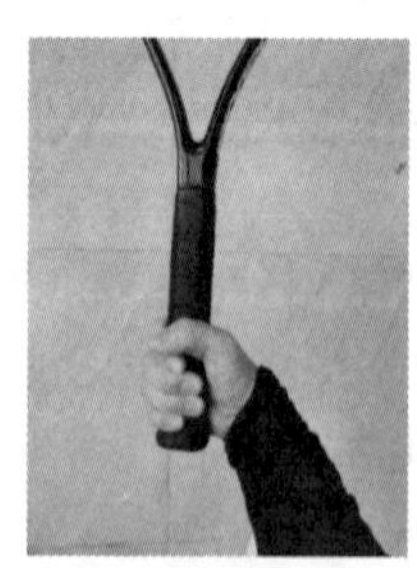

图 11－26　西方式正手握拍

（二）基本步法

在网球运动中，基本步法的正确运用对打球技术的提升有着很大的影响。

1. 正手击球的步法

东方式正手击球与西方式正手击球有所不同：东方式正手击球主要运用身体重心前后移动来击球，一般采用关闭式步法，先侧身准备击球，击球前身体重心在后脚，击球时身体重心由后脚移至前脚；而西方式正手击球主要是运用转肩的力量来拉球，所以击球时的身体重心是在后脚，通常采用开放式步法击球。

2. 反手击球的步法

反手击球的步法分两种：单手反拍击球时，右脚要上步跨过左脚，击球时的身体重心在前脚，保持背对来球；双手反拍击球时是侧身面对来球站立。

3. 发球的步法

发球时，无论是在左右哪个半区，都要保持左脚脚尖指向右边网柱，双脚脚尖的连线指向相应的发球区。挥拍开始前，身体重心在前脚，随着挥拍同时身体重心后移，再随着上举球拍向前蹬腿，依靠身体重心的移动力量来增加发球速度。

4. 截击球的步法

正手截击球根据不同情况的来球有不同的步法，常见的步法有三种：第一种是遇到正手击球位置的来球时的步法，跟正手击球的步法相同，向前跨出左脚，侧对来球进行迎击；第二种是针对稍微远离身体的来球的步法，这时左脚要跨过右脚迎接击球；第三种是面对奔向身体的来球的步法，要迅速后撤右脚并固定，使身体重心前移来挡击球。反手截击球的步法与正手截击球步法相同，左、右脚依上述相反方向运动即可。

5. 高压球的步法

面对高压球时，要保持侧对来球，右脚平行于底线，左脚脚尖指向右网柱，可以运用向后侧滑步法或者侧后交叉步移动步法。

6. 场上击球前的常用移动步法

在比赛中，场上移动步法是十分重要的。能否跑到合适位置击球将直接影响击球的效果，除了一般跑动外，常见的还有滑步法和交叉步法。

（1）滑步。滑步通常用在小范围前后移动的正手反击球。滑步时要注意：向前移动时，蹬出右脚的同时向前跨出左脚，连续向前形成前滑步步法；向后移动时，左脚后蹬的同时向后迈出右脚，连续形成后滑步步法。

（2）交叉步。交叉步通常用在两侧边线附近的来球。向右侧移动时，向右转体，左脚先向右前方跨出，交叉于右脚外侧前方，再跨出右脚，继续跨出左脚于右脚外侧，反复向右交叉移动就形成了右侧的交叉步法；向左移动时，方法与向右相同，左、右脚交换方向即可。

二、网球运动的有球技术

（一）发球

发球作为网球比赛中每一分的开始，在网球技术中有着至关重要的地位。好的发球不仅可以直接得分，还能发挥出个人优势，抢占比赛中的主动权。

1. 握拍

刚开始学习网球我们可以采用东方式正手握拍，动作熟练后可以慢慢转换成大陆式握拍。

2. 平击发球动作技术要领

发球站位在端线后靠近中场标记处，两脚开立与肩同宽，前脚脚尖指向右侧网柱，身体重心在前脚，左肩侧对球网，左手持球，右手轻托球拍在腰部，拍头指向前方。抛球时，掌心向上，拇指、食指和中指轻轻托住球。当球拍向下向后引拍时，抛球手同时下降至左腿处，紧接着将球拍从身后向头上方挥拍，同时身体做转体、屈膝、展肩，保持手在身体前方左脚方向上举，直至伸直高过头顶。将球抛出的同时，右肘向后外展约同肩高，拍头指向天空，左侧腰、胯呈弓形，身体重心随抛球开始先移向右脚，然后平稳地开始前移。当球下降至击球点时，迅速向上挥拍击球，前脚上蹬，使身体和手臂充分伸展。挥拍击球时，持拍手腕带动小臂有一个向内旋的“鞭打”动作，这也是发球发力的关键动作。球发出后，身体向场内倾斜，保持连续而完整的向前上方伸展的随挥动作。

（二）接发球

作为发球的对抗技术，接发球在一场比赛中占据了另一半的第一球。

1. 握拍

当球向正拍方向发来时，一般采用东方式正手握拍方法；如果球向反拍方向发来，一般采用东方式反手握拍方法。

2. 接发球动作技术要领

准备时，身体保持放松，双臂自然前伸，肘关节微屈，拍头向上在眼睛水平位置，双脚略宽于肩宽站立，膝关节微屈，身体重心放在双脚前脚掌。当来球在右方向时，向右转动肩膀，迅速向前踏出左脚，迎上去正手击球。击球时，后挥动作要小，手腕要固定，在身体前方击球。

接反手球时，用左手手指扶着拍颈，左肘抬起，以左肘关节作为前导，随着球拍向后，在左手手指的帮助下使拍面正对来球。击球时，拍面略向外倾斜。击球后，继续向上做随挥动作。

（三）正手击球

正手击球是网球技术中最基本的击球技术，由准备、引拍、击球、随挥四个步骤组成。

1. 准备

双脚分开与肩同宽，双膝微屈，身体前倾，右手持拍放于腹前，左手扶拍颈，拍面略高于拍柄。

2. 引拍

眼睛注视来球方向，球飞来时左手向后推拍，同时双肩向右侧转动，左脚转动至左肩侧身迎球，右手快速平稳向后拉拍。

3. 击球

向前挥拍击球，手腕绷紧，握紧球拍，利用腰部力量配合挥臂动作将球击出，击球点在身体右前方处。

4. 随挥

击球后，球拍随球方向做较长的随球挥拍动作，直至挥拍至左肩上方结束，然后迅速恢复准备姿势。

（四）反手击球

反手击球有单手反拍击球和双手反拍击球两种，下面就双手反拍击球技术为例进行讲解。准备姿势与正手击球准备姿势基本相同。引拍是向左转肩，转肩同时调整握拍方法，平稳且连续地向后引拍。击球时，身体前倾，利用腰部力量配合挥臂动作协调发力作用于拍旋，将球击出，击球点在右髋前 30 厘米处。挥拍结束后，转体约 45°角，随挥动作结束于侧前方高处，身体重心在前脚。

（五）挑高球

挑高球在网球基本技术中占有重要的位置。并且，挑高球在现代网球对战中逐渐发展成进攻性挑高球，不但可以将被动局势变为主动，而且还可以直接得分。

1. 握拍方法

绝大多数挑高球都是在靠近底线附近使用，属于落地球的一种击法，正拍挑高球可以使用正手握拍法，反拍挑高球可以使用反手握拍法。

2. 准备姿势

准备姿势与底线正、反手抽击球的准备姿势相同，但是，基于挑高球大部分运用在破坏对方上网进攻之时，所以注意力要格外集中，反应和跑动要更加迅速。

3. 击球动作

击球时，侧身对网，目光注视来球，防守性挑高球的击球部位在球的后下方，拍面越向上，则击球部位就越低，挑出的球也就越高。攻击性挑高球的击球部位在球的后部偏下方，在球拍触球前，拍头低于手腕，在击球的一刹那，利用手腕的回拨和前臂的回旋，使球拍从球的后下方向前上方做弧形擦击，快速挥拍。挥拍后，继续做随挥动作至握拍手的另一侧身体的前上方，整个随挥动作是沿着出球方向跟进的。

（六）高压球

所谓高压球，是指球拍在头上用扣压的动作完成的一种击球方法。想要增强网前技术，高压球是必不可少的。

1. 握拍方法

高压球的握拍方法与发球握拍方法一样，一般采用大陆式握拍法，即右手虎口的 V 形对准拍柄的斜边 1 上（见图 11－22）。这种握拍法不但可以打出杀伤力很强的高压球，而且可以灵活地在网前进行反拍截击，因此这种握拍方法被广泛采用。

2. 准备姿势

在网前的准备姿势应把球拍向前上举起，看着对方打来的高球，向右转体，左肩对网，左脚前，右脚后，快速调整好位置的同时，左手高举指向来球，持拍右手举起，右肘与肩同高，拍头指向上方。

3. 击球动作

高压球的击球动作与平击发球的方法一样，击球点的高度也相同。不同的是高压球击球要根据来球的位置不同适当调整，离网近时，击球点稍前，击球的部位要高一些；离网远则需要及时调整站位，击球点靠后，需要手腕做“旋内”动作，挥拍击球的正后方，尽量把球打入对方的深区。

（七）截击球

截击球是在网前进行的一种攻击性击球方法，可以在网前进行截击，也可在己方场内任何地方截击空中球。截击球也是在网球比赛中重要的得分手段之一。

1. 握拍方法

网前截击时，来球的速度很快，没有太多的时间来改变握拍方式，且大陆式握拍方法可以适用于正手截击球和反手截击球，不需要改变其他的握拍方法，因此一般采用大陆式握拍方法。

2. 准备姿势

面对球网，两脚与肩同宽、自然开立，通常与球网距离 2 米左右，双膝微屈，上身保持前倾，球拍放于身前，拍头冲前并高于握拍手，左手托住拍颈，眼睛注视来球，在对方击球的一刹那，迅速判断并进行准备。

3. 击球动作

击球动作分正手截击球和反手截击球。当来球为正手方向时，迅速转肩，以肩带动球拍后摆，但后摆幅度不要过肩，左脚向来球方向跨出，拍头要高于握拍手，紧握球拍、绷紧手腕，在身体前方迎击对方来球；击球后，小幅度随挥，然后迅速恢复成准备状态。当来球为反手方向时，用扶拍手向后拉拍的同时转肩，球拍做很短的一个后摆，拍头高于握拍手，眼睛注视来球；在身体前 15～30 厘米处撞击球，同时左手向后摆动以保持身体平衡。

第四节　网球运动的基本战术

网球战术的运用在网球比赛中尤为重要，怎样运用角度、速度、深度三个要素，发挥自己的特长技术去攻击对手的弱点，以及在临场比赛状况下巧妙选择和运用相应的计划，都是比赛获胜的关键。本节列举了一些网球的基础实用战术，运动员可根据临场需要，选择适合自己的战术类型。

一、按照人数特点分类的战术

（一）单打战术

1. 发球战术

发球作为网球比赛的第一球，占据着重要的位置，是运动员自身能力的体现。成功的发球是比赛得分的有效利器。

（1）提高发球的质量。尽可能提高一发的质量，高质量的一发能够给对手造成很大的回球压力，会迫使对手回球失误或者回球质量降低，从而提高自己的得分机会，把握有利的进攻机会。

（2）提高二发质量。在一发失误的情况下，二发的质量就尤为重要。在保证稳定性的基础上尽量加上旋转，可以选择上旋和侧旋去打击对手的内外角或中间，对身高较低的运动员可以选择上旋，对于高大的运动员可以选择发中路侧旋球，以此来降低对手的回球质量。

（3）要适时改变发球的节奏。比赛到一定时间后，运动员彼此会熟悉对手的发球套路，因此要适时地改变发球的节奏、落点等来让对手防不胜防。

（4）寻找对手的弱点进行攻击。如果对手反手技术比较薄弱，那么就根据这一点，在一区尽量发内角，在二区尽量发外角，迫使对手反手击球，降低对手的回球质量。

2. 接发球战术

接发球方是网球比赛中的被动方。接发球的关键在于将被动变为主动，在把球回过去的基础上争取回得更深、更稳。

（1）要把球打深、打稳。比赛中，接发球是被动的一方，接发球时一般站位比较靠外，对于接发球后如何迅速回位有一定的影响。因此，为了能够让自己有充分的时间回位，就要将球回得更深、更稳。

（2）抢二发。当发球方二发质量较低时，接发球方要迎球去打，尽量把球打快且重，转被动为主动，找准机会截击得分。

（二）双打战术

双打战术主要是根据不同的人、不同的比分来采取相应的战术，运用不同的站位充分发挥技术优势，以争取比赛的胜利。

1. “网前 + 底线”站位

“网前 + 底线”站位是双打比赛中常见的一种站位类型。底线运动员负责底线回斜线球，避开对方的网前选手；网前选手则在网前寻找得分机会。这里要注意的是，如果对手挑网前过顶高球时，底线运动员和网前运动员应及时换位防守。

2. “双底线”站位

初学者常采用“双底线”站位。该站位适用于网前技术不太成熟而正、反手技术比较稳定的运动员。

3. “双网前”战位

“双网前”站位打法也是比赛中常见的一种打法，主要是底线运动员根据时机来到网前，利用网前优势来给对方选手带来巨大回球压力，但是，这种打法要注意处理好中路球和挑高球。

二、按照技术特点分类的战术

（一）底线位战术

底线位战术一般在单打比赛中运用较多。底线位战术主要是利用正、反手技术通过改变球的速度、落点和方向来创造得分机会。底线位战术对选手的正、反手击球技术和体能要求较高。

1. 对攻战术

对攻战术对选手的正、反手击球技术要求格外高，主要是靠正、反手的大力击球来打击对方的弱点。连续的快速球要求运动员快速的反应能力，并加上大角度的抽球让对方回球吃力，从而获得有效的攻击效果，达到战胜对方选手的目的。

2. 拉攻战术

拉攻战术也是底线位打法里最常见的一种战术。此类打法以快和慢相结合、抽击和削球相结合为主：大力抽击给对方制造压力；削球改变击球节奏，打乱对手的节奏，限制对方发挥；拉球为攻球制造机会，找准机会攻击空当来达到战胜对方的目的。

3. 紧逼战术

紧逼战术是一种快节奏的打法，对运动员的控球能力要求较高。主要方法是迎球向前击球，并尽量在对方回位前将球击出，加快回球的速度让对方来不及做出反应，寻找回球的漏洞快速打击得分。

（二）网前截击战术

1. 发球上网战术

发球上网战术是在双打中运用较多的战术，对发球的质量要求较高，须在快速、精准角度、强力旋转等因素的前提下才能为上网创造机会。发球后，必须沿着中线的假定延长线向前移动，这样可以扩大防守的区域，为截击对方来球做好准备。

2. 接发球上网战术

接发球方作为被动的一方，要想办法将被动变为主动。接发球上网要根据对方来球质量和自己击球质量来决定上网时机，找到合适的时机上网后，应尽量将球回击得深，且回击球角度要大，为自己上网争取足够的时间。

3. 中场抽球随球上网战术

中场抽球随球上网战术是一种常见的网前战术。当对方回球质量不高时，迅速采用正手抽球或反手技术把球打到对方场区。上网前一球要尽量打出优势，为自己上网创造机会，否则很容易被对方打穿越。

4. 挑高球随球上网战术

挑高球随球上网战术也是网前比较重要的一种战术，既可作为防守又可作为进攻。当对方来球较为刁钻时，可以利用挑高球打到对方底线较深的位置，为自己上网争取充足时间，寻找进攻机会。当对方来到网前时，可以利用挑高球调到对方后方，不但可以为自己上网赢得时间，还可以降低对方回球质量，以便在网前寻找截击时机进行进攻。

三、按照击球路线分类的战术

（一）长短球结合线路战术

在单打中，大多数情况是采用底线对攻，靠快速球和刁钻的角度来赢球。网球跑位时，左右移动相对比较容易，前后的移动较为吃力。因此，适时的前后拉球可以打乱对方的节奏，为自己争取有利的进攻机会。运动员可以连续进行底线压制击球，趁对方不备时把球打到前场，尽量带有一定的侧旋，增加对方回球压力，更有利于赢球。即使对方回球，质量也不会很高，可以快速打击对方后场，让对方防不胜防。

（二）回头球战术

回头球战术的运用要重点注意观察对方移动，连续攻击对方重复位置，使对方失去重心，不能及时救球，从而失分。通过正手或者反手技术打出大角度的斜线球，此时对方防守位置有漏洞时会下意识地移动迅速回位，这时必须再次快速打击重复位置，才能够取得很好的进攻效果。

（三）N 型线路战术

N 型线路战术也是在比赛中最为常见的一种战术，由于回去线路像字母“N”，所以我们称之为 N 型线路战术。这种战术主要是利用底线两个角落的大位置移动，迫使对方不能及时到位而失球，或者直接得分的一种战术打法。运动员可以第一拍打出一个快速直线球或斜线球，迫使对方跑到一个角接球，下一拍回球再抽击另一个底角，让对方在两角之间大距离跑动，增加对方失误率，降低其回球质量。

第五节 网球运动竞赛式教学设计与实施

随着网球运动的逐渐普及，在高校体育教学中，网球课也成为学生选课时的热门选项之一。但与此同时，高校网球教学存在的一些漏洞和问题依旧未得到有效改善：许多教师依旧遵循传统教学模式，以教师示范为主、学生模仿为辅，从而导致学生缺乏实践、实战经验。这类教学方法既无法保证网球教学的质量，也无法保证学生在课程结束之后能够自主开展网球运动。显然，这种背离了教学目标以及初衷的方式亟待改善。在国家教育方针的指导下，我们在网球教学中采取竞赛式教学的方式，创新高校体育传统教学模式。这种教学方式将对抗竞争融入体育课堂，在比赛中发现问题、解决问题，不仅能调动起学生对网球运动的兴趣与专注度，而且能在比赛中提高学生灵活变通的能力，将利于其所学知识付诸实践，更能培养学生的团队合作意识和体育精神，帮助学生养成日常运动习惯。

一、网球竞赛式教学效果的实践验证

（一）实验对象的评估与分组

我们选取了中山大学 2020 级普通本科一年级同一时间段内三个不同学院中网球选项课的学生为本次实验教学的研究对象，两个教学班人数均为 34 人，随机抽取一个班为实验班，另一个班为对照班。

（二）实验过程

为使实验具有客观性，在教学实验前，我们分别对两个班级进行了网球基本技术评估以及基本情况调查。经过调查，在这两个班级分别剔除 2 位学生（这 4 位学生均在初中或高中阶段进行过相关的训练)，现每个班为32人，每个班均有男生20名、女生12名。测试总成绩由技能达标成绩和技术评定成绩两部分组成，其中技能达标成绩和技术评定成绩各占50%，满分为100分，选取的技能达标与技术评定项目为发球、正手击球、反手击球。我们对两个班学生的成绩（技能达标成绩和技术评定成绩）进行检验，实验结果经t检验分析，均无显著性差异（$P>0.05$），表明两个班分班合理，基本情况相同，符合教学实验相关要求。教学实验前相关测试指标对照见表11－1。

表11－1　教学实验前相关测试指标对照（$N=32$）

项目	实验班		对照班		t值	P值
	平均分	标准差	平均分	标准差		
技能达标成绩	36.16	2.79	36.00	3.03	0.22	0.415（>0.05）
技术评定成绩	35.40	3.21	35.72	3.30	－0.38	0.354（>0.05）
总成绩	71.56	4.09	71.71	4.79	－0.13	0.447（>0.05）

教学实验过程中，教师在第一节课明确告知学生教学相关的要求以及实验规则，在每节课的前期依旧进行对当堂课目标技术动作的基础示范与讲解。其中，实验班采取竞赛式教学法进行教学实践，而对照班则采用传统教学方式进行。依照初次评估结果，教师将实验班的学生均衡地分为技术水平接近的4个组，以增加教学比赛的对抗性和观赏性，同时避免组与组之间出现两极分化严重的情况。实验班在进行比赛时，也需要学生同时承担并完成执裁工作，以确保学生熟悉网球规则、掌握网球裁判法。在实验教学过程中，教师会定期对学生的技术水平再评估，综合参考学习程度以及小组排名，进行再分组，综合成绩高位次学生进入高水平教学组，低位次学生降入下一水平组，这种动态分组的形式是为了在实验过程中一直保持组内竞争的存在，并且可以借此增加比赛悬念和趣味性。本教学实验充分建立在动态分组的基础上，具体流程如图11－27所示。

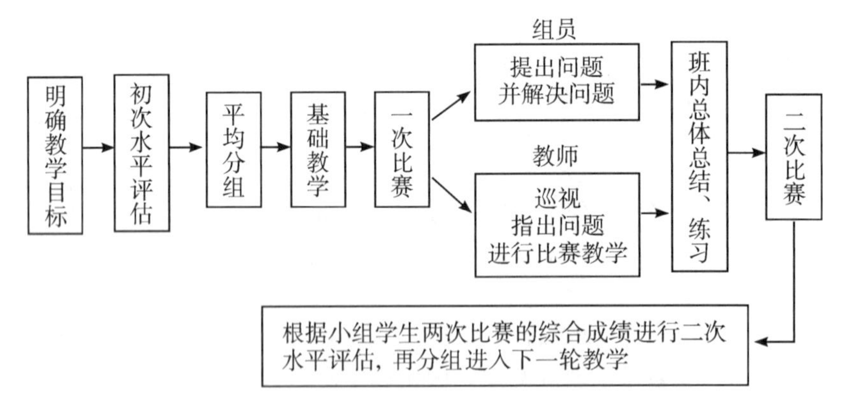

图11－27　网球竞赛式教学法的基本流程

18课时的教学结束后，教师分别对实验班、对照班再次进行技能达标与技术评定测试，比较两个教学班学生成绩之间的差异，验收检查竞赛式教学法的成效。为保证成绩数据的客观性和实验结果的准确性，实验班与对照班学生混合交叉并同期进行测试，测试顺序由随机函数生成，任课教师不参与本次测试打分，评分教师由网球组非任课教师担任。本次测试总成绩的构成同实验前的评估相同。教学实验后相关测试指标统计结果见表11－2。

表11－2　教学实验后相关测试指标统计（$N=32$）

项目	实验班		对照班		t 值	P 值
	平均分	标准差	平均分	标准差		
技能达标成绩	38.81	3.99	36.80	4.52	－1.85	0.034（<0.05）
技术评定成绩	46.41	3.26	44.94	2.76	－1.92	0.030（<0.05）
总成绩	85.22	4.82	81.74	5.75	－2.58	0.006（<0.05）

（三）实验结果分析

对比表11－1和表11－2的数据可知，实验前，实验班和对照班测试所体现出来的水平并无显著差异（$P>0.05$），但在实验之后，由于实验班采取的竞赛式教学法在多方面都更优于传统常规教学法，两个班级的学生在成绩上产生了明显的差异（$P<0.05$），其中技术评定成绩比技能达标成绩的差异更为明显。这直观清晰地体现了对学生来说，竞赛式教学法的效果更优于常规教学方法。此数据也便于教师在实验结束后对本次网球竞赛式教学实验进行自我反馈、自我评价。

本次教学实验向实验班学生发放了两次问卷调查，调查内容相同，主要统计实验班学生对竞赛式教学的一些主观想法，分别在教学前和教学后进行。调查统计结果见表11－3。

表11－3　实验班学生实验前后对待网球竞赛式教学的认知

单位：%

类别	实验前	实验后
比传统教学方式更生动	26.5	70.6
快速提高网球技术水平	52.9	85.3
培养竞争精神	52.9	76.5
培养灵活变通的能力	14.7	35.3
增强合作意识、积极发现问题	44.1	56.7
培养遵守规则的意识	41.2	94.1
提高运动能力	25.0	47.1
练就良好心理素质	47.1	47.1
促使同学追求更高标准	52.9	70.6
利于同学之间建立友谊	56.7	76.5
网球比赛设施少、机会少	47.1	5.8

（续表11－3）

类别	实验前	实验后
网球比赛超身体负荷	25.0	3.0
本末倒置、形式主义教学	11.8	8.8
激起好胜心、影响同学关系	26.5	3.0
课时少不足以进行比赛	32.3	5.8

从表11－3的数据中不难看出，通过竞赛式教学，学生的主观意识发生了较大的变化，对竞赛式教学的理解更加深入，这也说明了竞赛式教学的成果较为显著。通过表11－3中的调查内容我们也可以发现，随着竞赛式教学的进行，网球竞赛式教学的优势愈发明显，它较之传统教学模式更加生动、高效，能够培养学生的体育精神、体育意识，能够促进学生结识朋友，提高身体素质和心理素质。

当然，本实验在实践过程中不可避免地存在一些不足之处。例如，实验样本量过少，样本类型不够丰富，以及实验过程中会存在的主观因素影响和客观因素的约束等。但是，希望我们的尝试，能给大家提供有普适性的教学案例以及借鉴。

二、网球各项技术与常识的竞赛式教学

（一）正手击球的竞赛式教学

正手击球是网球的基本技术之一，也是网球初学者必须要掌握的技术之一。作为网球比赛中的主要得分手段，课程将会首先开展正手击球的竞赛式教学。以一节90分钟的体育课为例，正手击球竞赛式教学可分为以下五个主要步骤。

1. 基本准备活动（10分钟）

按照体育课基本要求，先进行点名等教学常规，引导学生进行运动前的热身活动，如慢跑、徒手热身操等，唤醒全身肌肉，预防运动损伤。

2. 示范与讲解（20分钟）

教师对本节课教学内容——网球正手击球动作进行讲解，并通过亲身示范清晰、直观地向学生展示正手击球的动作要点、动作要求、运用情景以及练习方法等。在讲解结束后，给予学生一定的练习时间，让学生对正手击球的讲解内容进行自我消化、理解。教师在学生练习时来回进行巡视以检查动作标准程度以及完成质量，并给予一对一的纠正。在这一环节的最后，教师应预留2～3分钟，对全体学生的易错点进行总结，并再次提醒学生有关正手击球的动作要点。

3. 正手击球竞赛式教学法的实施（40分钟）

（1）教师根据学生技能水平进行分组，每四人为一组，并介绍竞赛的方法及规则。

（2）组内自行进行二次分组，每两人为一组，以本次分组作为竞赛单位。

（3）两人一组（以一名学生发球、一名学生正手击球各一次为一个回合），统计单位时间内完成的回合数。

（4）两人一组（以一名学生发球、一名学生正手击球各一次为一个回合），不计时

间，统计连续完成的回合数。

（5）两人一组（两名学生都采用正手击球，以双方正手击球各一次为一个回合），不计时间，统计两人单次不间断的完成回合数。

（6）两人一组（两名学生都采用正手击球，以双方正手击球各一次为一个回合），统计单位时间内完成的回合数。

（7）四人小组内部统计上述各类竞赛模式下的成绩，汇总得出各类模式下的第一名。

（8）教师分别与各小组获得第一名的学生进行上述模式的竞赛。

（9）以获得第一名的学生为示范，教师结合正手击球的要点进行再次讲解，对学生组内的配合、竞争、注意事项进行总结。

（10）以原来小组为单位，进行最后的网球正手击球的教学练习。

4. 必要的体能与专项素质训练（10 分钟）

根据学校的要求以及网球专项运动的需求进行体能和素质训练，如网球场摸线折返跑等。结合学生存在的薄弱之处，进行突破训练。

5. 相应的放松活动，布置课后练习和下次课前预习内容（10 分钟）

在课程最后，教师布置课后练习，强调网球课后练习的频率、时间、注意事项，以及一些可以采取的练习方式。同时，给学生们布置下次课前预习内容，可以通过一些比赛视频，对下次课需要学习的网球基本动作进行初步了解（可以采用微信群分享的方式进行检查）。

（二）反手击球的竞赛式教学

反手击球，顾名思义，就是指与握拍手方向相反的落地球打法。与正手击球一样，反手击球也是网球运动中最为基本的击球动作之一，在各类、各级别网球比赛中发挥着重要作用。击球时，挥拍路线、拍面角度不同，会导致球的方向、力量等发生较大变化，从而产生上旋球、下旋球、侧旋球、平击球等。以一节 90 分钟的体育课为例，反手击球竞赛式教学分为以下五个主要步骤。

1. 基本准备活动（10 分钟）

参考正手击球的竞赛式教学中的基本准备活动进行相应操作。

2. 示范与讲解（20 分钟）

教师对本节课教学内容——网球反手击球动作进行讲解，并通过亲身示范清晰、直观地向学生展示反手击球的动作要点、动作要求、运用情景以及练习方法等。在讲解结束后，给予学生一定的练习时间。教师在学生练习时间来回进行巡视以检查动作标准程度以及完成质量，并给予一对一的纠正。在这一环节的最后，教师应预留 2～3 分钟，对全体学生的易错点进行总结，并再次提醒学生有关的动作要点。

3. 反手击球竞赛式教学法的实施（40 分钟）

（1）个人实践，在球自由落体接触到网球场的上升期内，用反手将球击到对方对角区域，不计时间，统计连续成功的反手击球的数量。

（2）个人实践，在球自由落体接触到网球场的上升期内，用反手将球击到对方直线区域，不计时间，统计连续成功的反手击球的数量。

（3）个人实践，在球自由落体接触到网球场的上升期内，用反手将球击到对方对角区域，统计在单位时间内成功反手击球的数量。

（4）个人实践，在球自由落体接触到网球场的上升期内，用反手将球击到对方直线区域，统计在单位时间内成功反手击球的数量。

（5）进行自由分组，两人为一组。

（6）每组一方发球，另一方用反手击球，打出上旋球，不计时间，统计连续成功的上旋球次数。

（7）每组一方发球，另一方用反手击球，打出上旋球，统计单位时间内成功的上旋球次数。

（8）每组一方发球，另一方用反手击球，打出下旋球，不计时间，统计连续成功的下旋球次数。

（9）每组一方发球，另一方用反手击球，打出下旋球，统计单位时间内成功的下旋球次数。

（10）每组从一方发球开始，双方均用反手击球法接球、攻球，不计时间，统计单次最多的回合数。

（11）每组从一方发球开始，双方均用反手击球法接球、攻球，统计单位时间内最多的回合数。

（12）统计各竞赛模式下的第一名，教师与各小组获得第一名的学生进行竞赛示范。

（13）教师结合竞赛示范和反手击球的要点，如发力点、击球路线、挥拍后引等进行再次讲解，对学生组内的配合、竞争、注意事项进行总结。

（14）以原来小组为单位，进行最后的网球反手击球的教学练习。

4. 必要的体能及专项素质训练（10分钟）

根据学校的要求以及网球专项运动的需求进行体能和素质训练。同时，结合学生存在的力量薄弱之处，进行上肢力量训练，增强挥拍力度。

5. 相应的放松活动，布置课后练习和下次课前预习内容（10分钟）

参考正手击球的竞赛式教学实施相应操作。

（三）削球的竞赛式教学

削球作为一种防守和攻击手段，在网球竞赛中发挥着重要的作用。它既能化解对手造成的威胁，又能够积极进攻。掌握网球削球技术，既有利于扩大网球击球范围、控球范围，也能够增强击球的稳定性，从而掌握球场上的主动权。以一节90分钟的体育课为例，削球竞赛式教学分为以下五个主要步骤。

1. 基本准备活动（10分钟）

参考正手击球的竞赛式教学中的基本准备活动进行相应操作。

2. 示范与讲解（20分钟）

教师对本节课教学内容——网球削球动作进行讲解，并通过亲身示范清晰、直观地向学生展示削球的动作要点、动作要求、运用情景以及练习方法等。在讲解结束后，给予学生一定的练习时间。教师在学生练习时间来回进行巡视以检查动作标准程度以及完成质量，并给予一对一的纠正。在这一环节的最后，教师应预留 2～3 分钟，对全体学生的易错点进行总结，并再次提醒学生有关的动作要点。

3. 削球竞赛式教学法的实施（40 分钟）

（1）将全体学生分为两组。

（2）每组内采用“打擂台”的方式进行竞赛，即从组长和一位组员的比赛开始，胜出者留下与下一位组员比赛，以此类推。

（3）一方发球，双方可在几回合后用削球的技术动作，让对手无法回击，统计单位时间内利用削球获胜的回合数。

（4）统计每组最后的“擂主”，两组的“擂主”之间进行相同规则的竞赛，决出最后的胜负。

（5）教师与获得第一名的学生进行相应的竞赛示范教学。

（6）以获得第一名的学生为例，教师再次讲解并强调削球的动作要点，并对学生竞赛中削球的使用情景进行总结。

（7）两人一组，分小组继续练习。

4. 必要的体能及专项素质训练（10 分钟）

根据学校的要求以及网球专项运动的需求进行体能和素质训练。同时，结合学生存在的力量薄弱之处，进行上肢力量训练，增强挥拍力度。

5. 相应的放松活动，布置课后作业练习和下次课前预习内容（10 分钟）

参考正手击球的竞赛式教学实施相应操作。

（四）截击球的竞赛式教学

截击球作为一种网前的防守和攻击手段，在网球竞赛中发挥着重要的作用，尤其在双打中更为突出。它能有效打击对手的弱点，是一种极其有效的进攻方式。熟练掌握网球截击球技术，不仅能够将比赛局面由被动转变成主动，还能够增强自己的球感和反应能力，从而掌握球场上的主动权，增加得分概率。以一节 90 分钟的体育课为例，截击球竞赛式教学分为以下五个主要步骤。

1. 基本准备活动（10 分钟）

参考正手击球的竞赛式教学中的基本准备活动进行相应操作。

2. 示范与讲解（20 分钟）

教师对本节课教学内容——网球截击球动作进行讲解，并通过亲身示范清晰、直观地向学生展示截击球的动作要点、动作要求、运用情景以及练习方法等。在讲解结束后，给予学生一定的练习时间。教师在学生练习时间来回进行巡视以检查动作标准程度以及完成质量，并给予一对一的纠正。在这一环节的最后，教师应预留 2～3 分钟，对全体学生的易错点进行总结，并再次提醒学生有关的动作要点。

3. 截击球竞赛式教学法的实施（40 分钟）

（1）将全体学生分成两组。每组内采用接力的方式进行组间竞赛，由组长送球，从第一位组员开始比赛，每人成功截击一次后换下一位组员练习。统计规定时间内截击球人数最多的一组胜出。

（2）四人一组进行分组，两两对战。一方发球，双方可在几回合后用截击球的技术动作，统计单位时间内有效截击球次数最多的一组获胜。

（3）四人一组进行分组，两两对战。一方发球，双方可在几回合后用截击球的技术动作，不计时间，统计规定局数内使用截击球获胜次数，次数最多的一组获胜。

（4）统计出最后的两组，两组进行“擂主”争夺竞赛，决出最后的胜负。

（5）教师与获得第一名的学生进行相应的竞赛示范教学。

（6）以获得第一名的学生为例，教师再次讲解并强调截击球的动作要点，并对学生竞赛中截击球的使用情景进行总结。

（7）两人一组，分小组继续练习。

4. 必要的体能及专项素质训练（10 分钟）

根据学校的要求以及网球专项运动的需求进行体能和素质训练。同时，根据课堂中学生运用的薄弱之处，进行下肢力量和反应能力训练，增强截击球的精准度。

5. 相应的放松活动，布置课后作业与下次课前预习内容（10 分钟）

参考正手击球的竞赛式教学实施相应操作。

（五）熟悉球性的竞赛式教学

在学习每一种球类运动伊始，我们都需要掌握的一项基本功就是熟悉球性。熟悉网球的球性，一是要熟悉网球的球感，包括它的体积、重量、阻力、弹力等；二是要熟悉球拍感，包括拍面大小、球拍硬度、球拍弹度等；三是要培养网球运动的手感，以便在网球运动中更精准地控球，进而更好地发挥自己的技术。

熟悉网球球性的方式、手段各式各样，我们可以将熟悉球性的训练贯穿于每一次网球运动教学，在每次课前热身或者课后作业中完成训练。无论自身的网球水平处于什么阶段，都应该加强对熟悉球性的训练，做到对网球了如指掌，这样才能不断突破自己现有的网球水平，更上一层楼。从教学上来讲，以一次 90 分钟的体育课为例，熟悉球性的竞赛式教学法主要的五个步骤如下。

1. 基本准备活动（10 分钟）

参考正手击球的竞赛式教学进行相应操作。

2. 示范与讲解（20 分钟）

教师结合示范讲解网球熟悉球性的动作要求与练习方式等，给予学生一段时间进行练习，并在学生练习过程中进行巡回纠错。

3. 熟悉球性竞赛式教学法的实施（40 分钟）

（1）个人实践（自抛自接）。双脚开立下蹲呈马步状态，单手伸直，将网球举至胸前，保持与地面水平，在向下抛球的瞬间迅速接球，要求双脚固定不移动。不计时间，统计连续成功的次数。

（2）个人实践（原地正拍颠球）。身体及双手可以有动作，但双脚不能移动，用球拍的正面反复颠球。不计时间，统计不间断的颠球成功次数。

（3）个人实践（原地正拍颠球）。身体及双手可以有动作，但双脚不能移动，用球拍的正面反复颠球。统计单位时间内的颠球成功次数。

（4）个人实践（对墙击球）。单人站立距墙一定距离，用球拍将球击向墙壁，用正、反手击球技术继续将反弹球击向墙壁。单回合内，球必须落地回弹一次。不计时间，统计连续对墙击球成功的次数。

（5）两人配合实践（快速启动抛接球）。双方站立相距3米左右，抛球方双手各拿一个球，双臂水平展开，随机抛出下一个球；接球方快速启动跑去接球，允许球落地回弹一次。不计时间，统计不间断的接球成功次数。

（6）两人配合实践（正反拍对颠）。身体及四肢均可移动，用球拍反复颠球，每人单次重复颠球不超过2次。不计时间，统计不间断颠球成功的回合数。

（7）两人配合实践（正反拍对颠）。身体及四肢均可移动，用球拍反复颠球，每人单次重复颠球不超过2次。统计单位时间内颠球成功的回合数。

（8）统计各模式下获得第一名的学生，由他们进行示范或同教师配合进行示范。

（9）教师再次讲解并强调熟悉球性的动作要点，进行总结。

4. 必要的体能及专项素质训练（10分钟）

根据学生体能状况与专项素质情况进行安排，主要关注学生灵敏度的训练。

5. 相应的放松活动，布置课后练习和下次课前预习内容（10分钟）

课后练习与课前预习内容的要求与注意事项参考正手击球的竞赛式教学。布置作业，让学生每人考虑一种不限场地、可以在日常生活中熟悉球性的训练方法，并在微信群中分享，挑选优秀案例进行课堂展示。

（六）网球理论常识的竞赛式教学

本节课以理论知识为主，主要内容包括球拍、拍弦、网球场地、四大满贯、网球国际积分规则等。这些网球常识的教学能让学生在学习网球技术之余，加深对整个网球运动的了解，使知识更加全面。对于教学方式，可以采取在每节课中穿插进行讲解，并在最后环节采用分组知识竞答的方式进行教学。

1. 网球拍

这一部分围绕网球拍主要组成部分，各年龄、各水平阶段群体适用网球拍的重量，握把尺寸，平衡点以及拍弦的种类等内容展开进行教学。

2. 网球场地

一个标准的网球场地尺寸应不小于长36.6米、宽18.3米，根据场地不同应分为硬地场、红土场、草地场、地毯场等。主流网球场的地面涂有弹性丙烯酸。

3. 网球国际积分规则

（1）国际女子职业网球协会（Women's Tennis Association，WTA）积分系统。

多项赛事进行，分为大满贯、一级赛、二级赛、三级赛、四级赛。择优积分原则，在一定的赛季内，依据一名球员在其间参赛的最佳战绩计算积分。如果该球员两次参加同一赛事，则只将其中成绩更好的一次计入。而球员参赛获得的积分，有效期最长为52周。如果在该积分未满52周时，球员获取该积分的赛事已再次举办，则该积分失效，需重新计算。

（2）世界男子职业网球协会（Association of Tennis Professionals，ATP）积分系统。

多项赛事进行，分为大满贯、大师赛、黄金巡回赛、国际巡回赛。积分规则与WTA的积分方法大致相同。

4. 四大满贯

(1) 赛事。

澳大利亚网球公开赛(简称“澳网”)、温布尔登网球锦标赛(简称“温网”)、法国网球公开赛(简称“法网”)、美国网球公开赛(简称“美网”)为四个重要的世界性网球单项比赛,被称为“大满贯赛事”。这四大网球公开赛之间的区别是,温网为草地赛,法网为红土赛,美网和澳网均为硬地赛。

温布尔登网球公开赛——始办于1877年,是现代网球史上最早的比赛,通常会在每年的6月最后一周和7月第一周举行。温网是唯一一场对球员球衣颜色有规定的大满贯赛事。温网男子单打冠军将会获得“挑战者杯”,女子单打冠军将会获得“玫瑰露水盘”。比赛设有参赛奖金,并且根据赛事成绩获得相应的积分,分别计入ATP和WTA的排名系统之中。

美国网球公开赛——始办于1881年,通常在每年8—9月举行。与其他三项赛事不同,美网组委会创办了美网系列赛。同样,比赛设有参赛奖金,并且根据赛事成绩获得相应的积分,计入ATP和WTA的排名系统之中。

法国网球公开赛——始办于1891年,通常在每年5—6月举行,是大满贯赛事中唯一一场红土赛。由于红土场地的特殊性,球速更慢,使得该比赛对运动员体力消耗更大,是对其毅力的考验。男子单打冠军能获得“火枪手杯”,女子单打冠军能获得“苏珊·朗格朗杯”。同样,比赛设有参赛奖金,并且根据赛事成绩获得相应的积分,计入ATP和WTA的排名系统之中。

澳大利亚网球公开赛——始办于1905年,通常每年1月的后两周在墨尔本体育公园举行。同样,比赛设有参赛奖金,并且根据赛事成绩获得相应的积分,计入ATP和WTA的排名系统之中。

(2) 冠军称谓。

在一年内,同时赢得所有四大满贯赛事冠军及夏季奥运会网球项目金牌的,被称为“年度金满贯”;如果在职业生涯中(非同一赛季)实现,则被称为“职业金满贯”。在同一年内,赢得所有四大满贯赛事冠军的,被称为“年度全满贯”;跨年度在连续四项大满贯赛事均夺冠,被称为“跨年度大满贯”;如果在职业生涯中(非同一赛季)累计实现,则被称为“职业全满贯”。

(3) 我国网球名将。

李娜——亚洲首位网球大满贯得主,也是首位入选网球名人堂的亚洲球员。2011年6月4日,李娜在法网决赛与斯齐亚沃尼的比赛中获得胜利,从而成为第一位获得网球成人组大满贯单打冠军的亚洲球员。2014年1月25日,李娜第三次跻身澳大利亚网球公开赛决赛并最终收获女单冠军,其个人世界最高排名也达到世界第二的高度。

三、网球比赛(结合裁判实践)的竞赛式教学

体育教育的目的是将所学付诸竞赛实践。虽然几乎每节课我们都把竞赛式教学法贯穿于体育教育中,但真正意义上的竞赛也需要被运用其中。在大量竞赛式教学后,学生将会有2节课采用网球赛的形式进行期末考试。

教师在平时的授课过程中应将网球竞赛规则融入课堂讲解。例如，在发球动作教学时，应说明发球的规则、裁判手势、交换场地通则、得失分判定、记分方法等内容。而且在期末网球赛开始之前，应再次重申这些规则。

比赛采用积分制，第一阶段采取小组预赛，即分组进行预选，这里我们采用单循环的模式进行小组预赛，用贝格尔编排法对小组进行编排，场数为［$n \times (n-1) \div 2$］场，轮数为（$n-1$）轮，每一小组的优胜者再进行决赛。为了保证竞赛的公平性、观赏性，在分配小组时，要求教师应同样做到动态分组的原则。根据综合实力，做到每个小组实力分配均衡，避免造成强者之间的对决过早进行，使比赛失去悬念。以6名学生为一小组为例，小组预选赛编排见表11－4。

表11－4　小组预选赛编排

第一轮	第二轮	第三轮	第四轮	第五轮
1—6 2—5 3—4	6—4 5—3 1—2	2—6 3—1 4—6	6—5 1—4 2—3	3—6 4—2 5—1

一般来说，学校的网球场数量不足，不够支持一个班多场比赛同时进行。在这种客观条件限制下，为避免有学生过早被淘汰，故选用单循环的方式进行。这样的竞赛编排不但可以让每位学生接触不同的对手，增加竞赛体验感，还可以根据相应的时间对这些不参与当场比赛的学生进行排班担任裁判员，从而使他们在竞赛执裁实践中，更加深刻地了解网球规则，运用课堂知识，同时加深对体育精神的理解。

每场比赛结束后，教师应及时公布比赛结果并对本场比赛双方的表现进行总结评价，指出双方的优点以及存在的漏洞和不足。对比赛失利的学生，教师应该及时给予肯定和鼓励；对获胜的学生应该引导其进行自我总结，使他们能在下一次比赛中都有更好的发挥。以此启发学生“胜不骄，败不馁”，用一颗平常心去看待比赛的输赢。这也是教师应该在课堂中传递给学生的精神之一，让体育思政在网球竞赛式教学中渗透、沉浸。

四、网球竞赛式教学评价

教学评价是依据教学目标对教学过程及结果进行价值判断并为教学决策服务的活动，是对教学活动现实的或潜在的价值做出判断的过程。教学评价既包括对教师的教学方法、手段、设计与教学管理等的评价，也包括对学生学习效果的评价。在这里，我们主要对学生学习效果的教学评价进行设计。

网球竞赛式教学评价考察的主要内容为网球技战术与相关知识的掌握程度。教师设定100分为满分，从三方面进行评分：第一方面为专项技术，主要聚焦整个教学的重点，包括单位时间内的正手击球、反手击球、削球的单项考核，占比为60%；第二方面是技术评定，主要评定学生技术动作的完成质量以及规范程度，占比为20%；第三方面为平时分，主要根据平时表现、教学竞赛获胜次数、出勤率等来评定，占比为20%。网球竞赛式教学评价的内容与权重见表11－5。

表 11－5 网球竞赛式教学评价的内容与权重

序号	评价内容	分值/分	权重/%
1	专项技术	60	60
2	技术评定	20	20
3	平时分	20	20

学期学时数不同可能会导致教学进度不同，而学校的相关教学规定等都会影响最后的评价机制，教师可以据此调整专项考核的内容与比重。当然，为鼓励课余体育锻炼，也可将课外体育分纳入考核范围。评价的宗旨就是让学生明白“一分耕耘一分收获”，训练的辛苦付出最终会换来与之相对应的收获。

五、网球运动的“功夫”练习

（一）练“眼功”

眼功需要一个人在球场上拥有绝佳的洞察力，而前提就是要对球十分熟悉。只有练好了眼功，我们才能做到在球场上进行预判，从而提前做出反应或者做出相应的对策。这也是从新手向高阶进步的途径之一。

练好眼功，最好的途径就是“盯球”。“盯球”也有很多类型，对于学生来说，主要就是要去捕捉运动状态下球的落点、球的各种运动轨迹等。其训练方法也是多种多样的，其中，学生可以采取对墙击球以及小组配合模拟的方式来进行观察。

（二）练“脚功”

当然，我们不能只训练眼功，脚功在网球运动中也十分重要。脚上功夫到位之后，才能为我们击球预留更加充分的击球准备时间，确保每一次击球的质量。步法千变万化，但万变不离其宗，基本步骤只有启动、移动、还原。其中，启动的训练可以参考本节“熟悉球性竞赛式教学的实施”环节的第（5）条进行，移动的训练主要是要关注基本步法和身体协调性的多次反复训练，还原的训练则可以在两人一组实践过程中相互提醒步法还原而养成肌肉记忆、运动习惯。

（三）练“手功”

球类运动手功必不可缺，甚至在击球质量上起到决定性作用。球的旋转、落点、速度都与手部的击球动作直接相关。在这一方面，我们不仅要控制好手指、手臂、手腕的移动，也要控制好手的发力。这就与球感的培养息息相关，即在球感训练过程中去感知每一个理想动作的发力要点，具体训练方法详见熟悉球性的竞赛式教学。另外，还应通过大量的击球动作练习找到相应标准的发力方式，形成与之对应的肌肉记忆。当然，网球对上肢力量的要求也非常高，没有上肢力量，一切的技术都是空谈，因此，应在课余加强对上肢力量的练习。

（四）下“苦功”

只会机械地进行网球动作训练是远远不够的，我们更应该把理论和实践结合起来，从点滴中了解、积累网球相关的运动知识和赛事知识，把它们融入日常生活中。这就需要时间和实践来堆砌，所以把它称之为下“苦功”。

人们常说“兴趣是最好的老师”，我们可以从赛事欣赏开始在生活中培养对网球运动的热爱。在网络时代，赛事资源应有尽有，我们可以利用这些资源，关注各大网球赛事，在极具竞争性和观赏性的竞技体育中，强化网球知识，积累相关知识，沉浸其中。

在提高专项技能的同时，我们也不能忘记训练体能，以及增加预防、处理运动损伤的知识。优秀的身体素质是“制胜法宝”。我们可以在日常生活中多进行有氧训练，如长跑等，锻炼心肺能力，提高耐力。与此同时，预防处理运动损伤的相应知识也是必不可少的。具备了这些知识，才能在遇到意外受伤时不慌乱，不会因错误处理而加重伤情，才能更好地让网球运动成为一种带来快乐的运动放松方式。

竞赛式教学只是网球运动教学方式中的一种，网球教学绝不仅限于这一种形式，也绝不仅限于这几项内容，更多的方式需要在实践中探索、探寻。我们常说“因材施教”，作为教师，应该发挥每位学生的主观能动性，根据不同学生的个体特点设计不同的教学安排、组织形式，真正带动他们对网球、对运动的热情和兴趣，让运动真正融入学生的日常生活之中。

第十二章　高尔夫球运动竞赛式教学实践

高尔夫球运动（golf）是世界三大体育休闲运动项目之一。该名称来源于苏格兰语“gouf”，意为“击、打”。高尔夫球通过击球入洞的方式计分，属于竞技体育的一种（图12－1）。打球时，人们可以在绿意盎然、令人心旷神怡的自然环境中感受大自然的魅力、锻炼身体、陶冶情操（图12－2）。

由于高尔夫球对场地、球具要求较高，与乒乓球、羽毛球、篮球等运动相比，在中国的普及度并不是很高。近些年来，随着对外开放和交流的机会增多，我国的高尔夫球运动也渐渐发展起来，高尔夫球场数目逐渐增加，越来越多的人可以接触到这一项运动。

图12－1　高尔夫球

图12－2　高尔夫球场

本章将在介绍高尔夫球运动的起源与发展、基本规则、技战术等基础上，着重探讨高尔夫球竞赛式教学设计与实施。

第一节　高尔夫球运动的起源与发展

高尔夫球是一项古老的贵族运动，经过几个世纪的发展，逐渐形成了现代高尔夫球运动。

一、高尔夫球运动的起源

关于高尔夫球的起源，众说纷纭。有人认为是苏格兰的牧人在放牧的时候用棍子将一块石头击入洞中产生的，也有人认为是荷兰的商人在贸易旅途中见到了类似的球类游戏，经过传播并改进形成了最初的高尔夫球游戏。现在被普遍接受的说法是，现代高尔夫球诞生在苏格兰的圣·安德鲁斯，于14—15世纪形成。苏格兰保存着与现代高尔夫球场相同的古代高尔夫球场，球场建在有着沙滩、草地、沟壑起伏的海边沙地。世界上第一家高尔夫球俱乐部、女子高尔夫球俱乐部就设立在苏格兰。

有趣的是，我国古代也有与之类似的一种球类游戏——“捶丸”。“捶”即击打，

"丸"即球类。在高尔夫球诞生的几百年前，捶丸就已经在我国古代流行，上至王公贵族，下至普通百姓。元代编写的《丸经》一书中，全面记载了捶丸的游戏规则、技巧和器具等内容。现存于山西省洪洞县广胜寺水神庙壁画中的《元代捶丸图》（图12－3）更是生动记录了古人捶丸的场景。

图12－3　《元代捶丸图》（局部）

二、高尔夫球运动的发展

（一）球具的改进

在现代高尔夫球发展的过程中，球具的改进起到了不可忽视的作用。

高尔夫球诞生之初，人们使用的球由木头制成，表面粗糙。后来，人们用羽毛和皮革制成了一种新的高尔夫球：用皮革做表面，将羽毛装在里面缝制而成。相比于木头圆球，羽毛制成的球使用起来更加轻巧，飞行距离更远，但昂贵的原料、复杂的工艺和较易破损的性质也在一定程度上限制了它的使用度。尽管如此，这一改进仍然促进了高尔夫球的发展。到了20世纪，高尔夫球的材质由杜仲胶升级为橡胶，球的性能有了很大的改善。

（二）球场及俱乐部的增多

在球具发展的同时，球场及俱乐部的增多也在推动着高尔夫球的发展。

英国最早的高尔夫球俱乐部是绅士高尔夫球社，而影响力最大的是1755年成立的皇家高尔夫球俱乐部，即现在的圣·安德鲁斯皇家古代高尔夫球俱乐部（The Royal and Ancient Golf Club of St. Andrews，R&A）（图12－4）。世界公认的现代高尔夫球规则就是由苏格兰圣·安德鲁斯皇家古代高尔夫球俱乐部与美国高尔夫球协会（United States Golf Association，USGA）共同制定的，它们极大地推动了高尔夫球的发展。

图12－4　英国圣·安德鲁斯皇家古代高尔夫球俱乐部

1795年，美国也成立了第一家高尔夫球俱乐部——圣·安德鲁斯俱乐部（St. Andrew's Golf Club）。创办者为俱乐部取了与苏格兰圣·安德鲁斯皇家古代高尔夫球俱乐部相似的名字，虽然与之相比难以望其项背，但是它成功地向美国民众推广了高尔夫球这一运动，使得高尔夫球在短短几十年中在美国迅速发展起来。20世纪40—70年代，美国高尔夫球场的数量翻了一倍，直至现在，美国有两万多座高尔夫球场。球场数量的增加使得这一古老的贵族运动逐渐平民化，走进越来越多普通人的生活。

威海刘公岛高尔夫球场（图12-5）是保留初建时地形地貌并进行整修的中国近代最早的高尔夫球场，其修建于1902年，是中国第一家海岛高尔夫球场，也是中国现代高尔夫球运动的发祥地之一。刘公岛上还建有中国高尔夫博物馆，介绍了中国古代高尔夫的起源和发展。在这之后，于1914年建成的上海虹桥杓球俱乐部，是中国第一家18洞高尔夫球场。之后的几十年中，在各种社会环境影响下，高尔夫球在中国并没有发展起来。直至改革开放以后，1983年建成了新中国的第一个高尔夫球场——中山温泉高尔夫乡村俱乐部（图12-6），1985年中国高尔夫球协会成立，现代高尔夫球运动在中国开始了它的发展之路。

图12-5　20世纪20年代刘公岛高尔夫球场

图12-6　中山温泉高尔夫乡村俱乐部一隅

（三）赛事的成立

只有球具的改进和场地的增多并不足以使得一项运动的知名度提高，大型赛事的举办在其中发挥了不可替代的作用。

美国公开锦标赛（US Open）、英国公开锦标赛（British Open）、美国PGA锦标赛（US PGA Championship）和美国名人赛（US Masters）是当今世界高尔夫球四大赛事，莱德杯与世界杯也是世界范围内高手云集的大型赛事。

1. 美国公开锦标赛

美国公开锦标赛简称“美国公开赛”，于1895年创立，是高尔夫球界最具权威且最难获胜的赛事，由美国高尔夫球协会主办，每年6月在美国本土的不同球场进行，职业选手与业余选手都可以参赛。

2. 英国公开锦标赛

英国公开锦标赛简称“英国公开赛”，于1860年创立，是世界高尔夫史上最悠久、最古老且最负声望的比赛，由英国圣·安德鲁斯皇家古代高尔夫球俱乐部主办，始终采取比杆赛。

3. 美国PGA锦标赛

美国PGA锦标赛于1916年创立，由美国职业高尔夫球员协会（Professional Golfer

Association，PGA）主办，赛事奖金总金额仅次于美国名人赛。在每年的 8 月份举行，是四大赛事中的最后一项，只有会员才有资格参加，而且赛事的优胜者获得参加 PGA 主办的比赛的终身资格。

4. 美国名人赛

美国名人赛又称为“美国大师赛”，创立于 1934 年，是世界男子职业高尔夫四大赛之一的大师赛。这场赛事的总奖金和冠军奖金是四大赛事中最高的，也是四大赛事中唯一固定场地的赛事，每年 4 月在美国奥古斯塔国家高尔夫球场（Augusta National Golf Club）举行。

5. 莱德杯高尔夫球赛

莱德杯高尔夫球赛始于 1927 年，为团体赛，每方有 12 人参加，逢单数年举行；采用比洞赛，比赛分 3 天进行，共进行 28 场。其中，第一天、第二天是四人赛和四球赛，共 16 场，第三天是 12 场单人赛。

6. 高尔夫球世界杯赛

高尔夫球世界杯赛是世界高尔夫球最高水平的一项赛事，每年举办一届。它是高尔夫球运动四大国际赛事中唯一的球员代表国家或地区参赛的锦标赛，始于 1953 年，创始人是加拿大的商人约翰·杰·霍普金斯。

除以上赛事，不同的俱乐部也会举办或大或小的职业比赛和业余比赛。高尔夫球的发展在如火如荼地进行着，在世界体育运动中的关注度持续上升，并于 2016 年在巴西里约热内卢重返奥运会（图 12－7）。

图 12－7 2016 年里约奥运会高尔夫比赛

三、高尔夫球文化的传承

现代高尔夫球自形成至今，已有几百年的历史。高尔夫球运动在岁月的洪流中留存了下来，不被时代所淘汰，被越来越多的人热爱，与高尔夫球的文化有着密切的关系。“高尔夫球的文化主要可以分为三个方面：精神文化、物质文化和制度文化。”①

（一）精神文化

提到高尔夫球精神，首先想到的可能就是“贵族运动”，其次就是“绅士风度”和

① 孙茂林：《浅析高尔夫运动的文化价值》，载《运动精品》2018 年第 9 期，第 46～47 页。

“骑士精神”。但是高尔夫球最开始并不是在贵族中形成的，最开始的高尔夫球在平民中流行，传播广泛，由于影响了正常的军事活动，苏格兰王室詹姆斯二世曾颁布过“完全取缔高尔夫”的禁令。生活安定下来后，高尔夫球才重新被王室所接受，并且受詹姆斯四世国王的影响，高尔夫球被越来越多的王公贵族喜爱。在这个过程中，贵族所倡导的“绅士文化”和“骑士精神”也就慢慢渗透到了高尔夫球的文化中。

现代高尔夫球的精神文化已不仅仅是“绅士风度”和“骑士精神”，而是在发展中不断结合吸收了现代文化的产物。

（二）物质文化

1. 高尔夫球场

世界上没有完全相同的高尔夫球场。与篮球、乒乓球、排球等球类运动相比，高尔夫球场的场地布局并没有那么严苛的标准，相反，其设计还具有较高的灵活性。高尔夫球场内有草坪、沙坑、水池等，是设计师结合球场原本的地形地貌，充分利用其优势条件而设计出的，环境优美、风景怡人，还富有一定挑战性。

尽管球场的环境并没有严格的标准限制，但是，作为一项竞技体育运动，高尔夫球场仍有统一、一致的指标来保证比赛的公平和规范。国际标准的高尔夫球场为18洞，长度为5000～7000米，占地面积0.6～1平方千米，包含4个短距离球道、10个中距离球道和4个长距离球道。短距离洞短于240米，为3杆洞；中距离洞为240～460米，为4杆洞；长距离洞不短于460米，为5杆洞。18洞的标准高尔夫球场的标准杆数为72杆，但由于场地、天气等因素的影响，标准杆数可在72杆的上下3杆内浮动，即69～75杆。符合国际比赛标准的球场就是锦标赛球场，如美国奥古斯塔国家高尔夫球场（图12－8、图12－9），就是美国名人赛的固定球场。

图12－8 美国奥古斯塔国家高尔夫球场球道区

图12－9 美国奥古斯塔国家高尔夫球场鸟瞰

高尔夫球场一般包含会馆区、附属设施区和球道区。会馆区是球场的“管家”，管理整个球场，包含接待球手、办理登记等服务。有些球场的会馆区内会有休闲娱乐设施，如游泳馆、咖啡厅等，是球手们社交、娱乐的场所。附属设施区是球场的“后勤”，有草坪管理区、避雨亭、休息亭等，方便球场的管理和维修以及选手们休息。球道区是球场的中心场所，占球场面积的95%以上。以球洞为单元进行划分，每个球洞场地至少包含发球台、球道、障碍区和果岭四个部分。

发球台是每个球出发的地点，含4～5组发球线，按照离球洞由近到远的距离依次为：业余女子选手（红色）、业余男子选手（白色）、职业女子和业余男子选手（蓝色）、职业男子选手（金色）、高水平职业选手（黑色）。

球道是打球时从发球台到果岭的最佳道路，南北方向的球道较为理想，球道一般长90～550米、宽30～55米，同时在球道上也会设置障碍，使打球更具有挑战性。

障碍区是位于球道两侧的障碍区域，可以增加运动的难度，如沙坑、水塘、高草等。障碍区根据将球击出的难度可分为半障碍区和远障碍区。顾名思义，半障碍区距离球道较近，难度较低；远障碍区距离球道较远，将球击出的难度较大。

果岭又称球洞区，是设置有球洞的特殊草坪。为了进行推击，果岭的草通常修剪得短而整齐。球洞直径为10.795厘米、洞深为10.16厘米。

2. 高尔夫球具

现代高尔夫球所需的球具主要包括高尔夫球、球杆，此外还有标记、球座、修叉等。

从古至今，高尔夫球一直在不断改进，从质地较硬的木球到价格昂贵的羽毛制球，到形似橡胶的杜仲胶球，再到现在的以液体作芯、橡胶作外壳、表面有凹陷的现代高尔夫球。而高尔夫球的规格也并不统一（美国规定为1.68寸，英国规定为1.62寸）（图12－10），最重不超过45.93克，标准球速为每秒75米。对于高尔夫球手来说，球的飞行性能、质地、准确度、耐磨程度、价格都是值得考虑的因素。

图12－10　高尔夫球

高尔夫球杆（图12－11）包括杆头、杆身、握把三部分，球杆的号数越小，球杆越长，击打的距离越远，打得越高。全套球杆一共17支，选手比赛时最多可带14支，多为1支推杆、2支楔形杆、3支木杆、8支铁杆。

此外，球包是用来装球具的袋子，可以装下全套球杆以及球、球鞋、毛巾、衣服等用品。球座是在发球台开球时用来垫在球下，使球更易被击出的木制或塑料的锥形支架。在果岭时，球从高空掉落砸到地上会形成留下球痕，穿着高尔夫球鞋在草坪中行走时也会损伤果岭，修叉就可以用来整理损伤的草皮、清除球杆上的泥污。

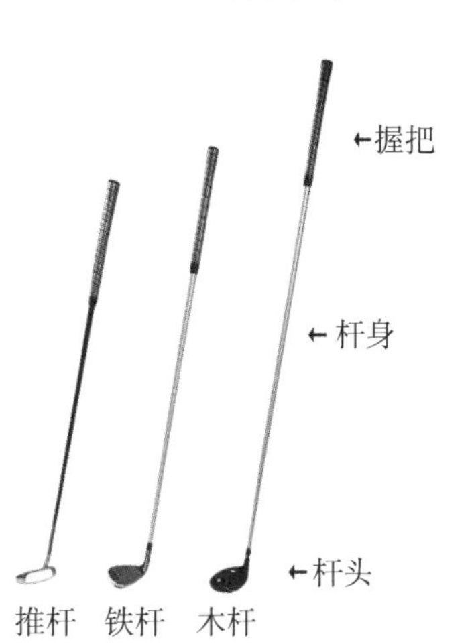

图12－11　高尔夫球法

（三）制度文化

高尔夫球的规则由苏格兰圣·安德鲁斯皇家古代高尔夫球俱乐部和美国高尔夫球协会共同审定、共同制定，高尔夫球是唯一没有裁判员的竞技体育，比赛过程中的公平公正依靠双方球手的自律实现。

第二节 高尔夫球运动的基本规则

历史上，1744 年的爱丁堡高尔夫球友协会制定了第一份高尔夫球规则，共十三条。现代高尔夫球运动在其发展的过程中，人们不断地改进规则，以使比赛更加公平、更加适应现代社会。不论规则如何改变，高尔夫球运动都坚守一定的原则，本节将简要介绍高尔夫球的比赛规则。

一、总则

高尔夫球比赛规则中的“总则”部分描述：“①高尔夫球比赛是依照规则从发球区开始经一次击球或连续击球将球打入洞内。②对球施加影响除按时规则行动以外，球员或球童不得有影响球的位置或运动的任何行为。③商议的违反规则球员不得商议排除任何规则的应用或免除已被判决的处罚。”

二、基本规则

虽然高尔夫球运动有比较多的规则且每隔四年便会重新修订，但“万变不离其宗”，修改规则时，仍围绕以下两点最基本的规则进行：“一是参赛者务必在公平的条件下进行比赛，二是比赛过程中必须要能客观地处理对自己有利的状况。”

三、比赛类型

高尔夫球分为比洞赛和比杆赛两种。不论是哪种比赛都是以杆数为基础，但在现代高尔夫球的众多赛事中，大多为比杆赛，世界高尔夫球四大赛事之一的英国公开赛从创立之初便为比杆赛，莱德杯则为比洞赛的代表。

（一）比洞赛

通过计算每洞比赛的杆数判决该洞的胜负，整场比赛的胜负由累积的胜利洞数决定，胜利洞数多者获胜。在比赛时，经双方同意后可以在一方击球入洞后直接前往下一洞，另一方无须坚持进洞。

（二）比杆赛

计算的是整场比赛的总杆数，杆数少者获胜；当杆数相等时，则加一局比洞赛来判决输赢。比杆赛时，必须保证球被击入球洞以后才可以前往下一球洞的开球区开球，当运动员违反规则时，会被罚杆数。

四、差点计算法

由于在比赛中球员的技术水平不同，为了更加公平，比赛会计算每位球员的让分点，也就是差点。差点计算方法有平均法、新新贝利亚计算法两种。

（一）平均法

差点 =5 次比赛平均成绩 – 标准杆

（二）新新贝利亚计算法

首先，计算总杆数（18洞中，任意12洞杆数之和的1.5倍）；其次，计算差点（总杆数减去标准杆数后乘0.8）；最后，计算净杆数（总杆数减去差点）。

净杆数＝12洞杆数之和×1.5－（12洞杆数之和×1.5－标准杆）×0.8

五、礼仪规则

高尔夫球运动既可以锻炼身体、陶冶情操，又可以培养社交能力，在打球时，有许多的礼仪需要遵守。

（一）诚实守信

高尔夫球是唯一没有裁判、由球友计分的竞技类运动，在打球时依靠球员的自觉。尽管高尔夫球的比赛规则由高尔夫协会制定，比赛时没有裁判，但是，每位球员在比赛时都应当自觉遵守比赛规则，建立公平和谐的比赛环境。

（二）尊重他人

1. 打球者

打球者应当在前一组人离开击球范围时击球。在试挥杆和击球时，要确定挥杆范围内球或其他被击起的物体的落点是否安全，确认安全后，再继续进行。打球者应加快击球速度，以免耽误后面的球员击球。在果岭推球入洞以后，应尽快离开，不停留在原地，以避免影响其他球员击球。

2. 其余人员

在球员击球时，其他人应当保持安静，避免突然发出声音而影响球员击球；此外，不应移动，且不应站在球员击球的范围内以及球的预期路线内。果岭中禁止穿行，如果有需要最好沿边线穿行。

3. 让行

打球时，两球组应当为三球组、四球组的人让行，打部分球洞的人应当为打全场的人让行，打球速度较慢时应让后组人先行。

（三）爱护球场

高尔夫球场的草坪是球场的灵魂，挥杆时应小心，不要铲起草坪。如果不小心铲起，在挥杆结束后，应尽快将挥杆时意外铲起的草皮断片恢复至原位；将球鞋的钉造成的划痕妥当处理；离开沙坑时，要主动将沙坑推平。

（四）着装规范

穿有领有袖的T恤衫、正规的休闲裤；鞋子为带有钉子的球鞋，便于在球场中行走；佩戴专业的高尔夫手套。女士裙装应不高于膝盖4厘米，不穿圆领衫、超短裙、牛仔类型的衣物，不穿高跟鞋、皮鞋等。

第三节　高尔夫球运动的基本技术

高尔夫球运动的本质即利用最少的杆数将球击入洞中。击球的过程是脑和身体的默契配合过程，大脑根据地形、距离选择最适合的球杆，身体通过调整姿势打出理想的球。想要深入了解学习高尔夫球运动，应先掌握其基本技术，如站立姿势、握杆、瞄球、挥杆、击球、推球等。

一、站立姿势

站立姿势是高尔夫球技术中最重要的一部分。一个标准的站立姿势有利于调动全身的肌肉，使身体在整个过程中保持平衡稳定，以科学有效的方式将球打出；错误的站姿会使身体站立不稳，在挥杆、击球过程中杆头和杆面发生临时改变，造成球的方向和距离发生变化。

（一）站姿

站姿即站立的姿势，是准备击球时全身的静态姿势，包括身体各部分的姿势，大致可分为上肢位置、下肢位置、头部位置和腰部位置。球位和球杆是影响站姿的最基本的因素，站姿不是一成不变的，需要根据球位和球杆的型号而改变；球杆的长度决定了站位和体位，使用木杆和铁杆时的站姿也会依据使用的技术做出相应的调整。

（二）站位

站位指人或球的位置，其在《高尔夫规则》的解释为“球员在准备击球时安置好的双脚的位置”。与站姿不同，站姿包括站位，站位不包含站姿。

1. 站位类型

站位的类型有平行式站位、开放式站位、关闭式站位三种，其主要区别是双脚的前后位置。站位宽度基本与髋同宽，根据球杆长度可进行微调。脚尖应根据使用球杆的长度、挥杆角度和自身的柔韧性选择合适的角度。

平行式站位是最基本的站位方法，双脚脚尖的连线与目标线平行，左肩易于扭转；开放式站位与平行式站位基本相同，但右脚比左脚距离目标线偏前，有一定的局限性，击球时，左肩不易向内扭转；关闭式站位与开放式站位相反，左脚比右脚稍前一点，击球时，左肩的扭转角度增大。

2. 调整方法

（1）球位。在传统的站位中，球的位置在双脚连线的垂线上，但不一定位于中垂线上。1 号木杆击球时，应位于左脚跟前方，中短杆略靠右侧，挖起杆靠最右侧。

（2）球杆。球杆长度增加，站位增宽同时向后移动，以留出加长部分的位置；球杆长度减少，站位变窄，向前移动。

（3）挥杆角度。当挥杆角度较小时，选择较宽的站位，可保持稳定，但宽站位易使下肢紧张；挥杆角度较大时，选择较窄的站位便于转动，但稳定性不高。

（三）体位

体位是指在准备击球时，身体各个主要部位所处的静态位置。上身挺立，下颌适当抬起，远离前胸，手臂自然下垂，如果感觉手臂前伸时，应调整站位；头颈、肩、髋的连线为一条直线，不耸肩、不驼背，脊柱为自然弯曲状态；提臀，下肢放松，腿部小幅度弯曲，身体重心位于前脚掌。

二、握杆

美国高尔夫球传奇人物本·侯根（Ben Hogan）曾说过“好的球技源于好的握杆”，充分说明了握杆的重要性。球杆是打球时球与身体的媒介，运动员通过球杆将力量传到球，将球击出。标准合适的握杆可以有效地固定杆头和杆面的相对位置，使杆在击打球之前的角度与预期一致。

（一）握杆的方法

1. 重叠式握杆（瓦顿式握杆）

右手在下、左手在上，右手的小拇指位于左手的食指与中指之间，掌心包住左手的大拇指。这是一种比较常见的握杆方法，20 世纪初，因球星哈里·瓦顿（Hari Vaddon）使用此方法而逐渐流行起来。使用这种握法的优点是灵活性强，双手用力平衡。

2. 互锁式握杆

右手在下、左手在上，右手的小拇指与左手的食指互相交叉锁在一起，其余与重叠式握杆的要求相同。这种握法的优点是容易控制球杆，适用于手掌小、手指短的球员，也适用于杆头速度快的球员。

3. 十指式握杆（自然式握杆）

该握杆方法与棒球的握杆方法相似，又称为“棒球式握杆”。左手大拇指指纹处抵住球杆，食指托着球杆，右手的掌心包住左手大拇指，右手小拇指与左手食指紧贴，但既不交叉，也不重叠。手掌较小、力量较小者，老年人及女球员适用这种握法。

（二）要点（以右手球员为例）

左手手背对准击球目标，杆身从左手食指的第二关节穿过掌心，手指自然收拢，握住球杆握把，大拇指与食指形成的夹角指向右耳，左手多以手指握杆，位于握把靠近上方的位置，留出右手握杆的空间。

右手掌心对准击球目标，手掌包住左手的大拇指，杆身从食指第二关节穿过，与小拇指和无名指相贴，同时根据使用的握杆方法，调整小拇指的位置，例如，重叠式握杆时，小拇指位于左手的食指和中指之间。右手多以掌心握杆，拇指与食指的夹角应指向左肩。

双手为一个整体，握杆的动作是双手互相协调的一个过程，力度要适中，既不能太大，也不能太小。

三、瞄球

瞄球是指通过观察，在准备击球前，调整身体姿势和球杆角度使杆面在击球瞬间对准球身，并且使球沿着目标线的方向滚动的过程。瞄球的身体姿势即为基本的站立姿势，重点是眼、手和脑的配合。

先要由大脑假设球的目标线，身体除手臂之外所在的平面与假设的目标线平行，在目标线所在的直线上找一点作为中间目标点，使得中间目标点位于杆面和球位之间。利用三点一线的原理调整杆面的距离，同时也应调整杆面的高度，以防在击球时用杆头顶部击球，使得球的飞行路径出现变化。在确定好杆面的位置后，适当调整身体姿势，以标准、轻松的姿势将球击出。

四、挥杆技术

挥杆技术是高尔夫球运动最重要的一部分，是球手在做好击球准备后，到击球完成的全部动作。挥杆动作主要可以分为上杆、下杆、收杆三部分，其中，上杆可以再细分为起杆、上挥杆、上挥杆顶点，下杆也可以再分为下挥杆、击球。一个好的球员应当熟练地掌握挥杆技术的要领，同时也应明白挥杆时的动力学原理，从科学的角度去理解该项运动的原理，会使得训练达到事半功倍的效果。

（一）原理

打高尔夫球时，可以将整体看作三个部分，分别是躯干、手臂和球杆。挥杆的过程就是一个做圆周运动的双杠杆系统。以躯干为旋转轴，手臂作为上部杠杆，球杆作为下部杠杆，以躯干的转动带动手臂和球杆进行转动。在躯干开始转动时，手臂和球杆以躯干为轴心也开始转动，速度达到一致；在转动的过程中，手臂的力转移至球杆，使得杆头的速度比单杠杆时快很多，击球的瞬间速度极快，使球飞出。

整个过程也可以想象成使用双节棍的过程，躯干和球杆是两侧的棍体，手臂和手腕为中间的铰链。不同的是，使用双节棍时不需要考虑棍体的方向，但在打高尔夫球时需要考虑杆头的位置和杆面的方向。

（二）上杆

（1）起杆。也称引杆，是挥杆的第一个动作，由肩膀带动上身转动，使双手的位置位于右脚的正上方，躯干和手臂所形成的三角保持不变。在这整个过程中，球杆转动角度较小。

（2）上挥杆。上挥杆是指从引杆至球杆到达上挥杆顶点的过程。以脊柱、头部为轴心，仅上身转动，头、颈部基本保持不动，以肩膀转动来带动手臂和球杆的运动。在整个上挥杆的过程中，背部自然挺直，动作流畅。

（3）上挥杆顶点。上挥杆的停止部位即为上挥杆顶点。此时，身体的重心位于右脚，左臂伸直且与地面平行，右臂稍弯曲，球杆杆身对准目标线，肩膀旋转90°，右肩位于下颌下方，胯部转动一定角度，背部正对原准备姿势的左方。

（三）下杆

（1）下挥杆。下挥杆的过程是上挥杆的反向动作。首先，腿部与臀部向左转动，身体重心向左转移，接着，腰部和肩部同时转动，带动手臂和球杆向下挥动，全身肌肉应保持紧张但不僵硬。下挥杆时速度不应过快，应与上挥杆的时间基本相同。

（2）击球。下挥杆的最终动作是击球，此时的姿势与瞄球结束时、引杆之前的姿势相同。在击球前的一段时间里，手腕放松；击球的一瞬间，杆面正对球体，将球击出。

（四）收杆

在将球击出后，杆头的速度较快，由于惯性，球杆难以直接停止。球杆带动手臂、手臂带动肩部，双臂伸直，身体继续向左转动，左腿伸直，身体重心左移。整个过程身体逐渐放松、不继续发力，这个过程叫送杆。收杆是送杆结束后的动作。此时，身体已全部转向左侧，身体重心全部落在左脚，右脚脚尖着地，双臂弯曲。

五、推杆技术

在球洞区使用推杆将球推入球洞的击打技术称为推杆技术。它是每一球洞结束前最后的击球部分。推击是每场比赛最令人唏嘘的部分，因为许多球手在推击时会出现失误。推击可以看作比赛的决胜部分，因此推杆技术也是学习高尔夫球的重要内容。

（一）站姿

上身挺直前倾，手臂自然下垂，双脚分开，膝部微屈，身体重心位于双脚之间，身体与目标线平行。

（二）握杆

推杆握杆有许多方法，这里主要介绍标准式、重叠式和爪式握法。标准式握法与铁杆相似，双手手掌相对握住推杆，左手在上、右手在下，双手均匀给力；重叠式握法与标准式基本相同，两手手掌相对握住推杆不同的是，左右手的上下位置为左手在下、右手在上；爪式是一种比较特殊的握法，与专业握法区别较大，左手与标准式相同，右手四指并拢，大拇指与四指分开，将球杆卡在虎口的位置，以保证推杆时不会因为手腕的扭动导致球的实际方向与预期方向偏差太大。

（三）动作要领

推杆时，以脊柱为轴心转动肩膀，不移动身体重心，手臂与肩膀的相对位置不变；推击时，手腕不动，依靠肩膀带动手臂发力。

（四）判断击球方向

在球洞区，球道并不是平坦的，可能会有沙坑、水障碍、丘陵。瞄准球洞击球时，球往往会受到地势的起伏滚动，落入障碍区。这就要求球员在推击前仔细观察环境，判断击球的目标方向。

（1）地形影响。当果岭周围有山体时，靠近山体的一侧地势较高，球会朝相反的方向滚落；当果岭周围有沙坑或水障碍时，由于排水系统的设计，靠近沙坑和水障碍的一侧地势较低，球会滚落至障碍区。

（2）草纹影响。不同草种的草纹不同，对球的运动轨迹的影响也不同。例如，本特草的草坪对球的运动轨迹影响较小；而热带草种百慕大的草纹对球的影响较大，其草纹会受太阳影响自西向东发生变化。观察草纹时，顺草的一侧光滑，对球的阻力较小；

逆草的一侧粗糙，对球的阻力较大。

（五）推击要点

影响击球入洞的因素主要为距离和方向。距离可以通过改变击球前球杆移动的距离来控制，练习时应保证每次击球的力度固定，不断练习，从而找到击球距离与球杆移动距离的关系。击球的方向则可以通过果岭坡度、草纹等来判断。

短距离推击时，方向较重要；长距离推击时，距离较重要。不同的推击技术可以通过不同的训练提升。

第四节　高尔夫球运动的实战策略

高尔夫球作为一项竞技运动，运动员在正式比赛时还可能遇到各种各样的状况，应采用相应的实战策略应对。例如，遇到不同的球洞如何开球、球落入障碍区时怎么办、特殊球位怎么处理，这些情况都应当考虑到。本节将简要介绍三种高尔夫球的实战策略。

一、开球策略

开球前，应先观察障碍区和球道的状况，查看码数表，根据对不同球杆使用的熟练程度选择适合的球杆，找到合适的开球位置、将球架到合适的高度。

一般情况下，5 杆洞大多会选择 1 号木杆打远球，但是 1 号木杆的稳定性较低，并不是所有的洞都适用 1 号木杆开球。当球洞在下坡洞时，3 号木杆比 1 号木杆击出的距离更远、更具优势。具体策略应结合球场情况决定。

4 杆洞通常使用 1 号木杆开球。4 杆洞是中长距离的洞，但当距离较短时，使用 1 号木杆后剩余的距离需要把握方向极其准确才可进洞。在这种情况下，使用 3 号木杆可以缩小第一杆的打出距离，使得第二杆入洞的难度下降，入洞的可能性也会更高。3 杆洞的开球至关重要，需要准确地预估距离和方向，查看码数表，对挥杆距离有清楚明确的认知，同时也应考虑有无沙坑、水池等障碍区。

当遇到狗腿洞时，应尽可能使球落到球道上，扩大落球的范围，以减轻球员的心理压力。当打球时顺风，应将球打高，借助顺风的有利条件使球的落点更远；逆风时，打出的球应尽可能低，减少逆风对球的影响；出现侧风的情况时，打球的角度应为原定目标方向的击球角度略偏向风的方向，这一方法可以减弱侧风对球的目标方向的影响。

二、上果岭策略

从球道进攻果岭是比赛中必不可少的环节。

上坡或逆风时，应选择大一号的球杆，或低飞球，避免大幅度、大力气地挥杆，减少击球带来的旋转；下坡或顺风时，则应选择小一号的球杆，以使击球方向更稳定，利用风力使球的飞行距离增加。

当遇到球道沙坑球位时，应首先观察沙坑的沙质。若沙质细小，则难度较大，使用凸缘较厚、反弹角较大的沙坑杆，上杆时的速度应保持稳定，充分利用杆面底部的弹性；若沙质较粗糙，选择凸缘较薄、反弹角较小的沙坑杆。由于沙坑表面较坚硬，对击球影响不大。击球时，球杆应最先击球，而不是碰到沙子，以便使杆头的力能够最大限度传递至球体，不会被沙坑的阻力削减。球落入沙坑后，若位于沙坑边缘，应注意击球高度，避免球飞行时触碰沙坑边缘影响飞行轨迹。

三、果岭周围击球策略

上一杆球落在果岭边球道后，应使用短切技术攻上果岭，如地势平坦，可用推杆让球滚上果岭。当球距离旗杆较远时，应使用杆面较小的挖起杆，半挥杆击球可以打出合适的距离。

第五节　高尔夫球运动竞赛式教学设计与实施

在优美的环境中打高尔夫球是一件令人身心愉悦的事情，这个过程既有利于学生放松身心、缓解压力，也有利于培养学生公平公正的意识和个人修养。高尔夫球是提升学生综合素质的理想运动，竞赛式教学过程对培养学生对高尔夫球的兴趣和热爱至关重要。

一、高尔夫球竞赛式教学效果的实践验证

“实践是检验真理的唯一标准”，要想确定竞赛式教学设计是否有效，应当通过实验进行验证。

（一）对研究对象进行分组

研究对象为中山大学同一时间段内两个学院中的2020级普通本科二年级学习高尔夫球课程的学生，两个教学班均为30人。将其中一个班设为实验班，另一个班级设为对照班。为了确保实验的客观性，在教学实验前，分别对两个班级进行了高尔夫球基本情况调查，经过调查在这两个班级中没有接受过专业训练的学生，两个教学班学生各30人，性别组成均为男生20名、女生10名。对两个班学生的相关指标（体能和技术）进行检验，体能成绩的项目有坐位体前屈、女子800米与仰卧起坐、男子1000米与俯卧撑，技术成绩由1号木杆开球距离、劈起球与切球效果、推杆效果三方面评定（总成绩由体能成绩和技术成绩组成，其中体能成绩和技术成绩各占50%，满分为100分，下同）。教学实验前相关测试指标对照见表12－1。实验结果经t检验分析，实验班与对照班学生之间的体能成绩、技术成绩及总成绩的P值分别为0.46、0.61和0.43，在5%的检验水平下，P值均大于0.05，表明实验班与对照班的分班合理、学生的基本情况相同，符合教学实验相关要求。

表 12－1　教学实验前相关测试指标对照（$N=30$）

项目	实验班		对照班		t 值	P 值
	平均分	标准差	平均分	标准差		
体能成绩	30.11	3.13	30.73	3.34	－0.013	0.46（>0.05）
技术成绩	30.92	3.80	31.41	3.62	－0.009	0.61（>0.05）
总成绩	61.03	5.71	62.14	5.00	－0.013	0.43（>0.05）

（二）实验过程

1. 实验告知及同意

在第一次上课时，教师将本次实验的基本情况告知学生，征得学生同意后签署实验同意告知书。同时，对实验班的学生进行关于高尔夫球学习基本情况的问卷调查。

2. 实验班教学

在教学实验过程中，对照班采用常规的教学方式进行，实验班采用竞赛式教学法进行。①将实验班的学生按照高尔夫球的技术成绩分为 5 个小组，每个小组组员的水平相近，便于教师授课、发现问题；②在整个实验教学比赛过程中，根据技术进阶的程度与小组排名，分 3 次进行再分组（每 4 周进行一次分组），小组内排名高的学生进入较高水平组，排名低的调入下一水平组，保持组内成员的水平一致；③18 周（每周 90 分钟课程）的教学结束后，对实验班与对照班进行体能与技术考试。

（三）结果分析及评价

将实验班与对照班间的成绩测评结果进行综合对比，检验竞赛式教学法的成效，从而实现对教学效果的反馈与实验效果的评价。课程结束后，对实验班学生进行回访，再次填写第一节课的问卷调查，以了解实验班学生的主观感受，并对教学方式进行评价。实验班学生实验前后对高尔夫球竞赛式教学的认知见表 12－2。

表 12－2　实验班学生实验前后对高尔夫球竞赛式教学的认知

单位：%

类别	实验前	实验后
对高尔夫球运动基本知识了解程度加深	43.30	66.67
高尔夫球技术水平得到提高	36.67	60.00
自觉遵守规则意识得到提升	20.00	76.67
同学之间交流程度增强	13.30	60.00
团结互助意识得到提高	43.33	90.00
身体素质得到提升	30.00	53.33
学习积极性得到提高	26.67	86.67
学习兴趣提高	10.00	73.33
学习效率得到提高	16.67	83.33

由表12-2的数据可以看出，通过竞赛式教学，学生遵守规则和团结互助的意识均有较大幅度的提高，学习的积极性、趣味性以及学习效率都有明显的提高，在其他方面也均有不同程度的提高。

经过18周的教学实验，将常规教学班与实验班的数据进行对比，主要从体能与技术两个方面展开。同时，为了保证实验的客观性与准确性，测试由高尔夫球组的其他非任课教师负责，且将实验班与对照班学生混合交叉进行。测试成绩按照统计分析的要求，取各项的平均值，得出的统计结果见表12-3。

表12-3　教学实验后相关情况统计（$N=30$）

项目	实验班		对照班		t 值	P 值
	平均分	标准差	平均分	标准差		
体能成绩	41.61	3.90	39.29	3.25	0.040	0.015（<0.05）
技术成绩	41.04	3.42	38.73	2.90	0.045	0.007（<0.05）
总成绩	82.65	5.58	78.02	4.32	0.055	0.001（<0.05）

将实验前、后实验班与对照班的成绩进行比较可以发现：实验前，学生各项指标之间无明显差异（$P>0.05$）；实验后，实验班采用的是竞赛式教学法，调动了学生的学习积极性。与对照班相比，实验班的学习氛围浓厚、学习效果明显更好，且学生的沟通能力、规则意识与团队精神都有进步。由表12-3的数据可以看出，实验后两班学生的差异显著（$P<0.05$），可以认为实验班学生的总体成绩优于对照班全体学生的成绩。这说明对于普通学生而言，竞赛式教学法的教学效果明显优于常规教学法。

当然，本实验也存在一些问题，例如，样本量较少，实验结果受极端个体影响较大，不能完全代表总体的效果；学生互相评分时，实际得分与应得分值之间存在误差；每次教学的效果并不能保证完全一致；等等。在后续设计实验时，应尽可能最大限度消除这些影响因素的作用。

教学方法永远在不断改进，能够提升教学效果并且增强学生的主观能动性是我们努力的方向。竞赛式教学法相较于传统教学法，在众多方面有着一定的提高，如学生的学习积极性、教学成绩等。但这并不是教学方法发展的终点，我们会继续补短板、扬长处，接受大家的建议和批评，进一步改进这一教学方法。

二、高尔夫球各项技术与常识的竞赛式教学

（一）准备姿势与挥杆的竞赛式教学

准备姿势是高尔夫球初学者必须要掌握的一项最基本技术，包括握杆方法、站姿、瞄球三部分，这是一切击球技术的基础。标准的准备姿势对击球技术的学习能起到事半功倍的效果。而挥杆动作是身体控制球杆的过程，稳定、正确的挥杆对于击球也是至关重要的。

对于准备姿势与挥杆的竞赛式教学的主要从以下几个步骤展开（以90分钟的体育课为例）。

1. 基本准备活动与专项准备活动（10 分钟）

根据学校体育课的要求，教师进行点名与安排见习生等常规教学任务；介绍本节课的教学内容，统一进行热身运动，如慢跑、准备活动等。由于本次课程的学习内容为准备姿势和挥杆，对柔韧性具有一定要求，为防止拉伤，应在热身中着重加强柔韧性练习。

2. 示范与讲解（20 分钟）

教师讲解准备姿势、挥杆的要领和练习方式，并给予学生一段时间进行练习。学生按照分组互相鼓励、督促练习。教师在学生练习过程中进行巡回纠错，就共性问题统一讲解。

3. 准备姿势与挥杆竞赛式教学法的实施（40 分钟）

（1）根据技能水平分组，介绍要领、技巧。

（2）六人一组并编号，五人做裁判。一人在规定时间内做准备姿势，共三次机会。每次成绩为去掉最高分、最低分后三个分数的平均分，每位学生的最终得分为三次成绩中的最高分。

（3）六人一组并编号，五人做裁判。一人做挥杆动作，共三次机会。每次成绩为去掉最高分、最低分后三个分数的平均分，每位学生的最终得分为三次成绩中的最高分。

（4）各竞赛小组与各竞赛方式的统计。统计各竞赛方式中每个小组的第一名，并将他们组成新的一组，再次计分。统计新的一组中各种竞赛方式的每个小组的第一名。

（5）结合挥杆，以每种竞赛方式获得第一名的学生为示范，教师在学生示范的同时进行讲解。以原来的六人小组为单位继续进行挥杆练习，并与讲解之前的情况进行对比与分析。

4. 必要的体能与专项素质练习（10 分钟）

根据所在学校的要求并结合学生提升专项技能的需要进行体能练习。由于挥杆技术中对柔韧性、体能、爆发力有一定要求，因此可加入俯卧撑、变速跑、平地扭腰等素质练习。

5. 放松活动，布置课后练习与下次课前预习内容（10 分钟）

运动结束后，拉伸、及时放松相应的肌肉。根据记忆遗忘曲线确定课后练习的具体任务和时间，提前告知下次课的主要内容，请学生提前预习相应内容。

（二）劈起球、切球的竞赛式教学

劈起球与切球是短打技术的一部分，主要目的是将果岭附近的球打在旗杆附近。一般 60 码（54.864 米）以内的击球为短打技术，使用 S 杆和 P 杆。S 杆即沙坑杆，击打距离较近时使用；P 杆即劈起杆，适用于击打距离较远的情形。

对于劈起球与切球的竞赛式教学的主要从以下 5 个步骤展开（以 90 分钟的体育课为例）。

1. 基本准备活动与专项准备活动（10 分钟）

根据学校体育课的要求，教师进行点名与安排见习生等常规教学任务；介绍本节课的教学内容，统一进行热身运动，如慢跑、准备活动等。由于本次课程的学习内容是劈起球和切球，对力量有一定要求，热身时应当充分调动全身肌肉，以便训练时能找到最佳状态。

2. 示范与讲解（20 分钟）

教师讲解劈起球、切球的要领和练习方式，并给予学生一段时间进行练习。学生按照分组互相鼓励、督促练习。教师在学生练习过程中进行巡回纠错，就共性问题统一讲解。

3. 劈起球与切球竞赛式教学法的实施（40 分钟）

（1）根据技能水平分组，介绍要领、技巧。

（2）六人一组并编号，五人做裁判。一人在规定时间内做出劈起球挥杆的动作，共三次机会。每次成绩为去掉最高分、最低分后三个分数的平均分，每位学生的最终得分为三次成绩中的最高分。

（3）组内分组，选择合适的组员。三人一组，在练习场训练。在一定发球位置向以球洞为中心的不同直径的圆中击球，统计击入圆内的球的数目，以圆的直径、发球位置距离球洞的距离不同按比例计分。三人一组，进行打击笼练习，并计分。

（4）各竞赛小组与各竞赛方式的统计。统计各竞赛方式中每个小组的第一名，并将他们组成新的一组，再次计分。统计新的一组中各种竞赛方式的每个小组的第一名。

（5）以每种竞赛方式获得第一名的学生为示范，教师在学生示范的同时进行讲解（评价学生的动作规范程度与注意事项等）。以原来的六人小组为单位继续进行劈起球与切球练习，并与讲解之前的情况进行对比与分析。

4. 必要的体能与专项素质练习（10 分钟）

根据所在学校的要求并结合学生提升专项技能的需要进行素质练习。由于劈起球和切球技术中对力量和速度有一定要求，因此可加入原地高抬腿跑、行进间高抬腿跑、冲刺跑、抗阻力臂屈伸等素质练习。

5. 相应的放松活动，布置课后练习与下次课前预习内容（10 分钟）

运动结束后，拉伸、及时放松肌肉。根据记忆遗忘曲线确定课后练习的具体任务，提前告知下次课的主要内容，请学生提前预习相应内容。

（三）推击技术的竞赛式教学

推击技术是指在球洞区利用推杆将球推入球洞的技术。推杆的类型有多种，如长距推杆、短距推杆、直线推杆、曲线推杆等，但最重要的是对距离和方向的练习。

对于推击技术的竞赛式教学的主要从以下几个步骤展开（以 90 分钟的体育课为例）。

1. 基本准备活动与专项准备活动（10 分钟）

根据学校体育课的要求，教师进行点名与安排见习生等常规教学任务；介绍本节课的教学内容，统一进行热身运动，如慢跑、准备活动等。由于本次课程的学习内容为推击技术，热身时应当充分拉伸、调动全身肌肉，以便训练时能找到最佳状态。

2. 示范与讲解（20 分钟）

教师讲解推击的要领和练习方式，并给予学生一段时间进行练习。学生按照分组互相鼓励、督促练习。教师在学生练习过程中进行巡回纠错，就共性问题统一讲解。

3. 推击技术竞赛式教学法的实施（40 分钟）

（1）根据技能水平分组，介绍要领、技巧。

（2）六人一组并编号，五人做裁判。一人在规定时间内做推杆挥杆的动作，共三次机会。组内学生按照编号轮流进行，根据之前所讲的要领进行评分。每次成绩为去掉最高分、最低分后三个分数的平均分，每位学生的最终得分为三次成绩中的最高分。

（3）组内分组，选择合适的组员。三人一组，在练习场做转圈推球练习。在以球洞为中心的圆上放置一圈高尔夫球，将球逐个打入洞中，计算打入洞中的球的数目，根据圆的直径，按照比例计分。三人一组，进行打击笼训练，并计分。

（4）各竞赛小组与各竞赛方式的分数统计。统计各竞赛方式中每个小组的第一名，并将他们组成新的一组，再次计分。统计新的一组中各种竞赛方式的每个小组的第一名。

（5）结合推击练习，以每种竞赛方式获得第一名的学生为示范，教师在学生示范的同时进行讲解（评价学生的动作规范程度与注意事项等）。以原来的六人小组为单位继续进行推击练习，并与讲解之前的情况进行对比与分析。

4. 必要的体能与专项素质练习（10 分钟）

根据所在学校的要求并结合学生提升专项技能的需要进行素质练习。由于推击技术中对耐力和柔韧性有一定要求，因此可加入手肘触碰膝盖、三合一伸展动作等素质练习。

5. 相应的放松活动，布置课后练习与下次课前预习内容（10 分钟）

运动结束后，拉伸、及时放松肌肉。根据记忆遗忘曲线，教师确定课后练习的具体任务，提前告知学生下次课的主要内容，并请学生提前预习相应内容。

（四）开球的竞赛式教学

开球是指从发球台将球击出，是每个球洞的第一次击球，通常使用 1 号木杆开球，距离为 200～400 码。

对于开球的竞赛式教学（以 1 号木杆开球为例），主要从以下几个步骤展开（以 90 分钟的体育课为例）。

1. 基本准备活动与专项准备活动（10 分钟）

根据学校体育课的要求，教师进行点名与安排见习生等常规教学任务；介绍本节课的教学内容，统一进行热身运动，如慢跑、准备活动等。由于本次课程的学习内容为 1 号木杆开球，因此热身时可加入椅式下蹲、燕式下蹲等内容，锻炼身体平衡能力。

2. 示范与讲解（20 分钟）

教师讲解 1 号木杆击球的要领和练习方式，并给予学生一段时间进行练习。学生按照分组互相鼓励、督促练习。教师在学生练习过程中进行巡回纠错，就共性问题进行统一讲解。

3. 开球竞赛式教学法的实施（40 分钟）

（1）根据技能水平分组，介绍要领、技巧。

（2）六人一组并编号，五人做裁判。一人做空挥杆的练习，共三次机会。组内学生按照编号轮流进行，根据之前所讲的挥杆姿势进行评分。每次成绩为去掉最高分、最低分后三个分数的平均分，每位学生的最终得分为三次成绩中的最高分。

（3）六人一组并编号，五人做裁判。一人使用1号木杆击球，共五次机会。组内学生按照编号轮流进行。以杆面击球的位置、击球的距离、成功击球的次数分别计分。

（4）各竞赛小组与各竞赛方式分数统计。统计各竞赛方式中每个小组的第一名，并将他们组成新的一组，再次计分。统计新的一组中各种竞赛方式的每个小组的第一名。

（5）结合挥杆练习，以每种竞赛方式获得第一名的学生为示范，教师在学生示范的同时进行讲解（评价学生的动作规范程度与注意事项等）。以原来的六人小组为单位继续进行1号木杆开球练习，并与讲解之前的情况进行对比与分析。

4. 必要的体能与专项素质练习（10分钟）

根据所在学校的要求并结合学生提升专项技能的需要进行素质练习。由于本节课的素质练习主要为力量和耐力练习，因此可进行女子800米、男子1000米、平板支撑等素质练习。

5. 相应的放松活动，布置课后练习与下次课前预习内容（10分钟）

运动结束后，拉伸、及时放松肌肉。根据记忆遗忘曲线，教师确定课后练习的具体任务，提前告知学生下次课的主要内容，并请学生提前预习相应内容。

（五）方向与距离练习的竞赛式教学

在击球时，对方向和距离的判断与掌控十分重要，通过对方向和距离的重点练习有利于短时间内减少比赛时的杆数。

对于方向与距离的竞赛式教学的主要从以下几个步骤展开（以90分钟的体育课为例）。

1. 基本准备活动与专项准备活动（10分钟）

根据学校体育课的要求，教师进行点名与安排见习生等常规教学任务；介绍本节课的教学内容，统一进行热身运动，如慢跑、准备活动等。由于本次课程的学习内容为方向与距离练习，因此热身时应当充分拉伸，调整体态便于练习。

2. 示范与讲解（20分钟）

教师讲解方向和距离练习的要领与方式，并给予学生一段时间进行练习。学生按照分组互相鼓励、督促练习。教师在学生练习过程中进行巡回纠错，就共性问题统一讲解。

3. 方向和距离练习竞赛式教学法的实施（40分钟）

（1）根据技能水平分组，介绍要领、技巧。

（2）三人一组，在练习场练习推球。在距离球洞2码、5码、10码、15码的位置放置一定数目的球，将球推入球洞。根据进入球洞的球的数目，计算积分。

（3）三人一组，在练习场练习推球。在距离球洞2码、5码、10码、15码的位置放球，将球推入球洞。根据不同距离推入球时需要的次数，计算积分。

（4）三人一组，在练习场练习推球。在距球洞同一距离的不同位置放置一定数目的球（选择位置时，不同位置的球到球洞的方向和地形应不同），将球推入球洞。根据进入球洞的球的数目，计算积分。

（5）三人一组，在练习场练习推球。在距球洞同一距离的不同位置放球（选择位置时，不同位置的球到球洞的方向和地形应不同），将球推入球洞。根据不同距离推入球时需要的次数，计算积分。

（6）进行各竞赛小组与各竞赛方式的分数统计。统计各竞赛方式中每个小组的第一名，组成新的一组并再次计分。统计新的一组中各种竞赛方式的每个小组的第一名。

（7）结合推击练习，以每种竞赛方式获得第一名的学生为示范，教师在学生示范的同时进行讲解（评价学生的动作规范程度与注意事项等）。以原来的六人小组为单位继续进行距离和方向练习，根据不同学生的熟练情况适当调整距离和方向练习的比例，并与讲解之前的情况进行对比与分析。

4. 必要的体能与专项素质练习（10 分钟）

根据所在学校的要求并结合学生提升专项技能的需要进行素质练习，本节课主要进行力量的素质训练。

5. 相应的放松活动，布置课后练习与下次课前预习内容（10 分钟）

运动结束后，拉伸、及时放松肌肉。根据记忆遗忘曲线，教师确定课后练习的具体任务，提前告知学生下次课的主要内容，并请学生提前预习相应内容。

（六）特殊球位的竞赛式教学

在实际的比赛中，经常会出现球滚落到障碍区内的情况，以最少的杆数将球击出障碍区是所有球员都应学习的技术，因此也需对特殊球位进行讲解和教学。

对于特殊球位的竞赛式教学的主要从以下几个步骤展开（以 90 分钟的体育课为例）。

1. 基本准备活动与专项准备活动（10 分钟）

根据学校体育课的要求，教师进行点名与安排见习生等常规教学任务；介绍本节课的教学内容，统一进行热身运动，如慢跑、准备活动等。

2. 示范与讲解（20 分钟）

教师讲解特殊球位的练习方式，并给予学生一段时间练习。学生按照分组互相监督练习。教师在学生练习过程中进行巡回纠错，就常犯的错误和出现的问题统一讲解。

3. 特殊球位竞赛式教学法的实施（40 分钟）

（1）根据技能水平进行分组，介绍注意事项。

（2）六人一组，在规定的区域随机放置高尔夫球，训练者利用所学的知识将球打出区域，统计打出区域所需的杆数，其余五人观察击球的姿势并计分。轮流进行，得分由杆数分数与姿势分数按比例计算。

（3）六人一组，在规定的球位放置高尔夫球，训练者利用所学的知识将球击出。在机会一定的情况下，统计一杆将球击出球位的次数，其余五人观察击球的姿势并计分。轮流进行，得分由杆数分数与姿势分数按比例计算。

（4）各竞赛小组与各竞赛方式的统计。统计比赛分数，分数排前 6 名的学生组成新的一组并继续比赛，教师进行讲解并再次计分。

（5）结合击球的练习，以获得第一名的学生为示范，教师在学生示范的同时进行讲解（评价学生的动作规范程度与注意事项等）。以原来的小组为单位继续进行特殊球位的练习，学生根据自己的实际情况，自行选择较弱的技术继续练习。

4．必要的体能与专项素质练习（10 分钟）

根据所在学校的要求并结合学生提升专项技能的需要进行素质练习。由于本节课的素质练习为力量练习和柔韧性练习，因此可进行女子 800 米、男子 1000 米与三合一伸展动作等素质练习。

5．相应的放松活动，布置课后练习与下次课前预习内容（10 分钟）

运动结束后，拉伸、及时放松肌肉。根据记忆遗忘曲线，教师确定课后练习的具体任务和频率，提前告知学生下次课的主要内容，并请学生提前预习相应内容。

（七）模拟比赛的竞赛式教学

仅仅掌握高尔夫球的各种球杆的使用方法是不够的，还需要针对具体地形进行教学，使学生掌握实战技巧以及各种特殊球位的处理方法。模拟比赛可以使学生进一步了解高尔夫球比赛，增强其学习的趣味性，调动其练习的积极性，在这个过程中，还应当加入对高尔夫球大型赛事的介绍。

对于模拟比赛竞赛式教学的主要从以下几个步骤展开（以 90 分钟的体育课为例）。

1．基本准备活动与专项准备活动（10 分钟）

根据学校对体育课的要求，教师进行点名与安排见习生等常规教学任务；介绍本节课的教学内容，统一进行热身运动，如慢跑、准备活动等。

2．示范与讲解（20 分钟）

教师讲解模拟比赛练习方式，并给予学生一段时间练习，对之前所学的各种球杆的使用要领进行复习。学生按照分组互相监督练习。教师在学生练习过程中进行巡回纠错，就常犯的错误和出现的问题统一讲解。

3．模拟比赛竞赛式教学法的实施（40 分钟）

（1）根据技能水平分组，介绍注意事项。六人一组，每组有两队，每队三人。

（2）以四杆洞的球道区为主要场地进行模拟比赛。模拟比赛时，每组占据一个四杆洞球道区，从发球台开球开始，直到两队均击球入洞。比赛时，三人中的一人为球手，即比赛的主要参与者，一人为球童，一人记录杆数和球员出现的一些问题。三人轮流担任这三种角色。最后根据杆数和球员出现的问题次数计算得分。

（3）各竞赛小组与各竞赛结果的统计。统计比赛分数，选出的个人最优者组成新的一组并继续比赛，教师进行讲解并再次计分。

（4）结合各种球杆的练习，以第一名为示范，教师在学生示范的同时进行讲解（评价学生的动作规范程度与注意事项等）。以原来的六人小组为单位继续进行常规的挥杆、击球的练习，学生根据实际情况自行选择较弱的技术继续练习。

4．必要的体能与专项素质练习（10 分钟）

根据所在学校的要求并结合学生提升专项技能的需要进行素质练习。由于本节课的素质练习为力量练习和耐力练习，因此可进行女子 800 米、男子 1000 米与平板支撑等素质练习。

5．相应的放松活动，布置课后练习与下次课前预习内容（10 分钟）

运动结束后，拉伸、及时放松肌肉。根据记忆遗忘曲线，教师确定课后练习的具体任务和频率，提前告知学生下次课的主要内容，并请学生提前预习相应内容。

（八）高尔夫球理论常识的竞赛式教学

学习一种新的运动项目，首先应该了解其历史发展，不仅要学会各种技战术，还应深入了解其文化背景等。在上课过程中，这些知识可以作为调动学习积极性的一部分，增加学习的趣味性，加强师生间互动和交流，活跃气氛。

1. 起源与发展

（1）高尔夫球的起源。讲解荷兰起源说、中国起源说、英国起源说，提示得到公认的现代高尔夫球起源地为英国苏格兰地区。

（2）高尔夫球协会的成立。美国高尔夫球协会成立于1894年，总部设在美国新泽西州远山镇。欧洲高尔夫协会（European Golf Association）于1937年在卢森堡成立。中国高尔夫协会（简称“中国高协”或“中高协”）于1985年5月在北京成立。

（3）高尔夫球与奥运会。高尔夫球比赛于1900年巴黎奥运会被列为奥运会正式比赛项目，1936年被取消，于2016年里约奥运会再次被列为正式比赛项目。

（4）现代高尔夫球规则。由圣·安德鲁斯皇家古代高尔夫球俱乐部与美国高尔夫球协会共同制定。

（5）世界三大体育运动之一。从竞技体育的角度看，有人认为足球、网球、高尔夫球是世界三大体育运动。

（6）世界高尔夫球四大赛事。包括美国公开锦标赛（US Open）、英国公开锦标赛（British Open）、美国 PGA 锦标赛（US PGA Championship）和美国名人赛（US Masters）。

（7）世界高尔夫名人堂是美国职业高尔夫球员协会（PGA）建设的一个特殊的纪念馆，用于纪念对全球高尔夫有重大贡献的人，位于佛罗里达州圣·奥古斯丁世界高尔夫村。

（8）高尔夫传入中国的标志。1896年，中国上海高尔夫球俱乐部的成立标志着高尔夫球传入中国。

2. 高尔夫球之最

世界上最具影响力的高尔夫球俱乐部——圣·安德鲁斯皇家古代高尔夫球俱乐部，于1775年成立。

世界上首场大型高尔夫球赛事——英国公开赛，于1860年举行。

首位获得两场欧巡赛冠军的中国球员——吴阿顺。

中国高尔夫首枚奥运奖牌获得者——冯珊珊（图12－12）。

图12－12　冯珊珊参加里约奥运会

3. 高尔夫名人轶事

美国罗斯福总统曾在少年时就打出9洞41杆的成绩，之后，其18洞的成绩也突破90杆，后来因身体原因没有办法继续打高尔夫，而他在书房里一直放着一颗高尔夫球形状的打火机。

第25届英国公开赛的最后一场比赛中，第17洞开始时，大卫·艾顿（David Ayton）以5杆领先，本以为冠军已经毫无悬念，但他打了11杆才结束这个标准的四杆洞，错失冠军。

三、高尔夫球竞赛式教学评价

教学评价是指根据教学目标对教学方法进行评价的过程。教学评价既包括对教师的评价，也包括对学生的评价，其中最重要的评价指标是学生的成绩。本节所提到的高尔夫球的竞赛式教学法的评价主要从教学过程和教学效果进行评价，以学生掌握高尔夫球的技术为重点。

评价主要包括体能成绩、技术成绩与平时分三个部分。体能成绩，即为体育课结束后对体能的测试的成绩，包括跑步、跳远、坐位体前屈的测试成绩。技术成绩包括技术达标成绩与技术评定成绩，其中技术达标成绩为规定次数内成功完成的测定成绩，技术评定成绩为完成过程的完整度、标准度。以推杆为例，在推杆过程中规定机会次数下推球入洞的次数即为技术达标成绩的一部分，而推杆过程中挥杆的姿势、挥杆的角度为技术评定成绩的一部分。平时分则为上课表现、出勤率等所构成的成绩。其中，体能成绩占10%，平时分占10%，技术达标成绩与技术评定成绩各占总成绩的40%（图12-13）。在教学过程中，因为技术成绩为重点学习的内容，所以其所占的分值也最大。当然，每所学校的要求不同，可以根据所在学校的具体要求进行调整。

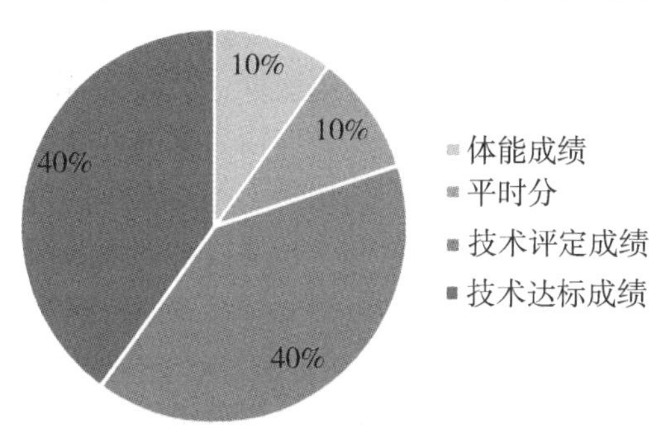

图12-13　高尔夫球竞赛式教学评价内容与权重

尽管学生的成绩是评价教学方法的一项重要的指标，但是成绩并不能代表学习的全部，教学的目的是教授知识、答疑解惑，以使学生掌握某项技能。在竞赛式教学法中，更多的是通过计分的方式调动学生的积极性、增强学习的效果，培养德智体美劳全面发展的学生。这在高尔夫球的教学中表现更为明显。高尔夫球是一项对人性和道德要求较高的运动，与我国传统文化的“仁、礼、信”相呼应，可以培养学生的人文素养，树立学生正确的价值观，使其社交能力、身体素质、思维活动等方面均有所提升，这也是高尔夫球的魅力所在。而这些并不是单纯依靠成绩就可以体现的。上课时，学生对运动规则、体育与高尔夫球精神的学习更多的是耳濡目染，这也提醒教师们在上课时应当注重对高尔夫球运动精神的教授。

四、高尔夫球比赛要领

高尔夫球比赛的最终目的就是在遵守规则的基础上，以最少的杆数打完所有球洞，不论比洞赛还是比杆赛都是如此。在正式比赛中，球员要珍惜打出的每一杆，这就要求球员在日常训练中熟练掌握每一种球杆的使用技术和使用环境，形成肌肉记忆，学会灵活处理每一种球位，而打比赛时最重要的是“稳、准、远”。

（一）稳

一是心态要“稳”。针对比赛场上的各种突发情况都保持冷静、灵活应对。面对难度较大的特殊球位应放平心态，利用已有的条件尝试将球击出；当面对简单的球位时，也不能松懈，以平稳的心态击出每一杆球；当攻上果岭距离球洞不远时，更不能骄傲，要找好击球角度，分析地形地势，保证球可以一击入洞；当杆数少于对方时，仍要保持平稳心态，一时的领先并不代表最后的胜利。

二是技术要“稳”。在许多大型比赛中，总会出现球员由于紧张或者其他原因发挥失常，击球出现严重失误的情形。一部分是心理因素造成的，也有一部分是技术水平有限造成的。在日常的训练中，球员在平时要做到以高标准、严要求练习，从而练就稳定的技术，并能在赛场稳定发挥。

（二）准

与“稳”相比，“准”更多是针对技术而言的。击球要准，尽量让每一杆球都落在目标球位上，尤其是在果岭推杆时，更考验对方向和距离的把握。要准确把握短距推杆的技术，只有不断地训练，才能提升技术水平。

当然，仅仅提高技术是不够的，还要锻炼出一双“火眼金睛”，注意到球场的地形地势、障碍物等其他影响球运动轨迹的因素，从而做出准确的预判。在球场各种因素的影响下，选择什么球杆、以何种击球角度、使用多大的力才能使球落入球洞，这些都需要不断的经验积累，才能做到心中有数。

（三）远

在国际比赛中，共有 4 个三杆洞、10 个四杆洞、4 个五杆洞。在正常发挥的情况下，开球时，用 1 号木杆打远球，球打得越远、越靠近果岭，优势越明显。如果有障碍区或者狗腿洞，那就另当别论了。

“不积跬步无以至千里，不积小流无以成江海。”高尔夫球冠军的每一杆都是多年苦练、熟能生巧的结果。高尔夫球运动的要领、技巧有很多，但最重要的还是勤奋练习。

第十三章　棒垒球运动竞赛式教学实践

棒球运动（baseball）和垒球运动（softball）是两项独立的体育运动，但它们有许多相似性，故常合称为棒垒球运动。它们都是在室外场地以棒击球为特点的集体性攻守对抗球类运动。棒垒球比赛由投球、击球、传球、接球和跑垒五个环节组成，各个环节组成了集跑、跳、投于一身的全面性运动项目，而且具备多种球类项目的特点，如足球铲球的滑垒动作、排球的鱼跃滚翻接球动作、各种球类守门员的扑球动作、篮球运动中的急停变向动作等。因此，棒垒球比赛在国际上开展较为广泛，影响较大。

垒球由棒球发展而来，两者可以说是“姐妹项目”，从场地角度、规则角度、历史渊源角度来看，两者之间都存在着极高的相似性，但垒球的技术难度和激烈程度都低于棒球。

棒球比赛有 9 局，垒球比赛有 7 局，比赛中两队交替进行进攻与防守。进攻的目的是通过击球、跑垒并最终返回本垒来得分。防守的目的是将对方三名进攻队员淘汰出局而双方互换攻守。两队各攻守一次为一局。

本章将在介绍棒垒球运动的起源与发展、基本裁判规则、基本技战术的基础上，着重探讨棒垒球竞赛式教学的设计与实施。

第一节　棒垒球运动的起源与发展

一、棒垒球运动的起源

（一）棒球运动的起源

棒球运动，是原始人类为了生存进行的劳动和斗争而发展出来的，最初只是一种用棒击球的游戏。在古代四大文明古国的文物、庙宇的浮雕上都有反映用棒打球的游戏，这可以称为棒球运动的萌芽。在西方，这种游戏与宗教仪式有着紧密的联系。12 世纪中期的英国，在复活节庆祝活动后，居民们在主要街道兴高采烈地各持一根棍棒打一个球，这种游戏后来发展成“板凳球”（因游戏中所用的是挤奶女工的小板凳），其形式类似现在的板球。游戏中，一方队员用一球掷打一只四脚朝天的小木凳，而对方队员则用棒去打或拦截掷打目标的球。后来，小木凳从一只增加到四只，攻守也轮流在板凳组成的各“垒”进行。这种游戏后经发展，成为流行于英国并受青少年所喜爱的一项球类游戏，被称为“圆场棒球”。

早期到美洲定居的英国侨民也把圆场棒球、板球和相关器材设备带到美洲。约在 18 世纪初，人们将圆场棒球与板球相结合，且更替了老式的球棒和球，球棒用树枝做成，球用碎布做成，外面用粗线缠绕到硬度和大小基本合适为止。游戏的内场呈三角形，地上埋木桩为垒，分别在投手和现代棒球的一垒和三垒位置。游戏规则视参加的人数和可用的设备而定。

1845 年，美国人亚历山大·乔伊·卡特赖德（Alexander Joy Cartwright）制定了一套棒球规则，并设计出理想的棒球场地，使早期的棒球比赛日趋标准化。另外，卡特赖德还亲自执行了 1846 年 6 月 19 日首次新式棒球比赛的裁判工作，并实施了自己制定的规则，开创了现代棒球运动的新纪元，极大地推动了棒球运动的发展。因而，卡特赖德被人们称为“棒球之父”。

（二）垒球运动的起源

垒球是从棒球演变而来的，其出现比棒球运动约晚 50 年。垒球的发明者是美国人乔治·汉考克（George Hancock）。据记载，1895 年，为了满足人们在严冬和风雨天气打棒球的需要，他和明尼苏达州的消防员路易斯·罗伯特（Lewis Robert），对现代棒球运动的场地、器材和竞赛规则进行了修改，并取名为“室内棒球”（indoor baseball）。1900 年，室内棒球移到室外进行，其规则既不同于原来的室内棒球，又有别于室外棒球，但因其球体比棒球大而软，深受女子喜爱，故称“女孩球”（Kitten ball），又称“软球”（mush ball）、“游戏场球”（play ground ball）。1933 年，美国业余垒球协会（American Amateur Softball Association）成立，统一了竞赛规则，并根据球的软硬程度，正式命名为“softball”（垒球），逐渐流行于世界各地。垒球就是这样从棒球运动演变、脱胎而来的。

20 世纪后期，随着社会的发展，越来越多的人被垒球运动的独特魅力所吸引而参与到这项运动中来，为了使垒球运动大众化，“慢投垒球”（slow-pitch softball）应运而生。与“快投垒球”（fast-pitch softball）不同的是，“慢投垒球”投出的球速较慢，且要求投手投出的球必须是一个抛物线，降低了击球难度，并简化了垒球规则，因此适合更广泛的人群参与，成为一项大众运动。后来，为了使垒球运动在中小学生群体中得到推广，人们改硬球为软球，通过用胶棒击打“T 座”固定球的方式替代了投手和手套，从而简化了垒球规则，形成了适合青少年参与的“软式垒球”（Tee-ball）运动。

二、国际棒垒球运动发展简况

（一）国际棒球运动发展简况

随着国际交往范围的不断扩大，棒球运动从美国传播到南美洲、欧洲、亚洲的国家和地区。

1845 年，卡特赖德制定了有史以来第一部棒球竞赛规则，并规定了场地图形和尺寸。1865 年，棒球运动开始在美国职业化。1869 年，世界上第一支职业棒球队“辛辛那提红长袜”（Cincinnati Red Stockings）在美国宣布成立，即现在的“辛辛那提红人”（Cincinnati Reds）。1873 年，棒球从美国传到日本。1934 年，日本职业棒球队创立，棒球运动逐渐成为日本人民喜爱的体育项目。1903 年，美国职业棒球大联盟（Major League Baseball，MLB）成立，它是北美地区最高水平的职业棒球联赛，美国四大职业体育联盟之一。1910 年，美国总统威廉姆·霍华德·塔夫脱（William Howard Taft）正式批准棒球运动为美国的“国球”。1938 年，国际棒球联合会（International Baseball Federation，IBAF，简称“国际棒联”）成立，其宗旨是推动、促进和发展全世界业余棒球运动，推动会员之间的紧密联系和诚挚友好的合作。1984 年，棒球被列为奥运会表演项目。1992 年，棒球被列入奥运会正式比赛项目。

（二）国际垒球运动发展简况

第二次世界大战结束后，垒球运动在许多国家和地区都有所发展。随着技术的进步、竞赛规则的完善以及国际赛事的举办，垒球运动逐步走上规范化道路，并成为全民健身运动的重要组成部分。

1947 年，澳大利亚举办了第一届全国女子垒球锦标赛，而相对应的男子比赛直到 1984 年才开始。1949 年，日本垒球协会成立，垒球运动成为日本最普及的运动项目之一。20 世纪 50 年代，垒球项目从大众游戏转变为竞技体育项目。1952 年，国际垒球联合会（International softball Federation，ISF，简称“国际垒联”）成立，它是国际奥林匹克委员会（International Olympic Committee，IOC，简称“国际奥委会”）承认的国际单项体育组织，也是国际单项体育联合会总会的成员，同时，它也是国际范围内的垒球最高组织机构，有力地促进了垒球运动的传播与发展。1965 年，国际垒球联合会主办了首届世界女子垒球锦标赛，澳大利亚队获得冠军。1966 年，美国垒球队在墨西哥赢得了第一个世界男子垒球锦标赛冠军。1968 年，在美国俄克拉何马举行的第二届世界男子垒球锦标赛上，南非成为第一个参加世界垒球锦标赛的非洲国家。1981 年，第一届世界青年垒球锦标赛在加拿大埃德蒙顿举行。1996 年，在英国伯明翰举行的国际奥委会第 97 届会议上，垒球被列为亚特兰大奥运会正式比赛项目，但只设女子项目。2008 年，北京奥运会结束后，垒球项目被排除出奥运会。2013 年 4 月，国际棒联与国际垒联在日本东京正式合并，定名为世界棒垒球联盟（World Baseball Softball Confederation，WBSC），宣告国际棒联与国际垒联正式成为历史。2013 年 9 月 8 日，世界棒垒球联盟正式加入国际奥委会。2016 年 6 月，棒垒球合并为一个项目，并重返 2020 年东京奥运会，这是继 2008 年北京奥运会之后，棒垒球时隔 13 年再次重返奥运大家庭。2019 年，首届 WBSC U-12（12 岁以下青少年）混合垒球世界杯在中国台湾举行，捷克共和国成为第一个赢得垒球世界杯奖牌的国家。2020 年，国际奥委会决定棒垒球项目再次无缘进入 2024 年巴黎奥运会。2020 年，新西兰北帕默斯顿举办了首届 WBSC U-18（18 岁以下青少年）男子垒球世界杯。

三、棒垒球重大赛事

（一）棒球重大赛事

1. 世界棒球经典赛

世界棒球经典赛（World Baseball Classic，WBC）是由美国职业棒球大联盟与国际棒联共同策划的国际棒球大赛。2005 年 7 月 8 日，棒球被国际奥委会正式排除在奥运会正式比赛项目之外。此后，各国对于棒球日后在国际上的发展颇感忧心，后经各国广泛讨论后，决定举办国际化的赛事，并定名为“世界棒球经典赛”。首届比赛于2006年3月3日在日本举行，由16个受邀国家的代表队分四地进行总共39场的赛事。从2019年第二届开始，往后每四年举行一届。

2. 世界杯棒球赛

世界杯棒球赛（Baseball World Cup）是由国际棒联组织的一项赛事，由各个国家的国家队参加。首届比赛于1938年在英国举行，当时只有英国和美国两支球队参加，英国获得冠军。最初世界杯棒球赛每年举办一届，1974年改为每两年举办一届，1990年又改为每四年举办一届。2011年，世界杯棒球赛决定停办，国际棒联拟模仿足球和篮球举办分龄赛。世界棒垒球联盟成立后，其所举办的世界杯赛事有U-23世界杯棒球赛、U-18世界杯棒球赛、U-15世界杯棒球赛、U-12世界杯棒球赛、世界杯女子棒球赛。

3. 奥运会棒球赛

1992年，棒球正式列入巴塞罗那奥运会正式比赛项目，往后每四年举行一届，一直到2008年北京奥运会结束。国际奥委会于2005年宣布取消2012年伦敦奥运会棒球项目，于2009年又宣布取消2016年里约奥运会棒球项目。2014年，国际奥委会决定自2020年起将无比赛项目上限规定，而且主办城市可自选项目。这样，棒垒球未来将不定期（届）出现在奥运会中。2016年8月，国际奥委会确定棒球重返2020年东京奥运会。但受新冠肺炎疫情的影响，棒球重返奥运会实际延至了2021年。2020年，国际奥委会宣布2024年巴黎奥运会再次取消该项目。

4. 亚洲棒球锦标赛

亚洲棒球锦标赛（Asian Baseball Championship，简称“亚锦赛”）是由亚洲棒球联合会（Baseball Federation of Asia，BFA）及亚洲各国轮流承办的亚洲国际棒球赛事，各国自由征召球员组建代表队参赛，但受征召球员需拥有该国国籍。亚锦赛自1954年开始举办，早期习惯被称为“亚洲杯”，但从1994年起，亚洲棒球联合会另外设置亚洲杯棒球赛（Asia Cup Baseball），成为亚洲国际棒球的第二级赛事（亚锦赛的资格赛）之后，亚锦赛与亚洲杯就开始有了明显的区分。1995年，亚锦赛开始引进参赛资格制度。2017年，参赛队伍由上一届前四名球队和亚洲杯东（东南亚、东亚国家）、西（南亚、中亚、西亚国家）两区的前两名球队组成。2016年9月，亚洲棒球联合会决定于2017年在香港创办首届亚洲杯女子棒球赛。此外，该联合会所举办的赛事还有亚洲城市棒球锦标赛、U-18亚锦赛、U-15亚锦赛、U-12亚锦赛、亚洲杯女子棒球赛。

（二）垒球重大赛事

1. 世界垒球锦标赛

垒球的最高组织机构是国际垒联，总部设在美国俄克拉荷马市。垒球比赛分为“快速投球”“慢速投球”两种。国际垒联组织和领导各项世界垒球锦标赛。分别从1965年和1966年起，每隔四年举办一届世界女子垒球锦标赛（ISF Women's World Championship）和世界男子垒球锦标赛（ISF Men's World Championship）。1981年起，国际垒联开始举办19岁和19岁以下的男子、女子世界青年垒球锦标赛，每四年举办一届。1987年起，国际垒联开始举办男子组和男女混合组的世界慢投垒球锦标赛。

2. 世界杯垒球赛

第一届世界杯女子垒球赛（Women's World Cup of Softball）在2005年举办，往后每年举办一届。世界棒垒球联盟成立后，其所举办的世界杯赛事有女子垒球世界杯、U-18女子垒球世界杯、U-15女子垒球世界杯、男子垒球世界杯、U-23男子垒球世界杯、U-18男子垒球世界杯、U-12垒球世界杯。

3. 奥运会垒球赛

1996年，垒球正式列入亚特兰大奥运会正式比赛项目，每四年举行一届。截至2022年，奥运会垒球比赛共举办过5次，美国队共斩获3金2银，中国队最好成绩则是在1996年亚特兰大奥运会上取得的铜牌。2013年，世界棒垒球联盟加入国际奥委会，正在为垒球项目能够成为奥运会永久项目而不断努力。

4. 亚洲垒球锦标赛

亚洲垒球锦标赛（Asian Softball Championship）是由亚洲垒球联合会（Softball Federation of Asia，ASF）举办，于1981年成立，每四年举办一届。亚洲垒球联合会所举办的赛事有亚洲女子垒球锦标赛、U-19亚洲女子垒球锦标赛、U-15亚洲女子垒球锦标赛与亚洲男子垒球锦标赛、U-23亚洲男子垒球锦标赛、U-17亚洲男子垒球锦标赛、U-12垒球锦标赛。

四、中国棒垒球运动的发展

（一）中国棒球运动的发展

中国人打棒球的最早记载，是中国工程师詹天佑在美国耶鲁大学留学时（1877—1881）组织的“中华棒球队”。那时，一些从美国、日本归国的华侨及留学生也把棒球运动带回祖国，使棒球运动在中国得以传播。1895年，北京汇文书院棒球队成立。1907年，北京汇文书院队和通州协和书院队进行了一场比赛，这是中国最早的一次棒球比赛。棒球运动在1911年前仅限于在北京、上海的几所教会学校中开展，辛亥革命后逐渐发展到江、浙、粤、鲁、湘等省的一些大城市，并列为地区运动员、全国运动员和远东运动会的正式比赛项目。

1949年，著名棒球运动员、教练员梁扶初（1892—1968）的著作《棒垒球指南》出版，为棒垒球运动在中国的推广奠定了基础，梁扶初因此被誉为“中国棒球之父”。1952年，第一届解放军运动会在北京举办，这是新中国成立后举办的第一次全国棒球比赛。1979年，中国棒球协会（Chinese Baseball Association，CBA，简称“中国棒协”）成立。1981年，中国棒协加入国际业余棒球联合会（International Amateur Baseball Association）。1985年，中国棒协加入亚洲棒球联合会（Baseball Federation of Asia，BFA），并第一次参加亚锦赛。1986年，中国第一座棒球场（由洛杉矶道奇队出资）在天津市建成。1988年，中国首次举办正式的棒球锦标赛。1991年，在中国北京举行了第16届亚锦赛。2002年，中国棒球联赛正式开打，这是继足球、篮球、排球之后第四个全国联赛。从世界棒球的发展历程来看，中国棒球的起步和开展并不算晚，也取得了不小的进步，尤其是在2000年后进步幅度较大。2019年，中国队首次夺得亚锦赛第三名，拿到了东京奥运会落选赛的参赛权。当然，我国棒球运动的竞技水平还有很大的提升空间。

（二）中国垒球运动的发展

垒球运动传入我国的时间比棒球稍晚。1915 年，在上海举行的第二届远东运动会上，菲律宾女子垒球队进行了垒球表演赛，标志着垒球运动正式进入中国。同时，教会学校的一些外籍教师、传教士、归国华侨和回国留学生，也都是垒球运动的传播者。早期传入我国的棒球运动和它在国内的开展，对我国垒球运动的开展也产生一定的影响。1933 年，在第五届全国运动会上，女子垒球成为正式比赛项目。1948 年，在第七届全国运动会上，增设了男子垒球项目。中华人民共和国成立后，棒垒球被列入全国体育竞赛计划和正式比赛项目，同时也被列为体育院校及体育科的球类课程。

中国垒球运动在 20 世纪 60 年代中断后，在国家体育总局的支持下，于 1974 年重新恢复女子垒球为正式的比赛项目，并大大增强了国际交流，垒球运动水平迅速提高，尤其是 20 世纪 80 年代中后期，达到了亚洲和国际水平。

1979 年，中国成立了垒球协会（Chinese Softball Association，CSA，简称“中国垒协”），并于同年 11 月加入国际垒联。1981 年，中国垒球队参加首届中日美垒球锦标赛，获得亚军。1986 年，中国垒球队首次参加在新西兰举行的第六届世界女子垒球锦标赛，获得亚军。同年，中国垒协加入亚洲垒球联合会。1987 年，在日本举行的亚洲女子垒球锦标赛中，中国队获得冠军。1991 年，在澳大利亚举行的世界青年女子垒球锦标赛中，中国队获得季军。1995 年，在菲律宾举行的亚洲女子垒球锦标赛中，中国队获得冠军，实现了三连冠。1996 年，垒球在亚特兰大奥运会上被列为正式比赛项目，中国女子垒球队在主教练李敏宽的率领下夺得亚军。在第 27 届和第 28 届奥运会上，中国女子垒球队均名列第 4。2012 年，垒球项目无缘伦敦奥运会。2020 年，垒球项目回归东京奥运会，这是该项目继 2008 年北京奥运会之后时隔 12 年重返奥运大家庭。

（三）中国棒垒球运动的发展现状

中国棒垒球的发展道路充满曲折。首先，由于种种原因，梯队建设不健全，制度不完善，棒垒球队出现青黄不接甚至被迫解散的情况。其次，群众基础差，后备力量薄弱也是棒垒球运动在中国发展的一个阻碍因素。北京奥运会拉近了人们与棒垒球场地的距离，但棒垒球在伦敦奥运会上的受阻也再度阻碍了棒垒球运动的发展。经济是体育发展的基础，中国经济的快速崛起为我国广大群众尤其是青少年参加棒垒球运动奠定了坚实的物质基础。随着棒垒球的不断推广与发展，目前，中国棒垒球在发展职业联赛的同时，做到了在小学阶段棒垒球的普及，其专业棒垒球队数量也在不断增加。但其在中学阶段的发展却很慢，主要是由于安全问题以及许多家长担心影响孩子学习，从而使棒垒球的发展受到阻碍。最后，除人才缺乏，经费也是阻碍中国职业队伍和高校队伍发展的另一大重要因素，经常会出现有些队伍因为经费不到位而错过比赛。

因此，要使中国棒垒球运动走上可持续发展的道路，应从两个方面努力。

一是中国的棒垒球必须走职业化道路，搞职业联赛，营造良好的棒垒球环境，扩大人才的输出，形成中国的棒垒球文化；同时，提高水平，取得好成绩，以奖牌来带动项目的发展，这是棒垒球发展的必经之路。

二是中国棒垒球必须在高校中大力推广与发展。首先，高校应加大对棒垒球运动的宣传力度，多开展大学生棒垒球的竞赛活动；加强对裁判员、教练员及师资力量的培训工作，积极探索高校组建高水平棒垒球运动队的新路；发挥学校自身特点，寻找合作伙伴，走社会化、产业化道路，同时做好大学生棒垒球方面相关的学术科研工作，为我国棒垒球运动的提高和发展做出贡献。其次，在高校可以采用课外活动和选项课的形式在广大师生中开展棒垒球运动，丰富校园文化生活，普及棒垒球运动。同时，加强中小学棒垒球运动与高校棒垒球运动的衔接，以改变目前棒垒球运动在中国普及度低和选材面窄的现状，打造具有中国特色的棒垒球文化，充分发挥高校棒垒球的杠杆效应，带动中小学棒垒球运动的发展。目前，有关大学生的棒垒球比赛已举办了数届，随着体教结合模式进一步的扩展和延伸，必将引领中国棒垒球运动的迅速发展。

中国的棒垒球职业联赛虽已初见成效，但发展还不是很成熟，比赛的质量还有待提高、观众群体还有待开发。我们要明确，与美国、日本的联赛相比，无论是参赛队伍数量，还是比赛的规模和赛事，都存在很大的差距，因此我们必须积极学习和借鉴成功经验，在生存中求发展、在发展中求突破。

五、棒球与垒球运动的区别

垒球由棒球发展而来，人们普遍认为棒球是男子项目，而垒球是女子项目，之所以产生这样的认知多是因为奥运会棒球只设男子项目、垒球只设女子项目，而且国内的比赛中，棒球多是男子参与、垒球多是女子参与。而从国际垒联组织的世界性锦标赛，如世界垒球锦标赛（男子、女子）、世界青年垒球锦标赛（男子、女子）、世界慢投垒球锦标赛（男子、男女混合），足以看出棒垒球和运动员的性别没有直接关系。

棒垒球运动是两支队伍的对抗赛，两队各出 9 名队员，棒球进行 9 局，垒球进行 7 局，每局分为上半局、下半局。在每局的上半局，一支球队进攻击球，而另一支球队防守；在下半局，双方交换攻、防。进攻的时候，进攻队上场队员只有 1 名击球员，剩下的 8 名队员按照事先安排好的棒次进行击球，进攻队伍的目标是得分；防守的时候，上场队员有 9 名：1 名是负责投球的投手、1 名是负责接球的接手、4 名内野手、3 名外野手，防守队伍的目标是造成进攻队员出局。棒球、垒球的区别见表 13－1。

表 13－1　棒球与垒球的区别

内容	棒球	垒球
管理机构	世界棒垒球联盟	
局数	9 局（9 局后，若两队仍为平局，则继续比赛，称为“延长局比赛”，直至分出胜负）	7 局（7 局后，若两队仍为平局，则附加赛时，在各自的半局，跑垒员将从第二垒开始跑，以增加得分机会）

（续表13－1）

内容	棒球	垒球
上场队伍人数	9人	快垒9人，慢垒10人（多一人为自由手）
场地	面积大； 投球距离远：18.44米（60.5英尺）； 垒间距离长：27.432米（90英尺）； 本垒打距离：97.536米（320英尺）； 击球区：长1.82米、宽1.22米的矩形； 投手板与平台齐平，投手板与平台应高于本垒板25.4厘米（10英寸）； 一垒、二垒、三垒均是白色方形垒包	面积稍小； 投球距离近：12.19米（40英尺）； 垒间距离短：18.29米（60英尺）； 本垒打距离：67.06米（220英尺）； 一垒用白、橙两色的长方形双垒包，橙色部分在界外
投手规则	在突出的土墩上掷球； 棒球投球开始前可用正面或侧身的姿势触板投球，至少有一只脚与投手板接触即可； 不限定具体投球方式，但一般采用举手过肩的办法投球； 可以牵制跑垒员	不在突出的土墩上掷球； 垒球投球开始前必须双脚与投手板接触，即只能采用双脚触板的正面下手臂运动投球方式； 不允许牵制跑垒员
跑垒	可盗垒，投手投出球的瞬间才可离垒； 比赛进行过程中，队员可以随时离垒； 跑垒员被替换后不能再上场	快垒与棒球一样可盗垒，需在投手投出球的瞬间才可离垒； 慢垒不能盗垒，跑者需在击球者击到球的瞬间才可离垒； 跑垒员在球投掷出前必须保持一只脚落在垒包上； 垒球比赛有暂替队员
球	白色，体积较小； 重量为141.8～148.8克； 圆周长为22.9～23.5厘米	白色或绿色，体积较大； 重量为178～198.4克； 圆周长为30.2～30.8厘米
球棒	球棒以一块实木制成，最粗部分的直径不得超过6.6厘米（2.61英寸），棒长不得超过106.7厘米（42英寸），从握把端起45.7厘米（18英寸）的长度内可使用任何材料处理	球棒可以使用金属、竹子、塑胶、碳铅、镁、玻璃纤维、陶瓷或其他合成材料制作，其最粗部分的直径不得超过5.7厘米（2.25英寸），棒长不得超过86.4厘米（34英寸）
安全垒	第一垒无安全垒	第一垒有一个安全垒，即附加在普通的白色垒旁边的橙色垒，用来避开冲撞，跑垒员跑到橙色垒，第一垒球员跑到白色垒

第二节　棒垒球运动的基本裁判规则

为了保证棒垒球比赛公开、公平、公正，使比赛更有吸引力和乐趣，中国棒协与中国垒协制定了棒垒球竞赛规则。本节将简单介绍棒垒球最基础的竞赛规则和裁判法。

一、竞赛规则

1. 开始比赛

在预定的比赛开始时间，当主队（后攻队）各队员到达防守位置，客队（先攻队）第一位击球员进入击球员区时，司球裁判员应宣判比赛开始。

2. 棒垒球比赛中的“局”

在棒垒球比赛中，进攻与防守是截然分开的，双方各攻守一次为“一局”。棒球正式比赛为9局，垒球为7局。在比赛中，进攻队被防守队“杀”掉一人叫“一人出局”，当“杀”掉三人后，双方即互换攻守。

3. 得分

棒垒球比赛时，只有进攻时才得分。进攻队的目标在于使击球员成为跑垒员，并使跑垒员进垒。防守队的目标在于防止进攻队员成为跑垒员，并防止其进垒。当击球员成为跑垒员并合法踏触所有垒，则进攻队得1分。在有效比赛结束时，得分较多的队伍获得比赛的胜利。如遇平局则要打延长局，直至决出胜负。

4. 出局与安全进垒

出局与安全进垒是棒垒球比赛中攻守争夺胜负的焦点。进攻队的一切技战术努力都是力争安全到达垒位再向下一垒位前进直至得分，而防守队则是将进攻队队员“杀”出局。

“出局”是防守队为了转守为攻而奋斗的目标，“安全进垒”则是进攻队努力争取的成果。

5. 击球员、击跑员、跑垒员

在击球区内尚未完成击球任务的进攻队队员叫“击球员”；完成击球任务后尚未到达一垒的进攻队队员称为“击跑员”；击跑员合法到达一垒后称作“跑垒员”。

6. 好球与坏球

棒垒球比赛中，投手利用投出的好、坏球变化来控制击球员击球，使击球员打不到或打不好；击球员击球时，要对投来的球进行分辨，力求打自己喜欢的球。好球，即通过好球区的球，又包括挥击未中的球。坏球，即投手合法投出的球，但没有通过好球区，击球员又未挥击的投球。投出三个好球未被击将被判出局，投出四个坏球将直接安全保送击球员上一垒。

7. 界内球

击球员合法击出的球如遇到下列任一情况均为“界内球”。

（1）球停止在本垒至一垒或本垒至三垒之间的界内地区而滚出外场时。

（2）击球在界内地区触地后越过一垒、三垒的垒位后，从垒位后面的界内地区滚出外场时。

（3）触及一垒、二垒、三垒垒包时。

（4）先落在一垒、二垒及二垒、三垒的垒线上或该线后的外场界内地区时。

（5）球在界内触及裁判员或比赛队员身体时。

（6）从界内地区上空直接越出本垒打线时。

8. 界外球

击球员合法击出的球如遇到下列任一情况均为“界外球”。

（1）球停止在本垒至一垒之间或本垒至三垒之间的界外地区时。

（2）地滚球在经过一垒、三垒的垒位时，从垒位外侧界外地区滚入外场或继续滚出界外地区时。

（3）高飞球第一个落点在一垒、三垒的垒位后界外地区时。

（4）球在界外触及裁判员、比赛队员的身体或其他障碍物时。

（5）击球员击出球之后且尚未离开击球区时，再次被击出的球无意碰触身体或球棒时。

9. 暂停和继续比赛

裁判员一经宣布“暂停”，即成死球局面。在成为死球局面后，当投手持一新球或原来的球在投手板就位，在司球裁判员宣告继续比赛后，比赛即行恢复，在投手持球就位于投手板位置时，司球裁判员应立即宣告继续比赛。遇下列任一情况时，司球裁判员应宣布“暂停”。

（1）当裁判员要暂时停止比赛时。

（2）根据裁判员判断，因天气、光线及其他相似情况使得比赛无法进行时。

（3）因照明设备故障造成裁判员无法执裁比赛时。

（4）因意外状况使队员失去继续比赛的能力，或裁判员丧失执行任务的能力时。

（5）当主教练因进行替换队员或为指示其队员而请求暂停时。

（6）裁判员认为有必要检查比赛用球时，或想要与任一方主教练商议时，或由于任何相似的原因时。

（7）守场员接住高飞球或平飞球后踏入或跌入比赛无效区时。

（8）当裁判员命令队员或其他人员离开球场时。

10. 投手不合法行为

当垒上有跑垒员，“投球犯规”时成死球局面，裁判员判跑垒员都安全进一个垒。但击球员因安打、守场员失误、四坏球、投球中身或其他原因而到达一垒，而其他跑垒员也至少安全进了一个垒时，所形成的局面有效，而不按“投手犯规”处理。投手如有下列任一行为应为“投手犯规”。

（1）投手踏触投手板后，做出任何与投球自然关联的动作，却未能将球投出。

（2）投手踏触投手板后，假装传球给一垒或三垒却未能将球传出。

（3）投手踏触投手板后，向垒上传球前，未直接向该垒伸踏。

（4）投手踏触投手板后，向无人占据的垒位传球或假装传球。但出于防守行为的目的时除外。

（5）投手做出不合法投球，如急投，即投手乘击球员在击球员区尚未完成击球准备动作之机向其投球。

（6）投手不面对击球员投球。

（7）投手未踏触投手板而做出任何与投球自然关联的动作。

（8）投手不必要地延误比赛时间。

（9）投手未持球站立在投手板或跨立在投手板，或是离开投手板假装投球。

（10）投手采取合法投球姿势后，在没有实际投球或向垒上传球的情况下，将任一手从球上离开。

（11）投手踏触投手板后，偶然或故意使球从手或手套滑出或掉出。

（12）投手企图故意投四坏球而将球投给位于接收区外的接手。

（13）投手采用侧身投球姿势投球，双手持球未经完全静止的状态时投球。

当垒上无跑垒员时，“投手犯规”时，应被宣判为一球。除非击球员因安打、失误、四坏球、投球中身或其他原因进占一垒。

11. 击球员不合法行为

击球员有下列任一不合法行为时应判出局。

（1）击球员一只脚或两只脚完全踏出击球员区外地面，并击到球时。

（2）投手已做投球姿势准备击球时，击球员从原击球员区移至另一击球员区。

（3）击球员踏出击球员区外干扰接手的接球或传球，或以任何动作妨碍接手在本垒的防守行为。

（4）垒上有跑垒员或者击球员三击不中的情况下，接手正在试图接投球时，击球员将球棒丢到界内或者界外区域，并且打到接手（包括接手的手套）。

（5）击球员使用或试图使用的球棒，经裁判员的判定，已经被以任何的方式改变过或改造过。

12. 击球员出局

在下列任一情况下，击球员应出局。

（1）击出界内高飞球、界外高飞球或平飞球（擦棒被接球除外）被守场员合法接住。

（2）第三个好球被接手合法接住。

（3）在2人出局前，一垒有跑垒员，第三个好球未被接手合法接住。

（4）击球员将第三击触击成为界外球。

（5）击出球被宣判为内场高飞球。

（6）击球员试图击打第三个好球未中，而被球触及身体（包括触击）。

（7）击出的界内球未触及守场员（包括投手）前，触及击跑员。

（8）挥击或触击成界内球后，再次用球棒在界内地区碰触该球时，这时成死球局面，垒上跑垒员不得进垒。如果击球员未离开击球区或击球员放下的球棒被滚动的球在界内区碰触，而裁判员认为击球员并无故意改变球路的意图时，比赛继续，不判击球员出局。

（9）挥击或者触击出的球在界外地区滚动，击球员在跑向一垒时故意以任何方式使球的滚动路线偏转，此时为死球局面，跑垒员不得进垒。

（10）第三击未中的球未被接住或击出界内球后，在踏触一垒位前击球员或者一垒被持球触及。

（11）击跑员跑在本垒与一垒间的后半段，在球被传向一垒进行防守行为的过程中，如跑出跑垒限制道的外侧（右侧）或跑入垒线内侧（左侧），而裁判员认为妨碍守场员在一垒接球动作时，此时为死球局面。但击跑员为了避免冲撞或影响守场员处理击出的球而跑离跑垒限制道时除外。

（12）2 人出局前，跑垒员占据一垒（一垒、二垒，一垒、三垒，一垒、二垒、三垒）时，内场手故意失接界内高飞球或平飞球，此时为死球局面，所有跑垒员应返回原垒。

（13）经裁判员判定，前位跑垒员故意妨碍了正在试图接传来球的守场员，或者正要传球试图完成任何防守行为的守场员。

（14）2 人出局，跑垒员在三垒，击球员两击，投手的合法投球在好球区击中抢进本垒的三垒跑垒员，此时司球裁判员应宣判击球员出局，不计得分。但在 2 人出局前，司球裁判员应宣判击球员出局，并成为死球局面，应计得分。需要注意的是，2 人出局前，不论其他跑垒员有无盗垒行为，所有跑垒员都可进一个垒。

（15）除跑垒员以外的进攻队员，妨碍守场员接住击出的球或者对击出的球进行防守时。

13. 跑垒员不合法行为

跑垒员有下列任一不合法行为时应判出局。

（1）跑垒员为躲避触杀，离开跑垒路径 0.914 米（3 英尺）以上。但为避免妨碍正在防守击出球的守场员除外。

（2）跑垒员踏触一垒后离开跑垒路径，明显地放弃努力去进占下一垒位。

（3）跑垒员故意妨碍传球或妨碍正在试图处理击出球的守场员。

（4）跑垒员在活球时离垒被持球触及身体。

（5）界内或界外高飞球或平飞球被合法接住后，因离垒过早，在返回原占垒位“再踏垒”之前，被守场员持球触及身体或垒位。

（6）击球员变成击跑员时，前位跑垒员有被迫进垒的义务，但在到达下一垒前被守场员持球触及身体或垒位时（此出局为封杀出局）。

（7）击出的界内球在碰触（包括投手）或穿过内场手（投手除外）前在界内地区碰触跑垒员时，成死球局面，除因被迫进垒的情况外，跑垒员不能进垒及得分。

（8）在 2 人出局前，跑垒员试图进入本垒得分而击球员妨碍守场员在本垒的防守行为时。但 2 人出局后，判击球员妨碍行为出局，得分无效。

（9）在前位跑垒员出局前，后位跑垒员超越前位跑垒员，宣判后位跑垒员出局。

（10）跑垒员合法占据垒位后，出于迷惑守方的防守或愚弄比赛目的而颠倒跑垒顺序，裁判员应立即宣判暂停，并宣布该跑垒员出局。

（11）跑垒员跑过或滑过一垒后，未立即返回一垒。如果企图有跑向二垒的行为而被持球触及身体时应判出局。

（12）跑垒员跑进或滑进本垒时，未能踏触到本垒，并且无意图返回再踏触本垒时，当守场员持球触及本垒并向裁判员提出申诉裁决。

（13）守方正在对跑垒员做出传杀行为时，跑垒员之外的攻方人员妨碍守场员试图接传出球的防守行为。

14. 妨碍

凡是影响比赛队员进行正常攻守活动的行为称为“妨碍”。一旦发生妨碍行为并成立时，即成死球局面。以下情况即被称为“妨碍”。

（1）第三个好球未被接手接住时，击跑员明显妨碍正要防守该投球的接手，此时为死球局面，击跑员出局，所有跑垒员应返回投手投球前所占据的垒位。

（2）击跑员和跑垒员以任何方式故意使界外球滚动的路线发生偏移。

（3）两人出局前，跑垒员在三垒，击球员妨碍守场员在本垒做出防守行为，跑垒员出局。

（4）攻方队员任何一人或数人站立或聚集在跑垒员正在跑进的垒位旁边，想要扰乱、妨碍或增加防守难度时，该跑垒员将因其队友的妨碍行为被宣判出局。

（5）击球员或跑垒员在被宣判出局后或得分后，妨碍或阻碍任何守方对其他跑垒员所采取的后续防守行为，该跑垒员将因其队友的妨碍行为被判出局。

（6）依裁判员判定跑垒员明显妨碍守场员进行双杀而故意碰触击出的球，或妨碍正在处理击出球的守场员时，此时成为死球局面，裁判员应判构成妨碍行为的跑垒员出局，并因攻方队员的妨碍行为同时也判击跑员出局。由于该妨碍行为所造成的进垒和得分均无效。

（7）依裁判员判定击跑员明显妨碍守场员进行双杀而故意碰触击出的球，或妨碍正在处理击出球的守场员时，此时成为死球局面，裁判员应判击跑员因妨碍行为出局，同时不论双杀可能发生在哪个垒上，判离本垒最近的跑垒员也出局。由于该妨碍行为所造成的进垒和得分均无效。

（8）依裁判员的判定，一垒或三垒跑垒指导员碰触或扶持跑垒员的身体，协助其回垒或离垒。

（9）跑垒员在三垒时，三垒跑垒指导员离开指导区以任何动作引诱守场员进行传球。

（10）未能避开正在处理击出球的守场员或故意妨碍传出的球。

（11）未触及守场员（包括投手）的界内球，在界内区触及跑垒员或击跑员时。

（12）守场员应具有优先权，攻方的队员、教练员或其他人员，在守场员试图处理击出球或传球时，必须让出任何位置，包括两侧的队员席及投手练习区。若守场员正要接住击出球或处理击出球时，除跑垒员以外的攻方人员造成妨碍，则应成为死球局面，击球员应被判出局；若守场员正要接住传出球时，除跑垒员以外的攻方人员造成妨碍，则应成为死球局面，该传球防守行为所针对的跑垒员应被判出局。

（13）当接手或任一守场员妨碍到击球员时，在无出局危险的情况下，击球员可安全进至一垒（前提是击跑员跑进并踏触一垒）。

（14）被允许进场的人员（攻方队员、跑垒指导员、裁判员除外）妨碍正在接球或传球守场员的防守行为时，若是非故意的妨碍，则继续比赛；若是故意进行妨碍，则从发生妨碍的瞬间成为死球局面，裁判员根据如无妨碍可能形成的局面来处理。

（15）当观众妨碍传球或击出的球时，从发生妨碍的瞬间即成为死球局面，裁判员应根据如无妨碍可能形成的局面来处理。如观众明显地阻碍守场员接住高飞球，裁判员应宣判击球员出局。

（16）如果传球偶然触及跑垒指导员，或投球、传球触及裁判员时，继续比赛。如果跑垒指导员妨碍传球时，跑垒员应出局。

（17）跑垒员在试图进入本垒得分时，不得偏离其正向本垒的跑垒路径，有意对接手（或其他在本垒防守的队员）实施冲撞行为，或者实施本可避免的冲撞行为。裁判员宣判该跑垒员出局。跑垒员若是采用恰当的滑垒方式进入本垒时，将继续比赛。

（18）如果跑垒员没有采用正当的滑垒方式，并试图做出对守场员的接触以图破坏双杀，则该跑垒员造成妨碍，裁判员应宣判跑垒员和击跑员都出局；若该跑垒员已经出局，那么守方意图传杀出局的另外的跑垒员也将被宣判出局。

15. 申诉

防守队对进攻队员的犯规行为要求裁判员判以出局的行为叫“申诉”。申诉局面有以下几种。

（1）进攻队击球次序有错误时。

（2）跑垒员触及一垒、二垒、三垒后，没有立刻回到垒上且有向下一垒进垒的意图时。

（3）跑垒员在进垒或返垒时漏踏垒包。

（4）暂停后，跑垒员换位。

（5）在击球员击出高飞球时，跑垒员离垒过早等。

二、棒垒球裁判基本手势

一场比赛的裁判员队伍由一名司球裁判员、三名司垒裁判员、若干名记录裁判员组成。司球裁判员通常站在接手后面进行执裁工作。司垒裁判员在场上可选择他认为最合适于对垒上活动作出迅速判断的位置执行裁判任务。由于场地大小的差别，棒球和垒球在裁判方式上也有区别，但基本形式大同小异。从棒球裁判员和垒球裁判员的主要手势可以看出，两者的以下手势一致：开始投球，投球无效，死球局面，暂停，界内球，左手表示坏球数、右手表示好球数。

（一）棒球裁判员的主要手势

棒球裁判员的主要手势（图13-1）包括安全，投球无效，开始投球，死球局面，内场高飞球，犯规球、暂停，擦棒球，界内球、一或三类裁判裁定击球员未挥棒，好球、挥动时表示出局，左手表示坏球数、右手表示好球数，等等。其中，与垒球裁判员不一致的手势有安全、内场高飞球、擦棒球。

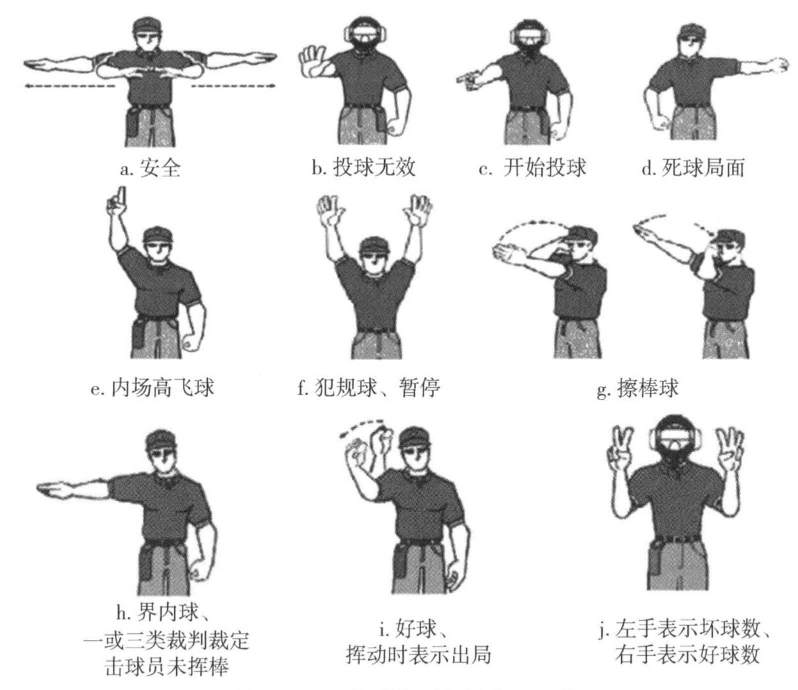

图 13－1　棒球裁判员的主要手势

（资料来源：https://jingyan.baidu.com/article/d45ad148caafe169552b80a6.html）

（二）垒球裁判员的主要手势

垒球裁判员的主要手势如图 13－2 所示，其中，与棒球裁判员不一致的手势有内场高飞球、全垒打、界外球。

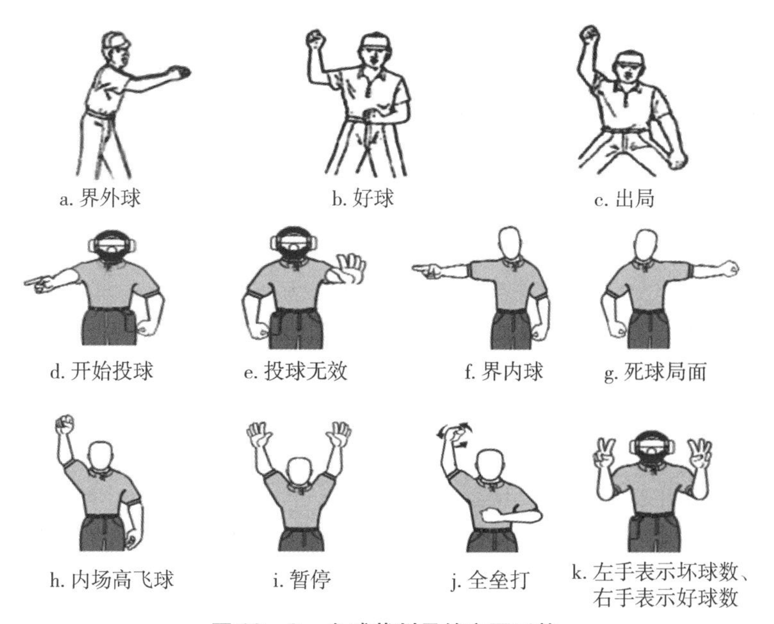

图 13－2　垒球裁判员的主要手势

（资料来源：https://max.book118.com/html/2018/0425/162952451.shtm）

第三节　棒垒球运动的基本技术

棒垒球是一种根据熟练的技术、巧妙的战术和队员之间的团结合作来取胜的体育运动项目，其主要技术分为进攻技术与防守技术。

棒垒球的进攻技术包括击球和跑垒技术。击球是进攻队的首要环节，击球效果的好坏直接影响到击球员和跑垒员进垒得分的成功率，也是凸显个人进攻能力和潜力的重要技能。跑垒则是击球后能否成功进垒得分的关键，这需要跑垒员具备良好的比赛观察意识、起动意识和卓越的跑垒技巧。

棒垒球的防守技术包括投球、传球和接球技术。其中，投手的投球技术对防守队来说至关重要，其直接影响到击球员回击球的质量。若投球被击出，防守队则需要通过传接球技术再次组成防线进行防守。

因此，下面以右手为例，详细说明棒垒球各项基本技术。

一、击球技术

（一）握棒

不同的握棒位置能够产生不同的击球效果，击球员可根据自己身体条件选用重量合适的球棒并选择不同的握棒位置。

1. 正常握法

持棒者将球棒的棒头触地斜立放在地上，棒端指向自己，张开双手，手掌相对。左手在上握棒，离棒端约 5 厘米，右手在下握紧棒柄，双手靠拢。双手手指跟触棒，弯曲四指自然地将棒握住，拇指压在食指上，握棒要自然放松，使手腕有较好的灵活性。收肘收腕举棒至肩上，此时左手在下、右手在上。

2. 长握法

在正常握法基础上，左手握住棒柄末端，右手在上靠拢左手。长握法的特点是加长了击球员球棒的力矩，提高了击球动作的摆动幅度，使击球更有力，适合上肢力量较强的击球员。

3. 短握法

在正常握法基础上，左手离棒端约 12 厘米，右手在上靠拢左手。短握法特点是力矩短、起棒快、击中率高，但击球力量差，远度降低，适合初学者或青少年。

（二）站位

击球员的站位是根据投手的投球特点和自己的握棒方法，选择自己在击球区站立的位置。根据击球员双脚站立的位置离本垒板中线垂直线的距离远近，可分为前位、中位、后位，如击球员站前位便于击打慢速球，站后位便于击打快速球，站中位则较为灵活。根据击球员双脚站立位置离本垒板的距离远近可分为近位和远位，如近位便于击打外角球，远位便于击打内角球。

（三）站法

击球员在击球区内双脚的站立方式有三种，分别是平行式、开放式和封闭式。

1. 平行式

要求击球员双脚打开略比肩宽，身体重心落于双脚中间，肩膀与本垒中线平行，击球员正面斜对投手。此方法较适合初学者。

2. 开放式

在平行式站法的基础上，击球员向左侧身，正面斜对投手。开放式站法的特点是有利于击球员观察投手投球动作，从而快速反应，提高击球命中率，擅长击打出内角球。比赛中多与触击技术配合使用。

3. 封闭式

在平行式站法的基础上，击球员向右侧身，背面斜对投手。封闭式站法的特点是击球动作更加有力，擅长击打出外角球和外场高飞球。

（四）击球动作

击球是棒垒球运动中难度最大的技术。从投手投球出手到击中球，只有 0.4 秒左右。其间，击球员需要快速观察判断投球的好坏与是否击打，并做出相对应的击球动作，可见其难度之大。另外，只有当击球员击中球，才能有上垒、进垒、滑垒等进攻行为。击球动作共分为 5 个环节。

1. 击球准备姿态

击球员选择好站位后，进入挥棒击球的准备阶段，也是为击球员击中球、击好球奠定基础。击球员双脚平行开立略比肩宽，稍含胸，双膝微屈，脚尖稍内扣，身体重心落在双脚之间，自然站立。双手握棒置于右肩约 15 厘米处，左臂弯曲略大于 90°角，小臂约与地面平行，右臂肘关节自然下垂，使棒头稍向右肩后上方倾斜。头部左转，收紧下颌贴于左肩处，双眼注视投手手中的球。

2. 引棒

引棒是投手投球出手的一瞬间，击球员身体稍后移，使身体重心从双脚之间牵拉至后脚，双肩转动并略向后引棒，此时前脚膝关节内扣，前脚尖点地，腰部充分拧紧，身体呈背弓状，即全身蓄能状态。

3. 伸踏

击球员判断来球方向，左脚向来球方向以脚掌内侧沿地面向前伸踏，伸踏步不宜过大，左膝内扣，利用右脚前脚掌蹬地、转髋，并带动腰部、上体向左转动。转髋时，左肩对准来球，左肘领先，左手拉棒，右手推棒。同时，球棒从肩部位置下降到髋关节附近，即“下砍”挥棒。“下砍”时，不要后倒棒头，棒体约与地面平行。伸踏瞬间，击球员需判断来球是好球还是坏球。若是好球，则过渡到挥击技术环节；若是坏球，则立即制动，放弃挥击。

4. 挥击

挥击动作是击球员将全身势能转化为动能的过程，要求击球员在左脚触底的一瞬间，利用转体伸踏的惯性充分地蹬地、转髋、转肩、挥臂、抖腕将球棒挥出。此时，击球员身体朝向投手，左腿撑地，实现身体制动。击球瞬间，棒和球的高度呈同一水平线，双臂伸直时，向前压腕形成鞭打动作。

5. 随挥

挥击动作完成后，击球员双臂放松，轻握球棒，手腕自然外翻，跟随身体的惯性，球棒顺势继续挥动，随后屈肘收手臂，下颌贴右肩。随挥动作一旦完成，应立刻放下球棒，起动跑垒。

（五）击球线路

1. 曲线球

若投手投球的旋转轨迹指向外角的曲线球，击球员应在靠后的击球点采用封闭式的站法进行击球，将球打向右外场方向的区域；若投手投球的旋转轨迹指向内角的曲线球，击球员应在靠前的击球点采用开放式的站法进行击球，将球打向左外场方向的区域；若投手的投球旋转轨迹指向中部，击球员则应该争取击出制胜长球。

2. 高飞球

若投手擅长投慢球或下坠球，击球员应双脚开立，降低身体重心，将引棒高度低于腰髋；挥击时，看准时机，不可过早击球，否则击球员击出长而远的高飞球概率将更大。

3. 触击球

触击球是在击球的基础上，击球员为了战术需要或追求角度，而采用轻推、轻挡的方式进行击球的技术。触击球在关键时刻可以起到出其不意的效果。触击时，双手分开握棒，击球员手指、手腕保持适度放松，通过转动身体轻微地扭腰、顶肘来对投球实施触击。根据实战需要，可分别采用公开触击、隐蔽触击和假触击等技术方式。

二、跑垒技术

跑垒是队员击球上垒和上垒以后继续进攻的一项极为重要的技术手段。比赛中，攻方队员的得分都是通过跑垒来实现的。跑垒员是已攻占在垒包上的攻击球员。跑垒员进垒时，应采取逆时针方向踏触一垒、二垒、三垒及本垒，才算得分，若被迫返垒，须从界外回垒。

有人以为跑垒就像田径赛的赛跑，其实两者完全不同。田径赛的赛跑要高抬脚不顾左右情况向前直跑，但棒垒球跑垒则需兼顾左右情况，有时需要急停或来回跑，以免被触杀出局。因此，跑垒时的脚要尽量放低，保持随时都能停下来的状态。

跑垒技术有 5 种，分别是击球后跑垒、跑一垒、连续跑垒、离垒和回垒。这里着重介绍前 3 种。

（一）击球后跑垒

当击球员将投手的好球击出，起动冲向一垒时，即转变为击跑员。当击跑员成功占据一垒后，才能被称为跑垒员。击球员的完整跑垒技术包括：挥棒后的起动阶段→起跑阶段→加速跑阶段→匀速跑阶段（垒间跑）→冲刺阶段→踏垒→减速停止阶段→回垒。

（二）跑一垒

跑垒员无论身在哪个垒位，都应当集中注意力，积极判断场上局面，随时为抢进下一垒位做好准备，棒球和垒球的跑垒员有一定的区别。

在准备起跑阶段，棒球跑垒员可离开垒位做准备起跑动作，动作要求是双脚站立于地面并开立，双膝微屈，上体前倾，双眼注视投球出手动作。垒球跑垒员则必须在投手出手时才可以离垒，动作要求是主力脚踏垒垫内沿，另一脚自然跨出垒包一步，双眼注视投球出手动作。

在起跑阶段，跑垒员必须看清比赛局势，若棒球跑垒员决定实施偷垒（垒上跑垒员在投手投球离手瞬间抢进前面一个垒叫“偷垒”），则应该一往直前，快速抢进下一垒位。若跑垒员发现上垒概率较低时，则应当急停转，迅速折返到原垒位上。在垒间跑阶段，跑垒员应双眼注视垒包与跑垒指导员手势，若接到指示继续抢进三垒或本垒，则跑垒员需采用连续跑垒技术抢攻三垒。

在踏垒阶段，跑垒员可选择滑垒技术或扑垒技术，即跑垒员在即将到达垒位时，通过手或脚触及垒包的一种进攻技术。为了躲避防守员的触杀而不减速进垒。扑垒技术有鱼跃正面扑垒和侧蹬扑垒。滑垒技术有侧式滑垒、勾式滑垒和坐式滑垒，目前坐式滑垒应用最广泛。

（三）连续跑垒

连续跑垒是指击球员击打一次球，跑垒员连续跑进两个或两个以上垒位时采用的技术。跑垒员在比赛中发现本队优势明显或收到跑垒指导员的连续跑垒指示时，可采用此技术。其技术特点类似于弯道跑技术，跑垒员为了在踏第一个垒时能够保持原有的速度，而选择沿着弧线进行跑垒。

三、投球技术

投手投球是防守队组织防守的第一道防线，是全队战略技术的核心内容。棒球与垒球最大的区别在于投手投球的方式。棒球的投球方式有肩上投球、侧身投球和低手投球三种方式，而垒球投手方式只有低手投球。

（一）棒球投球技术

1. 准备姿势

投手双脚开立与肩同宽，双手持球于胸前，双眼注视击球方向。

2. 提膝

投手将左腿膝关节提起尽量靠近肢体，面部正对击球员，身体重心完全落在右脚上。

3. 伸踏

将左腿后撤一步，双肩与髋部扭转带动身体转动，使身体完全面向右侧。上体稍前倾，身体重心向前平缓移动；接着，右腿蹬地发力，左腿顺势向前伸踏，身体重心渐渐转移至左腿。此时应保持身体平衡，以免发生晃动。

4. 投球

投球时，投手身体完全正对接球员，由双肩与腰腹扭转发力，用送肩、顶肘、甩臂、抖腕的动作将球投出。根据投球选择的位置不同，可分为肩上投球、侧身投球和低手投球。

5. 随挥

投球出手后，跟随身体惯性，肩关节沿着身体扭动方向继续移动，手肘也同样跟随完成随挥动作。为保持身体平衡，右腿需向后上方抬起，左腿做支撑。当身体正面转动至左侧时，右脚点地制动，双眼继续保持观察击球员的状态。

（二）棒球投球线路

棒球投手投球的线路变化主要受投手握球的方式以及出手瞬间手指对球的作用力的影响。比较经典的投球线路有以下6种。

1. 四缝线快速球

四缝线快速球也称为“直球”，是投手最基础的投球线路。将食指与中指放到球的缝线最宽的上方，也就是马蹄形的地方，并让手指与缝线垂直，将拇指置于球的下方，位置大约就在食指与中指中间，拇指通常不会碰到缝线。球从指尖出手的时候，全力让球由下往上旋转，由于球的旋转与空气摩擦的缘故，四缝线快速球可以让球速达到最快。从击球员的角度来看，是四条几乎平行的缝线旋转而来。

2. 二缝线快速球、切球、外切快速球、卡特球

在四缝线快速球的握球基础之上，食指与中指平行扣在缝线上，球路会下沉，被称为“二缝线快速球”或“下沉快速球”。在二缝线快速球的握法基础上，将手指偏离中心部位，则会投出球路偏斜的快速球，如切球、外切快速球或卡特球。

3. 曲球

曲球是最早诞生的变化球。握法是食指与中指并拢置于马蹄形缝线上边缘，用中指贴在缝线的内侧，食指靠在中指旁边，大拇指在中指沿线下方。投曲球时，投手会将更多的力作用到中指上，然后在释球点旋转自己的手腕，球的转速增加了，球的变化就更大，而凸起的缝线可以让投手施加更多的力在球上。曲球的运动轨迹呈抛物线，幅度较大、速度较慢。

4. 滑球

滑球有“变化球的王道”之称，是近代投手必备的球路之一。握球时，食指与中指握在球的外侧缝线处，出手时借着手指向下施力，使球旋转，进而产生水平方向的分力，加上重力的作用，球会像画出一道弧线般向打者的外角下坠。在球将出手前，用手指往下滑的时候，让球有横向的旋转是重点。滑球在投出之后，路径与直球极为相似，要到接近击球员的时候，才会快速地往外角移动与下坠。投手把滑球球速投得越接近直球球速则越佳。

5. 滑曲球

滑曲球是介于滑球与曲球球速之间的变化球，握法类似滑球与曲球握法，但食指、中指稍微斜握，拇指放置位置也对应中指而偏斜。其变化幅度与角度介于滑球和曲球之间。

6. 叉指快速球

叉指快速球，又称“快速指叉球”“叉指速球”“叉速球”，是指叉球的一种变化。投手握球时，食指与中指叉开夹住球。出手瞬间，利用投快速球的动作以及两根手指协调发力将球投出，投球方式和直线球相似。球到本垒板前，会因为重力关系下坠，破坏击球者挥棒节奏。

指叉球又分大指叉球和小指叉球，大指叉球行进速度较慢，坠落弧度较大；小指叉球行进速度快，但坠落弧度较小。

（三）垒球投球技术

目前，世界上垒球投手广泛采用绕环式投球，也叫“风车式投球”。投球时，投手以肩关节为中心，手臂经由身体后方—前方—上方—后方，回旋一周并于身体前方臀部以下位置将球投出。这种投球姿势有利于增加球速，是主流化的投球姿势。

1. 准备姿势

投手将双手持球于腹前，双脚前后或平行站立于投球板上，身体前倾，身体重心在右脚上，左脚脚尖轻轻点地。

2. 后推牵引

投手身体重心由右脚向后推移至左脚，左脚全脚掌着地，右脚脚后跟着地，同时投掷手由前向上摆动，举过头顶。随后，投手身体重心由左脚移至右脚，身体继续前倾，投掷手由上向前再向后移动，腰髋关节顺势向后拧紧，手套手内旋。

3. 蹬伸抬腿

右腿由屈而伸展上蹬，脚跟提高，同时左腿顺势屈膝抬高向前跨出一大步。投掷手由后向前摆动，手套手自然前举约与肩齐平，躯干由前倾过渡为后倾，在左腿向前触地瞬间投掷手正好能从后向前绕约一圈，举过头顶。

4. 跨步着地

投手左腿屈膝着地瞬间，脚掌内旋，并收缩臀部肌肉，形成闭锁体位，从而加大投掷力量。此时全身形成制动，保持身体稳定，不能左右晃动。

5. 闭锁投出

在跨步着地形成的闭锁阶段，投手力量基本集中在腰髋和下肢部位，投手应顺势继续向前拧腰、摆臂、送肩、抖腕，在投球臂摆至最低点时将球投出。

6. 随摆

球出手后，投手左脚应随身体的重心屈伸向前推移，右腿自然向左后方摆动，投掷臂将球投出后屈肘向前上方移动。

（四）垒球投球线路

1. 曲线球

曲线球主要是由球体侧旋而产生的，主要包括内角曲线球和外角曲线球，即向右和向左旋转球。曲线球投手通常采用食指、中指、拇指三指握球的方法。球出手时，手心向上；出手瞬间，根据不同的战术需求，使球横向旋转。

2. 直线球

用手指握球，掌心空出。投球时，手掌心向前；出手瞬间，利用手指指腹将球向前顶拨，使球产生旋转，从而能够水平向前快速飞行。

3. 下坠球

握球方法与曲线球相同。曲线球使球横向旋转，而下坠球则使球向下挥动。手指紧握球体出手，使球从手的虎口处下旋滚动。当球飞行至本垒时，开始下坠。

四、传球和接球技术

（一）传球技术

传球是继接球之后阻断进攻队上垒、进垒得分的另一种主要手段，大多数进攻队的出局数都是由传球和接球组合共同完成的，传球技术的关键是要求快而准。传球技术主要分为肩上传球、体侧传球、低手传球3种。

1．肩上传球

肩上传球是一种以肩部发力为主的传球形式。持球手的出手点位于头侧面的肩部以上，利用全身各部分的协调配合将球传出，发力顺序是肩、肘、腕、手指，最后为中指，传球线路较为平直、有力，稳定性和准确性较高。多用于外野手之间，以及内、外野手之间的中、远距离传杀。其技术动作分为准备姿势、转体引臂、踏伸传球、结束动作。

2．体侧传球

体侧传球主要是依靠肩、肘关节的发力完成的，持球手的出手点低于肩部在体侧出球。传球时，采用体侧水平引臂的方式将球引至体后，同时后脚蹬地，身体重心由后向前平稳过渡，并拧腰向前，传球臂从后向前在身体侧前方出手。

这种方法适用于中短距离的传球，一般针对内野手之间的传杀，尤其是接地滚球后为了节省传接时间被经常使用。

3．低手传球

低手传球主要依靠挥动小臂、屈腕的协调发力来完成。接球时，接球手尽量以正手低位接球的方式接住膝关节以下的来球或地滚球，可及时将球传出。传球时，蹬地、扭转腰部发力，将球送至体侧前方，最后拨指将球送出。

低手传球多用在垒位附近的近距离传杀或双杀配合中。

（二）接球技术

接球是防守的主要技术，是阻断进攻队员上垒、进垒得分的主要手段。只有在防守时才需要接球，这包括接进攻队员击出的球和防守队员传来的球。在接球时，要以戴手套的手为主、投球的手为辅。若右手投球则左手戴手套，若左手投球则右手戴手套。双手在接住球后，投球手从接球手套内取出球，连接传球动作。接球可以分为两类：一类是直接接到的球，如平直球、高飞球、传来球；另一类是落地后接到的球，如地滚球。

1．接平直球

击球员击入场内快而平直的腾空球称为“平直球”。平直球的特点是速度飞快、路线平直，像飞出的子弹一样，威胁较大。

准备接球时，接球员双脚自然开立与肩同宽，双膝微屈，适当降低身体重心并向前倾，佩戴手套的接球手前伸，传球手置于手套的侧后方，双手并拢置于胸前。接球时，接球点一般在胸部、头部附近、腰部、大腿前方或身体左右侧。平直球的球速较快，球进手套的一瞬间，要有缓冲动作。接腰以上的平直球，手套五指朝上或稍偏右，两拇指相靠；接腰以下的平直球，手套五指朝下，两掌根相靠，右手注意护球；若来球刚好在腰部，则可降低身体重心，用手套五指朝上的方法接住球。接到球后，双手握球并将球送至传球手，进入传球阶段。

2. 接高飞球

击球员将球击向空中形成高而远的弧线球称为“高飞球”。高飞球的特点是弧度高、距离远、飞行时间长。准确接住击出的高飞球是完成“接杀”，阻止对方进垒的关键。相反，一旦漏接，则往往会使对方顺利进垒甚至得分。因此，应熟练掌握接高飞球技术，做到对准、接稳。

接球员采用双脚前后开立的准备姿势。当球被击出时，接球员双眼紧盯飞起的球，并向高飞球落点的位置立即起动，全速跑动，尽量找到球的落点位置，做到正对来球。随着球体的逐渐下落或者靠近，在前额的上方采用上举式接球技术进行接球。接到球后，接球员的接球手顺势内旋护球，然后将上举的双手放于胸前，进入传球阶段。

3. 接传来球

为配合防守，由同队队友传来的球称为“传来球”。传来球的特点是来球目标准确、速度适当，接起来很舒服。

接传来球的目的是配合直接完成传杀或间接完成传杀。封杀时，传来球多为胸前球；触杀时，传球高度一般在接球员的膝关节处，接球员半蹲接球后连接触杀动作。

4. 接地滚球

击球员将球击出沿地面滚动或反弹的球称为“地滚球”。地滚球的特点是球落地后继续向前滚跳，来球突然，方向不确定，接球难度较高。

准备接球时，接球员采用双腿下蹲、左脚略靠前姿势，为接球后与传球的衔接连贯做准备或防止球突然弹起碰伤人。接球时，双手前伸迎球，用手套的掌心接球，同时传球手将球压入手套，双手缓冲回收到腹部，上身前压，双手向传球手的肩上移动，前脚向传球方向踏伸，同时传球手将球从接球手中取出并握好，经体侧向后引臂连接传球动作。

（三）接手的接球技术

接手接球的位置在本垒的正后方，站位于击球员侧面的斜后方，是唯一面对全场的防守员，肩负着内场防守的最后一道屏障——本垒。接手的装备有头盔、护面、护喉、护胸、护身、护腿等。

接手能攻善守，是比赛场上的多面手，更是临场战术指挥的中枢。在投手投球前，接手要检查各位队员的站位，向全队提示场上的局面和防守队法，用暗号与投手取得联系，提示投球的投点与球性。接手接球的区域不大，但所接球的路线比较复杂，主要是正面投来的好球。对于意外球，如偏离本垒板两侧的坏球、落地的反弹球，就需要接手向两侧跨步接球或单、双膝跪地接球。接手的防守控制范围包括内场的四个垒位，其防守范围之广决定了接手必须是体能超群、技术娴熟、能力出众的运动员，尤其是对本垒的防守，能将进攻队跑垒员阻挡在本垒之外，使进攻队不能得分，可以说是本垒的安全保障。

第四节　棒垒球运动的基本战术

棒垒球战术是指在棒垒球比赛中，为了战胜对方，根据主客观情况所采取的个人行动和集体配合的方法，促使全队的进攻和防守形成统一而有机的整体，以最大限度地发挥己方优势。棒垒球运动战术按照攻防性质分为进攻战术和防守战术。

进攻战术主要包括击球战术和跑垒战术，进攻队员主要是击球员和在垒上的跑垒员。防守战术主要包括防击球战术、触杀战术、双封杀战术、防偷垒战术等。防守队员主要有投手、接手、内野手和外野手。内野手包括一垒手、二垒手、三垒手及游击手；根据内野手的特性，又可分为内角内野手和外角内野手。外野手包括左外野手、中外野手、右外野手。

在棒垒球比赛中，防守队员按照一定的要求和规律，每个人都有自己固定的防守位置和职责，同时每两个相邻防守区域之间都会有一个重叠的区域进行联合防守，这样就构成了棒垒球比赛的防守阵型。防守队员主要由投手、接手、一垒手、二垒手、三垒手、游击手、左外野手、中外野手、右外野手9名队员组成。在比赛中，防守队员除了“补漏”“补垒”和“接力”的联合防守外，还需要一系列的防守战术配合来阻挡进攻。

一、进攻战术

（一）击球战术

击球战术是棒垒球运动中最难的一项战术。投手与击球员的对抗是棒垒球场上的主要矛盾，投手投球是为了不让击球员击中，而击球员击球是为了将球击得更远，从而跑垒得分。

1. 击打第一球战术

进攻队的战术要求是选好第一个球，打好第一棒，争取第一个跑垒员上垒，拿下第一分。垒上有人或拿下第一分往往能给防守队形成一定的心理压力，有利于扩大战局，对比赛的顺利进行有着不可忽视的作用。

2. 长打战术

长打战术即“挥击战术”，是棒垒球击球战术中最主要的一种击球方法，也是进攻战术的基本手段。击球员需要在投手投出球时高度集中注意力并快速预判来球，然后利用有力的挥击动作全力挥棒击球，击出又急又远的好球。挥击球的质量往往也是评定一个队或一名队员进攻能力强弱的主要标志。

3. 短打战术（触击球战术）

在棒垒球比赛中，击球员用球棒轻触来球或不挥动球棒而有意等球来碰触球棒，从而使球缓慢滚入内场界内的一种击球方式，叫作“短打战术”。在现在的棒垒球比赛中，长打战术占了很大一部分，而短打战术即“触击球战术”，运用的情况相对较少。因此，在技战术配合中，应当将长打战术与短打战术结合运用以增加进攻战术的复杂性，更有利于比赛取得最终胜利。触击球战术的特点是具有隐蔽性、欺骗性和突然性，这是长打进攻战术所不具备的，在比赛中有效地运用触击球战术，往往会起到决定性或关键性的作用。触击球战术大致分为上垒触击球战术、牺牲触击球战术、抢分触击球战术3种。

（1）上垒触击球战术。在棒垒球比赛中，击球员击打出一定方向的触击球后，以使自己安全跑上一垒或使跑垒员跑向下一垒位为目的的进攻战术就叫“上垒触击球战术”。在进行触击时，击球员应该对球的飞行轨迹与落点有较好的控制，击球员打出一好球，使球滚向一垒或三垒。当球击向一垒，一垒员出垒接球，击球员趁机全速跑向一垒。当二垒有跑垒员准备攻三垒时，可将球触击至三垒。

（2）牺牲触击球战术。在棒垒球比赛中，击球员击打触击球，以牺牲自己安全上垒为代价来成全跑垒员前进一个垒位的进攻战术叫“牺牲触击球战术”。在进行触击时，击球员击出一好球后起动跑垒，跑垒员也是在球被击出后才起动跑垒，保证把球打进场内。如当攻方一垒和二垒有跑垒员，且被严密盯防时，可采用牺牲触击战术并要求二垒跑垒员跑进三垒。击球员将球触击向三垒方向后启动冲向一垒，此时，三垒手被迫上前接球，二垒跑垒员可乘虚进入三垒。

（3）抢分触击球战术。在棒垒球比赛中，三垒有跑垒员时，无论投手投出的是好球还是坏球，击球员击打出触击球从而保护三垒跑垒员上本垒得分，这种进攻战术叫“抢分触击球战术”。此战术不管投手投出的是好球还是坏球都应进行触击，多用于进攻队得分的最关键时刻。抢分触击战术要求高、难度大，使用频率不能过多。但是，当投手投出的球或高、或低、或偏时，击球员必须将球击成界外球，以保证三垒跑垒员的安全。

4．跑而打战术

跑而打战术是垒上跑垒员做出偷垒动作时，击球员判断投手的投球，若投出好球，则挥棒并尽量击出地滚球；若投出坏球，则不挥棒，从而形成跑垒员偷垒的战术。此战术主要在一垒有跑垒员时使用，目的是避免双杀，并通过一垒跑垒员的偷垒，诱使二垒手或游击手跑向二垒，拉开防守空当，从而依靠安打安全上垒或连续进垒。

5．打而跑战术

打而跑战术是指在教练员发出暗号后，垒上跑垒员必须起动跑向下一垒位，同时无论投手投出的球质量如何，击球员必须挥棒击球，并尽量击成地滚球，以护送跑垒员安全上垒或连续进垒的战术。它是一种积极推进的战术，使用时完全依赖教练员的正确判断，一旦成功可为攻方制造更多进垒且大量得分的机会；但该战术的风险也很大，一旦打出高飞球甚至平飞球，容易被对手双杀甚至三杀。

6．牺牲高飞球战术

牺牲高飞球战术是在两人出局之前，击球员通过打出高飞球，掩护本队跑垒员得分或进垒的击球战术，因击球员极易被接杀，故称为“牺牲高飞球战术”。由于高飞球在空中有较长的飞行时间，接手接杀后需要通过连续的传接球才能将球传回本垒，因此二垒、三垒跑垒员进垒的机会很大。但又因为二垒的垒位距离外场较近，所以进垒也有可能被传杀。

7. **隐蔽性战术**

隐蔽性战术是一种迷惑防守队员的重要战术。当击球员发现防守队员站位分散时，便以触击球的准备姿势站立，吸引防守队员向内场集中防守，而在击球时突然转变为挥击球技术，以使防守队员措手不及。当击球员选择挥击球姿势，吸引防守队员向外扩散，而在击球时突然转变为触击球技术，从而使进攻队员进垒甚至得分。

（二）跑垒战术

跑垒是进攻队击球上垒和上垒以后继续进攻的一项极为重要的基本战术。跑垒战术是垒球运动中的基本进攻战术之一。比赛中，进攻队员的上垒、进垒、偷垒，乃至跑回本垒以至得分，都是通过跑垒来实现的。在棒垒球比赛中，如何通过进攻队的战术配合，帮助跑垒员进垒得分是关键。跑垒战术包括单偷垒战术、双偷垒战术和腾空球的跑垒战术。

1. **单偷垒战术**

垒上跑垒员在投手投球离手后，瞬间抢进前面一个垒，叫“偷垒”。常为一垒偷二垒，二垒偷三垒。偷垒时，跑垒员事先要与击球员用暗号联系，密切配合。此战术多用于接手接球技术较差、向垒上传球技术较差、传杀跑垒员意识不强或同守垒员的默契不够时。因此，需要跑垒员意识强、起动好、反应敏捷、速度快，善于抓住稍纵即逝的机会，准确把握偷垒时机。一旦出现机会，应立即跑向下一垒位。在单偷垒战术中，二垒偷三垒比较困难，因离接手较近，易被接手传杀，故不宜冒险偷进三垒。三垒跑垒员一般不进行偷垒，只有当接手漏接时才伺机抢进，且危险性较大，要做好随时返垒的准备。

2. **双偷垒战术**

双偷垒战术是跑垒员之间相互配合和掩护，抢本垒得分的一种战术方法，通常在一垒、三垒有跑垒员时使用。此战术需要两个跑垒员前后呼应，都向各自前面的一个垒位偷进，使对方顾此失彼，以达到两人都能进垒的目的。该战术虽然相比单偷垒战术复杂，但也比较容易成功。

采用这种战术时，要由一垒跑垒员首先发动。当投手投球离手后，一垒跑垒员积极偷垒，诱使对方接手向二垒传杀，三垒跑垒员及时离垒也向本垒偷进，但应较一垒跑垒员的行动稍慢些。如果接手把球传向二垒，二垒手准备传杀一垒跑垒员，则三垒跑垒员全速攻向本垒；如果接手未将球传向二垒手，三垒跑垒员应立即回到三垒的垒位，一垒跑垒员积极冲向二垒；如果一垒跑垒员未进二垒，但二垒手已接住接手的传球，此时一垒跑垒员应立刻向一垒回跑，吸引二垒手与一垒手进行夹杀，从而达到保护三垒跑垒员冲向本垒的目的。

3. **腾空球的跑垒战术**

跑垒员只有当球被接住或落地后才可进行跑垒。当击球员击出腾空球，跑垒员应根据自己的位置和球的落点位置，采取不同的跑垒战术。如果腾空球落点离所进垒位较远时，跑垒员就应踏住原垒不动，观察对方接球的情况，一旦球与外野手的手部接触，就立即离垒起跑；如果腾空球落点离所进垒位较近时，跑垒员就应根据落点远近先离开所占垒位。守场员若接住腾空球，跑垒员立即返回原先所占垒位。外野手若出现失误，则可进下一垒位。如果场上已经有两人出局，跑垒员无论球的落点远近，在球打出的一瞬间都应全速跑垒。

二、防守战术

（一）防击球战术

防击球战术是棒垒球运动中投手和接手的配合战术之一，可分为投接球配合战术和防触击球配合战术。

1. 投接球配合战术

在棒垒球比赛中，投手为了限制击球员的发挥，往往会选择不同的投球方式或球路。在比赛开始时，投球员首先要了解进攻队击球次序的排序以及每位击球员的击球特点，然后接手发出暗号与投球员取得联系，投手调整投球战术，以达到使击球员击球质量下降、失误增多的目的。优秀的投手往往掌握多种投球技巧。如投手面对以平行式站位的击球员，应多投外角球；面对以封闭式站位的击球员，应多投近身的内角球；面对击打能力超强的击球员，应采用“四坏球保送战术”，直接保送击球员上垒，避免击球员能力太强而使多人上垒或得分。

2. 防触击球配合战术

在棒垒球比赛过程中，进攻队往往会出其不意地运用各种触击战术，扰乱防守队的阵脚，来争取上垒或得分的机会。防触击球战术的有效办法，首先是要提高防守队的战术意识，高度警惕，做到预先有所准备，不致被对方的突然袭击而措手不及。其次如有触击可能时，一垒手、三垒手要适当向前压缩，内场防守队员可用娴熟的“补位”“协防”方式配合防守。这样既便于接触击球，同时也给击球员施加压力。如一人或无人出局且一垒有跑垒员，进攻队可能采用“上垒触击球”或“牺牲触击球”战术时，一垒手、三垒手适当压前，准备去接球，投手更多地防守左、右两侧，二垒手补一垒，游击手补二垒，接手跑向三垒补位，投手补本垒。一垒手或三垒手接球后先传二垒，夹杀一垒跑垒员，再传一垒，夹杀跑向一垒的击跑员，争取双杀。

（二）触杀战术

触杀战术是指守场员用手套或手牢固地将球握住，同时以所持的球、持球的手或手套碰触跑垒员的身体任一部位使其出局的防守行为。触杀战术可分为“追逼触杀”和“站位触杀”。

1. 追逼触杀

追逼触杀一般是在守场员持球追击跑垒员时采用。

在实施触杀时，守场员应一只手将球握紧，另一只手用手套背面或单手碰触没有踏在垒位上的跑垒员体侧或背后。守场员触杀的有效部位是小臂、手或手套。触杀时，如果球不是由于跑垒员有意从守场员手中击落而发生脱手时，则不算牢固持球在手，被判触杀为无效。

2. 站位触杀

站位触杀一般是在守场员提前到达垒位，接球后对即将进垒的跑垒员进行触杀时采用。

守场员接住球瞬间，即转向跑垒员并将手套的位置降至垒包前沿（为防止跑垒员滑垒），待手套一接触到跑垒员，就立即拿开并用握球的手高举示意。

（三）双封杀战术

双封杀战术也称“双杀”，是指在一次连续传杀中，使进攻队两名跑垒员出局的一种配合战术。双封杀战术多用于垒上有人而需要被迫上垒的时候。如击跑员上垒，一垒、二垒跑垒员被迫上垒的情况下。若击球员击出右外场方向腾空球，则一垒手上前接球，投手补一垒位。一垒手接球后，先将球传至三垒手，传杀被迫向三垒跑垒的二垒跑垒员，然后三垒手再将球传向二垒手，二垒手触杀一垒跑垒员。

（四）防偷垒战术

在棒垒球比赛中，进攻队经常会采用“偷垒”战术获得比赛胜利。此时，防守队可以通过熟练地“防偷垒”对进攻队加以遏制。防偷垒战术主要有防偷一垒战术、防偷二垒战术、防双偷战术。其中，防双偷战术应用最为广泛，可分为“防直接双偷战术”和“诱杀三垒跑垒员战术”。

1. 防直接双偷战术

在投手投球前，防守队做好充分的准备。如二垒手上二垒，游击手保护并监视三垒跑垒员的动向。进攻队在采取双偷战术时，一般是一垒跑垒员先进行单偷，吸引接手将球传向二垒，三垒跑垒员才起动冲向本垒。此时，防守队的二垒手可将球先传回本垒，阻止三垒跑垒员得分而放弃触杀一垒跑垒员。如果三垒跑垒员不向本垒跑动，则该战术变为进攻队的“单偷垒”战术，此时，二垒手和一垒手可夹杀一垒跑垒员。

2. 诱杀三垒跑垒员战术

诱杀三垒跑垒员战术的目的是防守队佯攻一垒跑垒员，从而诱使三垒跑垒员出垒。具体战术为：接手接到球后，有意识地只注意一垒跑垒员方向而不注意三垒方向，诱使三垒跑垒员出垒。此时，接手假传球给二垒手，突然，投手将传球拦截并传给三垒，造成三垒手与接手夹杀三垒跑垒员的局面。

第五节　棒垒球运动竞赛式教学设计与实施

高校棒垒球教学既具游戏性又具有竞技性，较为完善的比赛规则及比赛双方的攻守对抗符合当代大学生乐于竞争、敢于挑战的精神。在高校棒垒球运动教学中采用竞赛式教学将更有针对性。在棒垒球比赛中，比赛双方除了要进行体能以及技术的较量外，对战术的运用、技术的选择都有较高的要求。因此，有必要在高校通过形式多样的棒垒球竞赛式教学与活动，使学生在比赛中取长补短，推动棒垒球运动在高校的普及与开展。

竞赛式教学法将教学的主要环节以竞赛的形式实施，其教学优势已不言而喻。尤其是作为一项团体类运动项目，棒垒球运动在培养学生的动机与兴趣、合作与竞争、顽强与拼搏的意志品质等方面效果更为突出。

棒垒球课程的开设应在紧紧围绕“教会、勤练、常赛”的指导思想的基础上，充分满足学生对棒垒球课程的学习需求。课程采用的竞赛式教学法符合棒垒球教学目标和任务要求，符合教育与教学发展的规律，其在更新教学观念、改进教学方法、提升教学效果等方面做出了探索和创新。与此同时，竞赛式教学法目前还处于发展阶段，在体育教育教学的研究中还有很大的发展空间，需要体育科研者不断探索。

一、棒垒球竞赛式教学效果的实践验证

（一）实验对象及方法

本研究采用实验对照研究，分别将两种不同的教学法应用于棒垒球教学中，分析实验前、后两个班学生的运动技术与运动认知的差异。研究对象是中山大学普通本科2019 级棒垒球选项课两个班级的学生，分别随机确定为实验班与对照班。两个班级的学生人数分别为 41 人与 42 人。教学实验前，通过调查，去除由于有运动禁忌证而不能参与运动的学生和有过棒垒球训练经历的学生，确定参与实验的两个班级的人数均为40 人/班。两个班级每周各一次课，共 18 次课。教学实验前、后分别对两个班级学生的棒垒球相关技术指标与运动认知情况进行测试和统计，并将实验数据利用 SPSS 软件进行对比分析，为竞赛式教学效果的反馈与评价提供数据支撑。

（二）实验测试指标

棒垒球运动技术测试项目为击球员击腾空球、投手投直线球、投手投外角球、接手接腾空球、接手接地滚球。分别设定实验前和实验后的评分标准进行评分，满分为100 分。

棒垒球运动认知情况调查分为积极性、消极性、技能学习、课余活动和体育关注度5 个维度，其中积极性和消极性维度各 6 个题目，其余维度各 5 个题目，共 27 个题目。

（三）实验过程

传统教学法中，课堂主要由教师讲解示范、学生自主或分组练习、教师巡回指导、教师发现并纠正问题、学生继续练习、总结下课等环节组成。

竞赛式教学法在教学过程中能充分发挥学生的主体性，充分调动学生上体育课的兴趣和积极性，让学生大胆探索，以赛促学、以赛促练，从中体现教师的引导作用和学生的主体作用。首先，学生通过教师讲解示范了解棒垒球技术动作。然后，按照技术诊断将学生进行层次分组，将技术水平相当的学生分为一组，进行组内竞赛，竞赛过程中合理安排小组内人员进行裁判、组织、管理等任务，形成小组内循环，进一步增强学生的棒垒球基本技术与能力，教师发现问题后停止竞赛，进行技术指导并总结后再继续进行。接着，根据学生掌握程度逐渐增加棒垒球教学比赛的难度，调整棒垒球竞赛式教学的组织形式，如将棒垒球单项技术动作的竞赛形式变为棒垒球组合技术动作的竞赛形式，如组间交叉对抗、小组对抗等。最后，教师应在整个竞赛式教学过程中做好比赛记录、进行总结，并提出新的要求。

（四）结果与分析

1. 实验前棒垒球运动技术

实验前，实验班与对照班棒垒球运动技术测试结果对比分析见表 13 - 2。

表 13 - 2 实验前棒垒球运动技术测试结果（$N=40$）

项目	实验班		对照班		t 值	P 值
	平均分/分	标准差	平均分/分	标准差		
击球员击腾空球	69.75	6.74	71.08	7.18	-0.851	0.397（>0.05）
投手投直线球	70.78	7.74	70.85	10.06	-0.037	0.970（>0.05）
投手投外角球	72.40	6.91	73.22	6.59	-0.546	0.586（>0.05）
接手接腾空球	71.85	6.47	72.13	5.85	-0.199	0.842（>0.05）
接手接地滚球	70.58	8.15	71.97	5.97	-0.876	0.384（>0.05）

由表 13 - 2 的数据可知，实验前对两个班级的棒垒球运动技术相关测试指标进行 t 检验，结果显示，两个班无显著性差异（$P>0.05$）。这说明两个班级学生的棒垒球运动技术水平情况基本相同，符合实验要求，可以开展教学。

2. 实验前棒垒球运动的认知情况

实验前，实验班与对照班棒垒球运动认知情况见表 13 - 3。

表 13 - 3 实验前棒垒球运动认知情况（$N=40$）

项目	实验班		对照班		t 值	P 值
	平均分/分	标准差	平均分/分	标准差		
积极性	22.35	3.07	23.20	2.79	-1.574	0.116（>0.05）
消极性	15.10	2.06	14.55	1.80	-1.114	0.265（>0.05）
技能学习	15.03	1.14	14.65	1.55	-1.089	0.276（>0.05）
课余活动	16.05	1.13	15.68	1.25	-0.998	0.318（>0.05）
体育关注度	13.78	1.37	14.05	1.65	-1.793	0.073（>0.05）

由表 13 - 3 的数据可知，实验前对两个班级的运动认知相关测试指标进行 t 检验，结果显示，两个班无显著性差异（$P>0.05$）。这说明两个班级学生运动认知水平情况基本相同，符合实验要求，可以开展教学。

3. 实验后棒垒球运动技术

实验后，实验班与对照班棒垒球运动技术测试结果对比分析见表 13 - 4。

表 13－4　实验后棒垒球运动技术测试结果对比（$N=40$）

项目	实验班		对照班		t 值	P 值
	平均分/分	标准差	平均分/分	标准差		
击球员击腾空球	83.65	4.75	80.53	3.78	3.256	0.002（<0.01）
投手投直线球	86.28	4.89	83.80	5.41	2.146	0.035（<0.05）
投手投外角球	85.78	4.62	82.03	5.16	3.427	0.001（<0.01）
接手接腾空球	85.73	4.18	82.90	5.63	2.548	0.013（<0.05）
接手接地滚球	84.73	4.52	82.35	3.81	2.541	0.013（<0.05）

由表 13－4 的数据可知，实验后对两个班级的棒垒球运动技术相关测试指标进行 t 检验，结果显示，两个班的差异显著（$P<0.05$）。这是因为实验班采用竞赛式教学法，促进了学生的学习兴趣和积极性，增强了学生的个人竞争意识和团队协作能力，从而为学生日后终身体育奠定了基础。

4. 实验后棒垒球运动的认知情况

实验后，实验班与对照班棒垒球运动认知情况见表 13－5。

表 13－5　实验后棒垒球运动认知测试结果对比（$N=40$）

项目	实验班		对照班		t 值	P 值
	平均分/分	标准差	平均分/分	标准差		
积极性	25.40	1.08	23.75	1.21	－5.585	0.000（<0.01）
消极性	10.03	0.66	11.33	1.25	－5.495	0.000（<0.01）
技能学习	21.63	1.41	19.85	1.92	－4.166	0.000（<0.01）
课余活动	21.45	1.01	18.52	2.46	－5.412	0.000（<0.01）
体育关注度	16.75	0.98	15.25	1.98	－3.293	0.000（<0.01）

由表 13－5 的数据可知，实验后对两个班学生的棒垒球运动认知相关测试指标进行 t 检验，结果显示，两个班的差异非常显著（$P<0.01$）。这是因为在竞赛式教学法中，不仅提升了学生的技能，还锻炼了学生的比赛组织能力、裁判能力和团队管理能力。这大大增强了学生对该项运动的探索与关注，有利于学生终身体育意识的发展和培养。

综上所述，竞赛式教学法能在教学过程中发挥教师的主导作用和学生的主体作用，并将两者相结合，提高课堂教学效果，值得提倡。对于两种教学方法的对比分析，能否发挥更大的实践价值，还有待于长期的、广泛的教学实践去挖掘与验证。另外，竞赛式教学法是在传统教学法的基础上进行尝试和创新而得以丰富和发展的，在此过程中同样应吸取传统教学法的精华。

下面列出棒垒球运动教学中相关技术的竞赛式教学设计，以期给大家提供借鉴。要注意的是，在竞赛式教学法实施过程中，若授课内容较多，则教师可安排多个课时进行。

二、棒垒球各项技术与常识的竞赛式教学

（一）投球的竞赛式教学

任何一场棒垒球比赛都是由投球开始的，投手的投球与接手的接球相结合，是比赛防守的开端。棒垒球运动训练中的重中之重是不断提升进攻技术中的击球技术和防守技术中投球技术的对抗能力。因此，投手投球的质量直接关系到防守队的防守质量，是防守的命脉。另外，一个好的投手虽然能牵制击球员的击球，但仍需要接手的配合与协助。

因此，将棒垒球投手投球与接手接球相结合，分大组（八人一组）和大组中的小组（两人一组）来进行竞赛式教学设计（以 90 分钟体育课为例），以期为棒垒球运动打下良好的基础。

1. 基本准备活动与专项准备活动（10 分钟）

按照体育课堂常规要求，进行准备活动。体委整队，报告人数，师生问好。教师简要介绍教学内容及教学目标，检查服装，安排见习生。

导入教学内容，以游戏的形式进行热身，并进行专项性的准备活动。

2. 示范讲解与练习（20 分钟）

教师讲解并示范棒垒球投手投球与接手接球的技术动作要领及练习方法。学生以大组为单位分小组进行模仿练习。教师巡视指导，加强学生对动作的领悟，培养学生团队协作能力。

3. 投球竞赛式教学法的实施（40 分钟）

（1）两人一组（投球技术动作的徒手练习）。要求一人反复进行投球模仿练习，投球动作协调、技术流畅，以达到帮助学生固定投球动作的目的，一人进行统计，两人交替进行。统计单位时间内徒手投球动作的正确次数和固定数量的徒手投球动作的正确次数。

（2）两人一组（投慢球练习），在挡网上做出一个假设的好球区范围，对网做投球练习。要求一人投球时动作保持放松，始终以投球动作的准确协调为练习的第一目的，一人进行统计，两人交替进行。统计单位时间内投慢球至挡网好球区的正确次数和固定数量投慢球至挡网好球区的正确次数。

（3）两人一组（投直线球练习），在挡网上做出一个假设的好球区范围，对网做投球练习。要求一人投球动作协调连贯，投直线球手型动作标准，一人进行统计，两人交替进行。统计单位时间内投直线球至挡网好球区的正确次数和固定数量投直线球至挡网好球区的正确次数。

（4）两人一组（投外角球练习），在好球区范围标明外角球的投球区域，对网做投球练习。要求一人投球动作协调连贯，投外角球手型动作标准，一人进行统计，两人交替进行。统计单位时间内投球至挡网外角球区域的正确次数和固定数量投球至挡网外角球区域的正确次数。

（5）两人一组（投内角球练习），在好球区范围标明内角球的投球区域，对网做投球练习。要求一人投球动作协调连贯，投内角球手型动作标准，一人进行统计，两人交

替进行。统计单位时间内投球至挡网内角球区域的正确次数和固定数量投球至挡网内角球区域的正确次数。

（6）两人一组（投下坠球练习），在挡网标明下坠球的投球区域，对网做投球练习。要求一人投球动作协调连贯，投下坠球手型动作标准，一人进行统计，两人交替进行。统计单位时间内投球至挡网下坠球区域的正确次数和固定数量投球至挡网下坠球区域的正确次数。

（7）两人一组（投接慢球练习），一人投球，一人接球并统计，两人交替进行。要求投手站在投手区内，接手在接手区，投手面对接手，投手应投出稳定的慢球，使球能够较准确地被投到好球区范围供接手接球。统计单位时间内投慢球至好球区的正确次数和固定数量投慢球至好球区的正确次数。

（8）两人一组（投接直线球练习），一人投球，一人接球并统计，两人交替进行。要求投手站在投手区内，接手在接手区，投手面对接手，投手应投出稳定的直线球，使球能够较准确地被投到好球区范围供接手接球。统计单位时间内投直线球至好球区的正确次数和固定数量投直线球至好球区的正确次数。

（9）两人一组（投接外角球练习），一人投球，一人接球并统计，两人交替进行。要求投手站在投手区内，接手在接手区，投手面对接手，投手应投出稳定的外角球，使球能够较准确地被投到好球区范围供接手接球。统计单位时间内投外角球至好球区的正确次数和固定数量投外角球至好球区的正确次数。

（10）两人一组（投接内角球练习），一人投球，一人接球并统计，两人交替进行。要求投手站在投手区内，接手在接手区，投手面对接手，投手应投出稳定的内角球，使球能够较准确地被投到好球区范围供接手接球。统计单位时间内投内角球至好球区的正确次数和固定数量投内角球至好球区的正确次数。

（11）两人一组（投接下坠球练习），一人投球，一人接球并统计，两人交替进行。要求投手站在投手区内，接手在接手区，投手面对接手，投手应投出稳定的下坠球，使球能够较准确地被投到好球区范围供接手接球。统计单位时间内投下坠球至好球区的正确次数和固定数量投下坠球至好球区的正确次数。

（12）统计各竞赛项目中各大组的组内第一名，然后进行各大组间的竞赛，统计排名。教师可以以陪练的方式参与到组间竞赛中。

（13）以每个竞赛项目获得第一名的学生进行示范（双人配合项目则须前两名学生共同进行）。在学生进行示范的同时，教师做点评与讲解。

（14）结合学生示范后的点评与注意事项，以原小组为单位继续进行投接技术动作练习，不断磨炼学生之间的默契度，并进行对比与分析，总结经验。

4. 必要的体能及专项素质练习（12 分钟）

根据学生的实际情况，进行补偿性和拓展性的体能练习，即根据棒垒球运动的投球相关技术及动作特点所需要的专门的力量、速度、耐力、灵敏性和柔韧性等素质进行练习，做到体能与技能并重。体能练习亦可进行跑垒技术练习，这是因为跑垒技术在很大程度上也属于体能练习，与体能练习安排在一起将起到事半功倍的作用。

5. 相应的放松活动，布置课后练习和下次课前预习的内容（8 分钟）

（1）教师组织学生进行放松练习，主要针对运动中涉及的肌肉进行静力性的拉伸与放松。

（2）教师集合学生，回收器材，进行总结评价。有效的评价能使学生认识到自身的不足，激发学生练习的积极性，使学生目标更明确，做到以评促学。

（3）安排课后练习内容与下次课前预习内容。

（二）击球的竞赛式教学

棒垒球运动主要通过击打球来发起进攻，击球的质量是确保进垒得分的基础技术。在比赛中，击球员与投手之间斗智、斗勇、斗技的较量，是全场最迷人的环节。

将棒垒球击球员击球与投手投球相结合，分大组（八人一组）和大组中的小组（两人一组）来进行竞赛式教学设计（以 90 分钟体育课为例）。

1. 基本准备活动与专项准备活动（10 分钟）

按照体育课堂常规要求，进行准备活动。体委整队，报告人数，师生问好。教师简要介绍教学内容及教学目标，检查服装，安排见习生。

导入教学内容，以游戏的形式进行热身，并进行专项性的准备活动。

2. 示范讲解与练习（20 分钟）

教师讲解并示范击球相关技术动作要领及练习方法。学生以大组为单位分小组进行模仿练习。教师巡视指导，加强学生对动作的领悟，培养学生团队协作能力。

3. 击球竞赛式教学法的实施（40 分钟）

（1）两人一组（空挥棒练习）。要求一人反复进行空挥模仿练习，空挥动作协调、技术流畅，以达到帮助学生固定击球动作的目的，一人进行统计，两人交替进行。统计单位时间内空挥动作的正确次数和固定数量空挥动作的正确次数。

（2）两人一组（支撑架固定球练习）。要求一人在练习时使用练习支撑架对球进行固定，支撑架的高度可以进行调整，以模拟不同高度的击球点，目的是让学生在进行空挥练习的基础上，提高对挥棒高度与球体位置之间关系的认识，一人进行统计，两人交替进行。统计单位时间内击到球的正确次数和固定数量击到球的正确次数。

（3）两人一组（斜抛球练习），后面中间放挡网一块，一人击球，一人抛球并统计，两人交替进行。要求抛球员站在击球员侧前方，对着击球员方向的好球区范围进行斜抛球，击球员根据来球的不同点进行挥击。统计单位时间内击到球的正确次数和固定数量击到球的正确次数。

（4）两人一组（垂直抛球练习），后面中间放挡网一块，一人击球，一人抛球并统计，两人交替进行。要求抛球员从下往上抛球，不等球下落，击球员直接将球击出。统计单位时间内击到球的正确次数和固定数量击到球的正确次数。

（5）两人一组（垂落抛球练习），后面中间放挡网一块，一人击球，一人抛球并统计，两人交替进行。要求抛球员从上往下抛球，不等球落地，击球员直接将球击出。该方法击球员准备时间较短，难度较大。统计单位时间内击到球的正确次数和固定数量击到球的正确次数。

（6）两人一组（投手喂慢球练习），一人击球，一人投球并统计，两人交替进行。

要求投手站在投手区域内，击球员面对投手，投手应投出稳定的慢球，喂球的区域始终稳定在击球员的好球区范围内。统计单位时间内击到球的正确次数和固定数量击到球的正确次数。

（7）两人一组（投手喂直线球练习），一人击球，一人投球并统计，两人交替进行。要求投手站在投手区域内，击球员面对投手，投手应投出稳定的直线球，喂球的区域始终稳定在击球员的好球区范围内。统计单位时间内击到球的正确次数和固定数量击到球的正确次数。

（8）两人一组（投手喂外角球练习），一人击球，一人投球并统计，两人交替进行。要求投手站在投手区域内，击球员面对投手，投手应投出稳定的外角球，喂球的区域始终稳定在击球员的好球区范围内。统计单位时间内击到球的正确次数和固定数量击到球的正确次数。

（9）两人一组（投手喂内角球练习），一人击球，一人投球并统计，两人交替进行。要求投手站在投手区域内，击球员面对投手，投手应投出稳定的内角球，喂球的区域始终稳定在击球员的好球区范围内。统计单位时间内击到球的正确次数和固定数量击到球的正确次数。

（10）两人一组（投手喂下坠球练习），一人击球，一人投球并统计，两人交替进行。要求投手站在投手区域内，击球员面对投手，投手应投出稳定的下坠球，喂球的区域始终稳定在击球员的好球区范围内。统计单位时间内击到球的正确次数和固定数量击到球的正确次数。

（11）统计各竞赛项目中各大组的组内第一名，然后进行各大组间的竞赛，统计排名。教师可以以陪练的方式参与到组间竞赛中。

（12）以每个竞赛项目获得第一名的学生进行示范（双人配合项目则须前两名学生共同进行）。在学生进行示范的同时，教师做点评与讲解。

（13）结合学生示范后的点评与注意事项，以原小组为单位继续进行投击技术动作练习，不断磨炼学生之间的默契度，并进行对比与分析，总结经验。

4. 必要的体能及专项素质练习（12 分钟）

根据学生的实际情况，进行补偿性和拓展性的体能练习，即根据棒垒球运动的击球相关技术及动作特点所需要的专门的力量、速度、耐力、灵敏性和柔韧性等素质进行练习，做到体能与技能并重。体能练习亦可进行跑垒技术练习，这是因为跑垒技术在很大程度上也属于体能练习，与体能练习安排在一起将起到事半功倍的作用。

5. 相应的放松活动，布置课后练习和下次课前预习内容（8 分钟）

（1）教师组织学生进行放松练习，主要针对运动中涉及的肌肉进行静力性的拉伸与放松。

（2）教师集合学生，回收器材，进行总结评价。有效的评价能使学生认识到自身的不足，激发学生练习的积极性，使学生目标更明确，做到以评促学。

（3）安排课后练习内容与下次课前预习内容。

（三）传接球的竞赛式教学

传接球技术也是棒垒球运动防守技术中最基本的技术之一，是阻断进攻队得分的另一种主要手段。在比赛中，除了接杀，大多数进攻队的出局数都是由传球和接球组合共同来完成的。因此，该部分内容将传球、接球两者结合进行教学设计，为学生能够拥有迅速而准确的传球技术和灵活而稳定的接球技术做准备。

将棒垒球传球与接球相结合，分大组（八人一组）和大组中的小组（两人一组）来进行竞赛式教学设计（以90分钟体育课为例）。

1. 基本准备活动与专项准备活动（10分钟）

按照体育课堂常规要求，进行准备活动。体委整队，报告人数，师生问好。教师简要介绍教学内容及教学目标，检查服装，安排见习生。

导入教学内容，以游戏的形式进行热身，并进行专项性的准备活动。

2. 示范讲解与练习（20分钟）

教师讲解并示范传接球相关技术动作要领及练习方法。学生以大组为单位分小组进行模仿练习。教师巡视指导，加强学生对动作的领悟，培养学生团队协作能力。

3. 传接球竞赛式教学法的实施（40分钟）

（1）两人一组（左、右手传接练习），一人进行左、右手传接球，一人进行统计，两人交替进行。要求学生用甩腕拨指的方法，将一只手所持的球反复向自己的手套手传球。目的是通过该练习，让学生逐渐熟练手套的使用方法，固定甩腕拨指动作，并加强对球的控制能力。统计单位时间一次性连续传接球的最多次数和单位时间传接球的总次数。

（2）两人一组（自抛自接练习），一人进行自抛自接，一人进行统计，两人交替进行。要求学生用传球手将球抛起至头顶以上3～5米的位置，并运用接高飞球的技术将球接住，目的是帮助学生熟悉棒垒球的球性及接球手套的使用方法。统计单位时间一次性连续接到球的最多次数和单位时间接到球的总次数。

（3）两人一组（对板传球练习），一人进行对板传球，一人进行统计，两人交替进行。要求学生利用篮球场，以篮板中间的黑框为目标，站在篮球场半场中圈位置进行传球练习，目的是提高学生棒垒球长远距离传球的准确性。统计单位时间传球到黑框的总次数和固定数量传球至黑框的总次数。

（4）两人一组（跪式传球练习）。要求两人面对面单膝跪地，相距3～5米，一人传球，一人接球并统计，两人交替进行，目的是提高学生传球时身体的协调发力能力。统计单位时间内一次性连续传球的最多正确次数和单位时间传球总的正确次数。

（5）两人一组（高位正手传接练习），一人传球，一人接球，两人交替进行。要求两人相对站立，相距3～5米，传球者控制传球落点，将球传至接球者的高位正手区域，目的是帮助学生掌握高位正手传接球的技巧。统计固定数量传球至高位正手区域的正确次数和固定数量接到高位正手传球的正确次数。

（6）两人一组（高位反手传接练习），一人传球，一人接球，两人交替进行。要求两人相对站立，相距3～5米，传球者控制传球落点，将球传至接球者的高位反手区域，目的是帮助学生掌握高位反手传接球的技巧。统计固定数量传球至高位反手区域的正确次数和固定数量接到高位反手传球的正确次数。

（7）两人一组（低位正手传接练习），一人传球，一人接球，两人交替进行。要求两人相对站立，相距 3～5 米，传球者控制传球落点，将球传至接球者的低位正手区域，目的是帮助学生掌握低位正手传接球的技巧。统计固定数量传球至低位正手区域的正确次数和固定数量接到低位正手传球的正确次数。

（8）两人一组（低位反手传接练习），一人传球，一人接球，两人交替进行。要求两人相对站立，相距 3～5 米，传球者控制传球落点，将球传至接球者的低位反手区域，目的是帮助学生掌握低位反手传接球的技巧。统计固定数量传球至低位反手区域的正确次数和固定数量接到低位反手传球的正确次数。

（9）两人一组（地滚球传接练习），一人传球，一人接球，两人交替进行。要求两人相对站立，相距 8～10 米，传球者传地滚球至接球者身体侧面的位置，接球者采用一次垫步移动进行接球，目的是帮助学生掌握传接地滚球的技巧。统计固定数量传地滚球至接球者一侧的正确次数和固定数量接到地滚球的正确次数。

（10）两人一组（反弹球传接练习），一人传球，一人接球，两人交替进行。要求两人相对站立，相距 8～10 米，传球者传反弹球至接球者身体侧面的位置，接球者采用一次垫步移动进行接球，目的是帮助学生掌握传接反弹球的技巧。统计固定数量传反弹球至接球者一侧的正确次数和固定数量接到反弹球的正确次数。

（11）两人一组（平直球传接练习），一人传球，一人接球，两人交替进行。要求两人相对站立，相距 8～10 米，传球者传平直球至接球者身体侧面的位置，接球者采用一次垫步移动进行接球，目的是帮助学生掌握传接平直球的技巧。统计固定数量传平直球至接球者一侧的正确次数和固定数量接到平直球的正确次数。

（12）两人一组（跑动中互传练习），一人传球，一人接球，两人交替进行。要求两人同向而立，相距 10～15 米进行跑动中互相传接球练习，统计固定距离的正确传接球次数。

（13）统计各竞赛项目中各大组的组内第一名，然后进行各大组间的竞赛，统计排名。教师可以以陪练的方式参与到组间竞赛中。

（14）以每个竞赛项目获得第一名的学生进行示范（双人配合项目则须前两名学生共同进行）。在学生进行示范的同时，教师做点评与讲解。

（15）结合学生示范后的点评与注意事项，以原小组为单位继续进行传接技术动作练习，不断磨炼学生之间的默契度，并进行对比与分析，总结经验。

4. 必要的体能及专项素质练习（12 分钟）

根据学生的实际情况，进行补偿性和拓展性的体能练习。即根据棒垒球运动的传接球相关技术及动作特点所需要的专门的力量、速度、耐力、灵敏性和柔韧性等素质进行练习，做到体能与技能并重。体能练习亦可进行跑垒技术练习，这是因为跑垒技术在很大程度上也属于体能练习，与体能练习安排在一起将起到事半功倍的作用。

5. 相应的放松活动，布置课后练习和下次课前预习的内容（8 分钟）

（1）教师组织学生进行放松练习，主要针对运动中涉及的肌肉进行静力性的拉伸与放松。

（2）教师集合学生，回收器材，进行总结评价。有效的评价能使学生认识到自身的不足，激发学生练习的积极性，使学生目标更明确，做到以评促学。

（3）安排课后练习内容与下次课前预习内容。

（四）棒垒球组合技术的竞赛式教学

经过一段时间的教学后，学生的技战术水平有了一定的提高。此时，可以尝试采用棒垒球组合技术的竞赛式教学法进行教学实践。下面以内场防守配合的竞赛式教学设计为例（以90分钟体育课为例），为提高学生的实战应用能力做准备。

1. 基本准备活动与专项准备活动（10分钟）

按照体育课堂常规要求，进行准备活动。体委整队，报告人数，师生问好。教师简要介绍教学内容及教学目标，检查服装，安排见习生。

导入教学内容，以游戏的形式进行热身，并进行专项性的准备活动。

2. 示范讲解与练习（20分钟）

教师讲解并示范棒垒球防守组合技术的动作要领及练习方法。学生以大组（八人一组）为单位进行模仿练习。教师巡视指导，加强学生对动作的领悟，培养学生团队协作能力。

3. 棒垒球防守组合技术竞赛式教学法的实施（40分钟）

（1）四人一组（防一垒、三垒双偷配合练习），要求四人分别站立在投手、接手、二垒手和游击手的位置。接手接到投手的投球后，立即传球给二垒手；游击手在后准备补漏；二垒手接球后，立刻触摸垒包（模仿触杀一垒跑垒员动作）并将球回传给接手。统计单位时间内一次性连续成功传接球的最多次数和单位时间内成功传接球的总次数。

（2）六人一组（内场传接球配合练习），要求六人分别站立在投手、接手、一垒、二垒、三垒和游击手的位置。接手位置首先开球，向场地内任意位置将球投出，防守队员接球后直接将球回传给接手。统计单位时间内一次性连续成功传接球的最多次数和单位时间内成功传接球的总次数。

（3）六人一组（内场传接球配合练习），要求六人分别站立在投手、接手、一垒、二垒、三垒和游击手的位置。接手位置首先开球，向场地内任意位置将球投出，防守队员接球后传球给一垒手，一垒手再传球给接手。统计单位时间内一次性连续成功传接球的最多次数和单位时间内成功传接球的总次数。

（4）六人一组（内场传接球配合练习），要求六人分别站立在投手、接手、一垒、二垒、三垒和游击手的位置。接手位置首先开球，向场地内任意位置将球投出，防守队员接球后传球给二垒手，二垒手传球给一垒手，一垒手再传球给接手。统计单位时间内一次性连续成功传接球的最多次数和单位时间内成功传接球的总次数。

（5）六人一组（内场传接球配合练习），要求六人分别站立在投手、接手、一垒、二垒、三垒和游击手的位置。接手位置首先开球，向场地内任意位置将球投出，防守队员接球后传球给三垒手，三垒手再传球给接手。统计单位时间内一次性连续成功传接球的最多次数和单位时间内成功传接球的总次数。

（6）六人一组（内场传接球配合练习），要求六人分别站立在投手、接手、一垒、二垒、三垒和游击手的位置。接手位置首先开球，向场地内任意位置将球投出，防守队员接球后传球给一垒手，一垒手传球给三垒手，三垒手传球给二垒手，二垒手再传球给接手。统计单位时间内一次性连续成功传接球的最多次数和单位时间内成功传接球的总次数。

（7）六人一组（内场传接球配合练习），要求六人分别站立在投手、接手、一垒、二垒、三垒和游击手的位置。接手位置首先开球，向场地内任意位置将球投出，并喊出哪个位置的练习者进行接球，接球者将球随意向各个垒位之间进行传递（包括接手），传球时同样喊出接球者的位置。统计单位时间内一次性连续成功传接球的最多次数和单位时间内成功传接球的总次数。

（8）八人一组（内、外场传接球配合练习），要求八人分别站立在击球手、一垒、二垒、三垒、游击手、右外场手、中外场手和左外场手的位置。击球区位置首先开球（击固定球），将球分别击到外场的左、中、右位置，各外场手跑动接球后将球迅速回传到一垒、二垒、三垒的相应垒位。统计单位时间内一次性连续成功传接球的最多次数和单位时间内成功传接球的总次数。

（9）八人一组（内场双杀配合练习），要求八人分为防守队与进攻队，防守队五人分别站立在投手、一垒、二垒、三垒和游击手位置，进攻队三人分别担任一垒跑垒员、二垒跑垒员和击球员。击球员击球后成为击跑员全力冲向一垒，一垒、二垒跑垒员被迫分别向二垒、三垒跑动。击球员击出靠右内场球，一垒手向前移动接球，投手补一垒位，一垒手接球后立刻传向三垒，封杀被迫上垒的二垒跑垒员，随后将球传向二垒，封杀一垒跑垒员。统计单位时间内连续成功双杀的总次数和单位时间内成功双杀的总次数。

（10）八人一组（内场双杀配合练习），要求八人分为防守队与进攻队，防守队五人分别站立在投手、一垒、二垒、三垒和游击手位置，进攻队三人分别担任一垒跑垒员、二垒跑垒员和击球员。击球员击球后成为击跑员全力冲向一垒，一垒、二垒跑垒员被迫分别向二垒、三垒跑动。击球员击出靠左内场球，三垒手向前移动接球，游击手补三垒，三垒手接球后立刻传向二垒，封杀被迫上垒的一垒跑垒员，随后将球传向一垒，封杀击球员。统计单位时间内连续成功双杀的总次数和单位时间内成功双杀的总次数。

（11）统计各竞赛项目中各大组的组内第一名，然后进行各大组间的竞赛，统计排名。教师可以以陪练的方式参与到组间竞赛中。

（12）以每个竞赛项目获得第一名的学生进行示范（双人配合项目则须前两名学生共同进行）。在学生进行示范的同时，教师做点评与讲解。

（13）结合学生示范后的点评与注意事项，以原小组为单位继续进行防守组合技术动作练习，不断磨炼学生之间的默契度，并进行对比与分析，总结经验。

4. 必要的体能及专项素质练习（12 分钟）

根据学生的实际情况，进行补偿性和拓展性的体能练习。即根据棒垒球运动的防守组合相关技术及动作特点所需要的专门的力量、速度、耐力、灵敏性和柔韧性等素质进行练习，做到体能与技能并重。体能练习亦可进行跑垒技术练习，这是因为跑垒技术在很大程度上也属于体能练习，与体能练习安排在一起将起到事半功倍的作用。

5. 相应的放松活动，布置课后练习与下次课前预习的内容（8 分钟）

（1）教师组织学生进行放松练习，主要针对运动中涉及的肌肉进行静力性的拉伸与放松。

（2）教师集合学生，回收器材，进行总结评价。有效的评价能使学生认识到自身的不足，激发学生练习的积极性，使学生目标更明确，做到以评促学。

（3）安排课后练习内容与下次课前预习内容。

（五）棒垒球理论常识的竞赛式教学

棒垒球理论常识有很多内容，包括棒垒球器材的选择、棒垒球的竞赛组织与裁判、棒垒球国际重大赛事、棒垒球世界排名方式、棒垒球运动欣赏等。教学设计可将此部分内容以分组抢答或课堂提问的竞赛形式贯穿于实践课中，作为对棒垒球知识的丰富与拓展。

1. 做出棒垒球运动裁判手势并加以解释

教师可将裁判相关知识穿插于课堂中，并体现在竞赛式教学的各个环节，促使学生学以致用。教师亦可布置预习作业，待课堂中进行问答并演示。

2. 棒垒球运动欣赏

棒垒球运动的精彩看点包括扣人心弦的双杀技术、自信十足的三振出局、振奋人心的本垒打、聪明大胆的偷垒、争分夺秒的扑滑垒、引人入胜的本垒得分，以及体育精神及竞赛礼仪等，可引导学生对这些方面进行欣赏，旨在提高学生对棒垒球运动的认识和文化素养，激发更多人参与和学习棒垒球运动的激情。

3. 棒球场地

棒球比赛场地是一个户外的直角扇形区域，直角两边是区分界内地区和界外地区的边线。两边线以内为界内地区，两边线以外为界外地区。界内地区又分为内场和外场。内场呈正方形，四角各设一个垒位，在同一水平面内位于尖角上的垒位是本垒（即球场最顶端区域的垒位），并依逆时针方向分别为一垒、二垒和三垒。内场以外的界内区域称为外场。比赛场地必须平整，不得有任何障碍物。内场多用松软的土质铺设，而外场多用草皮铺设。一块国际标准的棒球比赛场地，应安装灯光设施供夜间比赛时使用；场地内主设备有本垒板、垒包、投手板；本垒板后面有效地区外，还应设置挡网，场地周围设置围网或围墙。比赛场地应有接手区、击球员区、击球员准备区、跑垒员指导区、跑垒限制线、野传球线、本垒打线、草地线等。

4. 棒球器材

棒球比赛使用的器材主要有棒球、球棒、棒球手套、护具、垒包、本垒板、投手板、后挡网、场地围网、本垒打围网、队员席等。

（1）棒球。棒球是以软木、橡胶或类似材料为芯，卷以丝线并由两片白色马皮或牛皮紧密包扎缝合而成；软式棒球由橡胶制作而成，大多为适合青少年使用的中弹性球；安全球为 PU 发泡的软球，适合儿童选择使用。

（2）球棒。球棒是棒球比赛中，进攻队击球员用来击球的棒子，常见的有木棒、金铝棒和复合球棒三种。目前，国际赛事普遍采用木质球棒进行比赛，铝棒在国际比赛中几乎已经看不到了，复合球棒已被视为全面改用木棒前的过渡球棒。

（3）棒球手套。棒球运动员所使用的手套会因为比赛位置的不同而有所改变。手套有连指手套、皮制手套、投手手套等。连指手套仅限接手和一垒手使用，其他队员可使用皮制手套，投手手套使用的颜色不得是白色或灰色，且手套上不得附着任何与手套颜色不同的异物。

（4）护具。护具可以预防运动损伤，承担着保护运动员的重要作用。运动员穿戴的护具主要有防护头盔、护面、护胸、护裆、护腿。在比赛中，接手要求佩戴所有护具，击球员、跑垒员和站在指导区的跑垒指导员必须佩戴防护头盔，职业队或专业队棒球比赛的队员应佩戴单边护耳头盔，业余棒球比赛的击球员要求佩戴双边护耳头盔，击球员还要求佩戴护肘和护踝，球童执勤时也要佩戴双边护耳头盔。

（5）垒包。一垒、二垒、三垒垒包应以白色帆布或橡胶作为标志，牢固地连接于地面。一垒及三垒垒包应完全置于内场内，二垒垒包的中央应放置于二垒的基点。垒包的规格是边长为 38.1 厘米（15 英寸）[①] 的正方形，厚度为 7.6～12.7 厘米，并填充软质材料。

（6）本垒板。本垒板呈五边形，用白色橡胶板制成，长边为 43.2 厘米、短边为 21.6 厘米、斜边为 30.5 厘米。长边应朝向投手板，两条斜边分别与一垒线及三垒线的延长线重合。将本垒板安装在本垒处与地面水平固定，这是攻守双方得分与否互相争夺的标志物。

（7）投手板。投手板应由长 61 厘米、宽 15.2 厘米的白色长方形橡胶平板制成，应设置于地面并固定，自投手板前沿中央至本垒板尖端的距离为 18.44 米。

（8）后挡网。后挡网是固定在以本垒角顶为圆心、18.288 米为半径所划的 90°弧线上，并向两侧延长到适当的位置，网高一般要在 10 米以上，用于挡住本垒后面漏接的球或击球员打到本垒后面的各种球的专用挡网。

（9）场地围网。连接后挡网与一垒、三垒场线外 18.288 米处，直到场线顶端的围网，两侧最远处达 97.536 米以上，网高为 4 米。

（10）本垒打围网。本垒打围网是连接两侧有效区围网端点，到场地正面 121.92 米处，呈圆弧形的围网，网高 2 米，标明本垒打线的位置，击出的球直接飞越本垒打围网时，即判为本垒打、死球、击球员安全得 1 分，球在网内为继续比赛局面。

（11）队员席。主场球队应在距离两边垒线至少 7.62 米处各设置队员席供主队（后攻队）和客队（先攻队）使用，并应有屋顶且包覆后方及两侧。

5. 垒球场地

垒球比赛场地与棒球比赛场地相似，但面积较小，主要是由于垒间距、投手距离、本垒打距离等变小的原因。

6. 垒球器材

垒球比赛使用的器材主要有垒球、球棒、垒球手套、护具、本垒板、垒包、投手

---

① 棒垒球的场地、器材的尺寸单位通常采用英寸或英尺，本章的各尺寸均已换算为厘米或米。1 英寸 =2.54 厘米，1 英尺 =0.3048 米。——编者注

板等。

（1）垒球。在国际比赛中的比赛用球要求呈圆状，表面整洁光滑，用明线缝合。不同级别的垒球比赛用球的规格也不尽相同，少年比赛用球圆周长为27.9厘米、重量为166.5～173.6克，球体表面的缝合用双针缝法并至少有80针；成年比赛用球圆周长为30.5厘米、重量为178～198.4克，球体表面的缝合用双针缝法并至少有88针。

（2）球棒。球棒可以使用金属、竹子、塑胶、碳铅、镁、玻璃纤维、陶瓷或其他合成材料等制作而成。球棒长度不超过86.4厘米，重量不超过1077克。

（3）垒球手套。垒球手套与棒球手套相比，不同的是手套的球窝要宽大且手套的柔软感要比较明显。不同位置所用手套的尺寸都有严格的规定。任何一种手套的虎口处都允许用整块皮革缝制或用皮条编成，把拇指与其他手指连接起来，但不得编成网兜状。

（4）护具。运动员穿戴的护具主要有防护头盔、护面、护胸、护裆、护腿、护肘、护踝等，佩戴护具要求与棒球运动基本相同。

（5）垒包。一垒、二垒、三垒的垒包均为边长为38.1厘米的正方形，厚度不超过12.7厘米，用白色厚帆布制成，内装棕丝等细软物，固定在地面上。一垒、三垒垒包应放置于内场。二垒垒包的中心放在两垒线的交叉点上。一垒为双垒包，呈长方形，垒包一半为白色，一半为橙色，白色部分在一垒垒位的界内区域，橙色部分在界外区域，是在比赛时为避免击跑员与一垒手发生冲撞而设置的。

（6）本垒板。本垒板由白色橡胶板制成，呈五角星形，固定在地面上。本垒板长边为43.18厘米，正对投手板；短边为21.59厘米，两短边与击球区平行；斜边为30.48厘米，尖角两斜边与一垒、三垒线交角叠合。

（7）投手板。投手板由白色木板或橡胶板制成，固定在投手区内，与地面齐平，板长60.96厘米、宽15.24厘米。投手板前沿与本垒板尖角的距离为投球距离，男子垒球距离为14.02米，女子垒球距离为12.19米。在比赛时，投手必须踏触投手板进行投球。

三、棒垒球比赛（结合裁判实践）的竞赛式教学

在“教会、勤练、常赛”的体育教学思想指导下，科学、规范、高质量地上好体育课尤为重要。教师可将比赛方法、裁判手势等竞赛规则融入课堂竞赛式教学和期末测试中，这样既可检验教学效果，也能够使学生学以致用。

棒垒球比赛通常采用混合制竞赛方法来进行。棒球比赛一般采用循环赛加交叉淘汰赛决定最后竞赛排名；垒球比赛则采用循环赛与佩奇制赛决定最后排名。根据参赛队伍的数量和期末课时的长短，班级期末测试均采用分组循环赛后的交叉淘汰赛进行。这种竞赛制度有利于学生之间的相互交流学习和水平的提高，能够较合理地排定各参赛队的名次。以棒球比赛为例，参赛的两个班级各设4支棒球队，共8支队伍。按照班级将队伍分成两个小组，每支队伍在小组内进行单循环赛，在两个小组单循环赛全部结束之后，再根据小组排名来决定淘汰赛阶段的比赛顺序。在交叉淘汰赛阶段，两个小组的第

一名和第二名交叉对阵后，胜者进入胜组决赛，争夺冠亚军，其余队伍进行季军的争夺；两个小组的第三名和第四名交叉对阵后，胜者进入胜组对决，争夺第五名和第六名，其余队伍进行第七名的争夺。

分组循环后的交叉淘汰赛共进行 8 场比赛，下面以两个小组的第一名和第二名交叉对阵为例（争夺前四名），竞赛分组如图 13－3 所示。

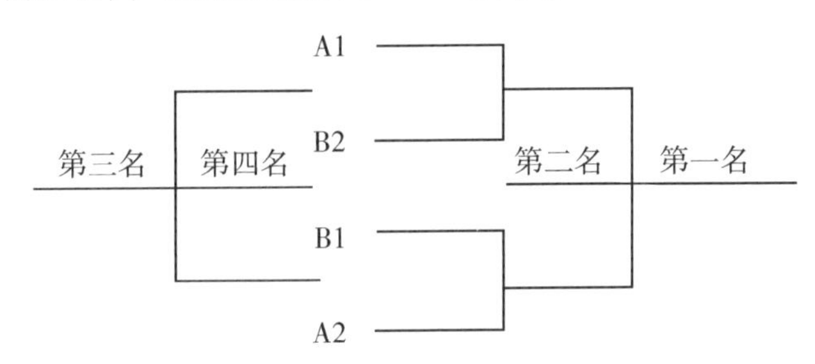

图 13－3　分组循环赛后的交叉淘汰赛（争夺前 4 名的 4 支球队）

比赛：每场比赛前，参赛队伍根据猜硬币选择先攻或先防。教学比赛规定采用五局制，每场限时 40 分钟，每队 9 人，两队轮流攻守。当进攻球员能依次踏过一垒、二垒、三垒并安全回到本垒即得 1 分。当进攻队员有 3 人被防守队员“杀”出局时，双方即互换攻守。两队各攻守一次为一局，以得分多者获胜。若两队中后进攻的队在最后半局领先（即四局半），则不再继续比赛。若比赛打平，则加时一局，二垒安排跑垒员。

裁判实习：教师可充分调动暂不参加比赛学生的积极性，给他们安排裁判实习。各队运动员要尊重裁判，任何人不得更改比赛时间或有拖延比赛的行为。裁判员宣布交换攻防后，双方队员要迅速跑动，于 1 分钟内各就各位，准备继续比赛。比赛中，如因天气或时间受限两队持平等特殊情况，不能按预定赛程将所有比赛打完时，则已赛成绩有效，裁判组有权决定比赛方法和名次产生方法。

四、棒垒球竞赛式教学评价

棒垒球竞赛式教学评价，应注重棒垒球运动特点与竞赛实践紧密结合，将棒垒球的运动欣赏、技战术、竞赛组织与裁判等内容贯穿于课程内容中，将评价内容指标与之相对应。

棒垒球竞赛式教学评价内容以基本部分、综合素质等评价为侧重点。基本部分包括理论知识、技能达标、技术评定和基本能力，权重占 70%。其中，前三项以考试为主；基本能力以课堂中所展现出来的团队管理能力、竞赛活动组织能力、裁判水平为主进行评价。综合素质部分包括考勤、平时表现和体能测试，权重占 30%。其中，体能测试主要以考试为主，考勤和平时表现主要结合责任心、课堂纪律、仪表仪态、行为习惯以及能否按时完成课堂教学任务与要求等进行评价。棒垒球竞赛式教学评价内容与权重见表 13－6。

表13－6　棒垒球竞赛式教学评价内容与权重

评价角度	评价内容	分值/分	权重/%
基本部分	理论知识	10	70
	技能达标	30	
	技术评定	20	
	基本能力	10	
综合素质	考勤、平时表现	15	30
	体能测试	15	

五、棒垒球运动小贴士

（一）学生的体能

体能是学生竞技能力的重要组成部分，根据棒垒球运动项目的特点，学生的体能离不开力量素质的练习和灵敏素质的练习。

（1）加强主要肌肉群的力量练习。在棒垒球比赛中，击球员的击球力量、投手的投球力量以及跑垒员的下肢爆发力是力量练习的主要内容，可通过如肩部肌群、腰腹部肌群和下肢肌群力量练习等来提高。

（2）加强灵敏素质练习。在棒垒球比赛中，击球员、跑垒员的快速启动上垒以及防守员快速灵活地组织防守都需具备较高的灵敏素质，可通过如交叉步跑、后退步跑、滑步跑、障碍跑等练习来提高。

（二）进攻队的得分与出局

（1）本垒打：即从本垒出发跑回本垒。在球场上有四个垒包，击球员站在本垒上准备，争取把投手投出的球直接击飞到界内区域的本垒打围网以外，使防守员无法接到球，击球员可以从容地依次踏触一垒、二垒、三垒、本垒后直接得1分。如果各垒都有跑垒员，则一支本垒打即可得4分。

（2）安打：击球员将球击到界内区域，使击球员本身能至少安全上到一垒的情形。安打可分为一垒安打、二垒安打、三垒安打和全垒打。

（3）接杀：击球员击到投手的投球，被防守队任一球员在落地前直接接到。

（4）封杀：当击球员将投球击落地，变成击跑员冲向下一垒时，防守队任一球员接到球并传回给该垒包的守场员，守场员先踩到垒包即可封杀。

（5）三振出局：投手投出三个球，击球员三击不中被判出局，即为“三振出局”。此时，也显示了投手高超和精彩的投球技术。

（6）半局：防守队拿到三个出局数以后，半局就结束了，然后攻防换位，进入下一个半局。

参考文献

[1] 车岳峰. 现代高校足球运动理论与技战术技巧研究 [M]. 北京：中国纺织出版社，2018.

[2] 陈利和. 一学就会的 100 个乒乓球实战技巧 [M]. 北京：化学工业出版社，2018.

[3] 陈祥慧，胡锐，张保华. 网球运动理论与实践 [M]. 广州：中山大学出版社，2021.

[4] 顾海勇，解超. 大学生体育学习兴趣评价量表的编制 [J]. 广州体育学院学报，2012，32 (3)：122-144.

[5] 何洋，孙太华. 体育赛事组织与管理 [M]. 北京：北京体育大学出版社，2017.

[6] 胡毅. 体育赛事风险管理研究 [J]. 科技情报开发与经济，2008 (18)：112-113.

[7] 霍德利. 体育赛事风险评估与应对策略研究 [J]. 天津体育学院学报，2011，26 (1)：49-53.

[8] 李国胜，张文鹏. 关于体育赛事风险管理要素的研究 [J]. 广州体育学院学报，2005 (3)：39-40.

[9] 李志平，于海强. 网球入门、提高训练与实战 [M]. 北京：化学工业出版社，2016.

[10] 刘东波，姜立嘉，吕丹. 大型体育赛事风险管理研究 [J]. 体育文化导刊，2009 (3)：8-13.

[11] 刘东波. 我国承办大型体育赛事风险管理机制研究 [D]. 长春：东北师范大学，2010.

[12] 刘清早. 体育赛事运作管理实务 [M]. 北京：人民体育出版社，2011.

[13] 吕延勤. 论乒乓球运动员素养 [N]. 中国教育报，2019-05-02 (005).

[14] 迈耶. 足球运动力量系统训练 [M]. 黄海枫，译. 北京：人民邮电出版社，2020.

[15] 倪宏竹，葛振斌，薛伟. 中国校园足球运动的理论与实践研究 [M]. 北京：中国原子能出版社，2018.

[16] 尚昭光. 体育专业如何提高篮球运动教学水平：评《现代篮球运动教程：理论·方法·实践》[J]. 中国教育学刊，2020 (3)：114.

[17] 盛文林. 棒球、手球：竞技与智慧的结合 [M]. 北京：台海出版社，2014.

[18] 盛文林. 曲棍球、垒球：激励的对抗运动 [M]. 北京：台海出版社，2014.

[19] 孙茂林. 浅析高尔夫运动的文化价值 [J]. 运动精品，2018，37 (9)：46-47，50.

[20] 王宝霞. 篮球运动员战术意识培养的科学性分析 [J]. 当代体育科技, 2017, 7 (6): 237, 239.

[21] 王海燕, 姜来. 乒乓球教程 [M]. 北京: 化学工业出版社, 2019.

[22] 王守恒. 体育赛事运作之研究 [M]. 北京: 北京体育大学出版社, 2016.

[23] 王小安, 张培峰. 现代篮球运动教程 [M]. 北京: 北京体育大学出版社, 2007.

[24] 威廉姆斯, 汉斯. 风险管理与保险 [M]. 陈伟, 张清寿, 王铁, 等, 译. 北京: 中国商业出版社, 1990.

[25] 肖杰. 羽毛球运动理论与实践 [M]. 北京: 人民教育出版社, 2005.

[26] 肖林鹏, 叶庆晖. 体育赛事项目管理 [M]. 北京: 北京体育大学出版社, 2005.

[27] 谢荣华. 我国运动训练理论发展趋势与创新研究 [J]. 冰雪体育创新研究, 2021 (15): 191 -192.

[28] 熊建设, 卢丹旭. 网球 [M]. 重庆: 重庆大学出版社, 2017.

[29] 杨磊. 论篮球实战技巧及战术训练: 评《篮球实战技巧: 技战术图解》[J]. 中国教育学刊, 2015 (5): 119.

[30] 杨茂功, 由世梁, 崔鲁祥. 篮球竞赛规则与裁判法问答 [M]. 北京: 人民体育出版社, 2013.

[31] 俞继英. 奥林匹克棒垒球 [M]. 北京: 人民教育出版社, 2006.

[32] 张瑞林, 张哲敏. 棒垒球运动 [M]. 北京: 高等教育出版社, 2013.

[33] 张淑惠, 王斌. 大型体育赛事抖音传播研究 [J]. 浙江体育科学, 2021, 43 (5): 7 -11, 67.

[34] 张涛. 棒、垒球运动员体能训练 [M]. 北京: 中国纺织出版社, 2017.

[35] 张晓宇. 大学生足球理论与实践 [M]. 广州: 中山大学出版社, 2019.

[36] 张新萍, 武东海, 尚瑞花. 大学体育新兴运动项目教程 [M]. 广州: 中山大学出版社, 2018.

[37] 赵燕, 黄海峰. 试论我国职业体育赛事社会责任 [J]. 广州体育学院学报, 2009, 35 (3): 7 -11.

[38] 中国棒球协会. 棒球规则: 2018 版 [M]. 北京: 北京体育大学出版社, 2019.

[39] 中国排球协会. 排球竞赛规则: 2017—2020 [M]. 北京: 人民体育出版社, 2017.

[40] 中国羽毛球协会审定. 羽毛球竞赛规则 [M]. 北京: 人民体育出版社, 2021.

[41] 中国足球协会. 足球竞赛规则: 2018/2019 [M]. 北京: 人民体育出版社, 2019.

[42] 中华人民共和国体育运动委员会审定. 垒球竞赛规则: 1982 [M]. 北京: 人民体育出版社, 1982.

[43] 朱建国. 羽毛球运动教学与训练教程 [M]. 北京: 清华大学出版社, 2015.